"叶永烈看世界"系列

受伤的美国

叶永烈 著

上海交通大学出版社
SHANGHAI JIAO TONG UNIVERSITY PRESS

内容提要

　　"9·11"恐怖袭击事件是举世瞩目的大事。作者向来关注重大政治事件,为此专程前往美国采访,以纪实文学作家的视角对"9·11"之后处于非常时期的美国,作了生动、翔实又充满细节、花絮的记述,写出这部长篇纪实文学新著。作者文笔流畅,娓娓道来,作品具有极强的可读性。本书包含极其丰富的信息,而且立论公允、客观,相信这本书会受到读者的喜爱。

　　这本《受伤的美国》在事发当时记述的是新闻,今日则成为一部充满现场气氛和细节的史书,尤其是"9·11"已成为改变世界历史的划时代事件,这本书更值得一读。这次趁《受伤的美国》修订再版,作者又补充了"9·11"事件之后至今的重大事件,诸如伊拉克战争、抓捕本·拉登、重建纽约世贸中心、"棱镜门"事件等,使这本书更加充实而新鲜。

图书在版编目(CIP)数据

受伤的美国/叶永烈著.—上海:上海交通大学出版社,2015

(叶永烈看世界)

ISBN 978 - 7 - 313 - 11765 - 6

Ⅰ.①受… Ⅱ.①叶… Ⅲ.①纪实文学-中国-当代 Ⅳ.①I25

中国版本图书馆 CIP 数据核字(2014)第 159099 号

受伤的美国

著　　者:叶永烈

出版发行:上海交通大学出版社　　　　　地　　址:上海市番禺路 951 号

邮政编码:200030　　　　　　　　　　电　　话:021 - 64071208

出 版 人:韩建民

印　　制:浙江云广印业股份有限公司　　经　　销:全国新华书店

开　　本:710mm×1000mm　1/16　　　印　　张:22

字　　数:402 千字

版　　次:2015 年 4 月第 1 版　　　　　印　　次:2015 年 4 月第 1 次印刷

书　　号:ISBN 978 - 7 - 313 - 11765 - 6/I

定　　价:50.00 元

总　序

在写作之余,我有两大爱好:一是旅游,二是摄影。

小时候,我很羡慕父亲常常拎着个皮箱从温州乘船出差到上海。我也很希望有机会到温州以外的地方旅行。父亲说,那很简单,在你的额头贴张邮票,把你从邮局寄出去就行了。

可惜,我直到高中毕业,还没有被邮局寄出去,没有离开过小小的温州。直至考上北京大学,这才终于远涉千里,来到首都北京,大开眼界。

大学毕业之后,我在电影制片厂工作,出差成了家常便饭。我几乎走遍中国大陆。

随着国门的开放,我有机会走出去,周游世界。光是美国,我就去了八趟,每一回住一两个月,从夏威夷直至纽约,都留下我的足迹。我也八次到祖国宝岛台湾,走遍台、澎、金、马,走遍台湾22个县市。

我的旅行,常常是"自由行"。比如我应邀到澳大利亚悉尼、墨尔本讲学,就顺便在澳大利亚自由行,走了很多地方。美国爆发"9·11事件",我特地从上海赶往纽约进行采访,写作50万字的纪实长篇《受伤的美国》。我也参加各种各样的旅行团,到各国旅行。通常,我总是选择那种旅程较长的旅游团,以求深入了解那个国家。

记得,在朝鲜旅行的时候,我问导游,明天——7月27日,你们国家会有什么样的庆祝活动?那位导游马上很"警觉"地反问我:"叶先生,你以前是否来过朝鲜?"此后好几次,当我跟他交谈时,他又这么问我。我确实是第一次去朝鲜。但是我在去每一个国家之前,都会事先充分"备课"。去朝鲜之前,我曾经十分详细研究过朝鲜的历史和文化,知道1953年7月27日朝鲜战争停战协定在板门店签订,朝鲜把这一天定为"祖国解放战争胜利日",年年庆祝。然而,在朝鲜导游看来,一个对朝鲜情况如此熟知的游客,势必是此前来过朝鲜。

很多人问我,在上海住了将近半个世纪,为什么只写过几篇关于上海的散文,却没有写过一本关于上海风土人情的书。我的回答是:"熟悉的地方没有风景。"总在一个地方居住,我的目光被"钝化"了,往往"视而不见"。当我来到一个陌生

的国家、陌生的城市,往往会有一种新鲜感。这种新鲜感是非常可贵的,使我的目光变得异常敏锐。出于职业习惯,我每到一个国家,都会以我的特有的目光进行观察,"捕捉"各种各样的细节。在东京,我注意到在空中盘旋着成群的乌鸦,肆无忌惮地在漂亮的轿车上丢下"粪弹",东京人居然熟视无睹。我写了《东京的乌鸦》,写出中日两国不同的"乌鸦观",乌鸦的习性,为什么乌鸦在东京喜欢"住"郊区,乌鸦如何到东京"上班",日本人如何对乌鸦奉若神明。我的这篇阐述日本"乌鸦文化"的散文发表之后,被众多的报刊转载,原因在于我写出了"人人眼中有,个个笔下无"的风景。

漫步在海角天边,把沉思写在白云之上,写在浮萍之上。至今我仍是不倦的"驴友"。我的双肩包里装着手提电脑和照相机,我的足迹遍及亚、欧、美、澳、非五大洲近 40 个国家和地区。

我注重从历史、文化的角度去观察每一个国家。在我看来,文化是民族的灵魂,历史是人类的脚印。正因为这样,只有以文化和历史这"双筒望远镜"观察世界,才能撩开瑰丽多彩的表象轻纱,深层次地揭示丰富深邃的内涵。我把我的所见、所闻、所记、所思凝聚笔端,写出一部又一部"行走文学"作品。

我把旅游视为特殊的考察、特殊的采访。我在台湾日月潭旅行时,住在涵碧楼。我在事先做"功课"时知道,涵碧楼原本是蒋介石父子在台湾的行宫。我特地跑到当地旅游局,希望查阅两蒋在涵碧楼的历史资料。他们告诉我,在涵碧楼里,就有一个专门的展览馆。于是,我到涵碧楼总台,打听展览馆在哪里。总台小姐很惊讶地说:"那个展览馆已经关闭多年,因为几乎没有什么客人前去参观,难得有叶先生这样喜欢研究历史的人。"她打开尘封已久的展览馆的大门,我在那里"泡"了两小时,有了重大发现,因为那里的展品记载了蒋介石父子在涵碧楼接见曹聚仁。曹聚仁乃是奔走于海峡两岸的"密使",但是台湾方面从未提及此事。我把这一发现写进发表于上海《文汇报》的文章里,引起海峡两岸的关注……

我爱好摄影,则是因为在电影制片厂做了 18 年编导,整天跟摄影打交道,所以很注重"画面感"。我在旅行时,边游边摄,拍摄了大量的照片。在我的电脑里,如今保存了十几万张照片。除了拍摄各种各样的景点照片之外,我也很注意拍摄"特殊"的照片。比如,我在迪拜看见封闭式的公共汽车站,立即"咔嚓"一声拍了下来,因为这是世界上绝无仅有的公共汽车站,内中安装了冷气机。这一细节,充分反映了迪拜人观念的领先以及迪拜的富有和豪华。在韩国一家餐馆的外墙,我看见把一个个泡菜坛嵌进墙里,也拍了下来,因为这充分体现韩国人浓浓的泡菜情结。在马来西亚一家宾馆里,我看见办公室内挂着温家宝总理与汶川地震灾区的孩子在一起的大幅照片,很受感动,表明马来西亚人对中国的关注。只是已经到了下班时间,办公室的门锁上了,我只能从透过玻璃窗拍摄。门卫见了,打开办公室的门,让我入内拍摄,终于拍到满意的照片……照片是形象的视觉艺术。一张精彩照片所包含的信息量是很丰富的,是文字所无法替代的。

每一次出国归来,我要进行"总结"。这时候,我的本职——作家,与我的两大爱好旅行与摄影,"三合一"——我把我的旅行观察写成文字,配上所拍摄的图片,写成一本又一本图文并茂的书。日积月累,我竟然出版了20多本这样的"行走文学"图书。

我的"行走文学",着重于从历史、文化的视角深度解读一个个国家,不同于那些停留于景点介绍的浅层次的旅游图书。其实,出国旅游是打开一扇观察世界的窗口,而只有善于学习各国的长处,自己才能进步。他山之石,可以攻玉。旅游是开阔眼界之旅,解放思想之旅,长知识、广见闻的学习之旅。从这个意义上讲,旅游者不仅仅是观光客。

承上海交通大学出版社的美意,在副总编刘佩英小姐的鼓励下,已出版一套《叶永烈看世界》丛书,随着我一边"漫游"一边再继续写下去。我期望在继续完成一系列当代重大政治题材纪实文学的同时,能够不断向广大读者奉献轻松活泼的"行走文学"新作。

叶永烈

2010 年 6 月 28 日初稿

2015 年 4 月 16 日修改

于上海"沉思斋"

本卷序

自从我的两个儿子去了美国,从此我的家一半在美国。我曾几度前往美国,写下《美国!美国!》、《我在美国的生活》两书,记述我在美国家居与旅行的见闻、感受。

那时,我所见到的是一个处于正常时期的美国。

然而,2001年11月前往美国,我所见到的却是一个处于非常时期的美国,一个遭受"9·11"恐怖袭击之后的美国。

非常美国大大不同于正常美国。我在美国诸多机场受到了最严格的安全检查。

美国上下一片战争气氛,一片恐怖气氛,再不是往日歌舞升平、和平安定的局面。美国正在忙于"本土防卫",再不是往日"世界上最安全的国度"。

在遭受"9·11"恐怖袭击之后,惊魂未定的美国人又遭到"冷血杀手"炭疽菌的第二轮恐怖袭击,举国一片恐慌情绪。

美国人同仇敌忾,把恐怖主义列为"头号敌人"。布什总统号召全国人民团结起来,战胜"头号敌人"。星条旗成为美国最畅销的商品,家家户户挂起星条旗,表示自己对于美国的热爱。

美国的航空业、旅游业、保险业、金融业蒙受了沉重的打击。美国经济进入了衰退期。美国创造了在一年之中十一次降息的"历史纪录"。

作为纪实文学作家,我深入到纽约世界贸易中心大厦的废墟——十个月前,我还在那里登上世界贸易中心大厦的顶层,俯视纽约的无限风光。

非常美国,是今日世界关注的焦点,也是中国读者谈论的热点。

我从美国回到上海之后,随即前往北京出席中国作家协会第六次全国代表大会。在北京,接受了《人民日报》记者杨鸥的采访。她在2002年1月8日《人民日报》(海外版)上发表了报道《万紫千红又是春——第六次全国作家代表大会侧记》,内中写及:

作家叶永烈刚刚从"9·11"事件现场归来,回国第二天他就赶到北京出席中国作家协会第六次全国代表大会。"9·11"事件发生后,他飞往美国采访,这是第一个亲临现场采访"9·11"事件的中国作家。他感到"9·11"事件对美国、对世界都是很重大的事,他要以自己的视角,对这一重大事件进行多角度、全面、深度的文学报道。通过采访他得到了大量第一手材料。重大政治事件是他创作上的敏感点,他对"踩着时代前进的鼓点"这句话尤为心领神会,他认为政治性纪实文学更能反映时代命运,作家不仅是写作者,也应该是思想者。

在北京人民大会堂,我听了钱其琛副总理关于中国外交的报告,内中详细地谈到中国政府对于"9·11"恐怖袭击事件的态度,谈到"9·11"恐怖袭击事件对于美国以及世界的深刻影响,使我受益匪浅。

在美国的那些日子里,我一边旅行、采访、摄影,一边不断把我的见闻随手敲进手提电脑。从北京回到上海,我着手整理在美国所写的见闻,一气呵成了这部长篇纪实新著《受伤的美国》。

我把这部记述"非常时期的美国"或者说是"美国的非常时期"的《受伤的美国》,在马年新春奉献给广大中国读者。

叶永烈

2001 年 11 月 13 日至 2002 年 2 月 17 日

写于旧金山·纽约·西雅图·温哥华·北京·上海

补 记

　　当这本书收入"叶永烈看世界"丛书时,我重新审视当时的记述,仿佛又回到那极其紧张的日子里:

　　"9·11"爆发时,我给在纽约的堂妹打电话,竟然电话线路不通;

　　当时美国流行的"白色粉末恐惧症"(炭疽病);

　　在飞往旧金山的客机上,旅客们所看的报纸的头版头条消息是美国客机在纽约上空坠落、爆炸;

　　从旧金山飞往纽约时,机场那极其严格的检查;

　　到达世界贸易中心废墟时,见到那矗立着的半截的钢筋水泥架子以及小山般的水泥碎块;

　　一位位美国朋友,向我讲述"9·11"那惊心动魄的经历……

　　这本《受伤的美国》在当时记述的是新闻,今日则成为一部充满现场气氛和细节的史书,尤其是"9·11"成为改变世界历史的划时代事件,这本书更具反思的价值。

　　在"9·11"事件爆发之后赶往纽约,在当时是冒着很大风险的。然而正是有了那样难忘的经历,才有了这本不同于一般的美国游记,因为它写了一个受伤的美国。

　　这次趁《受伤的美国》修订再版,作者又补充了"9·11"事件之后至今的重大事件,诸如伊拉克战争、抓捕本·拉登、重建纽约世贸中心、"棱镜门"事件等,使这本书更具新意。

2013 年 11 月 28 日于上海"沉思斋"

目　录

非常时刻飞往美国

布什总统前来上海的时候

2001年9月11日,美国突然爆发"9·11"事件,使我深为震惊。因为就在八个多月前的2001年1月,我曾经登上纽约世界贸易中心大厦,也曾经前往华盛顿的五角大楼。

理所当然,作为中国的纪实文学作家,我关注着太平洋彼岸正处于恐怖主义阴影之中的美国。

在这历史的非常时刻,在美国发生"9·11"事件之后一个多月,我准备又一次前往美国,采访"受伤的美国"。

2001年10月19日下午,我和妻"打的"前往美国驻上海领事馆办理签证手续。

这天正值周末,下午原本是上海行车最拥挤的时候,今日却一反常态,一路上畅通无阻。路上不见一辆货车,只有轿车与公共汽车。马路格外整洁,不见一片纸屑。街头,鲜花与警察都比平日明显增多。天气也帮忙,秋高气爽,阳光灿烂,蓝天上飘着一朵朵多巧的秋云。

对于上海来说,这天是一个不平常的日子——APEC峰会正在这座中国第一大城市举行。美国总统布什在昨日傍晚6时,从美国飞抵上海浦东机场,踏上中国的红地毯。这是布什总统第一次访华,也是美国爆发"9·11"事件之后布什总统的第一次出访。

布什总统的到来,使上海的安全警卫工作紧张到了极点,两万名警察扼守要津,待机而动。因为本·拉登从阿富汗发出警告,声称第一号暗杀目标就是美国总统布什。不言而喻,中国方面把保卫布什总统的安全作为重要任务。

原本中国方面要安排布什总统下榻上海最高楼、世界第三高楼——浦东的金茂大厦。然而,在"9·11"事件中,美国纽约曼哈顿的世贸中心姐妹大楼轰然倒塌,使美方觉得"高处不胜寒"。新建的金茂大厦虽然如云中仙阁,在美方看来毕竟缺乏安全感。

据说,美方曾经建议布什总统住在游弋于上海附近海域的美国军舰上。且不说在军舰上住宿条件比不上五星级宾馆,而且军舰也并不安全,何况让一国总统住在军舰上也太丢中国的面子。

也曾经考虑让布什总统住上海的别墅。中国方面曾提议让布什总统住上海西郊宾馆，那是毛泽东、邓小平来上海时常住的地方，也是英国女皇曾经下榻之处。那里不高，也就不那么"寒"。不过，如果恐怖分子驾机像撞击华盛顿五角大楼那样俯冲攻击，自然是防不胜防。何况那里离上海虹桥机场不远，飞机起降十分频繁。

最后，双方还是商定，布什总统下榻于上海南京路五星级的波特曼酒店。那里不高也不矮，处于闹市之中，相对而言比较安全。

布什总统抵达上海波特曼酒店之后，晚8时多，江泽民即去看望，作礼节性拜访。

19日上午，布什总统前往江泽民下榻的西郊宾馆"睦如居"进行会谈。中午，江泽民设宴招待布什总统……

我恰恰在这个当口上，前往位于上海淮海中路与乌鲁木齐路交叉口的美国领事馆办理签证手续。

由于我去美国，每次都是只住两个月左右——虽然美国领事馆每次都给我半年内多次往返美国的签证，而且入境时都给我半年的居留期。像我这样总是提前回来，有着"良好纪录"的人，再去美国，可以"免面谈"。

所谓"免面谈"，即不必去美国领事馆当面办理签证，而是只需到离美国领事馆一箭之遥的中信实业银行办理"转交手续"。也就是把护照以及签证所需文件交给他们，由他们转交美国领事馆，"免"去了与领事"面谈"，这便叫免面谈。能够享受"免面谈"待遇的，差不多都能获得签证。

尽管我可以"免面谈"，我还是让司机把轿车开往美国领事馆。我想看看如今等候签证的队伍长不长，拒签率高不高——因为在"9·11"事件之后，据说前往美国的人大为减少，生怕美国不安全，一怕所乘的飞机成了"飞弹"，二怕染上可怕的"炭疽病"……当然，我不在乎这些，所以也就在如此"危险"的时刻前往美国。

往日，到了下午1时多，美国领事馆前面正是最热闹的时候。然而，今日一反往常，美国领事馆三步一岗、五步一哨，戒备森严。美国领事馆门口空荡荡的，门可罗雀。

原来，由于布什总统来到上海，美国领事馆暂停签证。也正因为布什总统来到上海，美国领事馆生怕恐怖分子前来捣乱，所以成了上海"重点保护单位"。

我只得直接在中信实业银行门口下车。步入银行，店堂里空空如也。我来到"免面谈"办事处，接待小姐看了一下我和妻的护照以及签证申请表，当场把其他所有的文件退回，诸如经济担保书、邀请书之类。她说，对于你们来说，已经不需要这些文件了。我和妻每人交了405元人民币的签证费，另外又各交了200元的

"转交费"，短短两分钟就办完了"免面谈"手续。

接待小姐把收据交给我。她说，由于明后两天是双休日，加上美国领事馆又因布什总统的到访，暂停签证数日，所以你们要到 26 日方可前来领取签证。

就这样，轻轻松松、简简单单办完了"免面谈"的手续。

此后，在五年内，我和妻都可以这样"免面谈"办理赴美签证。本来，我可以在美国申请绿卡。然而，"免面谈"手续如此简便，所以是否申办美国绿卡都无所谓了。

在回家的路上，同样畅通无阻。司机对我说："如果 APEC 会议天天在上海召开，交通天天这样通畅，那该多好！"

上海街头处处鲜花怒放。在 APEC 会议期间，四百万盆鲜花把上海打扮得"花枝招展"。

我家门口的二十多米宽的那条不大不小的苏州河支流，这几天河水变得格外清爽。这是因为换水系统加强了更换新水，使原本黑臭的河水迅速变清了。

这次出席 APEC 会议的国家元首总共有二十位，最引人注目的是美国总统布什。25 年前，小布什曾经来过上海，他是从美国前往北京探望美国驻中国联络处主任、父亲老布什的时候，路过上海。25 年之后上海，已经今非昔比。面对上海浦东崛起的崭新的高楼群，穿上蓝色唐装的布什总统感叹上海巨变，他的话通过媒体向全世界广为传播，使东道主倍感兴奋。这套织有牡丹图案和"APEC"字样的唐装的设计者，一位年轻的姑娘，一下子也成了新闻人物。

出席 APEC 会议，外国元首们差不多都带了夫人——准确地讲，是带了配偶，因为菲律宾总统和印度尼西亚总统是女性，她们带了丈夫。布什总统却没有带夫人前来上海，这表明美国正处于非常时期，也表明布什总统此行充满危险性，因为恐怖分子把袭击的目标对准了他。

国家元首们在上海忙于开会、相互会见，而配偶们则很逍遥，由江泽民夫人王冶坪领着游豫园、游周庄，坐在豫园包厢里看中国戏剧，坐在一叶轻舟里游水乡周庄。尽管如此惬意，细心的主人还是提醒元首夫人们别穿高跟鞋，而是给每人送上一双软底鞋。元首夫人们喜欢上海的小枣粽子，也喜欢上海的芡实、豆腐干以及五香豆。

布什总统在上海乘坐的防弹专车是从美国运来的。他的车队前面，由中国的引导车引路。从他下榻之处到 APEC 会场这条行车路线，中国方面事先让引导车经过 15 次"排练"，以求掌握准确的行车路线与行车时间，以求行车时间的误差不超过一分钟。还准备了一条备用路线，以便在发生突然事件时仍能让布什总统按时到达会议现场。这小小的细节，也充分说明中国方面对于布什总统的到来，是何等的看重。

10 月 20 日,布什总统在上海黄浦江畔观赏了大型焰火晚会"今宵如此美丽"。在短短 20 分钟里,燃放了一万五千多枚烟花。虽然焰火如此璀璨,而中国主人为了保障安全却费尽心机。因为这么多烟花中的炸药,相当于十万吨 TNT 炸药的爆炸力! 这一回,中国不仅成功地用电脑控制众多的烟花次第燃放,组成壮丽的彩色画卷,而且没有发生一桩意外。

布什总统在上海处于红地毯、鲜花、掌声、歌舞、微笑、焰火的包围之中,似乎可以暂且从"9·11"事件的爆炸、浓烟、烈火、血腥、泪水、哀痛的阴影中走出来。

布什总统的专机,停在上海浦东机场,受到中国公安日夜守护。直到布什总统在 21 日夜间乘专机离开浦东机场,中国方面这才终于松了一口气。

坐镇上海、指挥保安的国务院秘书长罗干,只在 APEC 会议结束之后,江泽民接见为会议辛苦多日的各方代表时,坐在接见席上,才在媒体上露了一面。

就在 APEC 刚刚结束,24 日一早,我接到中信实业银行那位接待小姐的电话,告知我和妻的签证提前两天,已经在昨天由美国领事馆签发。于是,我和妻即驱车前往淮海中路中信实业银行。

这天,上海的道路恢复了平时的繁忙。我们的轿车一直跟在一辆水泥搅拌车后面,再也没有 APEC 期间那么潇洒。一路上,几度遭遇塞车。

在中信实业银行取回已经签证的护照之后,我顺便前往美国领事馆看看。APEC 会议时三步一岗、五步一哨的景象已经不复存在。在乌鲁木齐路上,美国领事馆门口人头攒动,等待签证的人排着长队。队伍四周,围着诸多打听签证消息的人。

我也挤了进去,作"随机调查"。

我问:"美国那么乱,又是摩天大楼倒坍,又是炭疽病,你们敢去吗?"

答:"怕什么? 美国有一亿多人,才死了那么几个! 美国人都不怕,我们怕什么?"

又问:"签证的人比过去少吗?"

答:"该去美国的人,还是要去。签证的人还是那么多。"

又问:"拒签率比过去高了还是低了?"

答:"被拒签的还是很多,特别是前往美国留学的学生,拒签率比过去高!"

我看到,队伍里好几位年轻人,手里拿着崭新的护照,一脸严肃,一脸紧张。不言而喻,是第一次前来签证。

"哦,祝你们好运!"我对他们说道。

旧金山也紧张起来

就在我准备前往美国的时候,小儿子从旧金山给我发来 E-mail,告诉我旧金山也紧张起来了!

恐怖分子的袭击,本来集中在美国东部的纽约、华盛顿。旧金山地处美国西海岸,在"9·11"事件之后,一直太平无事。然而,从 11 月 1 日起,旧金山也骤然吃紧了!

旧金山属于加利福尼亚州,紧张的消息是从州长加利·戴维斯(Gray Davis)在新闻发布会上透露的。

11 月 1 日,戴维斯在洛杉矶举行新闻发布会,宣称美国情报部门有充足的证据表明,恐怖分子已经把加利福尼亚州的四座大桥列为袭击对象。

戴维斯说,这四座大桥是旧金山的金门大桥和海湾大桥,洛杉矶的文森特·托马斯大桥以及加州南部港口城市圣迪哥的科罗拉多大桥。

戴维斯说,恐怖分子将袭击的时间定在 11 月 2 日至 11 月 9 日。也就是说,就在新闻发布会的翌日,加利福尼亚州的这四座大桥就可能遭到恐怖分子的袭击。

一位记者致电美国司法部,要求证实加利福尼亚州州长宣布的消息是否可靠。

美国司法部答复说,这个情报并不"很可靠",目前还缺乏有关这个恐怖威胁的详情。

这位记者又问戴维斯州长,情报是否可靠?

戴维斯州长回答说,他的情报来自美国联邦调查局和加利福尼亚州警察厅。

戴维斯州长又补充说,他作为一州之长,除了信其有,别无选择。

戴维斯州长用很坚定的口气说:"最好的准备就是要让恐怖分子知道他们的计划已经露出马脚,我们已经准备好大网,正在等待他们。"

戴维斯州长着力于布置那张"大网"。他说,加利福尼亚州政府已指示州警察厅协同联邦调查局加强对这四座大桥的保护,并增加了预备役士兵和海岸警卫队加强对大桥附近水面、桥墩的水下部分、周围的高速公路以及州内其他重要交通设施的安全检查。

戴维斯州长还宣称,他已经指定一名有着 23 年经验的前联邦调查局的高级侦探、57 岁的乔治·文森作为他的特别安全顾问,负责和协调加利福尼亚州的安全工作。

戴维斯州长在新闻发布会上的讲话，通过传媒的广泛报道，一下子就传遍了全世界。就连我在上海所订的报纸上，都很醒目刊登了恐怖分子即将袭击美国加利福尼亚州的消息，有的还刊登了身穿迷彩衣的美国士兵在旧金山金门大桥上站岗的大幅照片。在上海电视台的新闻节目里，我还见到美国国民保卫队加强保卫旧金山机场的报道。

我的儿媳打电话来，告诉我旧金山气氛一下子就变得非常紧张。家家户户都到超级市场买食品，买矿泉水。她也跟着朋友们一起去买了一袋大米，买了几箱矿泉水……

这么一来，一向平静的旧金山，充满了备战气氛。我这次去美国，第一站就是旧金山。看来，一到美国，就会陷入战争氛围。但是，我决定了的事，不会动摇。就是旧金山爆发了恐怖事件，我照样还会去的。

恐怖分子袭击纽约世界贸易中心大厦和华盛顿五角大楼，用的是民航客机。加利福尼亚州政府除了加强机场检查、防止恐怖分子劫机撞桥之外，还花大力气对过桥的汽车进行检查，以防恐怖分子用"汽车炸弹"炸桥——恐怖分子在1993年第一次袭击纽约世界贸易中心大厦时，用的就是汽车炸弹。

旧金山金门大桥

在恐怖分子准备袭击的加利福尼亚州的四座大桥之中,最著名的要算是旧金山的金门大桥(Golden Gate Bridge)。

漆成红棕色的金门大桥,已经成了旧金山的标志性建筑,就像纽约的世界贸易中心大厦、自由女神塑像一样。有人把金门大桥称之为旧金山的"灵魂"。旅游者来到旧金山,金门大桥是必游的。如果没有到过金门大桥,如同没有来过旧金山。在旧金山出售的旅游纪念品,诸如钥匙圈、杯子、背包,上面几乎都印着金门大桥图案。

恐怖分子总是选择最醒目、最有影响力的建筑物作为袭击目标,以产生最大的社会影响。旧金山的金门大桥,可以说是美国西部第一号最具影响力的标志性建筑物。

我曾经多次到过金门大桥。金门大桥是旧金山市北面的门户,是连接旧金山市与马林县之间(Marin County)的交通枢纽。金门大桥的西侧是波涛汹涌的太平洋,东侧则是宽广的旧金山湾。

金门大桥这名字,很容易使人误以为大桥是金色的。其实,全桥漆成红棕色。

金门大桥这名字,源于金门这地名。金门大桥架于金门海峡之上。

在 19 世纪,当美国作家兼探险家约翰·傅里蒙(John Fremont)从太平洋进入旧金山湾时,见到整个港口在阳光的照射下闪闪发光,一片金色,有如"金色之门"(Golden Gate)。于是,太平洋与旧金山湾之间这个峡口,便被叫做"金门"。那时候,金门之上,并没有大桥。

为了改善旧金山的交通,旧金山市政府决定在金门之上建造大桥,跨越天堑。金门海峡宽达 1 966 米,建桥是一项艰难而巨大的工程。

旧金山市政府任命施特劳斯为总工程师。考虑到金门海峡海深浪急,施特劳斯采用悬索吊桥结构。所谓悬索吊桥,是在两岸建造高大的桥塔,把桥梁的桥面用斜拉大缆悬挂在两端的桥塔上。这样,就不必在风大水深的峡口打桩建造桥墩了。

旧金山市政府为了建造金门大桥,发行了公债。

1930 年,金门大桥开始设计。

1933 年 2 月,金门大桥动工。

1935 年 6 月,建成了高达 343 米、相当于 65 层大楼那么高的桥塔,开始铺设桥缆。桥头主缆是承载悬索吊桥桥身的吊缆,两端深埋在两岸巨硕的钢筋水泥桥墩中。主缆的直径粗达一米,由总共长达八万英里的钢索所构成,这长度足以沿着赤道环绕地球三周!

金门大桥全长 1 981 米。两座桥塔之间的大桥跨度为 1 280 米。桥孔高 61 米。桥面宽 27 米,有六条车道和两条宽敞的人行道。金门大桥用了十万多吨钢材,当时的工程费用为 3 350 万美元。

大桥建成时,施特劳斯采用独特的红棕色的"国际标准橘"(International Orange)油漆大桥,使金门大桥显得不同于众。

1937 年 5 月 8 日,美国总统罗斯福宣布金门大桥正式启用。

从那时起,金门大桥屹立于碧波之上,达六十多个春秋。每年通过金门大桥的车辆,平均多达 4 200 万辆。

在金门大桥建成之后的六十多年之中,美国又建造了许多新桥。就造桥技术、造桥规模而言,诸多新桥都超过了金门大桥。但是,金门大桥那特殊的红棕色在蓝天碧波的映照下是那么的美丽,却是诸多新桥所无法比拟的。正因为这样,金门大桥不仅成为旧金山的骄傲,而且成为美国六十万座桥梁之中知名度最高的一座。

在金门大桥桥头,矗立着大桥设计师施特劳斯的铜像。游人来到金门大桥,首先见到的便是这座铜像。人们不仅敬佩设计师的设计,而且佩服他对于金门大桥色彩的独具慧眼的选择。

金门大桥建成之后,平平安安进入"花甲"之年。然而,唯一的遗憾是由于金门大桥太美了,竟然成了那些自杀者寻求结束自己生命的所在。不光是旧金山的自杀者来此,从高高的金门大桥跃入大海,而且从美国各地以至世界各国的自杀者,也赶往金门大桥赴死。旧金山市政府为此在桥的两端的护栏之上蒙了一层铁丝网,以防止自杀者从护栏上方跃入大海,但是毕竟不能把整座大桥用铁丝网蒙起来,那样有损于金门大桥的美观。自杀者依然如同飞蛾扑火似的,不断奔向金门大桥。六十多年间,已经有上千人在金门大桥了结人生!

那么多人在金门大桥自杀,仿佛是一个危险的预兆。因为恐怖分子向纽约世界贸易中心大厦、向华盛顿五角大楼所发动的,就是自杀性的袭击!在那上千名自杀者之后,会不会出现驾着飞机撞向金门大桥的自杀者,或者是驾着装满炸药、汽油的汽车在金门大桥上引爆的自杀者?

金门大桥的守卫者严格监视着过往车辆。特别是对大卡车、油罐车,加强了检查。

除了名闻遐迩的金门大桥被列为恐怖分子的袭击目标之外,那四座大桥之中,还有我很熟悉的旧金山海湾大桥。

海湾大桥是旧金山市的东部门户,是连接旧金山市与奥克兰市的重要通道,所以又称"旧金山—奥克兰海湾大桥"。

奥克兰市在旧金山湾的东岸,那一带通称"东湾"。奥克兰市是加利福尼亚州第四大城,面积为 138 平方公里,人口 34 万,内中有华人 6 万。1982 年,奥克兰市与中国大连市结为友好城市。

我就住在离奥克兰市附近的阿拉米达小岛。从阿拉米达朝北向西前往旧金山,轿车必经海湾大桥。

海湾大桥在1936年兴建,稍晚于金门大桥。海湾大桥其实比金门大桥长得多,像一条长龙横卧在万顷碧波之上。海湾大桥漆成常见的蓝灰色。

加利福尼亚州政府以及旧金山市政府除了加强金门大桥的武装保卫之外,还不动声色地加固了固定旧金山海湾大桥大缆的水泥室。与其他桥梁相比,海湾大桥据说更易遭到破坏。有关人士担心恐怖分子会通过破坏吊桥大缆来损毁海湾大桥。

虽然旧金山一片紧张气氛,然而,一天天过去,旧金山的金门大桥和海湾大桥依然如故。

戴维斯州长宣布的消息是否可靠?

也许,恐怖分子知道加利福尼亚州已经对四座大桥严加防范,放弃了袭击计划。

也许,恐怖分子实行"声西击东"的策略,把人们的注意力吸引到美国西部,以便在美国东部发动更大规模的袭击。

不管怎么猜测,旧金山已经充满备战气氛,这是不争的事实。

我却要在这个时候,从上海飞往旧金山!

平静小岛出现可疑"白色粉末"

一波未平,一波又起。

就在旧金山变得紧张的时刻,我的小儿子给我打来电话,他家所在的阿拉米达小岛上,发现可疑的白色粉末!

阿拉米达是个美丽而宁静的小岛。2001年初,我就住在那里。每天清早,我和妻在海边散步,面前便是宽广的旧金山海湾。对岸那高楼鳞次栉比的地方,就是旧金山。

经常看见小松鼠从树林里窜过。海鸟、野鸭,成群在草地、沙滩栖息。

在这个如同世外桃源般的小岛上,怎么也飞来恐怖的阴影?

小儿子在电话中说,刚刚这里的电视台播出消息,他们家邮区的那个邮局,发现一罐白色粉末,怀疑是炭疽菌! 于是,警察包围了这个邮局,进行紧急处理!

这下子,旧金山发生了第一例白色粉末事件。尤其是这个邮局,就是我的小

因炭疽邮件被封的美国邮筒

儿子家所在的邮局！我曾经多次去过那个邮局，因为买邮票、寄包裹、寄特快专递，都要去这个邮局。从家里开车过去，几分钟就可以到达邮局。

在邮局门口，放着一大排自动售报机。邮局后面的停车场上，停着二三十辆邮车。邮递员平常就是驾驶着这些邮车送报纸、送信。平常，邮局的营业厅里总是很忙，人们排着队寄东西，因为整个小岛就这么一个邮局。这个邮局发生问题，就直接影响阿拉米达小岛上的家家户户。

当然，这个装有白色粉末的罐子，究竟是不是炭疽菌，还有待鉴定。不过，那么多戴着防毒面具的警察、那么多闪着红色警灯的警车包围了阿拉米达邮局，一下子成了小岛上的头条新闻，小岛也随着一下子充满紧张气氛。

自从发生"9·11"事件之后，恐怖的阴影笼罩着美国。真是"屋漏偏逢连夜雨，船迟又遇打头风"，这时炭疽菌（Anthrax）也来凑热闹，闹得人心惶惶不安。

那是在"9·11"事件之后二十多天，即10月5日，在美国南部佛罗里达州发生了第一例炭疽病感染者死亡事件。通过媒体广泛传播，美国人人自危，谈"疽"色变。

炭疽菌这东西，不像撞世界贸易中心大厦的飞机那样一炸了之，而是通过信件四处传播。家家户户都写信，都收到信，炭疽菌一下子就牵动了千千万万颗紧张的心。炭疽菌这东西偏偏又不在拆信时马上发作，而是经过一段时间的"潜伏期"这才显露病症,到了发现病症则已经进入晚期,难以医治。于是,炭疽恐慌所造成的心理压力,甚至超过了飞机撞楼所造成的恐惧。

美国新闻媒体不时报道什么什么地方发现白色粉末信件,什么什么人感染上炭疽病,尽管因炭疽病而死的人远远少于美国每天死于车祸的人,但毕竟是一种可以通过邮件使人致死的可怖的疾病。于是,从谈"疽"色变,迅速地发展到见"粉"色变——因为恐怖分子是通过白色粉末状的炭疽热孢子传播炭疽病,所以"白色粉末恐惧症"在美国广为蔓延。

10月9日,华盛顿郊外一个地铁站有一名男子逃票,上车之后被警察发现,与警察发生争执以至打斗。那男子向空中喷洒了一瓶液体,立刻就有35人感到恶心、头痛、嗓子干。

这下子惊动了当地的警察局。警察们身穿防化服、头戴防毒面具迅速赶赴现场,进行了仔细检查。最后,警察终于得出结论,那名男子喷的不是炭疽菌,只是普普通通的清洁剂罢了。

紧接着,10月11日,华盛顿州《每日新闻报》的工人发现地上有白色粉末,立即向警察局报告。

戴着防毒面具的警察们,马上对报社以及附近几个街区实行封锁。地处美国西北部的华盛顿州,还是第一次发生这种"白色粉末"事件,当局很当一回事儿。

经过鉴定,那白色粉末原来只是石灰粉而已,是从一个地窖中随风飘出来的。

10月12日,美国司法部长阿什克罗夫特发表电视讲话说:"如果个人接到了可疑邮件,不要打开,也不要摇晃,而是要立即离开事发地点,并打电话向执法部门或健康机构报告。"

10月13日,炭疽病恐慌症传到英国。伦敦北部的火车站忽然出现怪气味,有人喊了声"是炭疽菌",附近的酒吧与饭店内的数百人紧急疏散。其实,炭疽菌并无"怪气味"。

10月14日,在奥地利首都维也纳国际机场,有一名乘客报告称,在机场的一个卖报刊的小摊发现可疑的白色粉末。奥地利警方随即马上关闭了该机场,并对粉末进行调查。

奥地利警方把那白色粉末进行炭疽菌查验为阴性。后来又进一步证实那白色粉末是普通淀粉。

警方估计有人故意放置白色粉末,想引起人们的恐慌。

化险为夷之后,维也纳机场重新开放。

10月15日,德国法兰克福机场也发现神秘的白色粉末。这些白色粉末是在汉莎航空公司的一个航班上发现的。当时,所有乘客已经下机,工作人员在一个座位上发现用报纸包裹着白色粉末。

警方闻讯赶来。一名卫生防疫人员和一名医生头戴特殊防毒面具进入机舱内,提取白色粉末送往研究机构检查。

经过检查,那白色粉末与炭疽菌无关,德国法兰克福机场才算恢复正常。

10月21日,下午将近3时,日本JR东京车站突然收到负责清扫的列车员的报告:"即将从东京开往博多的一辆新干线列车上发现一些'白色粉末'"。

列车长于是紧急疏散已上车的乘客,同时车站取消了这辆列车的发车计划。受这一突发事件的影响,大约有八百五十名乘客临时换车或者改乘了下一趟车。

这趟列车受"白色粉末"影响耽误了一小时十一分钟未能发车,但是没有给其他车辆造成影响。

据日本警视厅警察署调查,有两堆"白色粉末"散落在该列车八号车厢的一个座位底下,直径分别有大约五厘米和三厘米。警方初步认为是被踩扁了的蛋糕,但是为了防备万一,还是请来警视厅的NBC(生化武器)恐怖活动搜查队加以鉴定。

10月23日,中国台湾中华航空公司一架波音747客机上发现神秘的白色粉末。

该公司发言人称:"我们的机组乘务员在那架747客机上发现了一些白色粉末。乘务员随后用橡胶布盖住粉末。飞机在香港降落后,机场警察登上飞机进行了搜查。"

由于那些神秘的白色粉末的干扰,使这个航班延误了三小时。

后来经过鉴定,那些白色粉末只是咖啡的伴侣——奶粉罢了!

另外,以色列专家也在一架飞机上发现白色粉末。经过检查后表明那白色粉末与炭疽菌无关,这才放行。

巴西国防部也曾经要求一架过境的德国一家航空公司客机暂时停飞,因为机上发现白色粉末。经专家检查,那白色粉末不是炭疽菌,德国客机这才得以飞离巴西。

紧接着,意大利吉米利亚诺小村一位名叫埃米迪奥的村民,差一点被作为"恐怖嫌疑犯"拘捕。

埃米迪奥一下子懵了!

后来,他终于明白事情的起因:他在自家台阶上,撒了一些防蚂蚁的普通面粉,有人向警察局报告说,他在撒炭疽菌!

经过当地卫生局的仔细鉴定,证明那些白粉只是普通面粉而已,这才为埃米迪奥洗去了恶名。

在中国广州,也曾经发生"白色粉末"事件。

那是因为第九届全国运动会即将在广州举行,为了保证九运会的安全,严格控制境外可疑人员入境。一名阿富汗男子在广州白云机场由于被拒绝入境,心中不满,突然掏出一包白色粉末朝空中抛撒,引起一场忙乱。

后来,那白色粉末经过化验,断定为普通面粉。不过,那位阿富汗男子由于触犯中国的《航空法》,受到中国警方的审查。

种种"白色粉末事件"虽然充满笑料,不过也有不少"白色粉末事件"确实是炭疽菌所为。如此真真假假,令人难辨难分。

阿拉米达邮局收到的那罐白色粉末,后来被证实与炭疽菌无关。

此后,在旧金山,警方连续接到二百来起关于白色粉末的举报,经查核,均与炭疽菌无关。

这二百来起关于白色粉末的举报,一方面表明旧金山居民对于炭疽菌的警惕性已经很高很高,另一方面也反映了旧金山人对于炭疽菌的恐惧心理已经达到杯弓蛇影的地步。

"西普洛"成了赴美最佳礼品

美国朋友告诉我,现在美国人最缺的是"西普洛"。

所谓"西普洛",就是CIPRO的音译名。美国流行"白色粉末恐惧症",而西普洛正是预防和治疗炭疽病的特效药。

就像"9·11"事件的爆发是那么突然,炭疽病的出现也是那么突然,猝不及防。正因为这样,尽管美国知道西普洛是预防和治疗炭疽病的特效药,但是在短时间里毕竟来不及大量生产。

美国把仅有的一点西普洛,首先供应邮局职工。因为邮局职工成天跟信件打交道,而恐怖分子主要就是用邮件传送炭疽菌。邮局职工处于跟炭疽菌作战的第一线,理所当然应当把西普洛优先供应邮局职工。

在美国,一颗西普洛药丸,价格为99美分。美国商人喜欢"九九战术",在商店里你可以见到诸如"1.99""2.99"直到"199""1990"之类标价,因为按照人们的消费心理,总以为"1.99"比2元要便宜得多——虽然只差一分钱!当然,99美分如果加上消费税,每颗西普洛药丸价格在一美元之上。不过,按照美国的物价,这算是很便宜的药。

另外,还有一种针剂西普洛,比较贵,那是发现患上炭疽病症状之后进行治疗用的,每盒399美元——同样是"九九战术"!

防治炭疽病的疫苗同样成了畅销药品,只是价格不菲。

当然,美国普通百姓最需要的,是价格便宜、服用方便的西普洛药丸。

然而,在美国有钱买不到西普洛!这是因为处于炭疽病威胁之下的美国家家户户,谁都希望买几盒西普洛以防万一,这么一来,对于西普洛药丸的需求量就是以亿盒计算了。

正巧,在赴美之前,我要去医院开点备用药,我顺便向大夫请教:"中国有没有西普洛?听说,西普洛是抗生素,带点抗生素到美国去,行不行?"

大夫告诉我:"西普洛确实是一种抗生素,但并不是所有的抗生素都能防治炭疽病。西普洛是防治炭疽病的特效药。其实,中国也生产西普洛,只是药名不叫西普洛,而是叫'环丙沙星'。"

一听说"环丙沙星"这药名,我就很熟悉。似乎家中就有这药,因为妻曾经服用过这药,当然不是为了防治炭疽病,而是这种抗生素也能消炎。

于是,我就到医院门口的药房里买了一盒"环丙沙星"。我注意到,"环丙沙星"的盒子上,印着英文"CIPRO",即西普洛。"环丙沙星"很便宜,每盒十粒,七元人民币。也就是说,七角人民币一颗,而美国则要一美元一颗。

妻说,何不多买点西普洛,到美国作为"礼品"送朋友?

我以为这主意不错。于是,到了几家药店,几乎每家都有"环丙沙星",只是包装盒各不一样,因为是中国不同的制药厂生产的。有的二十颗一盒。这表明,在中国有许多制药厂能够生产西普洛。

后来,我到了美国,我把中国生产的西普洛作为"礼品"送朋友,果真非常受欢迎!

据说,日本驻美国的大使馆工作人员,每天都服用西普洛,以防感染炭疽病。

对于美国朋友来说,送西普洛,犹如雪中送炭!这真是非常时期的非常礼品!倘若美国没有发生炭疽恐怖,谁会去买西普洛?!

我来到美国之后读到报道,美国准备花费15亿美元向世界各国采购西普洛。德国拜耳制药公司与美国签订了合同,为美国大量生产西普洛。

中国有那么多制药厂能够生产西普洛,却坐失良机,失去进军美国市场的绝好机会!有人讽刺说,中国的制药厂忙于国内市场的"回扣大战",哪有工夫顾得上美国市场?

其实,真正的原因是在于中国制药企业没拿到进入美国市场的"通行证"——美国食品和药物管理局(FDA)的认证。

广州白云山制药总厂是广州少数几家生产环丙沙星产品的企业,但是这家企

业的产品因没拿到 FDA 认证,基本上是出口到东南亚及非洲等国家。美国这次有再多的商机,他们也只好看着流走。

号称中国最大抗生素生产企业的华北制药,也没有通过 FDA 的抗生素产品。

正因为这样,中国的制药厂还必须在提高质量上狠下功夫。

妻在上海药店买"环丙沙星"时,看到一种双层的口罩,也顺便买了几个。因为她在电视中见到美国人在清理可疑白色粉末时,常戴这种口罩。果真,这种口罩一带到美国,也成为很受欢迎的"礼品"。

西普洛和口罩竟然成了我们赴美"最佳礼品",实在叫人哭笑不得!

赴美机票"行情"的变化

我着手订购赴美机票。

我给售票小姐打电话。当时的对话,给我留下难忘的印象:

"请问,您订飞往哪里的机票?"

"美国。"

"到美国哪里?"

"到纽约。中停旧金山。"

"订什么航空公司的票子?"

"UA。"

"什么? 你敢订 UA? 不要命啦!"

她一听说我要订"UA"的机票,这么吃惊,倒使我吃惊!

我在 2000 年末去美国时,订的是美国西北航空公司的机票。这一回,我想换一家美国的航空公司,以便对美国不同航空公司的服务态度有个比较。

"UA",也就是美国联合航空公司。这家公司向来以服务周到、上乘而著称。在过去,"UA"的票价通常高于其他航空公司。

售票小姐对于"UA"的吃惊,使我顿时"醒悟"过来,因为在"9·11"事件中,四架遇难的飞机中,两架是"AA",即美洲航空公司的,另两架便是"UA"的——撞向世界贸易中心大厦的两架客机是"AA"的,而撞向五角大楼以及本来要撞白宫、后来坠落在匹兹堡的两架客机,则是"UA"。

在我看来,造成机毁人亡的惨剧,乃恐怖分子所为。航空公司为此付出了沉重的代价,是受害者,主要责任不在航空公司。

然而,实际上,"9·11"事件给美国联合航空公司以及美洲航空公司的声誉带来严重影响。

在"9·11"事件之后,美国飞机的乘客急剧减少,内中美国联合航空公司和美洲航空公司遭受的打击最大,乘客最少。即便是降低了机票价格,"UA"的乘客依然寥寥。

我并不大在乎,以为乘"UA"也无所谓。在订票时,我请一位售票先生给我传真美国几家航空公司的"上海—旧金山—纽约"联程机票的时刻表,内中也包括"UA"。考虑到美国西北航空公司航班到达纽约的时间是上午8时,而离开纽约的时间是下午4时,比较方便,我最后决定还是买美国西北航空公司的机票。

美国西北航空公司也是美国规模很大的航空公司。在"9·11"事件中,美国西北航空公司没有一架客机出事。美国西北航空公司的班机上都写着英文缩写字母"NW",即"NORTH WEST"——美国人习惯于把"西北"说成"北西"。

"9·11"事件给了美国航空业以沉重的一击。美国电视台一次又一次播放客机撞击世界贸易中心大厦的恐怖镜头,大大影响了人们对于航空安全性的信心。生命对于人只有一次,是最宝贵的。人们不愿意让自己的生命结束在随时都可能发生的空难之中,飞机的乘客也就锐减。乘客的这种不安全感,不仅使美国航空业进入数九寒冬,同时波及世界各国的航空业。

美国航空业在"9·11"事件后,处于第二次世界大战以来的最低点。

美国波音公司董事会主席、首席执行官菲尔·康迪特则说,在美国遭受恐怖袭击后,公众对于空中旅行的信心大降,全美航空公司可能被迫闲置九百架客机。康迪特预计,2002年波音公司民用飞机的产量将比2001年减少百分之二十。

"9·11"事件发生后,美国各航空公司都先后宣布了裁员计划,美国民运航空业总共裁员9.3万人!飞机制造商波音公司也裁员3万人。

加拿大航空公司、斯堪的纳维亚航空公司、比利时萨班那航空公司、英国航空公司、瑞士航空公司等也都相继大批裁员。

据总部设在日内瓦的国际空运协会发言人古德依尔说,恐怖分子对纽约的袭击是2001年国际民航业亏损的主要原因,总的亏损额接近110亿美元。这一亏损还没有把各国的国内航运业务损失计算在内。恐怖袭击导致美国民航业损失60亿美元。

美国国会以压倒多数通过了援助航空业的法案,以帮助受到恐怖袭击事件沉重打击的美国航空业渡过难关。根据这项法案,美国政府将向航空业提供50亿美元的直接援助,以弥补恐怖袭击事件后航空业遭受的损失。政府还将为航空业提供100亿美元的贷款担保。另外,政府和国会还同意从国会批准的400亿美元反恐怖和经济重建拨款中拿出30亿美元加强飞机和机场的安全设施。

中国航空业也深受影响。中国国际航空公司是以国际和地区航空运输为主要业务,成为中国各航空公司中的重灾户。2001年,中国国际航空公司客运收入比预期减少2.26亿元人民币。其中,北美航线减少7 347万元人民币,中东航线因停航减少收入1 300万元人民币。加上货运的减少,中国国际航空公司在2001年下半年减少收入3.46亿元人民币。

为了恢复美国老百姓对于民航飞机的信任感,美国总统布什号召多乘民航飞机,他的老父亲、美国前总统老布什,带头乘坐美国民航班机。美国各报大登老布什乘坐民航飞机的照片,电视台也进行跟踪报道。然而,被"9·11"事件吓得惊魂未定的美国老百姓,许多人还是不敢乘坐飞机。

航空业遭灾,机票的"行情"也随着变化。

过去,飞往美国的机票,总是要提前一个来月预定。在"9·11"事件之后,前往美国的旅客大为减少,机票"行情"也随之变化。售票小姐告诉我,今天买明天的美国机票都行,甚至可以今天买今天的机票,随到随买!往日,临时买美国机票,价格要贵得多,而"9·11"事件之后由于机多客少,也就取消那样的"老规矩"了。

机票开始跌价。最低的时候,北京飞往美国洛杉矶的往返机票,才3 300元!

要知道,北京飞往新疆乌鲁木齐的单程机票,也要2 050元,而且从来不打折!

不过,美国飞往中国的机票,却还是原价。为什么呢?这是因为从美国回中国的旅客多,而从中国到美国的旅客少。

过去,机票的有效期不同,价格不同。比如,有效期为一年机票,要比有效期三个月的要贵。而如今为了吸引旅客,这样的"老规矩"也取消了,给了我有效期一年的机票,价格跟有效期三个月的机票相同。

不过,"9·11"事件之后,赴美机票的周末价与周中价的区别,没有取消。所谓"周末价",是指起飞时间是周六或者周日。"周末价"机票比"周中价"要贵。

内中,对于周五算不算入"周末"价,不同的航空公司持不同的见解。周五所以"特殊",是因为乘国际航班,飞行的时间很长,周五起飞,到达的时候已经是周六,便于亲友前来迎接。美国联合航空公司把周五也算入"周末价",而美国西北航空公司则把周五列为"周中价"。

我买了美国西北航空公司的周五机票。不过,对于从上海飞往美国来说,由于时差关系,在周五从上海起飞,到达旧金山时仍为周五。

美元"黄牛"不见踪影

人民币是不可自由兑换的货币。按照中国的规定,出国人员可以到指定的中国银行营业所,按照中国银行牌价,每人用人民币兑换2 000美元,以供出国时使用。

我曾经多次出国,有过多次兑换外汇的经历。我的印象是,随着中国越来越开放,随着人民币的日益坚挺,换汇的手续已经越来越简便了。

最初,换汇时不仅要填申请表,出示护照上外国领事馆的签证,而且还要出示飞往国外的机票。那时,美元很"俏",所以尽管一年之中多次出国,也只允许换汇一次,即用人民币按照"官价"兑换两千美元。

记得,那时候,在中国银行换汇处,我一走进去,马上处于美元"黄牛"的包围之中。他们急着问:"肯换美金吗?"

有人点点头。因为有的人子女在国外,手头有美元。"黄牛"马上跟他讨价还价,商定"黑市"价格。这样,当有的人刚刚从换汇窗口拿到2 000美元,"黄牛"就用高于"官价"的价格买走了。

也有时更干脆,"黄牛"给愿意出让美元的人1 600元至2 000元人民币。这样,"黄牛"就挤进换汇队伍,用别人的出国证件以"官价"换到两千美元——只是在换汇的时候,出让者要在换汇窗口出现一下,"黄牛"装成是家属,从包里取出一大叠已经数好的人民币,交给银行营业员。

美元"黄牛"一转手,把美元以更高的价格在"黑市"中抛出。据说,有人就是这样轻而易举地赚钱。正因为这样,年年抓美元"黄牛",而美元"黄牛"照样年年有。

从1999年10月起,换汇开始"松动":在一年之中多次出国,每一次都可以凭借签证和出国机票,兑换两千美元。

这时,在银行门口依然有许多美元"黄牛"在活动,只是"黑市"汇价没有往日那么高了。

这一回,我来到上海淮海中路中国银行,门口空空荡荡,美元"黄牛"不见踪影!

就连换汇手续也简单了,不必出示前往国外的机票,只需出示护照上的外国领事馆签证就行。

往日是美元"黄牛"出没的地方,如今为什么不见他们呢? 据说,美元"黄牛"们如今个个"下岗",有的甚至由于来不及抛出过去以高价买进的美元而亏了血本!

这是因为在"9·11"事件之后,美元的"黑市"价格首次低于"官价"!这是从未有过的!

也就是说,美元在中国,已经不"俏"了。

美元不"俏"的原因是多方面的:

原因之一是中国的外汇储备连年增加,外汇在中国已经不那么稀罕。

2001年11月8日,中国人民银行副行长、国家外汇管理局局长郭树清在北京接受媒体采访时说,2001年以来,中国外汇储备大幅度增加,最近两个月每月都新增60多亿美元,到10月中旬已达到2 000亿美元。

原因之二是人民币日益坚挺。从1994年人民币汇率并轨时算起,如果剔除物价等因素,七年之中人民币对美元实际升值百分之四十左右。

关于人民币可兑换问题,郭树清说,实现人民币资本项目可兑换从而实现人民币的完全可兑换是外汇体制改革的长远目标,是总的趋势。顺应这一趋势,就是要逐步放松管制,从较严格的限制到较宽松的限制,再到基本上取消限制,这需要较长的时间。

原因之三是美国接连降息,美元的利率已经降到低于人民币的利率,使美元"失宠"。

记得,我在2000年冬前往美国时,还处于克林顿时代。美国经济连年发展,美元的年利率高达百分之六,远比当时人民币的年利率高。正因为这样,美元得宠,很多人愿意把人民币兑换成美元。

进入2001年,美国经济进入衰退阶段。特别是"9·11"事件沉重地打击了美国经济,美国联邦储备委员会(即"美联储")在2001年连续十一次宣布降息,使联邦基金利率达到四十年来的最低点以求刺激消费,带动经济复苏。在一年之中十一次降息,被人们称为"美国现代历史上美联储最大胆的一次拯救经济行动"。

经过十一次降息,美元的存款利率低于人民币的利率,美元失去了"优势"。

原因之四是中国加强打击走私、B股风光不再,也使对于美元的需求减少。

就美元对人民币的"官价"而言,连年来大体上保持在8.29左右,浮动值不超过千分之三。然而,美元对人民币的"黑市"价格连年下跌,从最高时15、10,到"9·11"事件之后,跌至8.25。

美元的下跌,使"黄牛"们心中发慌。有的"黄牛"因手中美元太多,急于抛掉,如果有人大笔买进,他们甚至以8.22以至更低的比价抛出。

多少年来,一直无法杜绝的外汇"黑市",随着"黄牛"们的退出而悄然消失。

其实,这正如中国的假文凭,一直无法杜绝,但是自从中国教育部开通网上查询毕业文件之后,假文凭再也无人问津。

这应了一句老话:"治病要治本。"

忽传纽约发生惊人空难

在忙碌之中,我和妻订购了美国西北航空公司 11 月 13 日从上海飞往纽约的机票。这机票可以经停旧金山,我们先在旧金山下来,住些日子,再从旧金山飞往纽约。

我选择 11 月 13 日飞往美国,是考虑到这天是周二,下午 5 时从上海起飞,虽然经过十多小时飞行,由于时差,到达美国旧金山是当地时间周二中午 12 时,儿子、儿媳来接我们也方便,因为周一上午是美国交通高峰,周二则要好一些。再说,周一上午是美国公司工作最繁忙的时候,我尽量减少对孩子工作的影响。

然而,万万没有想到,就在我打好行李,一切都准备就绪的时候,11 月 12 日,灾难再次降临纽约!

那是在纽约当地时间 12 日上午 9 时 17 分,也就是北京时间 12 日晚上 10 时 17 分,距离我从上海飞往美国的起飞时间只有 20 小时! 就在这时候,灾难再次降临纽约,美洲航空公司(AA)的 587 航班坠毁在纽约市人口稠密的昆斯区,机上 255 人全部遇难!

飞机的坠落,又使地面上至少有 8 人失踪,40 人在医院接受治疗,其中包括在救援工作中受伤的消防人员和警察。

纽约"11·12 空难",引起全世界的震惊。

这次空难,有着特殊的背景:

这次空难,不早不晚,发生在"9·11"恐怖事件两个月的时刻!

这次空难,不早不晚,发生在俄罗斯总统普京启程飞往美国进行首次国事访问的时刻!

人们的第一反应就是:恐怖分子又一次袭击纽约!"11·12 空难"是"9·11"撞击世界贸易中心大厦恐怖事件的重演和继续!

人们注意到,就连发生空难的时间——上午 9 时多,也与"9·11"恐怖袭击事件发生的时间相仿!

美国联邦调查局理所当然高度重视"11·12 空难"。我在临行前看到来自美国的报道,美国联邦调查局认为飞机坠毁前发生过一次爆炸。该局正在围绕爆炸

是机械故障还是人为破坏所致展开调查。美国联邦航空局发言人威廉·舒曼称，至少在目前，调查人员将坠机事件作为"事故"对待。

白宫迅速作出反应。12日下午1时10分，白宫举行记者会，发言人弗莱舍说，美政府将因此保持高度警惕。他没有排除坠机事件为恐怖袭击的可能性，且一再强调："开始的消息，后来有可能会变。"

弗莱舍证实，事件发生前，"没有接获任何威胁的消息。"他说，官方也没有说飞机在事发前已发生爆炸。出事飞机事前并没有不正常情况，飞机通讯和塔台通讯也没有不正常情况。

弗莱舍说，美国总统布什起得很早，随后他与中国国家主席江泽民通过电话。还与英国首相布莱尔通过电话。出事之时，布什正在开会。他非常关注此事。他立即向纽约市长，向死难者家属表示哀悼之情，对民众安全表示极大关注。

他说，美国副总统切尼在事发之前已在"很安全的地方"。

分析人士指出，弗莱舍在这场不到二十分钟的记者会上，并没有排除坠机事件为恐怖袭击的可能性。事故发生的原因，正在紧急调查之中，飞机引擎发生故障的可能性也存在。

自从发生"9·11"事件以来，就连中国的机场也加强了安全检查工作，特别是对于飞往美国航班的旅客，安全检查更加严格，旅客必须提前两到三小时到达机场。虽然美国西北航空公司的航班是在11月13日下午5时从上海浦东机场起飞，我和妻必须在中午1时多离家，因为浦东机场很远，"打的"也得花费一小时。

照理，临行前的13日上午，诸事繁忙，我却不得不花费诸多时间，关注昨日在美国纽约发生的空难。据美国报道：

美洲航空公司的这架"空中客车A-300"客机载着246名乘客和九名机组人员，准备飞往位于加勒比海的多米尼加共和国首都圣多明各。

客机于当地时间上午9时14分从纽约肯尼迪国际机场起飞，三分钟后同地面空中交通管制员失去无线电联络；与此同时，客机从雷达荧光屏上消失。

587航班坠毁在纽约市东南部人口稠密的昆斯区洛克威119号大街附近，引燃了数十幢建筑物。由于阳光灿烂，飞机残骸冒出的黑烟柱在数公里之外都清晰可见。

美国政府一位高级官员说，有关当局事前没有接到针对飞机的威胁警告，客机驾驶员在坠毁前也没有报告任何麻烦。这位官员说，联邦调查局和联邦航空局复核了最近收集到的有关情报，但目前尚无证据证明这是一起恐怖袭击事件。这位不愿透露姓名的官员说："看起来这不是一起恐怖袭击，但我们不能作出确定的结论。"

一些目击者称，他们听到一声爆炸。不过调查人员说，这种声音可能是机械故障所致。

美国执法部门一位官员在坠机现场说,机械故障说法的根据是,有人看见火苗从飞机的左引擎窜出;一些目击者还报告说,飞机升高困难,向左倾斜。

纽约州州长保陶基在记者招待会上说,驾驶员在客机坠毁前一直在倾倒燃料,这说明飞机可能出现了机械故障。

救援人员在坠机现场的飞机残骸内找到了225具遇难者遗体。地面上另有6人失踪;共有12座房屋被飞机残骸击中,其中四座被毁。

保陶基还说,飞机似乎是垂直落下的,这使更多的房屋免遭劫难。他和朱利安尼都指出,除在杰梅卡湾上空倾倒燃料外,看起来驾驶员还采取了其他措施避免在地面造成更大的伤亡和损失。

目击者说,飞机坠落时,他们看见一个引擎和其他一些残骸脱离了飞机。

凯文·奥罗克说:"突然,我看见一个引擎掉落。它跌到边缘。在十到十五秒钟内,它掉了下去。"约翰·马罗尼说,一个引擎落在他家附近一个加油站并引发火灾,飞机的残骸则散落在几个街区之外。

住在飞机坠毁地两街区之外的米莱娜·欧文斯说:"我听到了爆炸声。我朝窗外看,看见了火焰和黑烟。我当时想的只是,'噢,不,不会又发生了!'"

"9·11"事件两个月后再次发生"11·12空难"事件,对美国人的心理是一个巨大打击。

一个明证是,纽约股市12日早盘大幅下跌,其中美国各大航空公司的股价均下跌了百分之十以上。

华尔街股市于9时30分开盘,十三分钟前发生的坠机事件立即引发投资者的恐慌性抛售,导致各主要股指急剧下滑。欧洲股市各主要股指也一度出现大幅度下跌。

为防不测,在"9·11"事件后取代世界贸易中心成为纽约第一高楼的帝国大厦紧急疏散了人员,并宣布12日关门歇业。

坠机事件发生后,纽约市区和周围的机场以及通向纽约市的桥梁和隧道被暂时关闭。飞往纽约的国际航班转到波士顿、辛辛那提和华盛顿的机场降落。

坠毁客机的两个"黑匣子"已被调查人员从飞机残骸中找到,并由专机运至华盛顿进行分析。

很快的,又有报道补充说,"11·12空难"中,机上乘客实际上是260人,因为乘客中有五名是婴儿,婴儿名单由于没有显示在出售的机票中而被忽略。

美洲航空公司当天还公布了部分遇难者名单,其中包括两名中国台湾省人:曾伯义和陈清智。

美国总统布什在白宫发表声明,向遇难者家属表示慰问。布什表示,他相信纽约市民能够走出悲痛的阴影,恢复正常生活。

由于发生"11·12空难",纽约三大机场全部关闭。这三大机场是肯尼迪国际机场、纽瓦克国际机场和拉瓜迪亚机场。

在浦东机场遭遇开箱检查

11月13日中午,就在我准备前往浦东机场的时候,家中响起电话铃声。电话是姐姐从外地打来的。她刚刚从报上读到昨天在美国纽约发生"11·12空难",非常震惊,劝我无论如何不要前往美国,因为这太危险了!她说,你别的地方不能去?为什么偏偏要去美国?你又不是没有去过美国,就连今年年初不是也在美国?

我很感谢姐姐的关心。我知道,她完全出于一片好意。但是,我一旦决定了的事情,轻易是不会改变的。我仍然决定前往美国。

在2001年,我已经是第二次与空难擦肩而过:

在7月3日,俄罗斯发生震惊世界的空难,一架俄罗斯航空公司的"图-154"客机在西伯利亚坠毁,机上133名乘客与十名机组人员全部遇难。俄罗斯总统普京宣布全国为这次空难致哀。然而,就在发生这起空难前四天,我从俄罗斯莫斯科飞往乌克兰基辅,乘坐的就是俄罗斯航空公司的"图-154"客机!

那一回,是在俄罗斯空难发生之前,擦肩而过。也就是说,在我踏上俄罗斯航空公司的"图-154"客机时,并不知道四天之后会发生空难。

这一回却不同,我是在刚刚读完昨天发生在纽约的空难报道,踏上飞往美国的飞机!

当我和妻到达上海浦东机场的时候,那里一片平静,一切都在井然有序地进行。机场大楼的外形像一只待飞的海鸥。毕竟这里与美国隔着浩渺的太平洋,中国处于和平盛世之中,没有半点战争气氛。

我到办理登机手续的窗口看了一下,那里还没有开始办理换登机牌。

时间尚早,我拿出随身携带的手提电脑,随手把思绪和见闻敲进电脑。

没多久,有人把行李车推到办理登机手续的窗口前,开始排队。我也就把手提电脑合上,把行李车推了过去。才一会儿,就排起了长队。原来,听说去美国要进行很严格的安全检查,要花费很多的时间,旅客们都早早地来到机场。

本来,美国机场的安全检查并不严格。我在美国乘过那么多次飞机,也就是旅客过一下安检门、行李经过一下 X 光透视机而已。在发生"9·11"事件之后，美国亡羊补牢，机场安全检查就一下子变得非常严格，对于旅客随身携带的行李要开箱、开包检查，这是从未有过的。对于旅客，不仅是过一下安检门，而且还要用探测器细细进行全身检查。

除了美国本土机场实行严格的安全检查之外，所有外国机场飞往美国的航班，同样要像美国那样进行严格的安全检查。正因为这样，上海浦东机场也对飞往美国的旅客的行李进行开箱、开包检查。这同样是浦东机场从未有过的。

在"9·11"事件之后，美国总统布什要求各州州长向全国 420 个商业机场调派国民警卫军，以加强安全，经费由联邦政府负担。布什总统说，美国全国有 6 000 名国民警卫军在各个机场巡逻。从 11 月 9 日起，布什总统又宣布，增派 2 000 名国民警卫军到全国机场，进一步加强机场保安，以吸引民众在感恩节乘坐飞机。布什总统宣称，这一措施是美国政府帮助民众恢复对航空旅行信心的一部分。

在发生"11·12 空难"之后，布什总统强烈呼吁国会尽快通过加强航空安全的议案。

在中国人看来，几乎不可想象的是，美国机场的安全检查工作向来是由私营保安公司经营的！

在讨论加强航空安全议案时美国众议院仍建议由私人公司负责机场的行李检查，而参议院则要求由联邦政府人员接管这一工作。

最后通过的法案，决定扩大联邦政府在机场安全保卫工作中的责任和权力，联邦政府将在未来一年内雇用 2.8 万人，负责机场安全检查和行李扫描工作，以取代目前由私营安保公司负责的检查。

法案还规定，对旅客的行李进行百分之百的严格检查，尽最大可能杜绝劫机危险。搭乘美国民航班机的乘客将在购买机票时，为改善安全的新措施付出一小笔额外的费用。

法案规定，空中执法人员有权拦截可疑分子，飞机驾驶舱的舱门应该进一步加固。飞机驾驶员有权携带武器上驾驶舱。

布什总统指出："我们采取永久性和积极的步骤，改善我们航空公司的安全。9 月 11 日的恐怖攻击事件是要求我们采取行动的一个信号，国会现在已有所回应。"

正是美国作出了加强航空安全检查的规定，中国机场对飞往美国的航班也相应执行。

那长长的队伍，慢慢开始蠕动。特别是昨日又发生"11·12 空难"，今日浦东机场的安全检查更严格了。不仅所有随身携带的手提行李要打开细查，就连托运

的箱子也必须打开检查。

开包检查手提行李，反正只是一个小包、小箱，倒也不算麻烦。只是让人打开检查，心中有股不舒服的滋味。不过想到机场安全检查人员也是为了广大旅客的安全，那种不舒服的感觉就消失了。

我和妻总共托运三只大箱。每只箱子，都用箱绑带呈"十"字扎好。如今逐一解开带子，逐一打开，深感麻烦，却又不能不这么做。所幸我事先已经知道到机场要开箱检查，所以每只箱子都没有塞得满满的，以免检查时上下一翻，箱子就合不上。

当我打开了第一只箱子，让安检人员检查时，出现了"意外"：箱子里放着几本我写的书，是打算去美国时送文友的，书的封面上印着我的照片。年轻的安检员一看，认出我来了，居然一挥手："叶先生，放行！"于是，我的另外两只准备托运的大箱，也就不必打开了！

后来，我到了美国，见到美国机场的安全检查虽然非常严格，但是对托运的行李只用 X 光扫描，并不开箱检查。这表明上海浦东机场的安检制度比美国更加严格。

我推着小车来到办理登机手续的窗口，发现那里既写着美国西北航空公司的航班号，也同时标着中国国际航空公司的航班号："NW5985，CA985"。

中国国际航空公司（CA）的航班号，只比美国西北航空公司（NW）的航班号少了一个"5"字。

原来，美国西北航空公司与中国国际航空公司签订了合作协定。如果谁的航班旅客不多，两家公司可以合并为一个航班飞行。这一回，我便遇上美国西北航空公司把自己的航班，并入了中国国际航空公司的航班。这样，我所乘坐的美国西北航空公司的"NW5985"航班，也就变成了中国国际航空公司的"CA985"航班。

我顺利地托运了大箱子，并且换好了登机牌。这时，我回头一看，等待安全检查的队伍变成了长蛇阵！

后来，我到了美国，才知道在"9·11"事件之后，美国不仅加强了对于旅客的安全检查，而且美国联邦航空管理局颁布了条令，规定所有的航空公司需对自己的航班进行彻底的检查，仔细监督那些能接近飞机的工作人员。

每天早晨，在乘客还没有登机前，航空公司的人员必须检查舱顶上的箱子、储蓄室、机上厨房、垃圾容器、储藏箱、座位背部、座位口袋、座位下方和坐垫以及乘客舱和飞行甲板的其他隔间。座位下的每个救生背心都得取出来进行检查，看看是否有被人摆弄填充的迹象。

如果发现飞机上有任何威胁安全的蛛丝马迹的话，那么，就必须进行重复搜查。这种例行检查还要求每一架前往美国的商业飞行的飞机履行这类安检手续。据悉,这些安检手续还规定每天至少一次应对民航班机里外进行彻底的搜查。

与此同时,航空公司必须严格检查货舱和所有的服务门以及机身外面的舱口盖。航空公司必须二十四小时不间断地监视服务人员,诸如食物配送职员,检查他们的身份,检查他们的工具箱和个人的物品。

机场每个雇员必须接受浑身上下的金属探测仪检查。雇员们的个人物品也必须由安检人员一一检查。机组人员也必须由航空公司的代表进行验证检查。

联邦航空管理局局长简·加维还下令对航空公司和机场的100万雇员的背景进行调查,以尽快清除这些雇员中的可疑分子。

毕生难忘的风险飞行

这一回从上海浦东飞往美国旧金山,是我毕生难忘、风险极大的飞行。

我从登机口走过空桥,进入机舱。在机舱进口处,放着一大堆当天的报纸。我是一个喜欢看报的人,随手把六七种报纸各拿了一份。

站在机舱口欢迎旅客的空姐,黑头发、黄皮肤、黑眼珠,表明这是中国国际航空公司的航班。然而,在我前面、后面的旅客,都是黄头发、白皮肤、蓝眼珠的美国人。这是"9·11"事件之后的"特殊现象":美国人往返中国,特意选择乘坐中国航空公司的客机。因为美国人知道,乘坐中国飞机要比美国飞机安全得多——在"9·11"事件中,恐怖分子所劫持的全部都是美国客机。由于中国对世界各国都持友好态度,所以没有谁袭击中国客机。正因为这样,美国人以为中国客机安全。

这一回,我所乘坐的是"波音747"大型客机。中国国际航空公司的这一航班,是从北京飞往旧金山,途经上海。我进机舱的时候,只能坐后舱第三十四排,前舱、中舱的座位差不多都已经被在北京登机的乘客坐满。

坐定之后,我发现周围的乘客的表情都很严肃。机舱里一片雅静,听不见高声谈论,更听不见笑声。

很多人埋头于看报纸。

我也打开了报纸,醒目的大字标题闯入我的眼帘:

"纽约市区上演坠机惨剧,机上二百多人可能全部丧生"

"目击者称,坠机像炸弹爆炸一样"

"客机坠落在闹市,燃起一片大火"

"纽约空难,震惊联合国"

"纽约再度蒙尘,自由女神又一次落泪"

"难道是'9·11'事件重演?"

……

每一份报纸都刊登了好多幅昨日在纽约坠落的美国客机照片,有的照片上那架美国客机烈焰腾腾地燃烧,有的照片上则是满目疮痍的残骸碎片。

不言而喻,看着报纸上这样的空难照片,旅客们的脸怎么不个个绷紧呢?!

飞机在一片暮色中离开上海浦东机场。不久,进入一万多米高空。屏幕上显示,机舱外的气温剧降至零下五十三摄氏度。机舱内暖气开放,我脱去外衣,只穿一件衬衫外套一件马甲。

虽然我坐在紧靠窗口的座位,但是窗外一片浓墨色彩,无景可赏。我揿下椅子把手上的开关,点亮阅读灯,逐份细读当日各报。

我手上的一份报纸,不仅详细记述昨日纽约空难,而且刊登昨天失事的空中客车 A - 300 照片。报纸对空中客车 A - 300 进行了介绍:

空中客车 A - 300 是欧洲"空中客车"公司生产,于 1974 年 5 月正式投入运营。

A - 300 型飞机有 250 至 280 个座位,长 54.1 米、机舱宽 5.28 米、高 16.54 米,翼长 44.84 米,机舱面积 260 平方米,最大起飞重量为 165 吨,最大航程 7 500 公里,有两个发动机。这种飞机噪音小、耗油也少。在中、短距离客机中,它是波音飞机的主要对手。

这份报纸还历数最近几年空中客车型飞机的空难记录:

2000 年 8 月 23 日,海湾航空公司的一架 A320 客机在巴林附近海域坠毁,机上 143 人全部遇难;

2000 年 1 月 30 日,肯尼亚航空公司一架 A310 客机从科特迪瓦的阿比让起飞后不久坠入大海,机上 179 人中有 169 人遇难;

1998 年 12 月 11 日,泰国航空公司一架 A310 - 200 客机坠毁在泰国南部一个被洪水淹没的橡胶农场,机上 146 人中有 101 人遇难;

1998 年 2 月 16 日,中国台湾中华航空公司的一架空中客车在台北国际机场坠毁,机上 196 人和地面上 7 人遇难;

1997 年 9 月 26 日,印度尼西亚航空公司一架 A300 - B4 在从雅加达飞往棉兰途中在棉兰附近撞山，12 名机组人员和 222 名乘客罹难；

1994 年 4 月 26 日，中国台湾中华航空一架 A300－600 在日本名古屋降落时由于操作失误坠毁，机上 271 人中有 264 人遇难。

……

在飞行中看着这么一连串的空难记录，心中真不是滋味。

一篇报道用黑体字做了这么一行标题："距离举世震惊的'9·11'事件正好两个月，当天也是美国的公共假日——退役军人节。又一架美国飞机掉下来了！"。

不言而喻，报纸的编辑用这一标题向读者暗示，美国昨天发生的空难是恐怖分子所为。不过，在我看来，这一标题中还可以加上一句话："当天还是俄罗斯总统普京启程首次访问美国的日子。"

我注意到一篇题为《空难：纽约人首先想到恐怖主义》的报道，借用美国普通百姓的反应，点出对于纽约空难是恐怖分子所为的这一主题：

美航 587 次航班在纽约市皇后区坠毁，居住在布鲁克林区的纽约市民茶余饭后谈论的自然是这起恶性空难事故。虽然调查人员将注意力集中在机械故障，这些坐在"阳光酒吧"喝着咖啡和果汁的纽约人依然怀疑，恐怖主义在这起飞机失事中扮演了一定角色。

一位"阳光酒吧"的顾客盖洛德小姐告诉记者，她认为这起空难是恐怖主义行动引起的。她说，刚好两个月前，世贸中心遭到恐怖主义袭击。当人们将要从世贸灾难和炭疽热的恐慌中恢复之际，一架飞机又坠毁了，这绝不是巧合。

"阳光酒吧"的店主普莱斯说，9 月 11 日之后发生这种事故，使人很难不与恐怖主义联系起来。他说每天起床后，他都担心会有意外发生，没办法，整个纽约市已经陷入恐怖紧张中。普莱斯说虽然现在调查人员收集的证据初步显示这完全是"一起航空事故"，但他不相信这些"官方报道"。他说他的一位飞行员朋友告诉他，一般情况下飞机不会在起飞两分钟后因为机械故障而坠毁，机翼、引擎不会那样就脱落了。

普莱斯的反应在纽约市居民中很具有代表性。临近他的"阳光酒吧"的一家娱乐公司的老板道勒说，他相信这是恐怖主义的"作品"。他说，飞机没有按时起飞，一定被人搞了鬼。

第 88 警察局的警官尼昆在早上被调到空难现场执行任务，他说，人们得知这起空难后，头脑中马上想到的是恐怖主义行动，他们的第一反应几乎都是"不，不要再来一次"。实际上，9 月 11 日后，纽约人看待问题的角度都变了。如果感冒了，人们首先怀疑是否是炭疽热症状。乘坐地铁时，如果突然临时停车，大家都担心是否什么地方又遭恐怖袭击了。

联邦交通安全委员会调查人员初步认定，美航587次飞机失事主要原因是引擎故障，但并没有完全排除与恐怖主义有关的可能性。即使最后的结论依然是机械故障导致飞机坠毁，纽约人仍需要时间来说服自己，恐怖主义不是无孔不入，无处不在。

报纸对于发生空难之后处于"一级警备"的纽约以及各方反应，作了多方面的报道：

坠机事件发生后，纽约立即关闭了桥梁、机场、过海通道等，美国警方也马上派出直升机在纽约上空紧急巡查，同时纽约宣布进入一级警备状态。美国紧急事务处理官员立刻赶往飞机失事地点。五角大楼也宣布，战机已经升空，在纽约上空巡逻。

事故发生时，第五十六届联大正在纽约联合国总部召开。事故发生后，联合国马上关闭了位于该市的总部，但人员并未疏散。

联合国秘书长安南和正在参加联大会议的各国官员集体默哀一分钟，悼念此次事故的遇难者。

纽约市长朱利安尼在被问及他听到这个消息后作何感想时，他说："噢，我的上帝，噢，我的上帝，我刚刚从一座教堂来，我在那里参加了十个葬礼。"

朱利安尼已下令"第一级"紧急救灾行动，他表示坠毁飞机有两个失事现场，分别是飞机引擎坠落及飞机机身坠毁，地点均在住宅区。事故发生后，纽约市政府已在一座中学和小学内设立了抢救中心，两所学校当日都放假关闭。

美国总统布什的发言人称，布什是在9时29分得知坠机事件的，当时他正在与自己的国家安全顾问班子开会。事发后，布什取消了原定的会议，立即与幕僚就坠机事件进行紧急会晤，并密切关注事件的发展。

布什原本打算同塔吉克斯坦等国领导人举行会议，商讨阿富汗新政府的组成等问题。并准备接受美国和俄罗斯记者的采访，因为俄罗斯总统普京正在赴美访问的途中。据悉，普京将于美国时间傍晚左右如期抵达美国。

布什对纽约市长朱利安尼在事发后在地面所采取的救援措施表示赞赏，并对事故伤亡者的家属表示最深切的哀悼。布什表示联邦当局将尽一切可能提供所需的援助，联邦当局各主管部门负责人都已赶往现场，救援队伍随时待命。

布什呼吁美国人民不要惊慌失措,继续保持正常的生活、工作和度假计划。但是,他强调政府将保持最高的警惕。

英国首相布莱尔在得知纽约飞机失事后的第一时间里与美国总统布什通了电话,通话持续了25分钟。布莱尔在电话中向事件遇难者、美国人民、纽约市民以及布什总统表示慰问和同情。两位领导人还商谈了阿富汗的局势。布莱尔还向世人警告说,在掌握更多消息以前,人们不应胡乱猜测刚在美国纽约发生的坠机原因。

法国总理若斯潘在事故发生后不久发表声明,对载有256名乘客的美航客机在纽约坠毁的事件表示深切关心和极大的遗憾。若斯潘还向美国政府和纽约人民表达,他在这场新的考验中的团结一致和支持。在坠机事件后不久,若斯潘已经召集了紧急的部长会议,参加会议的包括国防部长理查德和法国陆军司令凯勒希将军。

联合国安理会现任主席、牙买加驻联合国大使杜兰特发表声明,表达联合国对坠机事件的"深切遗憾和极大的震惊"。

空姐送来晚餐。我见到装饮料的纸杯上,用中文印着广告:"燕京啤酒,人民大会堂国宴特供酒。"这种在中国司空见惯的广告,在飞往美国的客机上见到,倒给人一种亲切感。

晚餐后,本来一片寂静的机舱里,忽然响起了嘹亮的歌声。那是一群美国乘客,站在客舱的过道里,唱起了《祝福歌》。他们一唱,很多美国旅客也跟着唱,祈求上帝保佑,一路平安。

歌声给航行增添了生气。沉闷的气氛终于被打破。

窗外一片漆黑。旅客们纷纷关闭阅读灯。我也关上了阅读灯,戴起耳机。到底是中国的客机,我揿着坐椅把手上的按钮,在选择音乐频道时,居然发现有相声频道。相声的笑声使我忘记了昨日纽约空难的火光和血迹。我披上薄薄的灰毯,渐渐入眠。

大约是连日过于劳累,我沉沉地睡着。当我醒来的时候,窗外已经是朝霞灿灿,金色的旭日透过薄薄的云层,落在机舱里。这时,我清晰地看到,机翼上漆着"CHINA"以及红色凤凰图案,那是中国国际航空公司的标志。

我从舷窗往下看,在一朵朵白云下面,是碧波万顷的太平洋。从上海飞往美国纽约,已经开通了更为便捷的穿越北极直抵纽约的航线。不过,从上海飞往旧金山,仍然是飞越太平洋。这时,正在越过百慕大上空。从飞机上俯瞰,也是汪洋一片,并无神秘的色彩。

空姐送来中式早餐,居然有咸菜、天竺笋、稀饭,还有热茶。这样的中式早餐,

在美国客机上是绝对吃不到的。

早餐后,窗外已经是万里晴空。太平洋在阳光下,泛着细细的波纹,显得那么"太平"。

客机以每小时一千公里的速度朝旧金山飞行。

空姐给我送来美国的入境卡,这表明离旧金山已经不远了。我看了一下手表,发现表上的时间是凌晨1时半,而日历数字已经转到"14"。我明白,表上依然是北京时间。我赶紧把手表倒拨,改为美国西部时间:日历数字倒退到"13",时间改为上午9时半。这是因为旧金山比上海"落后"16小时。

飞机到达旧金山的时间预计为当地时间13日中午12时,也就是北京时间凌晨4时。飞机是在北京时间13日下午5时离开上海,在空中作了11个小时的漫长飞行。

机翼下终于出现海岸。海岸与大海之间,是一道白线——那是海浪冲击海岸所激起的一大片白沫。

紧接着,出现成片的房屋,出现横卧在清波之上的长长的海湾大桥,出现红棕色的金门大桥。

哦,又见旧金山!

飞机提早十分钟到达旧金山。当飞机的轮子平稳地落在旧金山机场的跑道上那一刹那,乘客们不约而同地鼓掌,机舱里顿时响起长时间的热烈掌声!

我乘过那么多趟飞机,从未见过乘客们在飞机落地时鼓掌。

这热烈的掌声,是对这次不平常飞行的安全结束的庆贺。

昨日纽约空难的阴影,在掌声中一扫而光。

原本满脸愁云的乘客,此时笑口大开。热情的美国乘客甚至互相接吻。

乘客们下飞机时,那印着昨日纽约空难照片的报纸,被遗弃在座椅上。

中国空姐春风满面,在舱口向每一位乘客鞠躬,道一声再见。

我,终于结束了这次难忘的漫长的飞行。

非常时期的旧金山

处处飘扬星条旗

在中午 12 时半,当我和妻走出旧金山机场新盖的机场大楼,不见儿子和儿媳。这是预料之中的事。因为我听说"9·11"事件之后美国入境也要排长队等待检查,尤其是对外国人入境检查更严格,所以事先给他们发 E-mail,请他们在下午 1 时或者 1 时半来旧金山机场接我们,以免久等,浪费时间。

然而,完全出乎意料,旧金山机场对我们一路放行,检查了一下我们护照上的签证之后,啪的一声就在入境卡上盖了大印,给我们六个月的居留期。

接着,我们领取托运的三个大箱子,美国海关只用 X 光机扫描一下,就全部过关了。

我在美国入境那么顺利,因为我是中国人。据说,美国对于来自中东的外国人,入境时检查就很严格,不仅要加以盘问,有的甚至要开箱检查。

在旧金山机场,我看到许多穿迷彩衣的军人在持枪巡逻。这是过去从未见到的。机场警察也明显增多。

我和妻在机场出口才等了几分钟,就见到儿子、儿媳高喊着"爸爸、妈妈"飞奔而来。他们一边喘着气,一边说:"还好,我们提早来了!"

上了轿车,这一回由儿媳开车。从旧金山机场,到海湾对面的阿拉米达小岛,轿车要在高速公路上行驶四十多分钟。

记得,我和妻是在 2001 年 1 月 21 日离开旧金山的。如今,相隔不到十个月,我们又来到了旧金山。

在这十个月中,旧金山依旧。但是,我很快就注意到前面那辆轿车,后窗玻璃上贴着一面星条旗。我一回头,后面那辆轿车的车头,飘扬着一面星条旗。

在高速公路上,形形色色的汽车,形形色色的挂起星条旗。有的挂在车头左边,有的挂在车头右面,有的干脆插在车顶上,有的在前窗玻璃

星条旗安全帽

上贴星条旗,有的在车身上贴星条旗。大货车在车厢上漆星条旗。这些星条旗,小的只有巴掌那么大,大的刷满整个大货车的车厢。

沿途,我还见到家家户户挂星条旗。有的把星条旗插在大门之侧,有的插在门口的草坪上,有的插在阳台的栏杆上,还有的贴在大门上、窗玻璃上。

我仿佛陷入了星条旗的海洋之中。

星条旗(the Star-Spangled Banner)是美国国旗,旗面左上角为蓝色区内有九排五十颗白色五角星,以一排六颗、一排五颗交错。区域以外是十三道红白相间的横条。五十颗星代表美国五十个州,十三道横条代表最初在美国独立宣言上签字的十三个州。对于星条旗的颜色的解释为:红色象征勇气,白色象征自由,蓝色则象征忠诚和正义。

星条旗象征着美国的尊严。美国人在任何时候和任何场合都要保持对国旗的崇敬。规定任何物体和徽章都不得置于国旗之上,也不得将国旗挂放在肮脏之处。美国许多州专门制定有关法律,规定了对国旗的礼节:着便装的戴帽者,用右手将帽子摘下,举在左胸前;未戴帽者,以立正姿势对国旗行注目礼;穿军装者,则行军礼。

美国人本来就十分强调爱国主义,强调热爱自己的祖国,每逢节日喜欢到处挂国旗。然而,眼下并非节假日,星条旗却明显地比往常节日更多了!

儿子告诉我,在"9·11"事件之后,美国人就处处挂起了星条旗。

对于美国来说,恐怖分子发动"9·11"袭击,等于不宣而战。在"9·11"事件之后,美国全国处于非常时期,处于战争时期。

美国总统布什在"9·11"事件之后,一次又一次发表演说,号召全国人民同仇敌忾,团结一心,高举爱国主义的旗帜,与恐怖分子展开殊死的斗争。

纽约的一位朋友告诉我,有人根据布什总统的演说精神,倡议在美国全国开展"国旗行动"。

所谓"国旗行动",那就是"每个家庭挂一面国旗,每辆汽车挂一面国旗"。

星条旗是美国的国旗,旗帜上的五十颗星,象征着美国的五十个州。国旗是国家的象征。实行"国旗行动",为的是振奋美国的民族精神,加强美国的爱国主义教育。

"国旗行动"得到美国全国人民的热烈响应。短短一两天之内,美国超级市场里的星条旗,一下子卖光了。在9月11日那一天,美国最大的零售商沃尔玛就售出了11.6万千面国旗。在2001年9月、10月这两个月,美国国旗的需求量是过去的100倍!

美国赶紧大批生产星条旗。

我这回刚到旧金山,第一印象就是这"国旗行动"——"每个家庭挂一面国旗,

每辆汽车挂一面国旗"。

旧金山大都是独家独院的别墅式房子。偶然路过几幢公寓大楼,见到每一层的阳台的白栏杆上,都贴着星条旗。尽管各家的星条旗大小不一,但是全楼家家户户都这么贴着星条旗,确实反映了美国人在这非常时期所表现出来的爱国热情。尤其美国是一个移民国家,国民来自不同民族,能够都这样热爱美国,是不容易的。

到家之后,尽管经过长途飞行有点累,但是这时候却不能睡,因为马上睡觉不利于克服时差。儿子赶回公司上班,儿媳开车陪我们去附近超级市场。

轿车刚刚开出车库,我见到隔壁的一家理发店,那玻璃门后居然插着一面颇大的星条旗,那气派看上去仿佛是美国政府的一个办公室似的。

步入超级市场,迎面就是上百面大大小小的星条旗。这些星条旗,是作为最畅销的商品,陈列在最显要的位置。小的星条旗三四美元,大的十美元或者二三十美元。

这里还出售各种纸质星条旗,小的才笔记本那么大。这些星条旗的正面或者背面刷了不干胶,只要揭下那层蜡纸,就可以粘在玻璃或者墙上。那些贴在汽车车窗或者家中阳台上的星条旗,就是这种超市畅销商品。

在中国,有《国旗法》,规定国旗只能在庄重的场所悬挂。美国法令也有这样类似的规定:

1. 在行进队伍中,国旗与其他旗帜一起举起时,应位于所有旗帜之前,并在正中;
2. 国旗与一面旗帜交叉摆放时,应位于左侧,旗杆在前;
3. 国旗与另一面旗帜同举时,应位于右侧;
4. 国旗竖挂时,星区在上;
5. 国旗与州旗、市旗或其他团体旗帜同挂在一条旗绳上时,应位于顶端;
6. 在任何会场,国旗应位于第一排的右端;
7. 国旗与其他旗帜一起悬挂时,应位于中间,并高于其他旗帜;
8. 国旗悬挂在街道上空时,星区应朝北或者朝东;
9. 在讲坛上,国旗应位于发言者的右侧;
10. 国旗铺放在灵柩上时,星区应位于死者的左肩上方;
11. 国旗挂在汽车上时,应牢固地固定于车身。

1942年美国制定的法令规定,美国人对国旗宣誓时,应取立正姿势,右手郑重地放在左胸前,以示对国旗的崇敬。誓词是1892年由美国《青年伴侣》杂志社的编辑弗朗西斯·贝拉米写成。誓词全文是："我宣誓忠实于美利坚合众国国旗,忠实于她所代表的合众国——苍天之下一个不可分割的国家,在这里,人人享有自由和正义。"

尽管美国对于悬挂星条旗有这么多的规定,但是美国老百姓"自由"惯了,也就"百花齐放",以各种各样方式把星条旗挂在或者贴在各种各样的地方。

美国的"国旗行动",完全出于百姓自发。

我在美国采访,用照相机拍下形形色色的"国旗行动":

在阿拉米达小岛一家快餐店就餐时,我见到一位黑人妇女包着一块星条旗头巾。我问她可否拍照? 她非常乐意,摆好姿势,让我拍照。

我在纽约世界贸易中心大厦遗址前,为死难者签名悼念时,发现我的右侧一位扎着星条旗头巾的男子也正在签名。我赶紧把他摄入镜头。

我在纽约百老汇大街一家商店,见到一位美国老年男子系一条星条旗领带,连忙从挎包中掏出照相机。当我摆弄好镜头,他却从我的视野中消失了。我不免有点遗憾。然而,后来我从旧金山飞往西雅图时,乘坐美国阿拉斯加航空公司航班,一上飞机,发现所有的空姐全都系着星条旗领带。征得空姐的同意,我终于拍到了满意的照片。

911之后几年天佑美国标语仍在

在纽约第六大街,我正在拍照。一回头,见到一位男子,身穿星条旗衬衫也正在拍照。我跟他说希望拍一张合影,他欣然同意,而且在拍照时特地跷起了大拇指。

在街头,我也看到穿星条旗短裤的美国人。由于不大雅观,我没有摁下照相机的快门。

居然还有穿星条旗礼服的新娘呢,上面穿蓝地白星紧身衣,下面着红白相间长条裙。我没有机会拍到这样的"星条旗新娘",在加拿大时却偶然见到当地一份报纸上刊登她们的大幅照片,便连忙用照相机翻拍下来。

在纽约华尔街,我刚刚用照相机拍完用灯光星条旗装饰的证券公司大楼,却在大楼旁边的一家西餐馆里,见到一只枕头大小的长方形蛋糕,上面用红、蓝、白三色奶油绘成一幅星条旗。我当然不会放过这罕见的"星条旗蛋糕",马上摄入镜头。

在旧金山老人公寓,我见到老人在自己的房门上粘贴了小小的星条旗,反映了老人们的爱国心愿。

在旧金山唐人街,用了整整一面墙,漆上一幅硕大的星条旗,上面用中文写着四个大字:"天佑美国"。

在纽约,我见到一幅广为流传的摄影作品:前景是一扇玻璃被打碎了的破窗,后景是冒烟的世界贸易中心大厦废墟,而画面正中是一面垂落的星条旗。这幅摄影作品形象地勾画出"美国受伤了"的主题。

在纽约繁华的时代广场,巨幅灯光广告牌上,不时闪现鲜艳的星条旗。2002年元旦到来之际,50万人聚集时代广场,齐放红、蓝、白三色气球,表达自己对新年的祝愿。红、蓝、白三色,正是美国国旗的"基本色"。

我见到的最大的一幅星条旗,是刷在跟足球场差不多大的长方屋顶上。那座大楼邻近西雅图机场。当飞机从西雅图机场起降时,旅客们就可以从空中见到这幅硕大的星条旗。

在美国,尽管百姓们用各种各样的形式在各种各样的地方张挂国旗,但是绝不允许焚烧国旗。

1984年,共和党在达拉斯举行全国大会。詹森等大约一百名反对里根当局的示威者,在大街上游行并高呼政治口号。当示威者来到市政厅门前,詹森接过一面美国国旗,使之浸上煤油并开始焚烧。示威者一边焚烧,一边欢呼歌唱:

美国红、白、蓝,
我们对你吐痰。

后来,詹森因焚烧国旗而违反了德克萨斯州的有关法律,被州法院判服一年监禁和两千美元罚款。

"9·11"事件之后,美国的"国旗行动"使星条旗成为美国人民爱国主义精神的象征。

纽约空难扑朔迷离

我来到旧金山之后,打开电视、打开报纸,连篇累牍的新闻仍是 11 月 12 日发生的纽约空难。朋友们聊天的话题,也总是涉及这次空难。

我到达旧金山的当天,中国国家主席江泽民就纽约空难致电美国总统布什,对遇难者表示哀悼。

江泽民的电文如下:

总统先生:

我昨晚与你通电话后不久,便惊悉美国一架客机在纽约失事,造成重大人员伤亡和财产损失。我对此深感悲痛。我谨代表中国政府和人民,向你并通过你,向美国政府和人民表示深切慰问,对遇难者表示哀悼。

纽约空难的遇难者有美国人,但多数是多米尼加人。多米尼加人这么形容这次纽约空难,"对于我们来说,11 月 12 日这一天比 9 月 11 日那一天更糟糕"。

多米尼加共和国是加勒比海岛国,离纽约不远。50 万多米尼加人在纽约打工。他们是纽约市内最大的外国移民群体之一,多米尼加移民们不断往返于美国最大的城市纽约与故乡多米尼加之间。纽约空难使他们在乘飞机往返于纽约与多米尼加之间提心吊胆,战战兢兢。

多米尼加共和国政府在 12 日宣布,全国为 260 名纽约空难遇难者哀悼三天。

在诸多遇难旅客之中,人们最为感叹的是 26 岁的多米尼加姑娘希尔达·约兰达·马约尔。

她是来自多米尼加的移民,已经获得了美国公民身份。她原本在纽约世界贸易中心大厦第一层一家餐馆内工作。在"9·11"事件中,她迅速逃离世界贸易中心大厦,有幸躲过了那场劫难。

失业多日的她,在 11 月 12 日上午踏上了飞回多米尼加共和国首都圣多明各的美洲航空公司 587 航班,竟然是踏上了死亡之旅!

她,逃过了"9·11"浩劫,却在"11·12"空难中丧生!

马约尔的母亲得知噩耗,痛哭不已,再三再三地重复一句话:"她是我的最爱。"

这次纽约空难,使美国保险公司业继"9·11"事件之后再度面临严重打击,保险公司为这次空难付出的理赔金额高达 10 亿美元。

当然,受到打击最大的还是航空业,真可以说是雪上加霜!

纽约空难越发加深了美国民众对于乘坐飞机的恐惧感。"9·11"事件之后已经迅速减少的美国飞机乘客,又一次减少! 美国航空公司更加难以维持。

美国航空业在 2000 年全行业总盈利为 26 亿美元,而美国九大航空公司在"9·11"事件之后亏损高达 24.3 亿美元!

其中损失最重的是美国联合航空公司,在"9·11"事件之后损失高达 11.5 亿美元,每天损失 1 500 万美元;美洲航空公司在"9·11"事件之后的亏损总额为4.14 亿美元,为其 75 年历史上损失最为惨重的一年。然而,这次纽约空难失事的又是美洲航空公司的客机,使这家航空公司面临倒闭的危机!

在投资市场,大众对航空业的投资信心几乎滑到崩溃的边缘。"9·11"事件以后,航空业股票价格跌幅已经高达百分之四十,而这次纽约空难又使美国航空业股票大跌百分之十!

令人不解的是,纽约空难发生之后数小时,坠机航班"587"竟然成为美国新泽西州的彩票幸运号码,吸引数千彩民争相购买。新泽西州"Pick-3"彩票的玩法是只需拣选三个号码,结果不单事有凑巧开出五号、八号和七号,而且售出的中奖彩票更多达 27 829 张,每张中奖彩票的派彩是 16 美元。另有些下注人士也以这三个号码来下注其他类型的彩票,连同这些中奖彩票的中奖彩金,派彩的金额超过100 万美元。

当人们从纽约空难的阴影中走出,很快地,人们关注的焦点,不再是纽约空难究竟死了多少人,而是纽约空难发生的原因:究竟是飞行事故,还是恐怖分子新的袭击?

最初,美国国家交通安全委员会调查人员提出:纽约失事飞机引擎损坏是否由于飞鸟撞入所致?

这是因为美国国家交通安全委员会经过检查,美洲航空公司坠毁的 587 次航班坠毁的原因是"灾难性"的引擎失灵,而不是恐怖分子的破坏。

美国国家交通安全委员会调查人员指出,飞行物体撞入飞机引擎是导致飞机失事常见的原因。1995 年,美国空军空中预警控制系统(AWACS)侦察机由于在起飞时引擎吸入四只野鹅而坠毁,机上 24 人丧生。

他们还指出，纽约肯尼迪国际机场靠近牙买加湾，那里聚集了许多海鸥、野鹅和其他鸟，它们是受到联邦政府保护的沼泽鸟类。

另外，根据美国联邦航空管理局的记录，在过去的十多年时间里，肯尼迪机场至少有726只鸟或其他动物撞到飞机。而这次失事航班起飞所用的31L跑道发生的事故最多，共有139起，其中至少62起与海鸥有关。其他被撞的动物还包括猫头鹰、云雀、麻雀、家鸽、猎鹰和长耳大野兔。

美国国家交通安全委员会关于机场飞鸟造成纽约空难的猜测，很快被肯尼迪机场所否定。

纽约肯尼迪机场发言人明确地指出，11月12日出事时，机场上空没有什么鸟。另外，经过仔细调查，在客机引擎内部并没有发现故障。这意味着，引擎发生故障的说法是不正确的。

于是，调查的重点集中到飞机的直尾翼和方向舵。事故发生后，垂直尾翼和方向舵掉在牙买加湾，而飞机的其他部分却落在了昆斯区，这种情况很罕见。

调查人员最为关心的是，为什么飞机的直尾翼和方向舵会在飞机起飞后仅仅几分钟的时间就从机体分离？

失事飞机驾驶舱的黑匣子被找到，经过细细检查，声音记录表明，从引擎发动到飞机坠毁，只延续了二分二十四秒。

开始时一切正常，飞机由副驾驶员驾驶。

一百零七秒：飞机在跑道上加速起飞时传来嘎嘎声，听到机体结构摇晃发出的咔哒咔哒的声音。过了十四秒，又听见嘎嘎一声；

一分五十四秒：机长说了句"飞机遭遇尾波"；

二分零一秒：第二次响起咔哒声；

二分零七秒：正在驾驶飞机的副驾驶员要求将飞机动力开到最大；

二分二十四秒：机舱内声音消失。

调查人员听取了驾驶舱声音的录音之后说，这表明客机的副驾驶一直对飞机实行有效的控制，他们没有听到在飞机坠毁前驾驶舱里有任何绝望的叫喊。因此，他们认为此次纽约空难是恐怖袭击的可能性很小。

调查的重点最后集中在机长所说的那句"飞机遭遇尾波"。专家们据此推断，失事客机坠落的原因是"遭遇尾波"，也就是"遭遇尾流"。

所谓"尾流"，也就是前面一架飞机刚刚飞过，机尾之后在空中形成一股强大的气流。

专家们指出，失事的587次航班是在日航客机起飞后二分二十秒后起飞的。后来经过细查，又进一步指出："事实上，它们起飞的时间间隔只有一分四十五秒。"

他们认定，先于587次航班一分四十五秒起飞的日航飞机可能是"罪魁祸首"。

根据国际标准，一架飞机起飞至少两分钟后，另一架飞机才能起飞。但是，11月12日，当日航一架波音747客机刚从肯尼迪国际机场起飞一分四十五秒后，美航587次航班就"迫不及待"地紧跟其后冲上了天。

调查人员说，根据驾驶舱通话记录，587次航班的一名飞行员曾说，飞机"遭遇尾波"。这个尾波很可能是刚刚起飞的日航飞机造成的。当时，日航飞机在587次航班西北上方244米，距离只有6公里，这一数字大大低于航空安全距离标准。

这样，美国国家交通安全委员会官员指出，根据控制塔的雷达数据，飞机尾流是造成事故的原因。前面飞机的尾流导致了587次航班垂直尾翼和方向舵脱落。这样，他们作出了"此次坠机事件与恐怖分子无关"的结论。

尽管如此，许多人仍以为，纽约空难不能排除恐怖分子所为的可能性。特别是俄罗斯航空专家指出，根据美国发表的关于纽约空难的种种资料，没有充分的证据表明是"尾流"或者机械事故，因此恐怖分子进行破坏的可能性仍然存在。

有人指出，美航第587次航班原定于美国东部时间上午8时40分从纽约肯尼迪国际机场起飞。但是，后来推迟到上午9时14分才起飞，究竟是什么原因如此延误？另外，美国专家们最初说失事的587次航班是在日航客机起飞后两分二十秒后起飞的。后来改口说是离日航飞机起飞的时间间隔只有一分四十五秒。因为根据国际标准，两架飞机的起飞间隔最少是两分钟，最初宣布的两分二十秒是符合标准的，而后来所称的一分四十五秒才是不符合标准。

还有人指出，事故发生在纽约，符合恐怖分子寻找一个引发世人瞩目地点的思考方向，加上事先又没有来自机上关于事故意外的通报。所以综合来说，恐怖行动的可能性高。拉登知道，在美方握有强势武力与制空权状况下，阿富汗战争显然赢不了美国，所以开辟美国内部战场。当美国民心丧失，反战意识高涨，如同越战经验，显然战事就会出现强大阻力，因此纽约空难不能排除恐怖分子袭击的可能性。

更有人指出，美国政府力避把纽约空难跟恐怖分子袭击联系在一起，担心这样会影响民心、军心，影响阿富汗战局。

纽约空难的真正原因，至今仍扑朔迷离。也许，永远是一个谜。

美国的新课题——"本土防卫"

来到旧金山之后，理所当然要去看看金门大桥。虽然我已经多次到过那里，但是前些天听说恐怖分子要炸金门大桥,使得旧金山形势骤然紧张,所以我要去金门大桥看个究竟。

我对旧金山已经"熟门熟路"。那天,我和妻从奥克兰乘地铁前往旧金山市区。在纽约,称地铁为"Metro",而在旧金山则叫"BART",即"湾区捷运系统"英文的开头字母的缩写。

我在奥克兰十二街竖着白底蓝字的"BART"牌子的地铁口,乘卷扬电梯下去。我把五美元纸币塞进自动售票机,出票口就吐出一张磁卡,可供从奥克兰至旧金山市场街往返。

我在这条地铁线路上,曾经往返多次。这一回,看上去跟平常一样。乘客不算很多,不仅每位乘客都有座位,而且还空了许多。一位小伙子推着自行车上了地铁——在旧金山,是允许自行车在交通高峰时间以外上地铁的。

地铁开动了。忽然,一位人高马大的黑人,穿一身警服,腰间佩着手枪,手中拎着警棍,从车厢中间的过道走过。他一边走,眼睛一边左右扫描,审视着每一位乘客。过去我在旧金山乘地铁,从来没有看到过警察巡视车厢。

不言而喻,在"9·11"事件之后,美国加强了警力,加强了防备。

我不由得记起,前几天在阿拉米达小岛的美国国家银行旁边,就看见两位全副武装的国民自卫队队员在那里巡逻。这也是过去从未见到的。

后来,我在美国许多地方,都看见不时有警察或者国民自卫队在巡逻。特别是在纽约街头,穿黑灰色警服的警察随处可见。

我不由得想起女作家冰心所讲的一个有趣的故事:

> 我记得有一次医生给我家人看病,病人正在发烧,医生就给化验了白细胞,说是白细胞太高了,一定是身体里有地方发炎。
>
> 我家的孩子就问:人身上的白细胞是怎么回事?为什么身体里有地方发炎,血液里的白细胞就会增多?
>
> 我回答不上来。我请医生解答,医生说了一大堆医学术语,连我都听不明白。
>
> 我请教我的朋友、著名科普作家高士其,他笑着告诉我的孩子:红细胞好比一个国家的老百姓,白细胞就像国家里的军队和警察,是专政的工具。在健康的情况下,白细胞只需要保持一定的数量,就够了;白细胞多了,说明'国家'不稳定,有敌人来侵犯或者内部发生动乱,于是军队就出来抵抗,警察就出来镇压。人身上长疮、发炎、化脓,这脓就是在和病菌作战中壮烈牺牲的白细胞。
>
> 经高士其用生动的比喻讲清科学道理,孩子听得很有兴趣,我也听得很

有兴趣,从有趣的比喻中懂得知识。这可以算是形象思维。

其实,高士其的比喻,也可以倒过来用:"9·11"事件表明恐怖分子入侵美国,美国"发烧"了,"白细胞"——军队和警察也就明显增多了。

本来,美国人相信"进攻是最好的防守"。美国一直在国门之外东征西讨,扮演"世界警察"的角色,没有人敢于侵犯美国本土。

美国一直认为,"本土防卫"是弱势国家十分重视的问题,作为世界上唯一的超级强国,美国本土是世界上最安全的地方。

正因为这样,过去在美国连交通警察都难得看到。"9·11"事件完全打破了美国本土最安全的神话。美国从"9·11"事件汲取深刻的教训,加强本土的保卫。

用美国《国际先驱论坛报》的话来说,美国的安全专家正在把美国构筑成一个"戒备森严的新型国家"。

本土防卫(Homeland Defense),正成为美国的热门课题。

为了加强美国的"本土防卫"工作,总统布什在国会发表演讲时,承诺采取防御性措施,专门建立内阁级别的"美国国土防卫署",并任命原宾夕法尼亚州州长汤姆·里奇执掌该部门。

里奇曾就读于哈佛大学,并取得了政府研究学士和法理学博士的学位。里奇于1994年当选宾夕法尼亚州州长,1998年获得连任。里奇的主要政绩是在社会福利制度和死刑程序等方面的改革。他曾经两度被认为是共和党总统候选人的主要竞争者。

另外,美国全国城市联盟发布了一份有关美国465个城市的调查报告,宣称已经有一半以上的美国城市制定好防范恐怖袭击的计划。其中超过十万人口的城市,百分之八十五做好了防范恐怖袭击的计划。这表明,"本土防卫"工作已经在美国大规模展开。

下了地铁,我转乘公共汽车。大约乘了半个小时,就直抵金门大桥。

那天风和日丽,红棕色的大桥沐浴在金色的阳光之中。平常,在这样的日子,金门大桥游人如蚁。然而,那天金门大桥四周却冷冷清清,门可罗雀,只有七八个游客而已!

我想看个究竟,便和妻从金门大桥的南端一直走到北端。桥上车辆川流不息,如过江之鲫。可是,除了一对挂着照相机的美国夫妇在我们后面慢慢地跟着之外,桥上游人寥寥无几。

在桥上走着、走着,我看见一位头戴橄榄形头盔、全副武装的警察,正骑着自行车迎面而来。我眼快手疾,当警察的自行车从我的面前驶过时,咔嚓一声被我摄入镜头。原来,美国警察骑自行车巡视大桥,保卫大桥,这倒是一个好办法,也

"9·11"后旧金山游船上游客稀少

是美国"本土防卫"的体现。

来到桥中央,正巧,一艘游轮从桥下驶过。我也坐过这种游轮。那是从渔人码头上船,在旧金山海湾里兜了一个大圈,钻过金门大桥,掉头,再过金门大桥,返回渔人码头。往日,在渔人码头上船时,游人要排长队。上船之后,船顶上的长椅坐满游客。然而,那天我从桥上俯视,船顶坐椅上竟然空无一人!至于船舱内有多少游客,虽然看不见,但是可以断定,不过"小猫几只"罢了……

过了桥中央,又见一位警察骑车而来,又一次被我"抓拍"。这位警察很客气,还朝我招招手。

我看了一下手表,从金门大桥南端沿大桥走到北端,需要半小时。返回时,又是半小时。

金门大桥乃旧金山第一景,游客尚且如此稀少,美国旅游业在"9·11"事件之后的清冷可见一斑。

旧金山市区依旧那么繁华,没有明显的战争气氛。虽然如此,为了使美国成为"戒备森严的新型国家"的种种努力,"本土防卫"正在悄然进行。

美国一些重要城市的上空,正在被划为禁空,禁止商业飞机飞越。一旦飞越,就予以击落。"本土防卫"专家们以为,如果早就把纽约曼哈顿上空列为禁空,就不会发生客机撞击世界贸易中心大厦的悲剧——因为客机在被劫持的情况下一

进入曼哈顿上空,就会被击落。

就在我离开旧金山不久,发生在金门大桥的一桩偶然事件,表明了美国对于旧金山金门大桥的戒备是何等森严。

那是 2002 年 1 月 31 日,当地时间下午 5 点左右,金门大桥的工作人员和驻扎在大桥的国民警卫队发现两架小型飞机飞近大桥。其中一架在桥塔附近盘旋,另一架跟在后头。

美国空军两架 F-16 战斗机当即升空,拦截的两架小型飞机!

幸好,美国联邦民航总局随即确认,这两架飞机没有在大桥上方的限制空域。因此,美国空军两架 F-16 战斗机也就没有朝小型飞机开火。

所谓“限制空域”,也就是空中禁区。

两架飞机迫降于一个叫半月湾的地方。

旧金山金门大桥国民警卫队的军官表示,他们作出这样的反应是有根据的,因为这两架飞机似乎进入了限制空域,而且飞行的方式很可疑。

加利福尼亚州国民警卫队的奈特中校则指出:“他们显然在做什么不该做的事,他们当时在他们不应该在的区域。”

守卫金门大桥的国民警卫队以及美国空军如此迅速作出反应,表明他们对于金门大桥确实非常严格。

就在旧金山金门大桥发现可疑小飞机的前一天,在旧金山又发生一件突发事件。

那是 2002 年 1 月 30 日,当地时间上午 8 时多,美国旧金山国际机场紧急疏散旅客,一时间气氛非常紧张。

那是机场的安全部官员在对美国联合航空公司一个航班乘客进行安全检查,在一名乘客的鞋内发现爆炸物残渣。当安全部官员要对这名男子进行询问时,这才发现他已经消失在人群中。

为了搜查这名可疑男子,旧金山国际机场 69 个候机室出口全部紧急关闭。上千方案被紧急疏散。

后来,终于找到了另位旅客,他说,他可能仅仅是在无意间接触了炸药,以至于在鞋底留有痕迹,而他并没有携带任何炸药。

这名男子被留下接受审查。整个机场经过两个多小时的忙乱,这才终于正常发送航班。

这两桩在旧金山发生的突发事件表明,美国如今对于可疑迹象的反应非常迅速,确实已经成为“戒备森严的新型国家”。

美国政府在“9·11”事件后加强了对全国 103 家核电厂的安全保卫。但美国能源专家最近提醒政府,要提防恐怖分子选择核废料堆场作为攻击对象。这位核专家说："由于有关部门对核废料堆不像对核电站那样重视,因而保护措施不力,使它们更容易受到攻击而造成严重后果。"

预防生物武器攻击,也是"本土防卫"的重要一环。虽然一段时间来"炭疽恐怖"不断骚扰美国,但美国卫生部门没有放松对恐怖分子使用其他生物武器发动攻击的防范。一位官员说："我们不仅关注炭疽问题,还在密切关注其他瘟疫等疾病。"美国政府目前更担心的是恐怖分子使用天花病毒进行更致命的袭击。联合国在 1972 年就停止了天花免疫接种,因此美国 30 岁以下的人都没有免疫力,属易受攻击人群。许多医生也没见过天花。目前美国政府已采取紧急措施培训医生鉴别天花疫情,并组建特别专家组,一旦发生疫情即可派往全国各地。

看不见的"警察"——录像监视系统,正在美国的车站、机场、商店、办公室、公共场所和公共集会点大量安装。

那悄悄的"墙上耳"——窃听系统,也在增多与加强。特别是窃听可疑分子的电话(包括手机)。

当然,还有许多"本土防卫"措施,在绝密的状态下进行。

美国的"战略与国际研究中心"深入研究国家安全课题。在"9·11"事件之后,"战略与国际研究中心"发表了一系列新的本土防卫研究报告。透过这些报告的标题,也可以领略美国的"本土防卫"工作如何热火朝天:

"防卫美国:在概念上重新定义关于本土防卫的界限";

"美国本土抵御战略攻击研究";

"本土防卫的战略手段";

"二十一世纪美国本土防卫的新挑战";

"防止化学武器、生物武器、放射性武器攻击和核恐怖主义的战略";

"计算机安全的威胁和信息安全在 21 世纪面临的挑战";

美国兰德公司的本土防卫研究则集中在对付在本土发生的恐怖主义袭击。这家公司在"9·11"事件之后公布的研究成果有:

《面对新的恐怖主义》;

《深入恐怖主义的世界》;

《旧的疯狂与新的方式》;

《为本土安全而准备战斗的美国军队》;

《天空的安全措施》;

《用高技术身份认证识别恐怖分子》;

《对付恐怖分子的政策》;

《对付炭疽热的策略》……

"9·11"事件改变了美国人的国防观念。"本土防卫"的兴起,正是这种观念

转变的体现。

"穷国原子弹"威胁着美国

我曾经在美国度过两个圣诞节。记得,每一回圣诞节,美国邮局都忙得不亦乐乎,因为圣诞节贺卡雪片般飞来,使邮局的分拣、投递工作量大大增加。美国人喜欢互寄贺卡,所以每年圣诞节前夕,都成了美国邮局最繁忙的日子。

然而,2001年的圣诞节与往年截然不同:

一是贺卡的数量比往年锐减;

二是人们收到贺卡不敢拆开,有人甚至当场烧掉;

三是电子贺卡大大增加;

四是邮局早早就登出预告,宣布贺卡必须在12月10日前寄出,否则无法保证贺卡在12月25日圣诞节前收到。

前三条不难理解,因为那令美国人头疼不已的炭疽病阴影一直挥之不去,而那"白色粉末"主要是通过邮件传播。正因为这样,美国人对装着贺卡的厚厚的信件,望而生畏,那心情是不难理解。这么一来,寄贺卡的人大为减少,收到了也不敢拆开,也就是在情理之中。于是,通过E-mail发个电子贺卡,又快捷、又省钱、又"卫生",自然成了美国"9·11"事件之后的新时尚。

不过,邮局要人们必须在12月10日前寄出贺卡这一条规定令人费解,因为12月10日离圣诞节还有半个月之遥,远的且不说,难道本市的贺卡也要寄这么久?!

原来,自从爆发炭疽病恐慌以来,美国邮局加强了对于信件的检查工作。对每一封信都要用机器检查。一旦发现内有粉末之类可疑物,马上要进行处理。这么一来,当然也就大大影响了邮件的分拣速度,特别是在圣诞贺卡大批涌来的时候,装有贺卡的信件的检查速度又格外慢,所以也就影响了邮件的投递……

美国邮政总局局长波特甚至采取"史无前例"的措施:向全美一亿四千七百多个邮件地址发出明信片,提醒民众小心处理邮件。明信片的背面,告诫人们哪些邮件值得怀疑;如何处理有怀疑的邮件。

邮政总局局长发出的信是明信片,其实也为的是避免夹带"白色粉末"之嫌。

来到阿拉米达小岛之后,我到过那家曾经发现"白色粉末"的邮局。尽管已经确信那"白色粉末"不是炭疽菌,但是人们一谈起炭疽病,神情就显得紧张、沮丧。

炭疽菌,在美国已经成了人所共知的"冷血杀手"。

据考证,人类历史上第一次起用生物武器这"冷血杀手",是在 1763 年 3 月。那时,英国殖民军进入美洲。当时,正在俄亥俄地区进攻印第安部落的英国的亨利·博克特上校,把从医院拿来的天花病人用过的毯子和手帕,送给两位敌对的印第安部落首领。几个月后,天花在俄亥俄地区的印第安部落中流行起来,大批印第安人患天花死去……

在 20 世纪初,人们开始着手研究和生产生物武器,

在 20 世纪爆发的第一次世界大战和第二次世界大战期间,生物武器不时地被一些国家用于战场。

一些国家成立了专门的生物武器研究所,例如,日军设在中国东北的 731 细菌部队,美国的达格威实验场、陆军传染病研究所等。

此后,生物武器这"冷血杀手"被恐怖分子所利用,制造种种恐怖事件。

1984 年 11 月 30 日两艘停泊在大西洋军事基地的美国潜水艇上,忽然发生严重的食物中毒,当时总共有 63 人中毒,其中 50 人死亡。

这一事件引起美国政府高度重视。经过调查,发现官兵们是在饮用了从附近商店订购的罐装橘汁引起的。橘汁怎么会致人死呢? 原来,这些橘汁被肉毒毒素所"污染"。肉毒毒素便是生物武器"冷血杀手"之一。

在事发 24 小时之后,一个恐怖组织声称与此次生物恐怖行动有关。

1995 年 3 月,日本恐怖组织"奥姆真理教"在东京地铁释放化学毒剂沙林之后,警方突击搜查了这个恐怖组织的实验室,发现他们正在制造炭疽菌和肉毒毒素。这表明,"奥姆真理教"也对生物武器发生了"兴趣"。

一本预言式的小说《夺命病毒》,成了美国的畅销书。这本书作者罗宾科克是美国著名畅销书作家,同时也是一位有成就的医学博士。

《夺命病毒》讲述某国移民尤里心怀不满,与同样心怀不满、信奉新纳粹主义的极右暴力组织成员接触,图谋制造生物病毒大案,杀死几十万无辜民众以泄私愤并扬名世界。

罗宾科克以小说的虚构手法,对生物恐怖活动和"炭疽热"恐慌做了绘声绘色的描述,形象而生动。

这本书是在前几年出版的,而"9·11"事件之后出现的"炭疽袭击"证实了作者的预言,所以引起读者的浓厚兴趣。

炭疽病的阴影,笼罩着美国。

炭疽病会引起高烧,所以又称"炭疽热",是一种人畜共患的恶性传染病。

炭疽病是炭疽菌引起的。炭疽菌是杆形的,又叫炭疽杆菌。

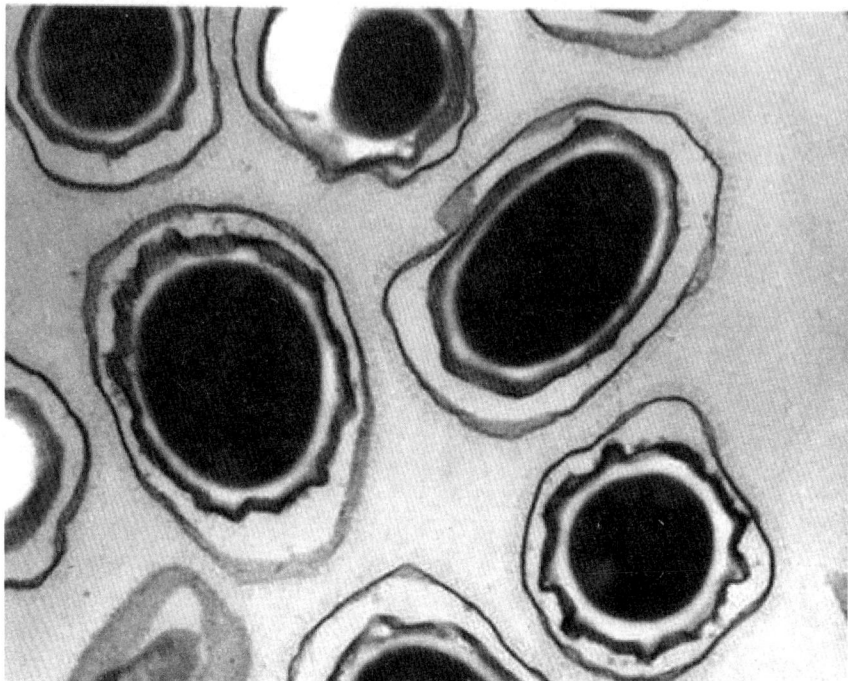

炭疽放大

　　人类接触或食用病畜的肉、吸入大量携带有炭疽病菌的尘埃都会受到感染。其主要症状是皮肤溃疡，水肿甚至坏死，高烧、出血，胸、颈或腹部肿胀等。它能使受害者在三十六小时之内窒息、大量出汗、休克直到死亡。

　　不过，炭疽病已经多年没有发生。不少医生说，他们只是在医学院上学时，从教科书上读到过关于炭疽病的病状描述，在临床中从未遇到过炭疽病人。

　　就美国而言，从1900年到1978年，总共只有18例炭疽病患者。也就是说，平均4年才发现一例炭疽病患者。这些患者，大多是剪羊毛的工人，从患炭疽病的羊身上传染得病，所以这种病又被称为"剪羊毛工人病"。

　　从1978年之后，炭疽病已经在美国绝迹——从1978年至2001年这23年间，美国没有发现一例炭疽病患者！

　　这种罕见的传染病，之所以成了威胁成千上万人生命的"冷血杀手"，是因为那些阴谋家在实验室里专门大量培养炭疽菌孢子，用作杀人的生物武器。

　　炭疽菌被阴谋家们看中作为生物武器，据说是因为"生产成本低廉且容易大批量生产"！另外，还由于炭疽菌孢子可以在土壤中生存四十年之久，并且极难根除。

　　阴谋家们早就"青睐"炭疽热病菌，从20世纪初就已经"起用"炭疽菌孢子。在挪威的特隆赫姆警察博物馆里，有一个尘封已久的玻璃瓶，上面的标签写着："一块藏有炭疽菌的糖——1917 年 Otto Karl von Rosen 男爵作为间谍嫌疑被捕时，从他的行李中发现的。"

经过英国科学家与挪威微生物科学家检测证实，糖里含有恐怖的 B 型炭疽菌孢子。

那时候，阴谋家们企图让人吃了这种含有炭疽菌孢子的糖而患炭疽病。不过，吃这种"炭疽糖"而使人患炭疽病终究有限。

在第二次世界大战期间，日本 731 部队曾经大量培养炭疽热病菌，而且用活人作标本进行细菌及细菌武器效能的实验。

他们经过"研究"，明白人类感染炭疽病的渠道有三：呼吸、饮食和皮肤渗透。

通过饮食以及皮肤渗透传染炭疽病，并不"方便"，而且感染之后容易治愈。如果马上服用西普洛这样的抗生素，可以抵御炭疽菌。

最具致命性的是吸入含有炭疽芽孢的尘埃而感染原发性肺炭疽。吸入炭疽芽孢会沉积于肺部，通过淋巴结扩散至血液循环，这是相当危险的一种，一旦确诊，几乎百分之百死亡。

干燥的炭疽菌孢子恰恰又是轻盈的白色粉末，很容易从肺部吸入。

炭疽病的潜伏期为一到七天，有时潜伏期更长。其最初症状包括晕厥、发烧、胸部不适、干咳。症状在几个小时或几天后会缓解，接着病人会突然出现呼吸困难、大出汗和皮肤青紫。一旦到了这地步，那就不好收拾，最后终于休克、死亡！

于是，日本的阴谋家们不再制造"炭疽糖"，而是成批培养炭疽菌孢子。

第二次世界大战之后，美国、英国也"学习"日本的"经验"，用炭疽菌孢子制造生物武器。阴谋家们、恐怖分子们也看中了炭疽菌孢子。据他们估计：如果在一个圆顶体育馆内通过空调系统释放五十克"白色粉末"——炭疽菌孢子，那么约有 8 万人将在一个小时内被感染。如果在纽约这样的大都市里投放这样的病菌，至少会有 60 万人的生命被夺走。

这就是说，"白色粉末"的威力不亚于原子弹！

然而，生产"白色粉末"的成本要比原子弹低得多。人们作过这样的"成本核算"：导致每平方公里百分之五十死亡率的成本，传统武器为 2 000 美元，核武器为 800 美元，化学武器为 600 美元，而生物武器仅为 1 美元！也就是说，生物武器的"成本"只及核武器的八百分之一。

何况通过邮寄就可以扩散，比用飞机投掷原子弹要简便得多。只要把 100 公斤的炭疽菌孢子通过飞机、航弹、老鼠携带等方式释放，散播在一个大城市，三百万市民就会感染毙命。炭疽菌芽孢子又具有很强的生命力，可数十年不死，即使已经死亡多年的朽尸，也可成为新的传染源。

人们用这么一系列的"特性",来"总结"生物武器的优越性:易行性、散发性、隐蔽性、突发性、多样性和欺骗性。当然,还应加上成本的"低廉性"。

正因为这样,生物武器被恐怖分子所"钟爱",用来进行"生物恐怖"。于是,生物武器也因此获得一个形象的雅号,曰:"穷国原子弹"!

美国人记得,早在1998年,美国前国防部长科恩在电视台向广大百姓讲解炭疽热的威胁力时,手拿一个装了白糖的小口袋,那袋子看上去跟一顶普通帽子差不多。他说,如果这袋子里装的不是白糖,而是"白色粉末"炭疽菌孢子,一旦在空气中散发,那就足以"打倒"一个中等城市的居民!

可惜,那时候的美国人,"听不懂"国防部长科恩的话,不知道这"穷国原子弹"的厉害。因为炭疽病当时在美国早已绝迹,对于普通百姓来说,大都还没有听说过什么"炭疽病"。

在美国发生"9·11"恐怖事件之后,祸不单行,炭疽病的幽灵接踵而来。

第一个死于炭疽病这"冷血杀手"的,是美国佛罗里达州《太阳报》图片编辑、63岁的鲍伯·史蒂芬斯。他在佛罗里达州的波卡雷顿大厦工作。他于10月5日因患炭疽病死亡。

这是炭疽病在美国绝迹23年之后第一发病、死亡的患者。

鲍伯·史蒂芬斯并非剪羊毛的工人。他的死,本来相当蹊跷,却并未引起重视。最初只以为是个别病例,且症状显示是经自然途径感染,所以没有深入进行查访。

然而,紧接着《太阳报》另一名员工布兰科,不久又被证实呼吸管道感染炭疽菌,这才使有关部门紧张起来。

73岁的布兰科在《太阳报》信件收发部工作。据调查,他和鲍伯·史蒂芬斯在"9·11"恐怖袭击前的一星期,曾收到一封寄往报社的神秘来信,信封上注明是"给洛佩斯的神秘求爱"信件,信内竟然是一些类似肥皂及粉状的奇怪物质。他们两人看过这奇怪的信。

这表明,《太阳报》的史蒂文斯和布兰科,是由于打开装有白色粉末的神秘来信而感染炭疽病。

这表明,有恐怖分子躲在阴暗的角度里,投寄这些匕首般致命的信件!

接着,调查人员在史蒂文斯的电脑键盘上也发现炭疽菌。

由于《太阳报》接连两名员工感染炭疽菌,《太阳报》的佛罗里达州波卡雷顿总社被关闭,五百多名员工到医院接受检查并服用抗生素西普洛预防感染。

在"9·11"恐怖事件之后,美国举国上下本来就一片恐慌,这炭疽菌幽灵在恐慌中增加恐慌!

一时间,对于邮件的恐慌传遍美国全国。

一时间，"炭疽病"、"炭疽菌"、"炭疽菌孢子"、"白色粉末"成了美国媒体的高频词。

接着，位于华盛顿30公里外斯特林县的美国国务院邮件处理中心，两名邮务员因吸入性炭疽热而死亡，又引起一阵恐慌。这表明，恐怖分子把攻击矛头对准了美国国务院。

美国国务院邮件处理中心不得不关闭以便检查和消毒，八十名员工同时接受炭疽热测试并服用抗生素以防万一。

位于新泽西州的另一个大邮局——普林斯顿邮局，也因在一个邮筒中发现炭疽杆菌孢子而被迫关闭。

美国堪萨斯州的堪萨斯城也发现了装有炭疽杆菌孢子信件，该城的邮政中心已关闭，二百多名员工接到了服用抗生素西普洛的命令。那封含有炭疽孢子的信件是从华盛顿的布伦特伍德寄出的。

另外，印第安纳州首府印第安纳波利斯也发现了炭疽孢子，这些孢子是跟随华盛顿的邮政设备来到这里的。

美国卫生与服务部部长汤普森不无忧虑地说："很多人终日惶惶不安，要知道，美国还从未遭受过这样的生物病菌袭击。"

10月31日，曼哈顿眼耳喉科医院的一位61岁的普通女工被吸入性炭疽热夺去了生命，成为美国爆发炭疽热后死于该病的第四人。令人惊奇的是，这家位于曼哈顿的医院此前在接受检测时并没有发现炭疽热病毒，这位女工也似乎未接触过可疑信件。美国炭疽热防治专家担心，她的死表明炭疽热已不仅仅通过邮政系统传播，很可能已经扩散，美国未来一段时间如对炭疽热控制不力，将出现交叉感染的危险。

我在美国不断读到关于发现炭疽病的报道。那时，先后有十四人被证实感染炭疽热，其中四人死亡。虽然真正死于炭疽病的人并不多，但是由于炭疽菌是一种具有广泛杀伤力的武器，炭疽菌的恐惧几乎在每一个美国人心灵上都留下烙印。

我在美国读到的种种关于炭疽病的报道中，以那篇《美国女记者自述——打开"炭疽热信"的全过程》给我留下的印象最深。这是《纽约时报》女记者朱迪思·米勒写的，平日她以撰写生物恐怖主义而闻名。在10月12日，她打开一个古怪的信封，而这封信不是寻常的信：

> 它看上去有些像父母们给婴儿用的爽身粉，纯白的，还有种淡淡的甜味。白白的粉末飘到我的脸上、毛衣上，以及我的双手上。更多的粉末撒落在地板上，我的裤子和鞋子上到处都是。炭疽热病菌突然闯进我的脑海中。

自从 9 月 11 日以后，我每天都会收到很多来信。有些是普通的问候，有些是表达对政府没能保护人民免受恐怖袭击的愤怒，而更多的来信人希望知道，如何让他们自己及其家人预防生物恐怖的袭击。许多人曾经在电视节目中看到我谈论过这个话题，因为我写过一本书，名叫《细菌：生物武器以及美国面临的秘密战争》。

如果当时我没有分神，我可能不会打开这个白色的信封，它没有写回信地址，只是邮戳显示它来自佛罗里达的圣彼德斯堡市。同样在佛州，几天前一名在报社工作的男子由于无意中吸入炭疽热病菌而死亡，出事地点距劫机分子接受飞行训练的地方不远。这些迹象向我们证明些什么，我和我的同事们讨论着发生炭疽热袭击的可能性。

突然，信封里的粉末引起了我的注意。我稍作停顿，便让办公室里的同事叫安全人员来，我不想再碰电话。

所有人都露出警惕的神色。我对他们说，不要慌张，也许这不过是一个恶作剧。

这时，突然电话响了。我习惯性地摁下了通话按钮。一个同事打电话向我透露（NBC 广播公司）汤姆·布罗考助手的情况。那位女士，像我一样，打开了一个信封，其中有些白色的粉末，结果她感染上了炭疽热细菌。同事还告诉我，那封信也是从佛罗里达来的。

保持镇静，我这样对自己说。这仍然有可能只是一个恶作剧。但当我看到安全官员们到来时，我的确松了一口气。他们带着塑料袋和手套，让我离开办公桌，然后小心翼翼地将那个信封放进塑料袋，封起来。同时被封起来的还有接触过信封的手套。

当我洗手并清理自己身上的白色粉末时，我突然想起了比尔·帕特里克。他是我的一位朋友，生物武器专家。他曾告诉我：将炭疽热武器化并不是一件易事，要将细菌孢子培养得足够小才能被吸入，感染和破坏人类的肺部器官，这需要非常高的技术。

比尔还告诉我，其他的案子可能是大一些的孢子。作案者将炭疽热孢子混合在爽身粉或其他物质中，用人们熟悉的味道掩盖这种致命的细菌。炭疽热孢子本身是没有味道的，而且它微小到人眼无法识别。

回到办公桌，我决定继续保持冷静。或者至少看上去是冷静的。要知道我的同事们都是一些洞察力奇强的人，如果他们感觉到我这个"专家"都在害怕，他们很可能也会失去理智的。

也许是我的镇静鼓励了我的同事吧，当不幸降临在我头上的时候，一位高级编辑和好友用胳膊环住我，陪我走进楼下的医疗部。当我回来的时候，许多同事冲到我的身旁,给予我支持。还有人给我泡了一杯茶……现在,这些人都在服用抗生素。

　　事情发生后不到二十分钟,《纽约时报》的办公楼涌入了数十名执法人员,他们来自各个机构,而且每个人都明确地知道要做些什么,清理房间、拍照、取样化验。许多人都身着防化服,带着防毒面具。我跟他们站在一起,告诉他们事情的发生经过。他们就像太空人一样在曾经闹哄哄、但现在空空荡荡的大厅里移动,电话铃无助地响着,但没有人在意。我想我永远也不可能忘记这一幕。

炭疽菌这"穷国原子弹",困扰着美国!

挥之不去的"冷血杀手"

　　在美国,关于"9·11"恐怖袭击事件的报道,只是集中在"9·11"之后的那几天。然而,关于炭疽菌袭击事件的报道,几乎天天出新闻,成了挥之不去的"冷血杀手"。

　　2001 年 10 月 14 日,美国卫生与公众服务部部长汤普森在华盛顿接受福克斯新闻台采访时说,美国正面临"生物恐怖"。这是人类历史上一个国家首次公开承认处于"生物恐怖"之中。

　　美国总统布什也宣称,炭疽菌袭击事件是美国在"9·11"事件之后遭受的"第二轮恐怖袭击"。

　　炭疽菌袭击事件,一波接着一波,在美国造成了浓浓的"生物恐怖"气氛。

　　自从 2001 年 10 月 5 日佛罗里达州《太阳报》的一位编辑死于吸入性炭疽热病后,关于"炭疽信件"的报道连篇累牍。不是这里发现"炭疽信件",就是那里发现"白色粉末"。

　　10 月 17 日,美国国会参议院多数党领袖托马斯·达施勒在国会主楼外发布新闻,由于收到"炭疽信件",他的办公室已有 31 人在呼吸道内检测出了炭疽杆菌!这一消息见报之后,一下子又在美国上下引起一阵"炭疽恐慌"。

　　10 月 23 日,美国司法部公布了寄给参议院多数党领袖达施勒和媒体的炭疽信件的内容,信中充满了令人不寒而栗的威胁性言语以及对美国的诅咒。

信上标明的日期都是"2001年9月11日"。显然,信不是那天写的,也不是那天寄的。标明"2001年9月11日",表示寄信人是"9·11"事件的坚决支持者。

寄给达施勒的信中写道:"你阻止不了我们。我们拥有炭疽病菌。你现在去死吧!你害怕吗?"

寄给"美国国家广播公司"以及《纽约邮报》的信中写道:"又一起(炭疽信件事件)发生了。服用抗生素吧。"

就在这时,一份由美国全国广播公司寄往纽约市市长办公室的包裹中,居然也发现了炭疽病菌的踪迹。

纽约市市长朱利安尼说,这个包裹里装的是一盘寄自全国广播公司主持人布洛考办公室的录像带,内容是9月18日的一次白宫新闻简报会,其中提及了朱利安尼的助手。

全国广播公司寄出的邮件怎么会有炭疽菌呢?

纽约市卫生部门发言人说:"我们相信这是交叉污染的结果,而不是一起新的邮件污染案例。"

几乎与此同时,位于华盛顿的美国退伍军人医疗中心的邮件室,也发现了炭疽病菌。

通过邮寄炭疽菌信件进行袭击,具有极大的"灵活性"与"广泛性",因为只消贴上一两枚邮票,就可以随意寄到东南西北。就在美国各地频频发现炭疽菌信件的时候,那"冷血杀手"越过了美国国界,出现在世界各地——信件出国,既不需要"护照",也不需要"签证"!

就在世界各国接二连三发现种种可疑信件的时候,在美国国内曾经稍稍平静了几天,然而在11月20日从康涅狄格州(Connecticut)传出遭到炭疽菌袭击的消息。

那时候,我抵达美国不久,美国诸多电视频道都转播康州州长罗兰德举行的新闻发布会,足见这一新闻引起方方面面的关注。

康州州长罗兰德说,一位94岁的康州老妇正在医院接受治疗,她被怀疑可能感染上吸入型炭疽菌,患者的病情非常严重。

她名叫奥蒂莉·隆格伦,居住在康涅狄格州的牛津农场。11月16日,隆格伦太太感到呼吸困难,她的家人把她送入医院,当时诊断为肺炎。但是19日的检验结果显示,老人患的是吸入性炭疽病,这让所有人都感到异常紧张!

隆格伦太太在1977年丧夫,多年来一直独自居住在牛津,生活圈子非常有限。她的侄女雪莉·戴维斯说,隆格伦很少出门,除了前往教堂做礼拜和每周一次光顾美容院之外,她几乎没有其他户外活动。

令人不可理解的是,这位九旬老人没有收到任何信件,跟邮政部门毫无联系。

没几天,这位老人在医院去世。她被权威性医学机构——美国疾病控制预防中心(CDC)亚特兰大总部,确诊为吸入型炭疽病。我在美国电视上见到她的遗照,身穿一件天蓝色上衣,眉清目秀。

隆格伦太太到底是如何感染炭疽的?有关部门也摸不着头脑。

老人的家已经被封锁起来,进行仔细调查。住所中所有的一切,都要接受炭疽检测。他们还开始对隆格伦太太过去几个月的行踪进行调查,调查重点锁定在邮件上,看看隆格伦太太的死亡和邮件有没有关系。联邦调查局发言人说:"虽然邮件是最大的怀疑对象,但是我们不会只关注这一点的,我们不会放过任何一个可能性。"

这位老人是"9·11"事件之后美国第五位死于炭疽病的人。

在她之前的四位死于炭疽病的人是:

10月5日,美国佛罗里达州《太阳报》编辑、63岁的鲍伯·史蒂芬斯患炭疽病而亡。

接着,位于华盛顿美国国务院邮件处理中心,两名邮务员因吸入性炭疽热而死亡。

10月31日,曼哈顿眼耳喉科医院61岁的女工凯西因吸入性炭疽热而离世。

在这五位因炭疽菌而死的美国人之中,前三位是因接触炭疽菌邮件死去,第四位与第五位死得那么蹊跷,因为61岁的凯西与94岁的隆格伦太太都与炭疽菌邮件无关,以至美国联邦调查局反复调查,也查不出"冷血杀手"从什么途径侵入她们平静的晚年生活。

对这两起蹊跷的炭疽死亡事件,美国疾病控制和防疫中心负责人科普兰说:"我们应该将此事件与其他犯罪行动联系到一起。"

康涅狄格州州长约翰·罗兰也说,隆格伦太太的死亡是"国内恐怖主义"导致的。他说:"毫无疑问,这是一场犯罪行为,肯定有个凶手。这不是意外事故。"

但是,查来查去,又没有查出凶手的影踪。

老妇人之死,在美国又引起一番炭疽菌波浪。

接着,"冷血杀手"居然"杀"到了美国联邦储备局。

在美国,谁都知道美国联邦储备局的威名。美联储主席格林斯潘的一句话,就会引起美国股票市场的"地震"。

美国联邦储备局发言人在12月7日宣称,位于华盛顿的美国联邦储备局总部收到含有炭疽菌的一封信。于是,对美联储大楼进行炭疽检测,发现大楼呈阳性!

那时候,美国联邦储备局正在准备第十一次降息。

12月29日,美国纽约市曼哈顿区的摩根邮局再度发现了炭疽病菌。

这是一个非常繁忙的邮局,每天要处理上百万封邮件。在 10 月曾经发现有炭疽病菌,分拣邮件的四台机器进行了多次消毒,然而后来又发现了炭疽病菌。这个邮局马上被关闭了。

在过了 2002 年元旦之后,炭疽菌仍然在美国不断出现,扰乱着人们的情绪和正常生活。

2002 年 1 月 3 日,在美国参议院多数党领袖达施勒办公室再一次发现一份炭疽菌可疑信件,部分邻近办公室的工作人员被紧急疏散。

炭疽菌这"冷血杀手"挥之不去,成了非常时期美国的心腹之患。

忙中添乱的恶作剧

非常时期的美国,非常新闻层出不穷。

2001 年 11 月 9 日,美国国家堕胎协会宣布令人震惊的新闻:"美国二百多家实施堕胎的诊所先后收到恐吓信,信中含有类似炭疽菌白色粉末的可疑物质!"

二百多处都收到"炭疽菌信",这还得了?!

这些信是由美国联邦快递公司投递的,有些内装署名右翼组织"上帝军"的信件,还声称信件已被炭疽菌污染。

美国国家堕胎协会理事长萨波塔在声明中说:"反堕胎的极端分子通过最新的炭疽菌威胁,恐吓提供堕胎手术的诊所以及保障妇女堕胎权的人,加大了赌注。"她又说:"这显然是那些支持恐怖主义以实现其政治企图的人干的。"

经过化验,那些信件并没有炭疽菌。不言而喻,这是一幕扰乱社会、扰乱人心的恶作剧!

这一案件很快被侦破。作案者名叫瓦格纳,原本被关押在伊利诺伊州德威特县的一所监狱,正等候终审判决。他已被判决犯有非法拥有枪支罪和跨州倒卖被盗摩托车等罪行。依据法律,他有可能面临入狱十五年甚至终身监禁。但在判决结果公布之前,他已于 2001 年 2 月越狱。潜逃后,他又涉嫌数起银行抢劫案。就是这么个罪恶累累的家伙,居然又"导演"了这幕以炭疽菌进行恐吓的恶作剧。他之所以选择提供堕胎服务项目的诊所作为恐吓对象,与他曾是反堕胎"勇士"有着直接的联系。

美国司法部指出，瓦格纳的恐吓和恶作剧行为已严重触犯美国联邦法律，他将受到严惩！尚在潜逃中的瓦格纳，被美国联邦调查局列为全国通缉的十名要犯之一。

据《华盛顿邮报》报道，美国国会大厦一个名叫皮克特的警察，在2001年11月7日把一些白色粉末放在警局安全处，并留了一张匿名字条，声称这是"国会大厦的培训课程，请大家吸入这些粉末，并希望大家都能通过这次培训考核。"

这位拿炭疽菌开玩笑的警察被指控妨碍警方办案，在2002年1月11日遭到起诉。如果皮克特被判有罪，三十五岁的他有可能被判入狱五年，并被罚款二十五万美元。

这种"炭疽菌恶作剧"也在俄罗斯"上演"。

布什总统非常坚决地说，将把那些制造混乱的"假炭疽菌"恶作剧者跟散发炭疽菌信件的罪犯，同样严惩！

橡胶手套和防毒面具成了时尚

神秘兮兮的"炭疽菌信件"使得美国人心惶惶，加上又有那么多"假炭疽菌信件"忙中添乱，使得美国人变得紧张兮兮。

纽约24岁的大学生阿密特·阿吉哈说，自从听说炭疽菌袭击美国之后，他再也不敢乘坐公共汽车，"太可怕了！这种东西没有气味，你根本就无法知道自己会不会感染上。"

有的美国人吓得连报纸都不敢看，生怕沾上炭疽菌。这不由得使我记起，在20世纪初，电报刚刚传入中国的时候，有人不敢用手去接电报，而是用一双筷子去夹电报，因为生怕电报有电，会电死人！

后来，美国科学家向公众演说，坚决排除了报纸传染的误解：

"如今的印刷流程已经大大不同于以往，完全是通过数据的电子传输和远程遥控印刷设备完成的，所以根本不存在阅读报纸就会感染上炭疽菌的可能性。"

专家还指出，感染炭疽菌的途径主要是吸入式或接触式两种，仅仅接触一张报纸或一份杂志就感染这种病菌的可能性微乎其微。

这么一来，总算使一些美国人打破顾虑，敢于看报纸，也敢于看杂志了。

不过,还有许多美国人"见信色变"。

我的一位朋友住在美国东部的新泽西州,那是"炭疽菌"信件频发的"危险地带"。美国联邦调查局曾经对新泽西州进行仔细搜索,因为寄往美国国会的几封"炭疽菌信件"都盖着新泽西州的邮戳。那位朋友在"炭疽菌风声"最紧的日子里,每天戴着手套非常紧张地打开家门口的信箱,然后连看都不敢看,便把信付之一炬!

也正因为这样,美国电视中关于如何应对"炭疽菌信件"的节目,收视率甚高。

我在旧金山,曾经从电视中见到美国著名的反生化恐怖主义专家阿利比克科教授,教人们如何对信件进行消毒……

他的方法是把收到的信件放到微波炉里,用微波炉加热之后,可以杀死炭疽菌。他说,家家户户都有微波炉,用这种方法消毒信件,又简便又易行。

我一边收看,一边充满了"新鲜感",因为收到信件之后先要在微波炉里转几圈,这真是闻所未闻!

我当时所担心的是,倘若信件中有炭疽菌,把信件放进微波炉,说不定由此污染了微波炉,而微波炉正是平常加热食品的用具,会不会造成对于食品的污染呢?

美国是一个经常能够听到不同意见的国家。不久,我就在电视节目中见到有人出来反驳。

反驳者也是专家。他是美国密歇根大学微生物学教授、炭疽病专家汉纳。他以为,阿利比克科教授的"微波炉法"不符合科学!

汉纳教授指出,究竟是什么令炭疽成为一种可怕的病菌呢?因为炭疽菌是以孢子的形式传播的。这些几乎无生命的东西藏在硬硬的外壳里面,无论是严寒还是高温对它都丝毫不起作用。它们只是在那里等候时机,然后摇身一变,成为致命的病菌。

汉纳教授说,用微波炉给信件进行高温"消毒"的方法无济于事。根据微波炉的工作原理,它在给物体进行加热时主要是对物体中的水分起作用,而炭疽孢子中根本没有水分,这就像你在微波炉里面放了一个空的咖啡杯子,它是不会变热的。就算是有水,炭疽孢子在沸水中也可以存活。所以用微波炉无法杀死炭疽菌。

反生化恐怖主义专家阿利比克科教授还曾向电视观众讲授用"电熨斗法"进行信件消毒:收到信件之后,打开家中的蒸汽熨斗,对信件进行熨烫,可以杀灭炭疽菌。

这种"电熨斗法",又是闻所未闻!我这个外行人所担心的是那熨斗的蒸汽会不会使信件的字迹变得模糊,或者把信件烤焦?

然而,汉纳教授从理论上反驳,显得比我有力得多。他指出,蒸汽熨斗效果不会比微波炉好。蒸汽熨斗所能达到的温度的确可以杀死炭疽孢子,但是需要很长时间,而且在你杀死病菌之前,你的邮件可能已经被熨斗烧着了。如果信封里充满了蒸汽,蒸汽很可能从信封中跑出来,将炭疽孢子带到空气中,反而弄巧成拙!

汉纳教授说得很干脆:"如果你的邮件不是十分可疑,但你只是不想打开它,那你干脆就一把火将它和可能夹在信封里的炭疽孢子一起烧掉。"

这么说来,我那位新泽西州的朋友,早就在按照汉纳教授的"烧信法"处理信件。不过,这一烧了之固然痛快,可是万一信中有重要文件或者重要信息,全被烧掉了,怎么得了?! 何况,谁收到信"不想打开"呢?

汉纳教授只是说了把"不想打开"的信一烧了之,但是没有说对于那些"想打开"的信该怎么处理!

两位教授在电视屏幕上的争论以及所谓"微波炉法"、"电熨斗法"、"烧信法",莫衷一是,令人无所适从,真是一头雾水,一桶糨糊!

终于又从美国的电视节目中传出佳音,说是许多公司在非常时期努力开发新产品,制造了专供邮局消毒信件的机器。

谢天谢地,这么一来扔进家家户户信箱里的信件,全部已经由邮局消毒过的,谁都不必在自己家中再对收到的信件进行消毒。这样,那些"微波炉法"、"电熨斗法"、"烧信法"都不必使用了。

美国邮政部从一家公司购进了8台"电子光束检测机",每台价值500万美元。这种机器原本是用来为医疗设备消毒和除去食品生产中的病菌。该机器生产商Titan公司称,机器中的高能光束可以有效地杀死炭疽孢子。从11月开始,这些机器对每天来往的信件进行"杀毒"。据说,"杀毒"的效果相当不错。

问题在于美国有着成千上万个邮局,倘若每个邮局都用"电子光束检测机"武装起来,该花多少钱?!

再说,还有人提出质疑:如果在邮包里放了未曝光的胶卷,用"电子光束检测机"杀毒时,会把这些胶卷也"杀"掉!

看来,这种昂贵的"电子光束检测机",最多只能应用于白宫或者国会的邮件处理中心,跟普通百姓距离太远。

美国洛克希德·马丁公司旗下的Sandia国家实验室生产出了一种环保的净化泡沫,可以用来杀死炭疽菌孢子。该公司发言人称:"净化泡沫中的一种成分能有效地打开炭疽孢子的外壳,而另外一种成分则在外壳打开后,进入内部杀死病菌。"

问题在于所有的信件都要用这种"净化泡沫"处理,该花多少钱? 更何况这些"净化泡沫"能否渗进信封里面杀菌,会不会使信纸上的字变得模糊以至也被"净化"呢?

看来,邮件的"消毒"是个令人头疼又不容易解决的问题,因为自从世界上有了邮政局以来,从来没有遇到要对邮件进行消毒、杀死炭疽菌这样的问题。真是"老革命遇上新问题",无从下手!

中国科学家及时研究推出了一种新型电子束设备,用来消灭邮件中的炭疽菌,引起美国的注意。

这是中国核技术专家推出的用于邮件消毒灭菌的新型电子加速器,是一种自屏蔽的台式设备,体积不到两立方米,放置在普通房间就能工作。

这种自屏蔽的电子加速器,能够产生强流高能电子束,杀死包括炭疽菌在内的所有生物细菌。只要把待处理的邮件通过传输带输运到电子束辐照区,就能进行辐射消毒灭菌处理。一台这种新型的电子加速器,在一天内能完成一至二万封信件的消毒灭菌工作。该设备不会对人体有任何伤害,经过处理的信件也不会产生放射性核反应。

炭疽菌恐怖信件的出现,无意之中促使人们更多地使用 E-mail。在美国,电脑已经相当普及。在"9·11"事件之后,美国的 E-mail 用户激增。又快捷,又不会沾上炭疽菌,正在取代传统的邮寄信件。

据统计,美国的"积极"电子邮件用户,已经上升至 8 700 万人。现在有一半以上的美国人每天都用电脑收发电子邮件。

当然,电子邮件用户的增多对美国邮政来讲是一大打击。"9·11"事件之后,美国邮政局的普通邮件处理量已经呈现大幅下降趋势。美国邮政系统每年承担 2 080 亿份邮件或包裹的邮送业务。据美国总审计局称,普通邮件服务在 1999 年为美国邮政局带来了 310 亿美元的收入。然而,在 2001 年,这一数字要大打折扣。

如果说,对信件进行消毒是第一道防线,那么人体的自我防护则是第二道防钱。

橡胶手套、塑胶手套,一下子成为美国的畅销商品。这是很容易理解的,家家户户从自己的信箱里取信、拆信,戴上橡胶手套或者塑胶手套是比较安全的。因为万一遭遇可疑信件,毕竟已经戴了手套,那白色粉末不会直接沾在人的皮肤上。

橡胶手套如今已经"时髦"到这种地步,连德国政府在统计选票时,也把工作人员的手"套"了起来!

这是因为德国在选举时,政府担心有人在选票上故意沾上炭疽菌。为了预防这种炭疽菌袭击,德国政府一下子就给选票统计人员发了 3 000 副橡胶手套。

德国政府还给计票人员发了防毒面具,因为炭疽菌孢子会在空中飘扬,一旦被人吸入,就会得吸入型炭疽病。

戴橡胶手套,这没有什么。戴防毒面具计票,透过面具上的玻璃片看票很不方便,而且戴起来之后使呼吸不甚顺畅,很多计票员不愿意戴。德国政府赶紧声言,戴不戴防毒面具悉听尊便。

这种戴防毒面具和橡胶手套统计选票,堪称"9·11"事件之后的绝妙一景。

防毒面具如此得到"钟爱",以至 2001 年 10 月 31 日,出席好莱坞举行的"万圣节"游行的人们不戴传统的鬼怪或者动物面具,而是戴起了防毒面具或者口罩。

大约正因为赶上美国的"时代节拍",我们从中国带去的防毒口罩,受到了美国朋友的欢迎。

在美国电视中,出现了教人们如何正确佩戴防毒面具的节目。因为在海湾战争中,一些以色列平民由于错误佩戴面具,出现了窒息事故。

另外,电视节目主持人也再三提醒人们,购买防毒面具时,一定要注意观看上面所标明的生产日期。因为防毒面具中所装的活性炭是有时效性的,过期将失去防毒功能。千万不能贪便宜去买过期的防毒面具。

如果发现含有大量炭疽菌孢子的信件,即便是戴了防毒面具、全身穿了防护衣,在打开信件时也还是很危险的。

2001 年 11 月,在华盛顿国会山,收到写给参议院司法委员会主席帕特里克·莱希的一封可疑信件,信封裹得严严实实的。

专家估计,这封信里可能含有数十亿的炭疽杆菌孢子,起码可以杀死十万人。但是如果不打开这封信,就很难找到破案的线索。

美国科学家建议,借助于一个小机器人打开这封可疑信件,这样可以减少风险。至于如何用机器人打开可疑信件,美国不愿透露细节。

西普洛是预防、医治炭疽病的特效药。在美国,西普洛成了畅销的药品。

令人奇怪的是,2001 年美国死于感冒的人,远比往年少。究其原因,是在"9·11"事件之后,美国人稍有头痛脑热,马上就怀疑自己得了炭疽病,赶紧服用西普洛。这样,许多刚得了感冒的人,也服用起西普洛来。西普洛是抗生素,具有灭菌效果。这样,也就有效地防止了诸多感冒并发症,大大降低了感冒死亡率,这真是防治炭疽病的意外收获!

美国也着手生产预防炭疽病的疫苗和抗炭疽血清。这种疫苗和血清,首先被用来供应邮局职工和部队人员。

然而,由于预防炭疽病的疫苗还只是实验性的,而且政府没有就注射该疫苗提供任何医学方面的建议,让人们很不放心。在 5 100 名接触过炭疽病菌的美国人中,只有 152 人表示愿意注射炭疽疫苗。

此外,美国也在准备生产防天花疫苗。因为炭疽菌邮件的出现,使美国高度警惕起来,担心恐怖分子会用天花病毒袭击美国。

天花疫苗倒是早就有的,而且效果很好。牛痘就是天花疫苗。我在小时候种过牛痘。天花后来在世界上绝迹了,1980 年联合国卫生组织宣布已在全球消灭了天花。世界各国也就相继停止接种牛痘。

美国是在 1972 年就停止接种牛痘,其他国家在 20 世纪 80 年代初也停止了接种牛痘疫苗。而天花病毒的免疫期只有十年。这就是说,不仅美国,而且包括中

国在内的全世界的人,都已不再具备天花病毒免疫力。这样,大批的30岁以下、从来没有接种过牛痘的年轻人,成了最容易受到天花病毒感染的弱势人群。

所以,美国疾病控制中心决定增加天花疫苗储量,在"9·11"事件之后,向英国订购了1.68亿份天花疫苗。

追踪炭疽元凶茫无头绪

炭疽菌这"冷血杀手",搅得美国上上下下不得安宁。这小小的白色粉末,对美国人所产生的心理压力,不亚于恐怖分子用飞机撞击世界贸易中心大厦。

在2001年10月4日美国发生第一例炭疽病感染者、佛罗里达《太阳报》编辑死亡事件之后,人们的第一个反应,那就是这炭疽菌"冷血杀手"是不是那些制造"9·11"事件的恐怖分子的同党?

美国众议院民主党领袖格普哈特在华盛顿发表谈话,他说自己在同美国总统布什以及国会其他领导人会谈后,"都怀疑"目前的炭疽事件与"9·11"恐怖袭击事件有关联。

格普哈特说:"我认为,现在还没有办法证明我们的怀疑是否属实。"

但是,他又说,美国政府官员越来越怀疑炭疽事件同"9·11"事件存在直接关系。

他说,参议院多数党领袖达施勒收到的炭疽菌信件"已经被武器化",信件上面的白色颗粒非常小,曾经过"研磨"。

美国联邦调查局也持相似的观点,认为炭疽菌事件可能和劫机嫌疑犯有牵连。他们的依据是,经过他们调查,一名佛罗里达女子曾把房子出租给两名美国恐怖袭击案的劫机犯,而这名女子感染了炭疽热。

这名女子叫葛罗莉娅,是《太阳报》一名编辑的妻子。她本人在佛罗里达州的戴雷海滩出租公寓。2000年夏天,她曾把房屋出租给阿尔格·哈迈迪和谢赫,这两人都是劫持飞机撞向纽约世贸中心大厦的嫌疑犯。

美国联邦调查局还发现,至少有七名劫机嫌疑犯曾去过阿尔格·哈迈迪在戴雷海滩的住处。

戴雷海滩的一位名叫查特顿的药剂师透露说,他曾在"9·11"事件前数周,曾经向谢赫和另一名嫌疑犯阿塔出售过抗生素和皮肤油膏。

查特顿说，阿塔的手很红，看起来就像"用漂白粉洗过"。后来，当他在报上看见"9·11"劫机主犯阿塔的照片并得知炭疽热在佛州爆发后，他回想起阿塔的手很红可能是因为他触摸过一些极度危险品，他想用漂白剂洗手消毒。

美国联邦调查局调查所得的这些事实，表明炭疽菌事件跟"9·11"事件存在着一定的联系。不过，在进一步进行深入调查时，却又没有发现新的更重要的线索。

就在这时，阿富汗北方联盟在美国的支持下，攻下首都喀布尔。据说，他们在喀布尔有了重要的发现，那就是找到塔利班制造炭疽菌的工厂！

这家工厂原本是一家防疫研究所，在 1993 年至 1994 年建于喀布尔以北的恰里卡尔，从印度进口大批先进设备，进行为牛培养炭疽菌疫苗的试验。

1996 年塔利班攻入喀布尔之后，这个工厂迁往喀布尔。

工厂的主管阿卜杜拉在几个月前与大部分职员一起离去，不知前往何处。

这一来自阿富汗的消息，表明塔利班有制造炭疽菌的能力。但是，美国国内的那些炭疽菌信件中的"白色粉末"，是不是来自阿富汗塔利班的这家工厂，则不得而知。

然而，巴基斯坦一家报纸发表了对于拉登的独家采访。当记者问拉登，美国的一连串炭疽菌事件是不是跟他领导的恐怖组织有关？拉登笑道，他对这件事全不知情！

拉登在说谎，还是如实回答，又是不得而知！

不过，国际红十字会发言人金·戈登-贝茨的讲话，澄清了媒体关于阿富汗炭疽菌工厂的传言。

发言人说，1993 年至 1994 年建于喀布尔以北的恰里卡尔的实验室，是国际红十字会建立的，为的是制造预防炭疽热的疫苗。这家实验室虽然是国际红十字会建立的，但所有权属于阿富汗农业部。当初建立这所实验室的目的，是为了生产炭疽热疫苗，治疗牲畜，对人体完全无害。

发言人说，这个实验室曾被窃贼光顾过一次。法国情报机构担心拉登可能会试图夺取这所实验室，并用它来制造生化武器。

对此，国际红十字会发言人予以否认。他说，这所实验室"不太可能"被恐怖分子改造成制造炭疽热细菌的基地，当然，并非"绝不可能"。

至于这个实验室的主管以及大部分工作人员的离去，发言人说，那是在美国发生恐怖袭击事件后，国际红十字会外国员工理所当然撤出了阿富汗。在外国员工撤离后，实验室应该仍在继续运行。

"与仍留在喀布尔实验室工作的阿富汗员工取得联系非常、非常困难。"发言人说，"但我必须指出，阿富汗员工都接受过高级培训，而且都十分称职。"

国际红十字会发言人金·戈登-贝茨澄清了事实，即阿富汗喀布尔的那个实验室，生产的是预防牲畜炭疽热的疫苗，而不是制造炭疽菌！

既然阿富汗不可能制造炭疽菌，那么拉登也就不大可能是美国炭疽菌事件的元凶。

美国联邦调查局在一筹莫展中，把怀疑的目光投向伊拉克。因为伊拉克是美国的死对头，而且有能力生产炭疽菌。

事情被说得有鼻子有眼：伊拉克一名前特种部队成员指证说，拉登在伊拉克境内有训练营，专门训练"基地"组织成员驾驶飞机和劫持客机。他又指出，有女性成员参加训练，下次执行自杀式袭击的有可能是女杀手。他还说，1998年年底，一名伊拉克外交人员曾在巴基斯坦边界与拉登会面。伊拉克给了拉登一吨炭疽菌。

这位"伊拉克一名前特种部队成员"的指证一时难以断定真伪，不过，他所说的"伊拉克给了拉登一吨炭疽菌"却是一个非常可怕的数字——因为一公斤的炭疽菌就能使几十万人感染炭疽病，这"一吨炭疽菌"简直是抵得上几百颗原子弹！

美国又有人出来"指证"，这一回指名道姓，说是"冷血杀手"乃是伊拉克的一位女科学家。

这位"指证"人是联合国武器核查小组负责人理查德·斯佩尔扎尔。他说，伊拉克总统萨达姆·侯赛因的生化恐怖小组指挥者、女科学家塔哈可能是世界炭疽恐慌的操纵者。

这位伊拉克女科学家当时45岁，曾经对许多致命的病毒和细菌进行过研究。联合国武器核查人员送其绰号为"细菌博士"。塔哈在英国接受过高等教育，她在东安格利亚大学主修作物病害，并获得一个生物学位。返回伊拉克后，塔哈率领一个研究小组，多次进行致命细菌研究，培育出令感染者眼睛出血的细菌，并制造出能使婴儿出现致命腹泻的细菌。

塔哈有一个五岁的女儿，丈夫是伊拉克石油部长拉希德。拉希德负责协调伊拉克和联合国武器核查小组之间的活动。

理查德·斯佩尔扎尔说："毫无疑问，最近发生在佛罗里达、纽约和华盛顿的炭疽事件与国际恐怖分子有关。而伊拉克是最有嫌疑的细菌提供者。"他相信，塔哈是炭疽恐慌的幕后黑手。

理查德·斯佩尔扎尔说，塔哈正在人工授精的猪身上进行剧毒细菌实验。1995年，塔哈承认，她在巴格达附近建立了一个实验室，已经制造出上千加仑炭疽病菌和肉毒杆菌，足以令上百万人丧生。萨达姆已经将生化武器工厂转移到安全地方，以防美英可能的轰炸。

美国军方高级官员将塔哈确定为"伊拉克生化武器项目的指挥者"。

美国以为,伊拉克"最应该给美国的炭疽菌事件一个说法"!

伊拉克马上针锋相对反驳美国的指责。伊拉克官方报纸称,美国欲用指责伊拉克制造炭疽恐慌来掩盖自己"9·11"的失败!

"伊拉克执政党代言人"的报纸 *Ath - Thawra* 宣称:"这是一个笑话……所有证据都表明炭疽病菌来自美国。美国的实验室准备了这些病菌并通过可疑邮寄品散布恐慌。这是美国当局的罪过。"

这家报纸说:"美国当局不是希望害死美国人,而是想向全世界散布生化恐慌以达到他们的目的。美国想向世人展示它的安全措施已经成功地发现生化袭击的阴谋,以此让每个人忘记它在'9·11'事件上的无能与失败:它无法及时侦察到9月11日的恐怖袭击;它无法提供确凿证据指控犯罪分子。"

面对伊拉克的反驳,拿不出确凿证据的美国万般无奈,只得承认"暂无证据证明萨达姆同炭疽热有关"!

美国国务院发言人李克尔在新闻发布会上称,暂时没有证据证明是伊拉克总统萨达姆发动了对美国的炭疽热袭击。

李克尔说:"我们不会忘记萨达姆以前做的事,我们对他不抱幻想,但就这点(指炭疽热)来说,我们现在没有可靠的证据证明他与此有关。"

把炭疽菌事件说成拉登主谋,未成;说成是萨达姆主谋,也未成。

于是,美国总统布什只得含糊其辞:"目前虽不清楚谁是炭疽恐怖元凶,可能是国内的恐怖分子,也可能是国际恐怖分子,但任何散布炭疽病菌者都有罪,都在进行恐怖活动。"

美国联邦调查局无法向美国总统提供关于炭疽菌事件肇事者的确切情报,使得美国总统只能讲"炭疽恐怖元凶,可能是国内的恐怖分子,也可能是国际恐怖分子"之类废话,理所当然招来了对于美国联邦调查局的强烈批评。

在美国参议院的"技术、恐怖主义和政府情报小组委员会"上,联邦调查局副局长兼反恐处长卡卢索承认美国联邦调查局没有查出炭疽病袭击的幕后策划者。他的发言引起了议员的强烈不满。

民主党参议员爱德华质问道:"你的大致意思就是:到目前为止,你既不知道炭疽病菌是从哪里来的,也不知道何人能够得到炭疽病菌。我说的对吗?"

卡罗索回答说:"你说得没错。"

参议员费因斯坦提出美国有多少研究机构工作者要用到炭疽病菌的问题,对此这位联邦调查局反恐处的处长也是茫然不知。

卡卢索承认说:"目前我们不知道。"

这时,加利福尼亚州民主党议员继续追问:"能否告诉你为什么不知道?"

卡卢索答道:"成千研究人员的研究能力是我们继续追查的线索。我知道这

不是个令人满意的答案,即使我们自己也不满意。"

美国联邦调查局悬赏百万美元,鼓励人们提供捉拿炭疽菌"冷血杀手"的线索。

美国联邦调查局注意到,华盛顿发现两封寄给国会的炭疽菌信件,一封盖着10月9日从新泽西州的特伦顿寄出的邮戳,另一封则盖着10月15日从新泽西州的特伦顿寄出的邮戳。另外,美国数家媒体收到的含有炭疽菌的信件,同样寄自那里。于是,美国联邦调查局把搜查的重点放在新泽西州的特伦顿。

我在2001年1月去过新泽西州的特伦顿,那是新泽西州的州政府所在地,位于费城与纽约之间。

美国联邦调查局在新泽西州的特伦顿地区邮局附近进行了大搜查。

有人举报说,曾经看到一名男子提着装满了信件的袋子,男子拿着袋子时非常小心翼翼,并把袋子放在汽车的后座上,离自己远远的,而且动作非常"缓慢"。

美国联邦调查局马上逮捕了这个名叫阿拉·拉哈可疑男子以及另两个涉嫌制造"炭疽袭击"的男子。美国联邦调查局原本以为案情会有重大突破,而经过审讯又排除了嫌疑。

英国伦敦皇家科学院学会生物武器委员会主席、英国伯明翰大学微生物学家史密斯说,任何拥有微生物学知识及适当设备的人,都能生产炭疽菌,但要想用它制造出生物武器十分困难。

他说:"一名受过训练的微生物学家,拥有几年经验就能生产炭疽菌。炭疽菌很容易生产,也能买到参照菌株。"但是,他强调指出:碾磨粉末是最困难的事情。欲想制造炭疽菌的人,制成了杆状细菌浆液后,要对其进行分离和干燥,而最困难的是将其干燥成固体并将固体磨成粉末。将干燥的炭疽菌的杆菌磨成细粉时,既要做到使制作人本身不遭感染,又不能杀死炭疽菌孢子,则十分困难。正因为这样,他以为,美国的炭疽菌事件的作案者,很可能是美国本土的科学家。

这时,美国科学家发表了重要意见:寄给美国政治家以及新闻媒介的炭疽信件中包含的炭疽浓度极高,每克含有一百亿炭疽菌孢子。寄给美国参议员莱西的邮件中包含的炭疽孢子,足以使十万人毙命。这样高浓度的炭疽菌孢子,远远比任何其他国家政府储备的炭疽菌都要高,表明这些炭疽菌孢子不可能来自别的国家!

美国科学家又进一步指出,这些炭疽菌孢子的浓度,恰恰与美国在1951年至1969年军事研究项目产生的炭疽孢子相当。根据浓度的相似性判断,袭击美国的炭疽孢子可能就是美国细菌战项目停止之前,军事研究实验室秘密开发出的炭疽孢子。

专家指出,美国联邦调查局截获的炭疽信件中的孢子浓度那么"高",与美国军事研究项目开发的炭疽品种所具备的惊人相似性暗示,策划炭疽恐慌的肇事者可能与美国的细菌武器研究项目有关。

这就是说,那"冷血杀手"很可能是美国从事细菌战研究的专家!

科学家指出,美国细菌战专家威廉在 1999 年所写的一份长达 28 页的报告,就曾经明确发出过警告:"致命的炭疽孢子可能会通过邮件传播。"

这么一来,美国联邦调查局认为,炭疽菌事件"其中的一种可能性就是来源于美国军方的研究项目"。

于是,美国从事生产炭疽菌这一"绝密项目",也就曝光于天下。

美国犹他州数名军官证实,那里的科学家确实曾经制造炭疽热粉末,这是美军第一次承认生产炭疽菌。他们透露,这些炭疽菌是用来试验如何防范炭疽热而制造的,同时坚决否认袭击美国的炭疽热病菌来源于军队。

他们承认,制造的炭疽菌呈气雾状,但表示:"运送炭疽菌时,炭疽菌封在严密容器中,呈糊状,因此不可能沾上信件"。

他们说,美军曾在 1969 年公开销毁掉 90 公斤的炭疽菌,并一度声称不再生产生物武器。据说从 1992 年开始,美军又恢复了炭疽菌试验。

美国联邦调查局以为,炭疽菌信件的邮寄者可能是美国国内的一个性格孤僻的"科学天才"。

美国联邦调查局"勾画"了这位"科学天才"的形象:

他"有性格障碍,缺乏与他人的交流能力",是一个"独来独往以自我为中心"的人;

他"可能是成年男子"。

他"是个对生活、命运感到挫折,对自己的能力自傲,而且是对怀才不遇感到愤怒的人"。

他"早就作了准备,拥有炭疽菌孢子,趁'9·11'事件之后人心惶惶的时候把含有炭疽菌的信件发出"。

他"把信寄给新闻媒体和政府要人,为的是追求最大的社会影响"。

他在信封上没有留下指纹、头发、衣服纤维,表明这是一个"非常老练的作案者"。也正因为这样,尽管那些含有炭疽菌的信很多是从新泽西州寄出,作案者未必是住在那里的。

虽然美国联邦调查局对制造炭疽菌事件的"冷血杀手"作了如此详尽的描绘,而且破案范围又局限于与美国进行炭疽菌研究有关的这么个小小的圈子,居然久久未能找出这位"元凶"。

相反,在寻找炭疽菌事件的"冷血杀手"的过程中,美国研究、制造炭疽菌的内幕却不时被新闻媒体抖露出来。

已经 76 岁的比尔·沃尔特,从 1951 年开始就参与美国炭疽菌武器的整个生产过程。他是研究炭疽热以及其他致命病菌生化武器实验室的"首席调查员"。

沃尔特说:"世界任何角落发生的任何致命疾病,我们都会去采集样本。"

沃尔特说出惊人的内幕:美国最初的炭疽菌武器使用的炭疽热病菌,是从他们研究所三名意外感染炭疽热的工作人员身上提取出来的。这三名工作人员中有两名死于炭疽热。

那是在 1951 年,46 岁的美国微生物学家波义耳在工作中不慎吸入炭疽热孢子,几天后死亡。经过验尸发现,波义耳的死亡原因是在脑部出现了类似炭疽的病菌。

七年后,53 岁的电工威拉德被派往"闷热"地带工作,因为那里的动物都被饲食了这种致命的炭疽菌,所以最后他也感染上炭疽热并死亡。

伯纳德是第三名炭疽热受害者,他是一名车间工人。他在有生物危害的环境里上夜班,他的工作是用一把厨刀将离心分离机里面的炭疽热刮掉。在整个过程中他只能靠墙上一根管子呼吸到空气。60 年代初的一天,他的手指因炭疽热感染而肿得像根香肠,他在医院里躺了一个月。

沃尔特说:"从人的身上提取出来的炭疽热病菌威力会更大。所以我们提取了波义耳和威拉德肺部的炭疽热孢子,最后我们又从伯纳德的手指上提取了些。"

"伯纳德的病状是相当容易被察觉的,"沃尔特说,当炭疽热扩展时,"它长得像一个小逗号,完美的圆形。"

沃尔特还说:"当时我们每星期能制造七公斤干炭疽。"

他的话得到 84 岁的詹姆斯·史密斯的证实。詹姆斯·史密斯也曾是该方案的工作人员。

至于那位"冷血杀手"所用的炭疽菌,是不是沃尔特他们当年制造的炭疽菌,不得而知。不过,沃尔特所透露的内幕表明,美国很可能是自食其果——自己制造了细菌武器,而这些武器又使美国受到打击。

加拿大反恐怖顾问、曾任加拿大情报局战略计划主任大卫·哈里斯说,在美国造成恐慌的"炭疽邮件",出自美国国内右翼好战分子之手的可能性大于穆斯林恐怖组织。

哈里斯说:"整个来看,我比较倾向于认为是美国右翼极端分子搞鬼。"

哈里斯还说,炭疽热攻击不能排除拉登同路人所为的可能。

他说,这些狂热分子的终极目标很明显,现在既然有"9·11"大灾难的好机会,他们会想,何不趁恐怖分子人人喊打的机会,"搞它几下,动摇国本"?

面对事实,白宫发言人弗莱舍也不得不说,寄给参议院多数党领袖达施勒的炭疽信件,其炭疽菌可能是在美国制造的。

他说："虽然我们不能排除它来自外国或获某国支持的可能,但是技术水平也表明它可能是由美国某位微生物博士制造的,它可能是由某个有一定水平的实验室制造的。"

又据"美国通缉要犯"电视节目发言人曼(Avery Mann)说,他们已经在两星期内收到 700 封涉及炭疽病菌邮件线索的信件以及涉及"9·11"事件的 4 500 个电话。

不过,美国联邦调查局追踪炭疽菌信件的作案者,依然茫无头绪……

对此,美国《时代》周刊在 2001 年 11 月 5 日出版的那一期刊登文章《最高守护者》,叹息美国"后方战场"难于应付:

　　人人都谈论两条战线的战争,但在上周,要说清其中一条战线在哪里结束和另一条战线从哪里开始却有点困难。上周,布什总统在椭圆形办公室听取有关轰炸的情况汇报:我们即将炸完阿富汗的目标,正在争取摧毁塔利班的指挥与控制能力。但是对于国内的战争来说,情况却不是这样。每当出现新的炭疽病例报道,这里的目标便会成倍增加,我们的指挥与控制设施便会一个接一个地关闭。作为一向喜欢直截了当、办事干脆的总统,布什从高级助手那儿得到的建议根本没有帮助。国土安全负责人里奇用了一整天时间与卫生部长汤普森就讨论中的炭疽的科学特性纠缠不清,两人都有专家支持自己的结论。他们的论战使总统陷入了名副其实的战争迷雾中。

　　卫生官员被一种以前从未对平民使用过的细菌武器弄得惊慌失措,执法官员则因为要么与"9·11"恐怖袭击事件有牵连、要么仅仅是冒充与此有关的生物恐怖分子的捣乱而陷入困境。而军事官员面对的是这样一支塔利班军队,他们的坦克可以被炸毁,但要消灭他们的斗志却困难得多。尽管公众继续表现出对总统的巨大支持,但是每一次新的挫折都将是对这种信任的考验。

　　当布什离开上海回到国内时,家里的战争已经出现了严峻的变化。

　　两名华盛顿邮政雇员的死讯使孢子战突然变得比原先危险得多,他们曾在向参议院多数党领袖达施勒送出炭疽信件的邮件处理场工作过。

　　公众对布什挑选来掌管国内战线的官员的信心崩溃了,尤其是两位前州长里奇和汤普森。

　　迄今为止,布什的国内"将领"——司法部长阿什克罗夫特、联邦调查局局长米勒以及汤普森和里奇——尚未设法协调好各自要说的话,或者只用一个声音说话。

　　一些政府内部人士指出,布什把里奇安置在白宫西厢掌管国内战线是个错误,没有给自己留下一点推卸责任的余地。布什说,里奇随时可以走进椭圆形办公室。这是要让公众确信,尽管里奇没有财政预算和行政权力,但他的权力来自于总统的关注。一名政府高级官员说:"把里奇放在白宫,你就失去了距离。你把炭疽带进了白宫。"

进入2002年之后,对于炭疽菌的恐慌,仍在蔓延着。

2002年2月5日,一架从开罗飞往瑞士苏黎世的班机发生炭疽菌惊慌。

那是一名乘客在飞行中打算看书,撕开一本新书的外包装时,一些白色粉末落了下来。他连忙把书本交给乘务员,乘务员报告了控制塔。这样,飞机在机场降落时,被安排停放在一个被隔绝的场所。航空公司要求机上76名乘客把行李留在客机上,并留下通讯方式。

那些白色粉末后来经过鉴定,只是书本的干燥剂罢了,与炭疽菌无关。航空公司这才一一通知旅客,前来取回自己的行李。

紧接着,在2002年2月10日,美国警方对新泽西州樱桃山的希尔顿酒店进行了封锁,原因是在该酒店参加商务会议的多名与会代表突然感染上了一种奇怪的病菌,有感冒的症状。其中有一名妇女赫姆特里特已经死亡,其他几人仍在住院观察。他们被怀疑感染炭疽病。后来经过鉴定,赫姆特里特女士死于肺炎。其他的人也与炭疽病无关。这样,那家希尔顿酒店才得以正常对外营业。

登临"海上巨无霸"——航空母舰

我所住的阿拉米达小岛,离"硅谷"很近,是许多高科技公司的所在地,没留意这儿是美国西海岸的重要军港。

十个月前我在这里居住,常与妻在楼前海滩散步。好几次,我看见面前宽阔的旧金山海湾里,航空母舰在游弋。那时候,我不大在意这庞然大物,只是好奇地望了望。

在"9·11"事件之后,航空母舰引起了我的注意,因为美国远征阿富汗,航空母舰便是美军的主力。

这回住在阿拉米达,才知道曾经以阿拉米达作为母港的,有四艘航空母舰,即"卡尔·文森号"、"林肯号"、"珊瑚海号"和"黄蜂号"。其中"卡尔·文森号"已经奉命出击,前往中东。

其实,航空母舰所停泊的码头离我儿子家不远,开车十来分钟就可以到那里。知道我对航空母舰产生兴趣,儿子、儿媳就开车带我和妻去看航空母舰。

我饶有兴味地登上硕大的"黄蜂号"航空母舰。这是我头一回登上航空母舰……

航空母舰是"海上巨无霸"。航空母舰既是海上的流动机场,也是流动的军事基地。

美国是现在世界上唯一的超级大国,也是拥有航空母舰最多的国家。航空母舰是进攻性军事设施,这"海上巨无霸"是保证美国在全球"巨无霸"的重要军事力量。美国在世界各地建立了诸多军事基地。但是,毕竟军事基地是固定的,而且美国不可能在世界的每一个角落都建立军事基地。航空母舰可以到处游弋。哪里需要,航空母舰就驶向哪里。正因为美国要称霸于世界,所以美国建造了一艘又一艘航空母舰。

"9·11"事件爆发之后,9月15日,美国总统布什在戴维营和副总统切尼、国务卿鲍威尔、国家安全顾问赖斯举行了国家安全会议。这次戴维营会议,作出了军事打击阿富汗的决定。

布什总统在会后表示,在9月11日对美国几处目标进行的一连串恐怖攻击中,极端分子本·拉登"无疑是主嫌"。布什宣布,美国已处于战争状态,所有军事人员都要随时待命。在讲话中布什表达了军事报复本·拉登及其庇护者的决心,"有军服的人都要准备好打仗","我们的反应必须威力无边、持久而且有效"。

根据布什总统的命令,分布在全球范围内的美国军事力量也开始了历史上罕见的大集结。

就在这时,停泊在阿拉米达的航空母舰"卡尔·文森号"奉命出击,在众多军舰的护航下,驶过太平洋,向海湾进发。

"卡尔·文森号"航空母舰属于美国海军第五舰队。第五舰队还出动了另外两艘航空母舰"企业号"和"罗斯福号"驶往海湾。另外,美国海军第七舰队的航空母舰"小鹰号",也离开加利福尼亚州的圣迪戈,前往海湾。

每一艘航空母舰,都有众多的军舰相配合,形成一个战斗群。这样,四艘航空母舰集结海湾,构成了对阿富汗的巨大军事威胁。

在这四艘航空母舰之中,"企业号"是美国第一艘、也是世界上第一艘核动力航空母舰。"企业号"航空母舰部署在阿拉伯海,战斗群内共有军舰12艘,战机75架。舰上人员总共有3 200多人,航空人员2 500人,另有司令部人员70人。

来自阿拉米达的航空母舰"卡尔·文森"号,是这次空中打击阿富汗的主力。舰上有官兵3 500人,配备了66架战机,包括E-2C预警机、F-14和F-18战机、

S-3反潜机和AE-6B电子战飞机等。

航空母舰"小鹰号"号拥有兵员5 500多人,装备各种舰载飞机80多架。

航空母舰"罗斯福号"部署在波斯湾,拥有军舰14艘,飞机75架。

在向阿富汗开战时,美国这四艘航空母舰起了巨大的作用。

虽然在阿拉米达停泊着好几艘航空母舰,但是现役的航空母舰乃军事要地,不能采访。我被允许参观不久前退役的航空母舰"黄蜂号"(WASP)。

陪同我参观的是"黄蜂号"的美国老兵菲利浦。他说,"黄蜂号"退役了,他也退役了,留下来看守这艘曾经度过他青春岁月的巨舰,可以说是他能够找到的最合适也最乐意的工作了。

他知道我来自中国、来自上海,马上跷起大拇指。他指着我的细格西装,开玩笑地说:"上海的西装,比美国的漂亮!"

我沿着漆成灰色的铁梯攀登,上了"黄蜂号"。从此,跟在菲利浦先生后面,不断地在各种铁梯子上爬上爬下,因为航空母舰相当于十几层的大楼,全靠攀铁梯上上下下。

沿着铁梯,我首先来到的是一个很大的船舱,看上去像个大礼堂,空荡荡的。菲利浦先生告诉我,这是飞机仓库。仓库上面的甲板,就是起降飞机的机场,即飞行甲板。飞行甲板有多大,这飞机仓库就有多大。平常,飞机就存放在这仓库里。这个飞机仓库,可以同时停放一百架飞机!

菲利浦先生带我去看运输飞机用的电梯,那电梯看上去像是半个篮球场! 这电梯只是一块巨大的平板。飞机从仓库里行驶到这平板上,电梯把飞机升上去,与飞行甲板上的停机坪持平,然后飞机驶向跑道,飞向天空。

这个电梯有15米高。虽然那么大,花11秒钟就能把一架飞机从仓库送上飞行甲板。

在飞机仓库的墙上,挂着一块很大的牌子,上面密密麻麻画着许多红色五角星。菲利浦先生告诉我,这是"黄蜂号"的战绩表,每一颗红五星表示打下的敌机。"黄蜂号"总共打下敌人空中战机680架,击毁停在地面的飞机742架。另外,还击沉许多敌舰。不过,击沉敌舰不是论艘计算,而是总吨位计算,总共是270万吨。

对于击下多少敌机,我一看就明白,而对于这击沉敌舰的总吨位,我没有形象的概念。

我问,"黄蜂号"的吨位多少?

菲利浦先生回答说,四万多吨。

这下子我明白,被击毁的敌舰的总吨位相当于六十多艘"黄蜂号"航空母舰!

参观"黄蜂号"航空母舰给我留下的深刻印象,可以用一个字来概括,那就是"大"!

当菲利浦先生领着我登上飞行甲板，哇，比足球场大多了！尽管如今一架飞机也没有，但是我可以想象，当年上面停满一百架飞机时，是何等的壮观。

推动这么一个"海上巨无霸"在大洋中前进，需要多么强大的发动机！在主引擎室，我见到两台 75 000 匹的汽轮发动机。这发动机是用蒸汽推动的，而蒸汽又是靠用重油烧热锅炉产生的。菲利浦告诉我，锅炉室、引擎室是航空母舰的心脏，也是工作最艰苦的地方。因为这里又闷又热，温度高达七八十摄氏度。士兵们每隔五分钟换一班，一出来个个像从水里捞出来似的，从头到脚全是汗水。

锅炉里烧的水，必须是淡水。在航空母舰启程前，要从岸上装入大量的淡水。不过，这些淡水不够用。航空母舰上还安装了淡化海水的装置。即便这样，在作战时，航空母舰在海上一待就是几十天，淡水总是不够用。这时候，仅有的一点淡水，首先是供应锅炉，第二是供应擦枪洗炮，第三是供应饮用，第四才是洗澡水。这第四往往排不上号。菲利浦说，刚刚擦好肥皂，淋浴龙头就断水了，这在航空母舰上是家常便饭。有时几天无法洗澡。

我曾经乘坐过潜水艇，在东海航行。潜水艇里又闷又小。记得，只能睡担架一样的小床，而且一起床，那床马上就自动翻了过去，紧贴在墙壁上。我以为，航空母舰那么大，水兵们一定比潜艇里住得宽敞。谁知参观了水兵宿舍，才知道密密麻麻全是双层铁床，床与床之间只够一个人侧身而过！因为"黄蜂号"航空母舰虽大，偌大的机舱要用来停放那一百架飞机。剩下的空间又被发动机、发电站、弹药库之类占据。航空母舰的锚也是特大型的，锚与锚链也占去一个篮球场那么大的地方，"黄蜂号"航空母舰有 3 500 至 4 000 人，不这样密密麻麻地挤在一起，怎么装得下呢？

只有高级军官，才拥有单人房间。但是，那单人房间比火车列车员的办公室大不了多少。

我很惊讶地发现，航空母舰上设有完善的手术室。那手术室倒有好几间，而且看上去还算宽敞。这是因为在作战时，受伤的战士成批成批地被送往这里，以便及时地得到医治。伤员住的房间，没有双层铺。

在飞行甲板一侧，是高高的指挥塔。我沿着窄窄的铁梯，攀上指挥塔。那里四面是窗，可以清楚地俯视整个飞行甲板。舰长就是在这里工作。这里的作战室，有着各大洋的海图。四壁装着十四部电话。内中有两台是红色的加密电话。

菲利浦告诉我，当航空母舰出动时，起码有两艘巡洋舰护航。还有一艘油轮专门供油，几艘供应船供应食品和弹药。所以航空母舰相当于一座海上城市。

航空母舰实在太大，我从上午 9 时一直参观到下午 1 时半，匆匆上下走了一遍，还只能算是走马观花。

从某种意义上说，航空母舰是一个国家国力的体现。几个月前，我在俄罗斯，

那里正在把苏联时代建造的航空母舰廉价出售,因为今日俄罗斯没有那么多的国防经费,"养"不起耗资巨大的航空母舰……

航空母舰是"海上巨无霸",而美国如今成了"世界巨无霸"。正因为这样,为了打击阿富汗塔利班,美国竟然出动了四艘航空母舰。

重温珍珠港事件

在"9·11"当天,美国总统布什就在日记中写道:

"21世纪的珍珠港事件发生在今天……我希望它将为我们提供一个联合全世界反击恐怖主义的机会。"

当天,美国民主党参议员多德也说,"9·11"恐怖袭击事件使人想起当年的"珍珠港事件"。

此后,很多美国人把"9·11"恐怖袭击事件称为:"美国历史上第二次珍珠港事件","珍珠港事件的重演"。

美国众多的媒体连篇累牍重提珍珠港事件。

美联社在"9·11"事件的第二天,就发出报道说,美国人将永远记住2001年9月11日,这个黑色的星期二,就像记住1941年12月7日一样。那一天,美国经历了历史上最耻辱的一页——珍珠港事件。这次恐怖袭击后的惨状使当年珍珠港事件的幸存者仿佛又回到了六十年前,相似的场面让他们不由自主地产生特殊的愤怒。

美联社记者采访了居住在密尔沃基的罗伯特·内尔,这位81岁高龄的老人是珍珠港事件的幸存者,当年他在瓦斯穆特驱逐舰上担任通信兵。他对记者说:"它让我感到厌恶,这是完完全全的突袭。它让我想起了珍珠港事件给所有美国人的警示:时刻保持警惕。"

内尔说,"9·11"恐怖袭击事件同日本偷袭珍珠港存在着惊人的相似:事前没有任何警告,在美国人享受和平时光的时候,直接打击美国本土,杀害美国公民。但两起事件也有着重要的区别,珍珠港的目标是美国军队,但此次袭击却以平民为目标。

内尔说:"毫无疑问,我们要永远、永远记住这一天。"

也真巧,就在"9·11"恐怖袭击事件爆发之前的几个月,好莱坞大片《珍珠港》

轰动美国,血肉横飞的场面充斥银幕。想不到,几个月后,这样的场面在纽约、华盛顿重演。

也真巧,就在"9·11"恐怖袭击事件之后两个多月,恰逢珍珠港事件六十周年,美国上上下下都在重提珍珠港事件。拍摄、放映好莱坞大片《珍珠港》,其实也是为了纪念珍珠港事件六十周年。

珍珠港事件是在1941年12月7日爆发的。2001年12月7日,美国总统布什和25名六十年前珍珠港事件的见证人以及上千名水兵,聚集在停泊在弗吉尼亚海军基地的航空母舰"企业号"上,举行珍珠港事件六十周年纪念活动。

布什选择了航空母舰上发表演说,有双重目的:一是在珍珠港事件中,美国航空母舰作为美国海军主力没有受到袭击;二是"企业号"航空母舰刚从阿富汗前线归来。

布什总统发表了讲话。

布什重提珍珠港事件。他说:"袭击事件是秘密计划的,残酷地进行着,使2 403名美国人丧生。灾难性的攻击发生在安静的星期日早晨。幸存和牺牲的人在攻击发生时表现了伟大的英雄主义。"

布什描述了在袭击中一些军人的英勇行为,在军舰下沉的时候,很多人拒绝离开军舰。他说:"他们选择留在船上营救其他的朋友。一个船员背着舰长到安全的地方,然后拿起机枪射击,这是他生平第一次射击。两个驾驶员在严密的炮火下进入他们的P-40战机,随后追击并击落4架敌机。这就是当年12月7日的一部分画面。"

布什说:"国家的悲伤转变成决心。在四年的战争中,没有人怀疑我们目标的正确性。没有人放弃对胜利的追求。美军的这种努力和牺牲的结果,使得世界免于暴政,这些美军今天就在这里,还有百万人像他们一样。"

布什把昔日制造珍珠港事件的法西斯分子跟今日制造"9·11"恐怖袭击事件的恐怖分子相提并论。他说:"我们过去看见过,恐怖分子是法西斯主义的继承人。他们有同样邪恶的力量,同样的疯狂,同样的全球野心。他们藐视个人。但他们将像所有的法西斯那样,面临同样的结果,恐怖分子不会得逞,他们一定会被击败。"他说,美国针对恐怖分子的行动不可能以停战协议告终。它将以美国及其盟友的胜利告终。

他说:"就像六十年前的战争年代一样,这个伟大的国家将会有耐心、有决心,我们将不懈地追求自由。"布什嘲笑地表示,恐怖分子庆祝死亡,进行谋杀和神圣的自杀任务。然而,出于一些原因,仅仅是一些年轻的追随者愿意遵循这条通往天堂的道路,恐怖分子的领导人却为了保命躲进了山洞里。

在前往"企业号"参加纪念活动前,布什在白宫签署了一项公告,宣布将星期

五(12月7参加日)定为"国家珍珠港纪念日"。他要求所有的联邦办公室降半旗表达对珍珠港事件受害者的哀悼。

不言而喻,美国掀起这股重温珍珠港事件的热潮,目的在于以史鉴今,要求全国人民发扬当年的爱国主义精神,战胜今日的敌人——恐怖主义。

我在2000年12月,曾经来到夏威夷。在我到达夏威夷州的州府火奴鲁鲁之后,第一个参观的目标就是珍珠港。

珍珠港是美国太平洋舰队的基地。

其实,夏威夷本来不是美国的领土。美国看中夏威夷、吞并夏威夷,最初就出于军事上的目的。在美国人看来,夏威夷是太平洋中一艘永不沉没的主力舰。正因为这样,美国在1898年吞并夏威夷之后,就在珍珠港兴建军事基地,到1919年建成了这一大规模的海军基地。

在第二次世界大战中,日军统帅山本五十六把珍珠港美国海军基地视为眼中钉。他曾经在美国留学,知道美国军队的习惯,即在周末晚上跳舞、喝酒至夜深,然后呼呼大睡。他选择了圣诞节前一个星期日的清晨,用空军突袭正在熟睡、毫无戒备的珍珠港。

日军出动6艘航空母舰,从舰上起飞353架俯冲轰炸机、鱼雷机和战斗机。

这次闪电般的偷袭,前后只花了一个多小时,炸沉美军六艘舰船,炸毁美军347架飞机,炸死炸伤美军将士3 581名。其中,2 390人死亡。特别触目惊心的是,美军战列舰"亚利桑那号"(Arizona)中弹沉没,舰上1 102名官兵随舰沉到海底,全部遇难!

日军只损失29架飞机,5艘小型潜艇,64人死亡。

为了纪念惨痛的珍珠港事件,美国在珍珠港修建了珍珠港事件纪念馆。

珍珠港事件与"9·11"恐怖袭击事件,相隔正好六十年。把珍珠港事件与"9·11"恐怖袭击事件相比,有许多共同之处:

首先,这两大事件都是在美国领土上发生的。美国自从南北战争结束之后,战争都是在国门之外进行。正因为这样,美国被视为最安全的国家。然而,这两大事件却使战火在美国燃烧。这两大事件的发生,都被美国看作国耻。

其次,这两大事件都是采取突然袭击的手段,美国事先毫不知晓。就连袭击手段——自杀式空中攻击,也极相似。袭击方在事先进行了长期周密的策划。不论是日本的300多架飞机突然出现在珍珠港上空,还是恐怖分子一下子劫持四架大型客机向预定目标撞去,不能不说袭击者处心积虑进行了极为秘密又极为精确的部署。就连突然袭击的时间,也惊人地相似。偷袭珍珠港发生在当地时间上午7时55分,而"9·11"恐怖袭击事件则发生在当地时间上午8时45分,只差只五十分钟!这是因为在清晨进行突然袭击,一则对方处于松懈状态,二是天色刚明,比夜间袭击容易看清目标。

第三，这两大事件都给美国造成了很大的经济损失，人员伤亡，造成美国人民心理上的恐慌。珍珠港事件使那么多美国军舰倾覆海底，"9·11"恐怖袭击事件使世界贸易中心大厦姐妹楼倒坍，五角大楼受损。就连两大事件造成的人员死亡，也颇接近——珍珠港事件的死亡人数已经查点得很清楚，即2 390人死亡，而"9·11"恐怖袭击事件的死亡人数虽然尚在清点之中，但是不会超过3 000人。

第四，这两大事件都在美国历史上具有重大意义。两大事件都导致美国全国总动员，同仇敌忾，为保卫自己的国家而战，导致美国政府决策对袭击者以牙还牙。珍珠港事件导致了美国向日本宣战，"9·11"恐怖袭击事件导致了美国发动一系列反恐怖战争。

但是，"9·11"恐怖袭击事件与珍珠港事件相比，也有很大的不同：

首先，日军对珍珠港进行袭击时，尽管是偷袭，但是飞机上有着明显的日本标志。这样，美国在珍珠港事件发生之后，马上向日本宣战。然而，"9·11"恐怖袭击事件发生之后，却"敌方"不明。虽然布什总统当即宣称是恐怖分子进行袭击，但是这"恐怖分子"指谁，不得而知。后来宣布拉登为"首要疑犯"，并对包庇拉登的阿富汗塔利班政权宣战，但是迄今没有关于拉登策划"9·11"恐怖袭击事件的过硬证据。

其次，"9·11"恐怖袭击事件命中美国首都华盛顿和美国最大的城市纽约，造成的国民恐慌情绪要比珍珠港事件大得多，因为珍珠港毕竟远离美国本土。另外，在珍珠港事件中死亡的是美国军人，而"9·11"恐怖袭击事件中死亡的大都是平民，尤其是世界贸易中心大厦处于纽约曼哈顿最繁华、人口最稠密的地区，给美国人造成极大的心理恐慌。

美国政府借纪念珍珠港事件六十周年之机，让美国人重温珍珠港事件，为的是进一步鼓动美国人的爱国主义情绪，支持政府进行反恐怖战争。

正因为这样，我在美国不断从电视中见到播出珍珠港事件的那些黑白画面历史镜头，看到报刊在不断重提珍珠港事件……

阴沉的感恩节

在美国，我恰逢感恩节。2001年的感恩节，正处于"9·11"恐怖袭击事件的阴

影之中,美国人看来"有点烦"。

在美国人心目中,感恩节是仅次于圣诞节的重要节日。圣诞节是固定的,每年的 12 月 25 日;感恩节却是"浮动"的,即在 11 月第四个星期四。就 2001 年来说,也就是 11 月 22 日。

美国的感恩节,据说起源于 1621 年,英国人为了庆祝他们到达美洲后庄稼丰收,举行了盛大的欢庆活动。后来,演变成了感恩节。

如今的感恩节,已经发展成为美国人合家团聚、祝福未来的重要节日。

感恩节这一天,美国人都尽量从天南海北回到自己的家中,一家人围坐在一起,吃火鸡、饮苹果汁、尝玉米糖,沉浸在其乐融融的家庭亲情之中。

我在感恩节前夕来到旧金山的超级市场,一进门就见到火鸡——可以说是放到了"头版头条"的突出地位。这些火鸡已经被杀死、除去羽毛、经过冰冻,装在塑料袋里。火鸡个头很大,起码有七八只普通鸡那么大。美国人说火鸡肉特别鲜美,喜欢在感恩节吃火鸡肉。他们把火鸡整只烤熟,撒上各种配料,用刀切成薄片,再浇上卤汁和盐花。我在美国吃过几回火鸡肉。在我看来,火鸡肉有点粗,而且油腻,不如鸡肉。

感恩节在星期四,两天休假,加上周六、周日,那就有四天的假期。本来,这是美国旅游的高峰期。可是,受"9·11"事件的影响,美国人出游的兴趣大减,尤其是乘飞机出游,比往年锐减。美国人对于空中旅行的安全信任度仍很差,何况美国正处于战争时期。

早在半个月前,美国总统布什就宣布,在感恩节期间,要增派 2 000 名国民自卫军到美国各机场,加强防卫。在"9·11"事件之后,布什总统已经下令派驻 6 000 名国民自卫军到各机场。

布什总统在芝加哥奥黑尔机场发表了演讲,鼓励"美国人民应当回到空中旅行中去,回到正常的工作中去,回到美国的生活方式中去。"

在布什发表演讲时,旁边象征性地停放着两架客机,它们分别属于美国联合航空公司和美洲航空公司。众所周知,在"9·11"恐怖袭击事件中被劫持的四架客机中,有两架是美国联合航空公司客机,有两架是美洲航空公司客机。这两家航空公司在"9·11"事件中不仅各损失两架大型客机,而且乘客从此不敢乘他们的班机,使这两家航空公司蒙受了最沉重的打击。布什讲话时,电视画面上不时出现身后的美国联合航空公司和美洲航空公司的客机,算是给这两家航空公司做"免费广告"。

布什在讲话中说,这场针对恐怖主义的战争是一场长期的战斗,不同于任何其他的战争。

他说:"我注意到,这一恐怖事件使美国人宁愿待在家里。"他以为,美国人现在是到了走出家门,恢复正常生活的时候了。

他说:"经济复苏的关键之一是恢复民航业的活力。"

对于布什总统这番到美国最大的机场——芝加哥机场为民航业打气,芝加哥报纸给予好评,充分理解总统先生的良苦用心。不过,芝加哥报纸挖苦道,布什总统如果是乘坐普通民航班机来到芝加哥,将更有说服力,可惜他乘坐的还是总统专机"空军一号"。

布什作为现任总统,只能乘坐"空军一号",而他的父亲老布什从波士顿乘民航班机到休斯敦,多多少少体现了"以身作则"。

尽管布什父子如此鼓励"美国人民应当回到空中旅行中去",但是紧接着发生的"11·12"纽约空难又使美国人对"空中旅行"望而却步!

在纽约空难之后十天到来的感恩节,"空中旅行"依然清淡。我见到旧金山电视台的主持人在机场作实况采访,候机楼里没有出现往年人流如潮的景象。主持人反复地说:"现在旧金山飞往各地的航班都有机票,可以随到随买,欢迎各位先生、小姐乘飞机作感恩节旅行!"

主持人的话音,听起来有点像市场上的叫卖声。我不由得记起一句话,在市场上叫得最响的,往往是那些货物卖不出去的商人。

也真不巧,天公不作美。感恩节休假那几天,旧金山接连下雨。看见满天阴霾,更加叫人"有点烦"。直到休假的第三天,雨总算住了,第四天出了大太阳。

不乘飞机,乘汽车出游的人也不多。往常,节日期间,美国高速公路上车满为患。这一回感恩节,很多美国人宁愿待在家中吃火鸡。因为除了频频空难使美国人不敢乘飞机之外,那叫人摸不着头脑却又似乎无处不在的"炭疽菌",也令美国人不愿去挤热闹。

美国加利福尼亚大学伯克利分校的心理学教授达科·凯特尼,分析了这一特殊时期的美国人心态:

"也许只有灾难才能让人反思人生的真正价值。钱财并不重要,游玩也只是点缀,人生的乐趣在于和家人一起享受生活。"

由于居家休息的人多,看电视的人也就多。许多观众给电视台打电话,希望在电视上不要老是重播世界贸易中心大厦被撞击的镜头,因为那会引起人们的恐慌心理,给节日带来不愉快。尤其是"9·11"死难家属,更容易因此勾起心头无限心酸事。

居家者多,浏览网页的人也多,收发"伊妹儿"的人也多。

当然,去附近教堂做礼拜的人也不少。

从旧金山到赌城雷诺的高速公路、从洛杉矶到赌城拉斯维加斯的高速公路,倒是车流不断。至于纽约人,则前往大西洋赌城。人们涌向赌城,在那里赌钱,排

除心头的"9·11"闷气。

跟旧金山不一样,从电视中见到,纽约晴空万里,阳光灿烂。

在纽约,每逢感恩节,都要举行盛大的游行。这一大游行,叫做"梅西大游行"。

梅西是纽约最大的百货公司。在梅西百货公司的职员中,有许多来自欧洲的移民。1926 年,他们决定以欧洲的传统方式——游行来欢庆感恩节。从此,每逢感恩节,梅西百货公司就要举行大游行。大游行吸引了众多的纽约市民参加,逐渐成为纽约市各界的感恩节传统庆典。

在"9·11"之后,"梅西大游行"还是照例进行,只是忙坏了纽约警察。警察们在感恩节得不到休息,一千七百名警察出动,维持大游行的秩序,以防恐怖分子扔个炸弹或者投一包"白色粉末"之类。他们事先对游行队伍将要经过的街道实行戒严。当游行队伍出动时,又用直升机在空中巡逻,以便从空中进行监视和警戒。

大游行在高唱美国国歌声中开始,这是历年感恩节游行中所从未有过的。纽约市长朱利安尼也在队伍中放声高唱。

往年,纽约感恩节大游行,在队伍最前头"领衔"的是硕大无朋的火鸡模型彩车。这一回,火鸡的风头不及往昔。"领衔"的改为高举火炬的自由女神塑像彩车。因为在"9·11"事件之后,美国人更加注重爱国主义,所以自由女神也就取代了火鸡,走在游行队伍的最前列。

紧跟在自由女神塑像后面,是美国海军学校五十名身强力壮的小伙子,每个人的手中都高擎着一面星条旗。美国总共有五十个州,这五十面星条旗,代表着五十个州。不言而喻,这五十面星条旗,是往年感恩节游行所没有的,同样成了爱国主义的象征。

在五十面星条旗之后,则是"9·11"遇难的消防员的亲属们。这是纽约市长朱利安尼建议的,给这些烈士亲属们以心灵的安慰。因为感恩节是美国家庭团聚的节日,这些被"9·11"恐怖袭击事件打碎了的家庭,失去了幸福的团聚,让他们走在迎风飘扬的星条旗下面,感到祖国的温暖。确实,他们走到哪里,哪里响起一片掌声。脸上的泪水干了又湿,湿了又干,他们处于极度的兴奋之中。

排在第四档的,才是那只大火鸡。毕竟大火鸡是感恩节的主角,没有大火鸡,就像迪斯尼乐园没了米老鼠一般。

此后的几十辆彩车上,要么高悬卡通人物气球,要么是演艺明星以及马戏团的小丑在载歌载舞。

这支浩大的游行队伍,给笼罩在"9·11"浓烟中的纽约,带来一丝欢乐。

除了旅游、大游行、吃火鸡之外,感恩节也是购物节。几乎所有商家都扯起了"大打折"的横幅。

纽约市中心的时代广场上,打出了这样标语:"让纽约重新站起来——去商店

纽约最繁华的时代广场

购物！下饭馆吃饭！”

"9·11"之后的失业潮，在美国澎湃。感恩节的购物潮被失业潮所抵消。纽约在"9·11"之后新增的失业者达到八万之众。

在大游行结束的当天，前往纽约市政府临时房屋申请借住的无家可归者，达到将近三万人，其中百分之四十为儿童！

在旧金山，电视里反复播送轿车"零付息"的广告，也就是分期付款的利息为零的广告。商家用蛊惑人心的口气煽动道："如此千载难逢的机会，机不可失，时不再来，你还犹豫什么？"可是，轿车还是卖不动。

对于美国来说，11月、12月和1月这三个月，节日太集中了。过完感恩节，便是圣诞节；过完圣诞节，便是元旦。这三个节，是美国的三大节日，居然全都凑到一起来了。

特别是圣诞节，加上周六、周日，有的人再加上补休假期，便可以跟元旦假期"打通"，成为忙碌了一年的上班族们最佳的旅游假期。

然而，出于对"空中旅行"的担心，乘飞机出游的人仍不多。

也有人终于耐不住寂寞，"勇敢"地进行"空中旅行"，首选旅游点是夏威夷，一是在"9·11"事件之后，那里一直太平，既没有发生空难，也没有炭疽菌袭击；二是在严冬之际，那里依然一片夏日风光。几乎没有人前往纽约旅游，美国东部的游

客也寥寥无几。因为那里是"9·11"恐怖袭击事件的重灾区,人们退避三舍,躲得远远的。

美籍"神学士"成了旧金山"名人"

我在旧金山的日子里,美籍"神学士"约翰·沃克忽地成了旧金山的"名人",各报竞载约翰·沃克的照片以及报道,电视台更是接二连三播出关于约翰·沃克及其家人的新闻节目——因为约翰·沃克的父母住在旧金山……

所谓"神学士",其实也就是塔利班。

就像布什在香港被译成"布殊"、在台湾被译成"布希",塔利班在旧金山的中文报纸上被译为"神学士"。这"神学士",实际上也就是台湾对塔利班的译名。

塔利班是"Taliban"的音译。直译应是"阿富汗伊斯兰宗教学生运动"。这个组织成立于1994年9月,以青年学生为主,自称"伊斯兰学生",所以又被称为"学生军"。中国大陆媒体以"Taliban"音译为"塔利班",而台湾媒体"习惯"于采用与中国大陆不同的名词,意译为"神学士"。这是因为"Taliban"成员多为阿富汗普什图族,信奉伊斯兰教,属逊尼派,为原教旨主义派。他们主张在阿富汗建立真正的伊斯兰国家,推行严格的伊斯兰法。塔利班自称是"信仰伊斯兰教、抵制腐化、旨在重建阿富汗国内和平的穆斯林游击队组织"。

塔利班的发源地是阿富汗南部的坎大哈。1994年9月,当时坎大哈正被对平民实行烧杀抢掠的军队困扰,一个名叫穆尔维·穆罕默德·奥马尔(Maulvi Mohammed Umar)的穆斯林决心终止这些令人发指的行为,于是他发起了名为"塔利班"的改革运动。

当苏联军队从阿富汗撤退之后,阿富汗陷入内战。塔利班在内战中胜出,并在1996年占领了首都喀布尔。从此,奥马尔成了阿富汗的领袖。

在"9·11"事件之后,美国指责阿富汗塔利班包庇"9·11"策划者、恐怖分子首领拉登,发动了对阿富汗塔利班的大规模战争。美国扶植塔利班的政敌"北方联盟",击溃了塔利班。

北方联盟俘虏了成千上万的塔利班战士。在这众多的塔利班俘虏之中,惊讶地发现其中有一名塔利班年轻战士,虽然也蓄着络腮胡子,却是白皮肤、蓝眼睛的白种人!

一盘问,这个白种小伙子说自己是美国人!

消息一传出,敏感的美国记者们马上赶来。美国《新闻周刊》的记者采访了这位美籍塔利班战士,他说自己名叫阿卜杜尔·哈米德,20岁,受过很好的教育,是一个中产阶级白种人。

哈米德还说,他出生于美国华盛顿特区,后来又随家人搬到了别的州。

记者问他为什么参加塔利班?他说,十六岁时改信伊斯兰教,随后来到巴基斯坦学习《古兰经》。在那里他接触了一些塔利班领导者,他把他们看作是自己"真正的老师"。于是,在半年前他去了阿富汗,参加了塔利班。

美国CNN电视台记者也赶去采访这位美国小伙子。面对电视镜头,哈米德不愿多说。他只是说,对于自己人生道路的选择无怨无悔。他坚信自己的选择是正确的。

他还说,他现在不愿多讲什么,因为他的母亲曾经告诫过他,如果你讲的话别人不爱听,那你就最好不要讲。

"阿布杜尔·哈米德"的大幅照片以及报道在美国《新闻周刊》发表之后,住在旧金山的他的父母,从《新闻周刊》上一眼认出了那位大胡子年轻人,就是他们日思夜想的儿子!

其实,他的真实的名字叫约翰·菲利普·沃克·利德。"阿布杜尔·哈米德"是他在阿富汗的化名。

他的父母得知儿子去了阿富汗并参加塔利班,深感震惊,因为儿子已经"失踪"了近七个月。

他的父母立即与美国国务院以及美国驻巴基斯坦大使馆联系,但是得到的答复却是都不知道他目前所在的具体地点。

他的父亲叫弗兰克·林德,是一名保健医生和律师。

他的母亲叫玛丽琳·沃克。

约翰·沃克于1981年2月出生于美国的华盛顿特区。全家共有三个孩子,约翰·沃克排行老二。约翰·沃克10岁之前一直住在华盛顿郊区。到了1991年他10岁那年随全家搬到了加利福尼亚州。

母亲玛丽琳·沃克这样形容自己的儿子约翰·沃克:"他是个可爱而又有些害羞的男孩,见过他的人都喜欢他,人们都说他将来会成为一名学者。他还是个很有爱心的男子汉,他最大的希望是将来能够为穷人工作,帮助他们寻医找药。"

16岁那年,约翰·沃克皈依了伊斯兰教。母亲说连她也不知道儿子约翰·沃克为什么会改变宗教信仰,因为他从小就是个天主教徒。

约翰·沃克的父亲弗兰克·林德已经与母亲玛丽琳·沃克离婚分居,他称儿子皈依伊斯兰教是件自然而然的事。"我告诉他一旦信仰了伊斯兰教就不可以再

改变。"

18岁那年,约翰·沃克出国旅行,去了也门的西那,在那里学习阿拉伯语。

接着又去了巴基斯坦,并在巴努村的一个马德拉沙学习《古兰经》,在那里他还自学了乌尔都语和普什图语。

弗兰克·林德说,他儿子有着语言天才,而且对宗教非常虔诚。他说:"我非常支持他的学习。他已经学会了阿拉伯语,并且正在背诵《古兰经》。他一定会成为一个很好的学者。"

玛丽琳·沃克也说:"约翰聪明、口齿伶俐而且富于语言天才。"

玛丽琳·沃克说:"我最后一次和他谈话是在4月底。他对我说:'妈妈我想去一个地方避暑。'打那以后,我便不知道他的行踪。"

约翰·沃克在接受《新闻周刊》采访时称,七个月前,他离开巴基斯坦,越过了巴阿边境来到了阿富汗,目的是帮助塔利班"建立一个纯粹的伊斯兰国度"。他说他去了阿富汗首都喀布尔,并自愿加入了塔利班。由于他不懂得当地语言并且对军事知识一窍不通,塔利班便让他与本·拉登的部队联系,他在拉登的北方训练营里接受了"扫盲"培训。"毕业"之后,他先在有争议的克什米尔地区为塔利班的盟友而战,后来又在昆都士为塔利班而"献身"。

对于儿子支持塔利班和本·拉登的行为,连他的母亲也感到难以理解,因为此前他从来没有表露过支持塔利班或者其他伊斯兰军事组织。

他的母亲说:"如果说我儿子果真参与了塔利班,那么他一定是被洗了脑。毕竟他太年轻了,一个人身处巴基斯坦人地两疏,必然感到孤独。在这种情况下受到一些狂热分子的蛊惑也就不足为奇了。"

这位母亲坚持说他儿子是随一支伊斯兰人道主义援助小组去巴基斯坦的,因为他承诺过要帮助穷人做事。"那才是他的本意。我想后来他之所以与塔利班搅和在一起,一定是被那些人利用了。"

使她更加难以揣测的是,儿子到底为何会成为一名为塔利班而战的志愿兵。

她说:"我实在难以想象约翰居然会参与那起监狱暴乱,这是一个害羞的孩子,打小就和那些街头打架的坏孩子不一样。约翰将自个描述成一名'圣战战士',对此,我们这儿清真寺里认识他的那些穆斯林都难以置信。"

不管怎么说,最让林德和沃克这对离异父母宽慰的是儿子在"失踪"这么长时间之后居然还活着。

他们不顾一切地寻找儿子下落。

另外,他们还为儿子找了一名辩护律师。尽管他们还不能确定儿子是否会被判有罪,但是律师出身的父亲林德表示自己将尽一切努力帮助儿子。

然而,约翰·沃克却并没有以为自己是"误入歧途"。他坚信塔利班是正确的。

他说,他至今"沐浴在真主的光辉之下"。

沃克被俘之后,美国政府决定把他押回美国,进行审判。

2002年2月5日,美国联邦大陪审团指控美籍塔利班沃克十项罪名。

起诉书指控他为包括"基地"组织在内的恐怖组织提供支持,为阿富汗塔利班政权的统治者服务,在暴力犯罪时持有武器。如果罪名成立,他最高将面临终身监禁的刑罚。

美国国防部长拉姆斯菲尔德说:"约翰·沃克选择在'基地'自愿受训,选择为塔利班作战,选择接受奥萨马·本·拉登。他选择的原因对我们来说尚不全知,但是这些事实是确凿的。"

沃克的辩护律师哈利斯对于审讯日期感到非常不满,并称这是美国政府企图将审讯程序与"9·11"恐怖袭击事件挂钩的举动。哈利斯表示,审讯日期与"9·11"事件发生一周年相差太近,陪审团的情绪很可能因此受到影响,加重对林德的惩罚。

辩方已向法官要求将开审日期延后至2002年9月16日,而美国弗吉尼亚州主审法官答应考虑这项申请。

在塔利班之中,除了发现美籍战士沃克之外,还发现了法国籍塔利班战士!

不过,这位法籍塔利班,已经在战斗中阵亡。从衣袋中查到他的法国护照,得知他叫哈维·贾米勒·卢瓦索。

贾米勒曾先后到过沙特、巴基斯坦、阿富汗,是"基地"恐怖组织的成员之一。贾米勒是死于饥饿和严寒。在他身上除了护照外还有两片钙片、一把剪刀和一把螺丝刀。

贾米勒的父亲赛义德在法国巴黎得知儿子死讯,拒绝了记者们的采访。后来,经过记者们的再三努力,贾米勒的父亲痛定思痛,终于开了口……

赛义德是巴黎一家音乐厅的司机,母亲尚塔尔是缝衣女工。贾米勒是他们唯一的儿子。

贾米勒原本来是个性格温和的孩子,谁都喜欢他。1995年,贾米勒开始在巴黎皮卡勒区的一家服装店工作,服装店老板对他也很满意。

可是,1996年的一天,贾米勒突然对父亲说,他要辞掉服装店的工作,因为他已经找到一个工资更高的差事。

后来,父亲才明白,儿子跟同贝尔维尔区的一些伊斯兰激进分子有了联系。

自从辞掉工作之后,埃尔维留起了大胡子,每天都去清真寺做祷告。他无所事事。他完全变成了另外一个人,就连母亲患了癌症,非常想念自己的儿子,但是贾米勒竟然没去医院看过她。

贾米勒的父亲说，儿子是在 1997 年末离家出走的。后来才知道，儿子在 1999 年取道伦敦去了巴基斯坦，然后又去了阿富汗。

贾米勒的父亲说："我失去这个唯一的儿子，完全是伊斯兰极端组织的罪过。"

此外，在塔利班的战俘中，还发现有英国青年。

塔利班中的美籍、法籍、英籍战士，是"稀有元素"。塔利班中的外籍战士，最多的是巴基斯坦人，总共有七百多。还有少数人则是来自其他伊斯兰国家，包括沙特阿拉伯、科威特、也门、苏丹、摩洛哥、伊拉克、俄罗斯联邦下面的那些穆斯林共和国以及中亚国家。说来令人难以置信的是，在阿富汗战局混沌未开的时候，外界经常报道说塔利班和"基地"组织的士兵中有不少是来自车臣的穆斯林，但是目前被关押在希巴格汗监狱的战俘中竟然没有一人来自车臣。

这些外籍塔利班，绝大多数是 20 至 30 岁的青年。他们与沃克一样，读《古兰经》，前来参加"圣战"。

飞往"重灾区"纽约

空前严格的机场检查

当我决定从旧金山飞往纽约的时候,很多在美国的朋友感到惊讶:"你这时候去纽约?"

他们的神情,使我记起我离开上海的时候,很多在中国的朋友感到惊讶:"你这时候去美国?"

虽然这是我第三次前往纽约,虽然十个月前我还在纽约,但是我以为这一次去纽约最值得,因为在"9·11"恐怖事件中,纽约是美国的重灾区。

我不仅要去纽约,而且为了采访方便,就住在纽约的曼哈顿,住在离世界贸易中心大厦废墟只有几站路的地方,那里是"重灾区中的重灾区":

两幢举世闻名的双子星大楼——世界贸易中心大厦,就是在纽约曼哈顿倒下;

在第二轮恐怖袭击——炭疽菌事件中,纽约曼哈顿邮局也是重点袭击对象。

离那里不远的曼哈顿华尔街,是观察美国经济的最佳窗口;

曼哈顿的时代广场和第五大道,是测量美国市场的晴雨表。

在飞往纽约之前,我和妻进行了"精兵简政",以求轻装上阵,只带两个随身小包而已,把所有的大箱子都放在了旧金山。

这是因为我听说,在"9·11"事件之后,美国的机场检查非常严格,尤其是纽约机场,可以说是今日世界上安全检查最严格的地方。行李简简单单,随便你怎么查,都无所谓。

又听说,在机场要对旅客进行盘问。尤其是对外国人,盘问更为详细,这也是过去没有过的。

在随身小包里,除了几件换洗内衣之外,便是两只照相机以及十几卷胶卷。还有录音机、磁带以及采访记录本。我连照相机的套子都"精简"了,用薄薄的丝巾包着相机放在小包里。

不过,我倒是带了两张又大又详细的地图,一张是纽约全图,一张是曼哈顿全图。在这两张地图上,连每一条小街都能查到。这是我十个月前在纽约买的,想不到为这次采访帮了大忙。因为我在纽约从这条地铁线路"跳到"那条地铁线路,从这路公共汽车"蹦到"那路公共汽车,全靠这两张地图。

我还事先把要采访的地点输入电脑,从网上查明采访地点附近的交通线路,用打印机打印出来。

我和妻乘坐美国西北航空公司 NW346 航班飞往美国的汽车城底特律,然后再从底特律乘 NW362 航班飞往纽约。

NW346 航班是在夜里 10 时半从旧金山机场起飞。事先听说要提早三个小时到达机场,因为检查和盘问要花费很多时间,旅客必须排长队等待。

我和妻在晚上 7 时离开阿拉米达,儿子和儿媳开车送我们去机场。还好,这时候下班的交通高峰已经过去,我们在机场停好车,来到 Check-in(换登机牌的窗口)已经是 8 时整。

大约是夜班飞机不多的缘故,我并没有见到换登机牌的窗口前排长队。窗口,坐着一位小姐,朝我很客气地招招手。我和妻背着小包走了过去。我把机票以及护照交给了她。

她问我:"你有没有离开过你的随身行李?"

我答:"没有。"

她问:"有没有不认识的人托你带东西?"

我答:"没有。"

她又问:"你有没有替不认识的人带东西?"

我又答:"没有。"

此后,我在每一个机场换登机牌时,办事员都要向我提出这三个问题。在我一连三个"No"之后,她开始问:

"你去哪里?"

"纽约。"

"那里有你的朋友吗?"

"有。"

"你在纽约住在哪里?"

"曼哈顿第九大道。"

"在旧金山你住哪里?"

"阿拉米达儿子家里。"

她又笑笑,不再问了。

这时,我请她给我靠窗口的座位,她点点头。

就这样,我很顺利地拿到登机牌。我想,刚才那位小姐向我问的问题,也许就算是盘问吧。

接着,要过安全检查这一关。

我把手提包放在 X 光扫描仪的传送带上。负责检查小包的黑人小姐要我把

外衣脱下来,放在传送带上。脱去外衣之后,她见到我里面穿了一件羊皮背心,又要我脱下背心,也放在传送带上。外衣和皮背心都要脱下,让 X 光扫描仪扫描,这是我从未遇上的。当然,后来发生了"鞋子炸弹"事件,美国还要求旅客脱下鞋子,放到 X 光扫描仪里接受检查,这是后话。

我脱下皮背心之后,便准备过安检门。我见到长方形的安检门的那一头,一位旅客高举着双手,另一位则平举双手,正在让安全检查员进行检查。那姿势看上去,一个像举手投降似的,一个像十字架。过去,在国内我也遇上这样的检查,可是从来没有要旅客做出这般难看的姿势。

我事先把手表、自来水笔等金属物件都放进了随身小包里,希望能够"无声"通过安检门。不料,在过安检门时,还是发出"嘟嘟"声!

安全检查员是黑人先生。他要我走过去,并示意要我高举起双手。于是,我也只得做出"投降"的姿势。

他用探头探测着,发现那发出"嘟、嘟"声的地方是裤袋和腰带扣。

裤袋里放着钱包。我把钱包交给黑人先生。他打开钱包检查,发现里面有七八枚硬币,便把钱包还给了我,因为那硬币属于金属物品,所以探测器发出"嘟、嘟"声。过去我在中国、在美国过安检门时,钱包里也有硬币,安检门并没有发出"嘟、嘟"声。我估计是在"9·11"事件之后,美国提高了安检门的灵敏度。从此,我也就吸取教训,在过安检门之前,把钱包放到手提包中。

腰带扣是金属的,明摆着的,我以为没有什么可查的。没想到黑人先生要我解开腰带,看了一下扣子的反面。后来,我在美国机场多次遭遇这样的检查,估计他们是担心在腰带扣背面暗藏什么金属利器。

在作了这么仔细的检查之后,安全检查员又叫我转过身,对背面进行自上而下的扫描……

我总算通过了安全检查。这时,妻早就在 X 光扫描仪的出口处等我。美国机场通常对女士的检查比较"客气",可能在他们看来女士劫机的概率比较小。

不过,她也惹了小小的麻烦:安全检查员注意到她的上衣口袋有点鼓,便要她把衣袋里的东西拿出来。那包东西居然引起安全检查员的怀疑,细细查看,直到妻把东西拿出来让检查员闻了一下,检查员才大笑起来。

原来那是一包陈皮梅,是临上飞机时儿媳塞给她的。美国人不认识陈皮梅,白糊糊的以为是"炭疽菌"!

我的手提包已经通过 X 光检查,在往日拎起来就可以走了。然而,如今却要再度接受安全检查小姐的开包检查。好在就那么一个小包,我随她翻来覆去地检查,终于"OK"!

这时,我见到两位荷枪实弹、穿迷彩服的军人,正在注视着每一个从跟前走过的旅客。往日我曾经十多次经过旧金山机场，从未见到在机场内有军人站岗。

我走过去，跟他俩打招呼，希望拍一张他们站岗的照片，他们满脸严肃地谢绝了。

我朝45A登机口走去。

旧金山机场候机大楼经过重新装修及扩建，比过去大了许多，也漂亮多了。沿着长长的过道走着，两边有快餐店、食品店、礼品店、服装店、书店。在路过书店时，我一眼就看见在最醒目的地位放着一本厚厚的《拉登传》。征得售书小姐的同意，咔嚓一声，我拍下了《拉登传》的封面。

走到尽头，我才找到45A登机口。我看了一下手表，才8时45分，离起飞还有将近两小时。

登机口的椅子上，已经坐了好多候机的旅客，这表明他们来到机场的时间比我们更早。在这非常时期，美国的旅客已经习惯于早早来到机场，以免因排长队等候安全检查而误机。

旅客们安安静静地在等候，表情都很严肃。没有人在嬉笑。不少人在看书读报，也有人在闭目养神。窗台上坐着一位把鸭舌帽沿朝后反戴着的青年，正埋头于观看膝上的手提电脑，显得十分潇洒。

旅客们大都只随身带着一件小行李。据说，在"9·11"事件之后，美国规定旅客乘机时只能带一件手提行李。但是，也有的旅客带着两三个小包。

等了一会儿，我想给儿子、儿媳打个电话，看他们是否已经平安回家。我走到公用电话那里，发现旧金山机场新装的公用电话，不仅装有液晶显示屏，而且还安装了键盘！这样的公用电话，不仅可以收发传真，而且可以收发E-mail！

我拨通了家里的电话，儿子和儿媳说，夜里一路畅通，他们已经回到家中。

我刚打完电话，见到两位警察在登机口巡视，他们的目光逐一"扫描"坐在椅子上的旅客。

终于到了登机时间，登机口前放着两排长桌，这是往日所没有见到的。出乎意料，两位先生和两位小姐都身穿机场工作人员制服，站在长桌之侧，要旅客把手提行李放在桌上，又开始开包检查！

也就是说，从"9·11"事件之后，在美国登机，要经过两番安全检查！

前些天，在芝加哥机场，有一位旅客已经通过了第一道安全检查，却在通过登机口这道安全检查关口时，被发现藏有利器！

在登机口，除了开包检查随身行李之外，还对旅客进行抽查，被抽查的旅客又得举起双手，接受探测器的检查。正面查完，又得转过身体检查背面。

我发现，所有的旅客都默不作声，顺从地接受如此严格的检查。谁都明白，检查虽然如此繁琐，其实也是为了对旅客的安全高度负责。尤其是"9·11"事件之

后,美国正处于非常时期,谁都理解美国政府加强机场安全检查的用意。

过了两道关,我终于坐上了美国西北航空公司的班机——这一回,不再是中国国际航空公司的航班。在美国国内飞行,我乘坐的都是"正宗"的美国西北航空公司的航班。

我一看机舱内一排六座,机身狭长,意识到所乘的是空中客车"A320 型"飞机——我飞往美国前一天在纽约摔下来的,正是空中客车,只不过那架"A300"稍大一点!

向阿拉伯人投去异样目光

走笔至此,该回叙一下我在旧金山机场目击的一幕:

在我办完换登机牌手续、朝着安全检查门走去的时候,忽然发现在我的前面,有两位留着浓黑长胡的旅客,都包扎着头带,其中一个穿橘红色长袍,另一个穿灰色长袍。我顿时有一种蓦然一惊的感觉。

前些日子,我漫步旧金山街头,猛地,一位留着又黑又长又密的胡子、头上裹着柿饼般的头带、身穿长袍、皮肤深褐的阿拉伯人从我身边走过,我也曾为之一惊!

过去我在旧金山,曾经多次遇上如此打扮的阿拉伯人,并没有惊讶感。在"9·11"事件之后,几乎每天都在电视中看见阿富汗的战争场面,看见拉登和塔利班。于是,便对如此打扮的阿拉伯人产生惊讶感。

其实,不光是我有这种"自然"的反应,很多美国人见到在美国生活的阿拉伯人,也都投以异样的目光。

美国是个多民族的移民国家。在美国有很多来自中东的阿拉伯人。除了阿拉伯人之外,许多印度人、巴基斯坦人也是这样的打扮。

我在旧金山看望一位朋友,他那小区住着上百户阿富汗人。

其实,他们都与恐怖分子无关,与塔利班无关,与拉登无关。

在"9·11"事件之后,在美国国内引发了一种仇视阿拉伯人和穆斯林的情绪,曾经发生数十起歧视、攻击阿拉伯裔和穆斯林的案件。这是因为有的美国百姓误以为凡是裹头带、穿长袍、留长须的都是阿富汗人,都是穆斯林,甚至以为都是"塔利班",都是"恐怖分子"!

于是，居住在美国各地的阿拉伯人、穆斯林，连同印度人、巴勒斯坦人、锡克教徒，不断遭到咒骂。

在美国弗吉尼亚州的亚历山大市，一家阿拉伯文书店被砸。

仇视清真寺的情绪也在美国各地不断增长，美国政府不得不派出警察保护各地的清真寺。

在学校里，穆斯林或中东裔学生遭到美国同学的歧视甚至辱骂。

法马赫·阿纳布塔维是约旦裔美国人，是个穆斯林，原来在纽约一家洗衣店任职。"9·11"事件发生后的第三天，公司老板以其他员工害怕见到阿纳布塔维为由将她辞掉。阿纳布塔维说："老板告诉我，他们害怕见到我，害怕我可能在仓库里放炸弹。"这家洗衣店的老板则说，解雇阿纳布塔维是因为顾客要求这样做，否则他们将再也不光顾该店。

阿裔美国人协会指出，数以百计的工人向他们抱怨说，因为他们籍贯或者宗教信仰的原因，他们在工作中频频遭受歧视或者区别对待。其中大约一百多个工人已向联邦就业机会均等委员会提出申诉，其他的一些人则决定不管结果如何也要找个说法。

阿裔美国人协会的发言人雷金纳德·威尔士说："他们受到区别对待，不断受到人身攻击，有的人则被无端解雇。如果不是因为发生'9·11'事件，如果不是因为他们来自中东地区，这样的事情在以前是连想也想不到的。"

在旧金山唐人街，我去看望一位美籍华裔朋友时，她跟我谈起不久前亲历的事：

她与哥哥一起从旧金山飞往拉斯维加斯。她在旧金山机场顺顺利利通过了安全检查。可是，久久不见哥哥登机。直至飞机快要起飞的时候，哥哥这才匆匆跑进机舱，成为最后一个上机的旅客。

发生了什么意外呢？

原来，哥哥受到了机场安全检查人员的"重点"盘问和检查。

她哥哥长得非常魁梧，然而他那黝黑的皮肤以及两道浓眉，被机场安全检查人员当成中东人。尽管她哥哥手持美国护照，也成了重点盘查对象。机场安全检查人员对他进行详细盘问，而且进行很严格的检查，他甚至不得不连衬衫都脱去，只穿一件短裤！

正因为这样，他才成了最后一个登上飞机的旅客。

那天，我从旧金山机场飞往底特律的时候，就目击了机场安全检查人员对那两位留长胡、裹头带、穿长袍的旅客的"重点"检查。

这两位旅客正巧是跟我乘坐同一航班。在登机口进行安全检查时，机场安全检查人员要他们脱去长袍。

很奇怪,在用探头探测时,在其中一位的腰间发出"嘟、嘟"声。安全检查人员顿时紧张起来。直到那人撩起内衣,从腰间解下一根长长的金链,安全检查人员才笑了起来。当然,很多旅客跟我一样"旁观"这一幕,都感到奇怪,那人怎么把金链束在腰间呢?!

后来,在美国曾经发生两件使航空公司遭到麻烦的事。

2001年12月18日,美国西北航空公司在巴尔的摩华盛顿国际机场的保安人员,要求一名穆斯林高中女生摘掉头巾,以便与她的证件上的照片进行核对。

然而,对于穆斯林妇女来说,在公众场合是不允许摘掉头巾的。

为此,美国一个民权组织——"美国—伊斯兰关系委员会"要求美国西北航空公司为其行为道歉。

这个"美国—伊斯兰关系委员会"宣称,这一举动是宗教歧视,无异于让这名女生当众脱衣检查!

"对于一名穆斯林妇女来说,让她当众解下头巾侵犯了她的权利。穆斯林妇女认为,在公众场合裹住头发是真主的旨意。"

这个委员会说,在"9·11"事件发生之后,他们已经接到十几起类似的投诉。因为在"9·11"事件之前,美国机场进行安全检查时,遇上戴头巾的穆斯林妇女,通常没有要求她们摘去头巾。

另一桩事的麻烦更大。那是在布什总统身边,有阿拉伯裔秘密特工。圣诞节那天,他奉命搭乘美洲航空公司班机,飞往布什在得克萨斯的私人牧场,为随后赶来度假的布什及夫人做安全保卫的准备工作。他随身带着手枪。出示特工证件之后,他免予安全检查。

由于技术故障,原来的航班被取消,他换乘另一架飞机。

这时,机场安全检查人员却要他接受安全检查。他当即出示了特工证件,但是仍然不能获准登机。

接着,美洲航空公司官员和机场警察都对他进行了盘问,盘问持续了一个多小时。在这一个多小时之中,这位特工"一直保持合作,态度平静,照章办事"。

直到翌日,这名特工才获准登机前往得克萨斯。

这位特工指责美洲航空公司这种做法是"种族歧视"。他委托律师要跟美洲航空公司打官司。

美洲航空公司却说,这位特工所持的证件与他所填写的表格有所出入,因此对他产生怀疑,这是正常的,并非"种族歧视"。

特工委托的律师则说,其实,航空公司方面只要往白宫打一个电话,就可以轻易地查出他的身份,但是美航并没有采取合法的措施。

美洲航空公司为此发表声明,谴责律师"动不动就联想到种族问题"。声明称:"即使面临诉讼的威胁,我们也不能停止实施既定的安全措施。每年都有数千万乘客将他们自己的生命托付给我们,他们信任我们,保护他们是我们的职责。美国人民不会允许任何持枪者登机,不管他是谁,只要机组人员认为他威胁到航班的安全,我们就有权采取行动。"

平心而论,我以为在"9·11"事件之后,美国机场在普遍加强了对于旅客的安全检查的情况下,尤其注意对于阿拉伯人的安全检查,这无可厚非。布什总统的特工把这说成是"种族歧视",未必如此。

那些打砸阿拉伯文书店、冲击清真寺、辱骂阿拉伯裔学生的人,才是名副其实的种族歧视。

在美国机场的安全检查中,还曾经发生这样的事:

共和党议员约翰·丁格尔,已经75岁高龄。在华盛顿的里根机场准备乘坐美国西北航空公司的航班,飞往底特律。

他在通过安全检查门时,发出"嘟、嘟"警报声。

美国西北航空公司的安全检查员用探测器细查,发现那"嘟、嘟"声是从丁格尔的臀部发出。

丁格尔解释说,二十年前,他从马背上摔下来,伤到臀部,后来医生在他臀部安装了个金属支撑架,这可能是金属探测器响个不停的原因。

但是美国西北航空公司的安检员根本不相信他的解释,要求他脱掉外衣、鞋子和袜子。即便这样,打着赤脚的丁格尔仍然没有通过检测系统。

安检员只好把这位年已古稀的资深议员请到保安室,要求他脱掉裤子。

丁格尔虽然不得不这么做。可是,他感到万分气愤。他事后向美国运输部长诺曼·峰田提出了抗议。

美国运输部长诺曼·峰田听说此事后,表示亲自进行调查。

丁格尔愤愤地称:"我已经让诺曼查看一下,他们这么对我是否公正? 我只想知道,他们这么做究竟有没有必要。"

丁格尔不是阿拉伯裔,他同样遭到了那么严格的检查。

尽管西北航空公司的安全检查员对这位七旬老人的检查是有点过分,可是美国正处于非常时期,那样严格的检查应当说是可以理解的。

正因为这样,我这次在美国旅行,一次又一次经受美国机场的非常严格的安全检查,虽然觉得给旅行增加了许多麻烦,但是我仍充分理解他们,因为面对着恐怖分子的多次劫机事件,这样严格的安全检查是必要的。

美国从"9·11"恐怖袭击事件中吸取教训,除了加强机场安全检查之外,也加强了移民的管理和审查工作。

美国总统布什在2001年10月29日宣布成立一个"跟踪外国恐怖分子工作

组"，以更加严格执行目前的移民政策，防止恐怖分子进入美国制造恐怖事件。

布什总统说，该工作组将要求移民当局对申请学生签证的外国人进行严格审查，并确保他们进入美国后入校学习。

布什说，美国欢迎合法移民，欢迎人们来访问、学习和工作，但不欢迎有人来"伤害"美国人，因此将对入境签证进行严格审查，并对已经入境的人员加强管理。

这个"跟踪外国恐怖分子工作组"由司法部长阿什克罗夫特领导，由国务院、联邦调查局、移民和归化局、海关、特工和情报机构的专家组成，主要任务是协调各联邦政府部门在外国人入境问题上的行动，防止恐怖分子入境并对已经入境的恐怖分子作出处理。

每年大约有60万外国学生获准进入美国学习。鉴于一些参与"9·11"事件的恐怖分子是持学生签证进入美国的，布什指示其助手研究外国学生签证制度，并提出加强学生签证管理的建议。

"跟踪外国恐怖分子工作组"成立之后，查明遭到驱逐但仍滞留在美国境内的非法移民估计有31.4万多人，其中约6 000人被认为是来自本·拉登领导的"基地"组织活动频繁的国家。这个工作组首先锁定近千名来自中东地区和巴基斯坦并已被认定有罪的非法移民，怀疑他们是与恐怖组织有联系的"危险分子"。

美国还成立由联邦调查局、移民和归化局以及美国执法局成员组成的特别追捕小组，来追捕这些"危险分子"。

轻装夜航纽约

我在旧金山登上空中快车"A320"时，特地留意了一下驾驶舱，看看是否安装了铁门。这是因为在"9·11"事件之后，美国"亡羊补牢"，各航空公司着手加固驾驶舱的舱门，以防止劫机分子闯入驾驶舱。

美国各航空公司根据美国运输部的建议，在2001年10月初开始进行驾驶舱门的加固，并在一个月内完成了这项工作。加固的舱门，由各航空公司自行设计。

我在这架"A320"客机上，只见到驾驶舱的门紧闭，不知是否已经安装了加固铁门。

　　坐定之后,看了一下手表,离起飞还有二十来分钟。这时,前座的旅客便打开手提电脑。他的手指正在键盘上飞舞,忽然一位身材魁梧的"空中先生"出现在他的面前,要他马上关闭手提电脑。

　　此后我在美国的空中飞行中,常见"空中先生"。这些"空中先生"往往都身强力壮。不言而喻,"空中先生"除了平日做服务员工作之外,在紧急情况下,可以制止劫机暴徒,起着空中警察的作用。

　　曾经有报道说,在"9·11"事件之后,每架客机上都配备一位全副武装的空中警察,以防劫机。不过,这次我在美国飞行,乘过许多航班,都未曾见到专职的空中警察。

　　大约由于减少了航班的缘故,这一航班的乘客相当的多。我环顾四座,空位不多。这时,我注意到,这架飞机上除了空姐之外,总共有两位"空中先生",一位站在客舱最前面,另一位站在客舱最后面,正在用目光"扫描"着整个客舱。

　　飞机准时在晚上 10 时半起飞,离开旧金山。

　　万家灯火的旧金山市区从机翼下掠过之后,窗外便是黑茫茫的了。尽管我坐在靠窗口的座位上,窗外已经没有什么景色可供拍摄,也没有什么景物可供观赏。显得有点疲惫的我,在吃完"空中先生"送来的夜点心之后,很快就进入梦乡。

　　当我被机舱里的广播声吵醒,飞机已经在下降,临近底特律了。我看了一下手表,凌晨 3 时一刻——当然,表上还是旧金山时间。飞机从西往东飞行,穿越大半个美国,已经飞了将近五小时。

　　2001 年 1 月,我乘美国西北航空公司航班从旧金山飞往纽约,是在明尼苏达中转的。那时候,明尼苏达被厚厚的皑皑白雪所覆盖。这一回,从密歇根州东南部的底特律中转。

　　底特律号称"世界汽车之都"。美国三大汽车公司的总部,都设在这里。这里每年生产的汽车,占美国汽车年产量的三分之一。也正因为这样,底特律是世界上最早拥有柏油马路和高速公路的城市。我的长子便曾经在底特律的美国通用汽车公司工作过。

　　底特律市区拥有一百万人口,连同郊区在内,总人口达五百多万。从空中望下去,底特律的灯光像繁星一般,尽管这时是当地时间清晨 6 时多——这里跟纽约一样,都属于美国东部时区,要比旧金山所属的太平洋时区早三小时。我赶紧把手表上的时针,拨快三小时。

　　时值冬日,窗外依然一片黢黑。当一排排蓝幽幽的机场指示灯飞快地从机翼下掠过,飞机便在底特律机场着陆了。这时,机舱里没有响起掌声,因为那次在旧金山着陆毕竟离"11·12"纽约空难只有一天而已。

一走出空桥,我便惊奇地见到底特律机场的诸多标志牌,上方写着英文,下方则写着日文。比如,男厕所标志在"MEN"下面写着日文"殿方";禁烟标志在"NO SMOKING"之下写着日文"禁烟"。这是因为来来往往于底特律这座汽车城的日本人很多,所以也就出现这种英日文对照的标牌,诚如在旧金山唐人街有着英中文对照的标牌一样。

底特律机场相当大,A、B、C、D、E、F……登机走廊呈辐射状延伸。我从F5出口沿着长长的F走廊,来到长长的C走廊。途中,我见到两个穿迷彩服的美军士兵在巡逻。本来,旧金山机场的工作人员告诉我在底特律是在C5登机口登机,可是到了那里却说改到了C8A。所幸我经过轻装,行李简单,行动方便。

当我来到C8A登机口时,飞往纽约的NW362航班已经开始登机了。

过去,我在美国中转,拿着登机牌就能登上下一班飞机。因为旅客是从这个出口到那个登机口,都在安全检查线之内,当然不必再作安全检查。

这一回却不同,在"9·11"事件之后,美国规定转机的旅客也要进行安全检查。

大约是早班飞机的缘故,机场的工作人员不多,在机舱口我没有见到安全检查员,就直接登上了飞机。

飞机在当地时间早上7时多起飞。这一回,乘坐的是波音757型飞机。我坐在后舱尾部第四十一排,这是倒数第二排,虽说是"末座",倒是可以清楚看见整个机舱。每排六座,整架飞机可以乘坐252位乘客。然而,跟刚才从旧金山飞往底特律那个座无虚席的航班相比,这个航班实在是太空了。我数了一下,总共才三十来位乘客。也就是说,十分之九的座位都是空位!我不明白,旅客那么少,究竟是人们不敢去纽约,还是这班飞机起飞的时间太早?如果说,是时间不合适造成旅客稀少,那么刚才那个航班是在半夜飞行,时间更不合适……

我翻看了一下飞机的说明书,居然也是英文、日文对照的。

这时候,窗外依然墨黑。在灯光反射下,见到底特律机场上一滩滩积水。天正在下着细雨。舷窗玻璃上撒满雨珠。我担心,纽约也是一片雨区——虽然我在离开旧金山之前,从网上查过纽约的天气,晴到少云。不知道天气预报是否准确?

飞机起飞之后,穿过那低低的云层,雨就不见了。没多久,天一下子变得明亮起来。朝霞满天。

底特律离纽约不算太远,大约相当有上海与北京之间的距离。飞机飞行了一个多小时,就开始下降,我见到地面上一个又一个银光闪闪的圆形储油罐和纵横交错的高速公路,知道新泽西州已经近在眼前。

新泽西州紧挨着纽约市,与纽约只隔着一条赫德森河。新泽西州是美国炼油工业非常发达的州。正因为这样,纽约的油价要比旧金山便宜。当然,新泽西州的汽油更便宜。

飞机在新泽西州的纽瓦克机场着陆。纽约有三大机场，即肯尼迪国际机场、拉瓜迪亚机场和纽瓦克国际机场。其中拉瓜迪亚机场在纽约市皇后区，离市中心最近，只有十三公里，但是比较小，主要飞国内航线。虽然纽瓦克机场在新泽西州，但是与市中心的距离还不算很远，十六公里。肯尼迪国际机场最大，但是离市中心最远，二十四公里。

纽瓦克国际机场坐落在纽瓦克（Newark）市。在美国，有很多地方叫"纽瓦克"，旧金山有"纽瓦克"，特拉华州也有"纽瓦克"。我在1993年就曾经在特拉华州"纽瓦克"住过。

纽瓦克市是新泽西州最大港市，濒临大西洋的纽瓦克湾。市区东距纽约曼哈顿十四公里。

纽瓦克原本主要是海港。纽瓦克港是纽约—新泽西综合港的主要组成部分，世界最大的集装箱装卸区之一，承担着美国纽约地区百分之三十的货运量，是美国东海岸汽车和木材的主要进口港。

1973年建成的纽瓦克国际机场，使纽瓦克市显得更加重要。

纽瓦克国际机场在"9·11"事件中很"出名"，因为"9·11"那天四架被恐怖分子劫持的飞机之中，有一架就是从纽瓦克国际机场起飞的——美国联合航空的F93航班，波音757客机，于上午8时43分从纽瓦克国际机场飞往旧金山。被恐怖分子劫持后，原本要撞向白宫的，后来于上午10时29分在匹兹堡东南80英里处坠毁。

对于纽瓦克国际机场我是熟悉的，因为我在2001年1月从旧金山飞往纽约时，就在纽瓦克国际机场降落。

一回生，二回熟。这一次我飞抵纽瓦克国际机场，就完全能够"独立行动"，用不着别人到机场接我。

上午8时20分，我和妻在纽瓦克国际机场走下飞机时，那里阳光灿烂，跟阴雨连绵的底特律全然不同。

机场里的警察和穿迷彩衣的军人，明显地比旧金山机场更多。

我们在机场大楼早餐时，选择了一个靠窗口的餐桌。透过明亮的玻璃窗，可以看见机场上飞机频繁地在起降。

在机场出口处，乘坐从纽瓦克国际机场直达纽约曼哈顿的"奥林匹克快车"。那位司机的乱蓬的头发，看上去真像中国足球队的"洋教练"米卢。

半个多小时，进入高楼林立的曼哈顿。

哦，终于又见纽约！又见曼哈顿！

我特意住在世贸大厦附近

> 曼哈顿人群攒动,沸沸扬扬,
> 是行人的肌肉,一片茫茫;
> 纽约啊,令人如醉如痴的地方,
> 你充满贪婪、争夺,无止的欲望。

这是拜伦·鲁福斯在 1906 年写下的诗句。过了将近一个世纪,今日曼哈顿依然如此。

车入曼哈顿,仿佛进入水泥森林。高楼大厦密集林立,马路真的成了"林间小道"。

透过巨大的车窗玻璃,我见到曼哈顿依然车如流水人似潮。

鲜黄色的出租汽车,车顶上"戴"着长方形的广告牌,不时从路上驶过。

整墙的拳王阿里广告和巨幅星条旗,从我眼前闪过。

我见到一堵墙上挂着一幅白布,上面写着"WE"(即"我们")以及"NY"(即"纽约"),中间是一颗红色的心。显而易见,纽约人用这样特殊的语言,表达自己对于遭受"9·11"恐怖袭击的纽约的热爱。

虽说离圣诞节还有些日子,街道两侧的灯柱上方,已经挂起了圣诞花环。

穿着红色长袍、粘着白色长须、戴着红色尖帽的圣诞老人,在路旁向行人频频招手。

麦当劳快餐店前,那白色长椅上依然坐着那位高跷二郎腿、红鼻子的小丑。

阳光灿烂,曼哈顿镀上一层金色。人行道上,人头攒动,黑人在高声叫卖十美元一对的廉价手表。

鸽子在街头觅食,丝毫不把过路人放在眼里。

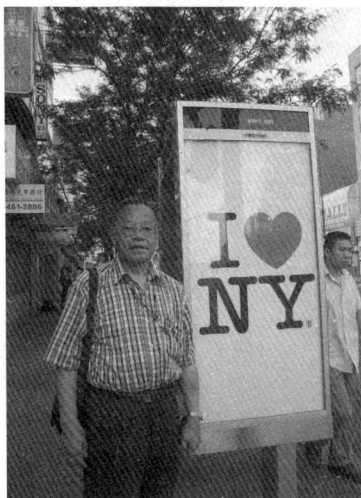

我爱纽约

橱窗里,花枝招展的模特穿着纽约最时尚的服装。

十字路口,一大排自动售报箱。一眼看去,插在售报箱里的那些美国报纸,头版头条大都刊登着美军在阿富汗的大幅照片。

在每个地铁口,几乎都可以看到电影《哈利·波特》的海报。

曼哈顿行人的服装,叫人看不懂,穿皮夹克的和穿 T 恤以及超短裙的美国人,正在那里并肩而行。

只是穿深灰色制服的警察,明显增多了。

曼哈顿(Manhattan)是纽约的中心区。人们常把纽约称为"世界的首都",那么曼哈顿就是"政府所在地"了。

纽约的精华以至美国的精华,集中在曼哈顿。

其实,曼哈顿是一个岛,是一个狭长、形状像一把菜刀的岛,刀柄朝北,刀头朝南。曼哈顿南北长十九公里,而东西宽不过四公里。

曼哈顿分为三部分,即下城(DOWNTOWN)、中城(MIDDLETOWN)和上城(UPTOWN)。上城,也就是刀柄部分,而下城即刀头部分。

世界贸易中心大厦位于下城最南端的海滨一带,通常出现在电视、报刊上那高楼林立的曼哈顿"典型画面",就是下城最南端的海滨一带。

纽约是在 1609 年英国亨利·赫德森驾驶"半月"号帆船在此登陆之后,才开始开发的。曼哈顿西面,是一条宽广的河,河对岸便是新泽西州。这条河就以赫德森的名字命名,叫做"赫德森河"。

步英国人的后尘,大批荷兰人登陆这里,后来居上。

荷兰人见到这里是极好的天然良港,打算把这里开辟为一个自由港,便用荷兰首都阿姆斯特丹的名字来命名,称为"新阿姆斯特丹"。

令人惊讶的是,在 1626 年,荷兰人从印第安人手里买下曼哈顿岛的时候,只花了二十四美元!

然而,英国人也看中了这块"肥肉"。1664 年,英国派舰队开进"新阿姆斯特丹"海面,荷兰人只得拱手相让。

英国国王查理二世把这片新土赐给了弟弟詹姆斯·约克公爵。詹姆斯·约克公爵从英国来到这里,把"新阿姆斯特丹"改名为"新约克"——"New York",中文音译为"纽约"。从此这里改称"纽约"。这名字沿用至今。

如今在美国,纽约有两种含义,一是纽约市,二是纽约州。纽约州的面积为十二万平方公里,包括纽约市,但是纽约州的州府并不在纽约市,而是在奥尔巴尼市。

纽约市分为五个区,曼哈顿区处于中心。

曼哈顿之北,是布朗克斯区(Bronx);

曼哈顿之南,是斯塔滕岛区(Steten Island);

曼哈顿之东,是皇后区(Queens);

曼哈顿之东南,是布鲁克林区(Brooklyn)。

在曼哈顿之西,与曼哈顿只有一河之隔,却不属纽约市,也不属纽约州,那里是新泽西州。

说曼哈顿是岛,因为曼哈顿四周,有河把它与大陆隔开。

曼哈顿西面是前面已经提到的赫德森河;

曼哈顿东面是伊斯特河——严格地说,应该算是海峡;

曼哈顿东北面是哈勒河与斯派顿·杜威尔河;

曼哈顿南面则是海湾,即上纽约湾。

我曾经到过许多城市,觉得曼哈顿的路名最科学,很容易按照路名找到目的地。这一回我在曼哈顿采访,东奔西跑,得益于这方便的路名:

曼哈顿的马路,像围棋的棋盘。南北走向的叫"大道"(Avenu,通常缩写为Ave),东西走向的叫"街"(Stree,通常缩写为St)。由于曼哈顿是狭长的岛,所以南北走向的大道长而少,东西走向的街短而多。大道通常长达十公里以上。

这些大道和街,都用数字命名。大道从东至西数字逐渐增加,从第一大道到第九大道。街则从南向北数字逐渐增加。

第五大道居中,把曼哈顿分为东西两翼。在第五大道之东的街,前面加个"E",亦即"East",东的意思;在第五大道之西的街,前面加个"W",亦即"West",西的意思。

于是,整个曼哈顿岛,犹如处于数字坐标之中一般。只要告诉你目的地在第几大道东第几街或者西第几街,一下子就能找到。

当然,内中也有个别的例外,比如斜穿全岛的最长的大道,叫百老汇大道(Broadway)。百老汇大道长达二十多公里。

曼哈顿的下城,从曼哈顿最南端到十四街;

曼哈顿的中城,从十四街到五十九街;

曼哈顿的上城,从五十九街到曼哈顿最北端。

在下城、中城、上城又以第五大道为分界线,细分为下城东区、下城西区、中城东区、中城西区、上城东区、上城西区。

虽然此前我每一回前往纽约,必定要去曼哈顿。然而,住在曼哈顿却是第一次。这一回,我住在第九大道西十六街的一家中国旅馆,处于曼哈顿下城与中城的分界线处。往西走几百公尺,便到达赫德森河边。

本来我可以借住在纽约亲友家中。为了采访方便,我决定还是住在这家离世界贸易中心大厦不远的旅馆。我在上海出发之前,就给这家旅馆发去传真,预订房间。他们给我发回传真,告知"确认号"。正因为这样,我和妻从纽瓦克国际机场直达这里,很顺利就办好了入住手续。

这家中国旅馆很大,十几层的大楼矗立在第九大道上。我是在上一回到纽约时,听朋友介绍,才知道这家由中国中央某部开办的旅馆。当时听说,这家旅馆住房非常紧张,如果不是提前三个月预订,根本住不进去,所以我早早从上海给这家旅馆发传真预订。到了这里之后,才知道旅馆里空空如也,旅客寥寥无几,根本用不着预订。这是因为在"9·11"恐怖袭击事件之后,前往纽约的旅客锐减,这家旅馆也就从门庭若市跌为门可罗雀了。

住在曼哈顿的感觉完全不一样,因为地处市中心,出入非常方便,交通四通八达。离住处一百多米处,就是地铁口。一进入地铁,就可以到达纽约的每一个角落。

从住处往南,来到曼哈顿下城,那里便有世界贸易中心大厦、华尔街、自由女神像、中国城(唐人街)等热闹去处。

从住处稍稍往北,可以来到曼哈顿中城的精华区,其中有帝国大厦、洛克菲勒中心、时代广场、第五大道商业区、联合国总部以及中央火车站。

从住处向北,来到曼哈顿上城,那里有纽约最大的公园——中央公园,还有林肯中心、大都会艺术博物馆、哥伦比亚大学。

往常,这时候的纽约已经很冷。2001年1月,我在纽约遭遇大风雪,天天要穿滑雪衫。但是这一回在纽约,天气却反常暖和。据当地朋友告诉我,这是自1954年以来纽约最暖和的冬日。事先我从网上查过纽约天气预报,所以连滑雪衫都没有带。在纽约的那些日子里,我只穿一件西装而已。

我住进十楼。透过圆形的窗口,可以俯视第九大道上穿梭不息的车流。

刚刚放下行李,稍稍洗去旅途烟尘,尽管是一夜未睡,我和妻就离开旅馆,直奔世界贸易中心大厦。这里离世界贸易中心大厦不过几站路。

我特意系了一根深灰色的领带,表达我对"9·11"恐怖袭击事件死难者的深切哀悼。

十个月前我登上世贸大厦

从住处往南,过了几站路,就到达曼哈顿下城南端。

在那里,我沿着百老汇大街向前走,见到了圣保罗教堂。这座教堂位于百老汇大街与富尔顿（FULTON）大街的交叉口。

对于历史短暂的纽约来说，建于 1766 年的圣保罗教堂是纽约最古老的建筑。

本来，从圣保罗教堂拐弯，沿着富尔顿大街，就可以到达彻奇街（CHURCH STREET）。从彻奇街就可以进入世界贸易中心大厦。

然而，如今那里不见高耸入云、直插蓝天的世界贸易中心大厦，却只见到一片废墟和残留的扭曲的世界贸易中心大厦门面骨架！

那么壮丽宏伟的大厦，纽约人引为骄傲的标志性建筑，在"9·11"恐怖袭击中化为断垣残壁，化为数千人的葬身之所，悲绝人寰，惨不忍睹！

对于世界贸易中心大厦，我是熟悉的。

1993 年，我在纽赫德森河河口的自由女神像小岛上所摄的一张照片，以曼哈顿下城南端的楼群为背景，世界贸易中心大厦姐妹楼就矗立在我的肩膀上方。这张照片放大之后，便悬挂在我的书房。我每天在用电脑写作时，抬头就能见到这帧照片，就能见到世界贸易中心大厦的雄伟身影。

十个月前，我再度来到纽约世界贸易中心大厦，而且还登上了大厦的楼顶。

那时候，我发现纽约变得小心翼翼，不论是进入自由女神像、联合国总部，还是来到世界贸易中心大厦，都要进行安全检查。

1993 年叶永烈在纽约

特别是在世界贸易中心大厦,那安检门的灵敏度似乎比机场安检门更高,就连我的领带上那个小小的金属领带夹,也引起安检门发出嘟嘟的叫声。

在世界贸易中心大厦经过安检之后,比别的地方还多两道手续:

一是要拍一张照片。这照片并非风景照,而是头部的正面特写。原来,拍照为的是留存档案。如果大楼里发生什么案件,就要逐张审视这些照片;

二是在我的手背用荧光染料盖了一个印章,表明我是已经安检并拍照"留念"的人。这个手背上的印章,直到走出大楼才允许洗去,因为在大楼各要道口的警卫有时候要查验一下手背上的印记……

如此严格的安全检查,说得好听点,这叫"吃一堑长一智";说得难听点,这叫"一朝被蛇咬,十年怕井绳"。

那是因为世界贸易中心大厦在1993年2月16日,曾经受到"严重警告":恐怖分子用一辆装满炸药的汽车炸弹袭击了世界贸易中心南楼,在地下停车场制造了爆炸案,造成6人死亡,1 042人受伤。这一爆炸案震惊了美国,震惊了全世界。

总算还好,"汽车炸弹"是在地下车库爆炸,只是世界贸易中心三层停车场以及大厦底层部分被炸,很快就被修复。

这一案件被侦破。1995年,十名罪犯被判刑。这些罪犯中有苏丹人、埃及人和约旦人等。1998年这一爆炸案主犯约瑟夫,被判终身监禁另加240年监禁!

紧接着,在1994年12月21日,一辆满载圣诞节购物者的地铁列车,行驶到纽约世界贸易中心大厦附近的地铁站时发生爆炸,造成45人受伤,其中4人重伤。

这两次爆炸案的矛头,都直指世界贸易中心大厦。这表明,世界贸易中心大厦早已成了恐怖分子袭击的醒目目标,敲响了警钟。

从此,这对本来可以自由进出的孪生姐妹高楼,采取了极为严格的安检措施,除了那些持有特殊磁卡的本楼工作人员可以刷卡进楼之外,进入大楼的其他人员都要进行严格的安全检查。

另外,经过大楼附近的车辆,如果停车时间超过三分钟,监视器也会立即报警。

两幢长方柱形的世界贸易中心大楼,是纽约最高的摩天大楼,楼高411米,矗立于曼哈顿最繁华的地段。

世界贸易中心大厦拥有84万平方米的办公室。由于地处曼哈顿黄金地段,办公室的出租率高达百分之百。总共有代表80多个国家的1 200多家公司的5万人在这里上班。其中有摩根士丹利、所罗门兄弟公司、瑞士信贷、第一波士顿、奥本海默基金等许多世界级的金融证券公司。有十多家中资公司也在这里设有办公机构。每天到这里来处理公务的有近8万人。

在大楼底层、44层、78层,设有门类齐全的商业服务网点。大楼内共有22个餐馆和咖啡馆,可以同时容纳两万人就餐。两座姐妹楼共有 239 部电梯,其中最快的电梯每秒钟升高 27 英尺。

地下车库可供两千辆汽车同时停泊。

世界贸易中心除了以两幢双子星摩天大楼引人注目之外,总共包括七栋建筑物,其中有八层楼的海关大厦和拥有八百多床位的豪华级玛里奥特饭店等,构成庞大的商业建筑群。

世贸大厦是纽约重要的观光点,平均每年接待大约 170 万游客。

世界贸易中心大厦开建于 1966 年,完工于 1973 年,1995 年对外开放。大厦施工时,最多时有 3 500 多工人在工地工作,但工程死亡人数竟为零。

世界贸易中心不远处便是华尔街和世界金融中心,大厦下面的地铁站因此便成了曼哈顿下城的重要交通枢纽。每天早上和下午,有成千上万的人从这里乘地铁和公共车上下班。

在 1993 年我来纽约时,世界贸易中心大厦是世界第三高楼:第一高楼在吉隆坡,第二高楼在美国芝加哥。到了 2001 年,世界贸易中心被挤到第四位了,因为上海浦东新落成的金茂大厦的高度超过了世界贸易中心大厦,后来居上,坐上了第三把交椅。尽管如此,世界贸易中心大厦毕竟是在将近三十年前的 1973 年建成。

在 1993 年,我只在世界贸易中心那两幢姐妹楼前拍过照,没有登楼。

2001 年 1 月,我来到世界贸易中心的北楼,乘高速电梯来到顶层,再从顶层乘坐卷扬电梯,登上了楼顶。

楼顶平常风大。那天,我的运气不错,只有微风吹拂,得以在楼顶慢慢走了两圈,有机会细细俯瞰纽约全貌。

在这离地面四百多米的楼顶,可以"一览众楼小"。曼哈顿是一个众楼林立的所在。位于曼哈顿第五大道和西三十四街的帝国大厦,102 层,高度为 380 米,在 20 世纪 20 年代末动工,曾经被誉为世界第一高楼达四十年。那时,尖顶的帝国大厦与自由女神塑像一样,成为纽约的标志。直至世界贸易中心取代了它。除了帝国大厦之外,附近七十七层的克莱斯拉大厦,七十六层的华尔街六十段塔,七十一层的曼哈顿银行,七十层的 RCA 大厦,都成了"小弟弟"。

在世界贸易中心大厦北楼的顶架上,我见到许多天线,那是为纽约的许多电视台和广播电台发射信号的。

就在离世界贸易中心大厦不远处,在高楼丛中,见到一大片难得的绿洲。那便是中央公园。中央公园看上去像条绿色的"带鱼",南北长四公里,东西宽八百公尺。这在寸土尺金的曼哈顿,能够有这么一个巨大的公园,实在不容易。

从楼顶朝西南方向望去,是一片蔚蓝色的纽约湾。这里海阔浪静,冬日不冻,当年美国国父华盛顿视察纽约时,就预言纽约将成为美国最大的海港。如今纽约湾中巨轮穿梭,沿岸吊车林立,堆满集装箱。

在纽约湾中,有一个小岛,岛上有个小小的尖尖的东西——那就是著名的自由女神塑像。

从楼顶远望,屋顶积雪的楼房鳞次栉比,窄窄的马路真的成了"楼间小道"……

然而,"9·11"飞来的横祸,竟然使如此雄伟的摩天大楼整体倒塌,夷为平地!

站在世贸中心废墟前

登临过世界贸易中心大厦的我,站在那一片瓦砾的废墟前,不胜唏嘘,不由得扼腕长叹……

在圣保罗教堂四周,摆满鲜花、蜡烛、遇难者遗照、花圈、星条旗、米字旗、加拿大的枫叶旗……

世界贸易中心废墟,被美国人称为"零地带"。

2002 年 1 月 4 日,美国方言协会在旧金山举行了 2001 年年度美国流行词语的评选。

这种评选,一年一度。从流行词的评选中,往往能够反映出在那一年老百姓们最关心的是什么。

2000 年夺标的流行词有"Millenium Bug"(千年虫)、"Y2K"(公元 2000 年)、"e-commerce"(电子商务)以及"chads"(孔屑,指 2000 年美国总统大选计票混乱,选票上的孔没打好)。

在 2001 年,许多夺标的流行词语,大都与"9·11"恐怖袭击事件有关。其中有:

"Ground Zero"(零地带,指世贸中心废墟);

"Let's Roll"("咱们开始行动吧!"在"9·11"事件中,美国联合航空公司 93 次航班上的乘客和机组人员讲出了这句话。为了不让飞机成为恐怖袭击的武器,他们与劫机者殊死搏斗,同归于尽在匹兹堡郊区。)

"Sept. 11"(9·11 事件);

"EvilDoers"(恐怖分子);

"Terrible Tuesday"(黑色星期二,因为"9·11"那天是星期二);

"Post-Sept11"(后"9·11");

"cuddlepuddle(成群的吸毒者)"。

经过评选,"Ground Zero"(世贸中心废墟)最终当选美国 2001 年度最流行语。

我站在世界贸易中心废墟前,思绪飞到了那灾难深重的"9·11"……

就是在那个"9·11"早上,多少丈夫和妻子、多少父母和子女,从此永远天上人间,无法逾越,无法相见。

楼倒人亡,空前浩劫,人间悲剧,泪飞魂散,就在那火光冲天的刹那发生。

亲属们献出遇难者生前的爱物,在这里祭奠那些屈死的灵魂。

"向他们悼念致敬,他们不会枉然死去!"人们发出这样的心声……

特别是孩子们,献出自己心爱的绒布狗熊,献出印有红心的 T 恤,献上自己的圣诞小红帽,献上自己编织的花篮,献给在血与火中丧生的父母,献给数以千计的死难者。

一个小男孩画了一幅漫画:两架大飞机正在撞向世界贸易中心大厦。

他在画上写了一行稚嫩的大字:"We will stop terror!"

意即:"我们必须制止恐怖!"

小男孩发出了纽约人共同的心声。

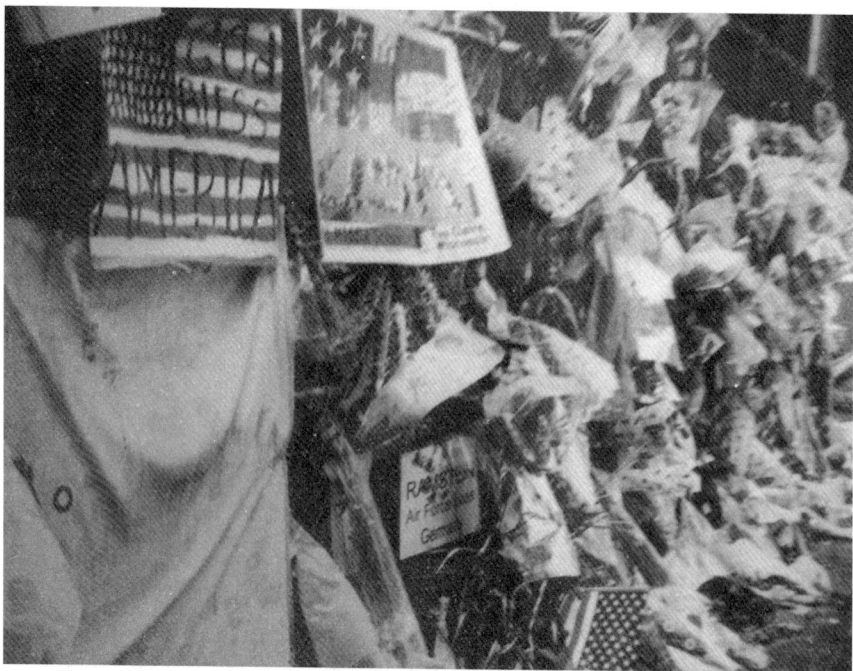

悼念的花圈

墙上挂着签名布,密密麻麻签着各种文字的名字和悼念之词。一位头上包着星条旗的美国小伙子在签名。我也拿起了笔,在上面签下我的名字,表达对于死难者的深切悼念。

一位头发苍白的长者,面对废墟,用风笛奏起凄凉哀婉的乐曲,牵动了现场每一个人的心。

在现场,最受尊敬的是牺牲的消防队员们。他们的遗照前,放满了鲜花。一个孩子还特地画了一幅米老鼠向消防队员献花的漫画。

我步入圣保罗教堂,牧师正在主持弥撒,向死难者致哀。

在现场,戴着黄色头盔,身穿红色防护衣的工人们正在忙于清理。铲车往来挥动巨铲,翻斗车穿梭运输着瓦砾。我见到,现场的碎石、断铁依然堆积如山。有一座楼还有七八层仍然需要拆除。

警察们驻守在现场各个角落。

我多次来到世界贸易中心大厦废墟。我在那里拍摄了许多照片。有一次前往世界贸易中心大厦废墟时,正值下起小雨,那里一片阴沉,大有唐朝诗人杜甫在《兵车行》中所描述的"天阴雨湿声啾啾"的感觉。

我在纽约的那些日子里,尚未倒坍的世界贸易中心大厦门面的骨架,瘦嶙嶙地歪在那里。那架子呈三角形,底座大而顶上尖。从架子上可以清楚看见大门和窗户。我站在这架子前拍了照。我曾经想,如果永久保留这架子,倒是一座最形象、最生动的"9·11"恐怖袭击事件纪念碑!

然而,没多久,这个架子被拆除了。因为这儿是纽约的黄金地段,不能空废,纽约市长建议在原址建造新楼。

在世界贸易中心大厦附近,我见到许多小贩捧着一个小方盒,盒子里插着世界贸易中心大厦的照片。其中的一位小贩身穿黑色皮夹克,头发染成黄褐色。我用英语问她多少钱一张,她见我是中国人,马上用普通话回答说,五美元三张。

我跟妻商量,准备买几张。我们用温州话商量,却被小贩听见了。她用温州话很热情地对我们说:"是温州人?! 难得同乡在这里见面,那就三美元两张吧!"

我跟她聊了起来。她说,来自温州郊区,如今在纽约的唐人街打工。在纽约想赚点钱,不容易。唐人街离世界贸易中心大厦不远。在"9·11"事件之后,来这里的客人都喜欢买几张世界贸易中心大厦当年的照片作纪念。于是,她就临时做起贩卖世界贸易中心大厦照片的生意。她告诉我,在这里兜售世界贸易中心大厦照片的,差不多都是温州人。

我注意到,她手臂上挂着好几条星条旗丝头巾,方盒里还有星条旗纪念章。她说,这些小商品是温州生产的。

温州人善于经商,也可见一斑。

当我请她与妻一起拍一张合影时,她连忙用世界贸易中心大厦的照片挡住了自己的脸。她说,给家乡的朋友知道了,不好意思!

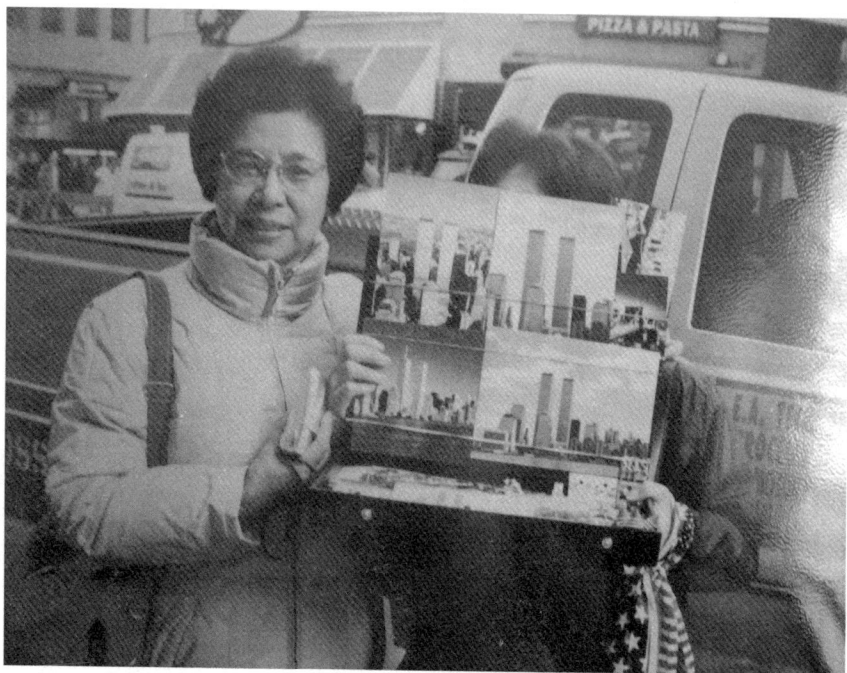

卖世界贸易中心大楼照片的温州姑娘用照片遮住了脸

我不由得记起,1993 年我来到纽约时,在唐人街买东西,我和妻用温州话商量,同样引起店主的注意,店主马上用温州话跟我们交谈。店主还叫来邻居,邻居又叫来邻居,他们全是温州人!

2001 年 1 月,我住在纽约法拉盛。在那里的水果店,又一次遇上温州人——那里的店主连同打工者,全是温州人。

世界贸易中心大厦废墟的瓦砾,据美国专家估算,总共有 120 万吨!

在废墟现场,我见到大型挖土机在不停地工作。这样的清理工作,还要持续半年以上,起码要到 2002 年 6 月才能把这些瓦砾运走。

在废墟底下的地下室,存放着大量金银。工作人员一边清理废墟,一边打通通往地下室的道路。

特别是加拿大的一家银行,在世界贸易中心大厦的地下室中存放着价值为 3.75 亿美元的黄金。

纽约商品交易所金属贸易部也在地下室中存放了 12 吨黄金和约 3 000 盎司的白银。

已经找到的部分金银，装了两卡车，在特工的严密护送下，运出世界贸易中心大厦废墟。

由于世界贸易中心大厦的废墟中，既有诸多重要文件和物品，又有遇难者的尸体、尸块，所以这些瓦砾并不能一倒了之。这些瓦砾被用集装箱、大卡车运到纽约对面的斯坦登岛，那里"外人莫入"，在美国中央情报局的严密监视下，有几千人悄悄地在做瓦砾的清理工作。

从瓦砾中寻找散落的黄金、钻石、名表固然是动用几千人进行清理的目的之一，然而难以对外启齿的另一重要原因，是找回美国中央情报局的大量绝密文件！

美国中央情报局是美国专门负责收集外国情报的机构。这是一个秘密又庞大的系统。美国中央情报局一方面派出自己的谍报人员打入各个国家，一方面又收买各国间谍为自己收集情报。这里的绝密文件万一外泄，引出的麻烦就可想而知。

美国中央情报局的绝密文件，怎么会混在世界贸易中心的瓦砾之中呢？

这个秘密在世界贸易中心大厦遭到"9·11"恐怖袭击之后，才慢慢地透露出来……

原来，世界贸易中心除了那两幢众所周知的摩天姐妹楼之外，附近还有一组楼群，其中包括47层的7号楼。这7号楼紧挨着双子星楼，也在"9·11"恐怖袭击事件中倒坍。美国中央情报局的重要部门——纽约分局，就以联邦政府一个机构名义伪装门面，设在7号楼。中央情报局不把这样重要的部门设在世界贸易中心姐妹楼里，大约因为那里进进出出的人太多，而7号楼不那么醒目，容易隐蔽。中央情报局纽约分局，是除了设在华盛顿的中央情报局总部之外的最重要的情报机关。这个情报机构不仅有着关于世界各国的秘密情报，更有着关于恐怖组织和恐怖分子的诸多秘密情报！

不过，中央情报局消息毕竟比别人灵通，当恐怖分子劫持飞机撞上世界贸易中心大厦北楼的时候，七号楼里的中央情报局工作人员当即全部转移。所以，在"9·11"恐怖袭击事件中，中央情报局纽约分局无人伤亡。当然，这也只是"据说"而已。这样的机构会一下子全部走人？即使死了人，这样的机构会声张吗？

人是长腿的。中央情报局那么多工作人员在几分钟之内，从大楼里溜号，还算来得及。但是，那么多绝密文件当然来不及转移，也来不及毁掉。这些绝密文件，也就混杂在那一百多万吨的瓦砾之中。

正因为这样，几千人在斯坦登岛上，细细地"过滤"瓦砾……

从山一样的瓦砾中辨认遇难者遗体，也是一项艰难而复杂的工作。因为数以千计的遇难者连同恐怖分子的尸体都混杂在瓦砾之中。完整的遗体并不多。很多尸体碎成细块。如何根据这些尸块来确定死者的身份，确实错综复杂。这将在

後文中細叙。

美国最悲惨的一天

刀刻铁铸一般,2001 年 9 月 11 日这一天,作为美国历史上最恐怖的一天,已经永远留在美国人的记忆之中,而且作为"标志性事件"永远留在美国的历史上。

"9·11"恐怖袭击事件的时间表是这样的(这里的时间都是美国东部时间,亦即纽约和华盛顿当地时间。加上十三小时,即为北京时间,如美国东部时间 9 月 11 日上午 8 时,即为北京时间 9 月 11 日晚 9 时):

上午八时四十五分,美洲航空公司一架波音767飞机被恐怖分子劫持,撞上纽约世界贸易中心大厦北楼坠毁。这架客机的航班号11,从波士顿飞往洛杉矶,机上有八十六名乘客,九名机舱服务人员和两名驾驶员。

上午九时零三分,美国联合航空公司一架波音767飞机被恐怖分子劫持,撞上纽约世界贸易中心大厦南楼坠毁。这架客机的航班号175,从波士顿飞往洛杉矶,机上有五十六名乘客,七名机舱服务人员和两名驾驶员。

上午九时四十五分,美洲航空公司的一架波音757飞机被恐怖分子劫持,撞上华盛顿五角大楼坠毁。这架客机的航班号77,从华盛顿杜勒斯机场飞往洛杉矶,机上有五十八名乘客,四名机舱服务人员和两名驾驶员。

上午十时零五分,世界贸易中心大厦南楼在爆炸声中倒塌。

上午十时三十分,世界贸易中心大厦北楼在爆炸声中倒塌。

上午十时三十分,美国联合航空公司一架波音747飞机被恐怖分子劫持,在距匹兹堡八十英里附近坠机,这架客机的航班号93,由新泽西州纽瓦克国际机场飞往旧金山途中,机上有三十七名乘客、五名机舱服务人员和两名驾驶员。

这张美国在 2001 年 9 月 11 日遭受恐怖袭击的时间表上的时间,各种说法不一。这也难怪,因为在遭受突然的袭击时,人们的注意力都在突发事件本身,并没有多少人马上看表。正因为这样,许多目击者所说的时间彼此不一致。

第一架撞上世界贸易中心大厦的美洲航空公司 11 号航班,是早上 7 时 45 分从波士顿机场起飞的。

这架飞机上，总共有九名机舱服务员。起飞后大约半小时，这架飞机上的空姐用手机打给波士顿机场的一位同事，报告飞机遭到劫持！她说，恐怖分子在闯入飞机驾驶舱时，遭到两名空姐的拦阻，恐怖分子竟挥动手上的刀子，割破两名空姐的喉咙，鲜血淋淋，场面非常骇人。

电话说到这里，中断了。

不久，这架飞机撞上世界贸易中心大厦北楼。那位空姐的电话，使人们得知飞机遭到劫持后曾经发生搏斗的情形。

此外，后来在飞机驾驶员与波士顿机场塔台控制人员间的通话录音中，还发现在撞向世界贸易中心大厦前几分钟，飞机的驾驶舱里突然传来一个声音："请大家都别动，我们正在返回机场。不要做出什么愚蠢的举动。"

显然，这个身份不明的声音是一名劫机犯发出的。

塔台控制人员感到奇怪，马上向那架飞机发出呼号，但是没有得到回答。

这时候，美国联合航空公司的175号航班正在飞行，驾驶员从耳机中也听到恐怖分子那句话。

这架美国联合航空公司的客机跟前面美洲航空公司的班机一样，都是从波士顿飞往洛杉矶的。这架客机是在上午8时14分从波士顿机场起飞的。

当波士顿机场的空中交通管制官员听到来自美洲航空公司11航班上那句奇怪的话，又跟那架飞机联系不上之后，要求其他的驾驶员协助寻找。美国联合航空公司175航班的驾驶员于8时41分予以答复："当我们离开波士顿之后，曾听到一个可疑的通话。听起来就像是有人在调节麦克风的音量似的，说：'大家都待在自己的座位上。'"

不料，这架美国联合航空公司175航班客机也很快跟波士顿机场塔台失去了联系。

没有多久，就从纽约传来不幸的消息，这两架客机相继撞击世界贸易中心大厦的北楼和南楼！

按照美国的航空条例规定："发生劫机事件后，机上人员应当与劫机者合作，将他们送往他们要去的地方，并以此来确保乘客及机组人员的安全。"

这一条例，使得"9·11"恐怖分子能够顺利地进行袭击！正因为这样，这一航空条例在"9·11"恐怖袭击事件之后，受到普遍质疑，并且不得不作了修改。

另外，当飞机遭劫持时，驾驶员应该马上输入四个显示飞机遭劫持的号码，可是机场的监控人员说，他们的雷达系统没有接收到飞机遭劫持的求救信号。也就是说，在四架飞机遭恐怖分子劫持时，机长们都没有及时在雷达收发器上输入飞机遭劫持的密码。据推测，驾驶舱的雷达收发器在当时已经被关掉，这可能是机师在劫持者的威胁下关掉雷达收发器，或是恐怖分子在制服机师后自己关掉。

克莱德·埃班克斯是一家保险公司的副总裁，他当时正在世贸中心南楼第103层参加会议。突然，他的老板对他说："看那边！"他转过身去，通过窗口看到一架飞机从旁边掠过，撞上了北楼。当时是上午8时45分。

在世界贸易中心大厦北楼第四十四层工作的第一联合商业银行的彼得·迪赛波，这么形容当时的情景："我突然感到剧烈的震动。我重重摔在地板上。一声巨响之后，建筑开始摇晃，我被吓呆了。"

迪赛波和他的44名同事飞奔下楼。他跟跟跄跄地奔跑，不停撞在墙上，衣服也撕破了。同事们都惊呆了，他们感到眩晕，不停地咳嗽。

"我跑出大楼的瞬间，另外一幢大楼爆炸了，"三十四岁的詹尼佛·布里克豪斯说，"建筑的碎片开始下坠，烟尘四处弥漫。人们在尖叫，他们摔倒在地，跳出窗口求生。"

世界贸易中心大厦的南楼受到飞机撞击，在北楼之后，但是倒坍在北楼之前。目击者这么描述南楼的倒坍："先是一阵奇怪的声音，然后是楼层倒塌，形成了巨大的冲击波，烟尘冲天而起。灰土、纸片和建筑的残骸充斥在空气当中。附近的玻璃纷纷碎裂，人们四处逃生。"

当世界贸易中心大厦北楼倒坍时，目击者是这样诉说："大楼顶部爆炸，烟云弥漫。这次爆炸没有火光，只有尘烟和建筑残骸，浓烟笼罩了附近的街区。从大楼冲出的人们被冲击波击倒在地。然后又是巨大的烟云、浓厚的灰尘，连阳光都被遮蔽了。"

一位从大难之中逃生者说："我正在想，这到底是发生了什么？到底是哪个混蛋居然飞上天空把我们的大楼给炸了，大楼一瞬间就这样没了，我简直不能相信，我看到很多意外事件，不过从来没有见过这样的。"

另一位幸存者这么说："我听到非常巨大的声响。大楼的三分之二倒下来，下面几楼层的人都在逃生。冒出的浓烟使很远之外的地方都看不清人。"

还有人这么说："我听到很大的爆炸声，然后就看到烟充满了屋顶。有的人甚至从窗户上跳下去，我不知道发生了什么。我又听到第二架飞机撞过来。唉，上帝！"

在"9·11"当天，一位美国记者写下自己惊心动魄的经历：

当纽约人的噩梦上演时，我正在世界贸易中心。我在Marriott酒店的一个巨大的舞厅内，当时国家经济学家协会正在开会。突然，厅内的水晶灯摇动，紧接着就听到"砰"的一声巨响，酒店的地面也开始晃动。人们开始四处尖叫。一架客机撞到了世界贸易中心大厦！姐妹楼中的一座着火了！很显然，已有成百上千人身亡。每个人都在打手机。

我奋力冲出大楼的时候，混乱中丢失了手机和手提电脑。当我在街道的对面给尚在世贸大楼中的编辑打电话的时候，看见满街都是恐慌的人们四处奔跑。

这时我又从远处看到，姐妹楼中的另一座已被击中，大概就在大楼的中央位置。我和其他幸存者一样惊恐地望着姐妹塔上的熊熊大火。

当我正在观望时候，忽然听到一声尖叫："天哪，不要！"我看见有人从世界贸易中心大厦楼顶往下跳。紧接着，我又看到有三个人往下跳。

大街上有很多人受伤，可能是被世贸大楼上落下的碎片击中。

我在距世贸中心四百多米的地方听到人群的尖叫声，我回头看的时候，世界贸易中心大厦第二座姐妹楼已经塌了，空气中弥漫着灰尘。

我最后到达了格林威治村（Greenwich Village），一个名叫 John Roccosalva 的男子很友好，让我和其他的幸存者使用电话，我同时喝到了一杯珍贵的水。

我前往格林威治村的 St. Vincents 医院，该医院距世贸中心北楼约八百米。警察要求志愿者疏导交通、移动车辆。成百上千人正在排队，等待捐血。医院官员说，医院已经接到一百十二名伤亡人员，但都不是致命伤。然而，这只是该地区数十家医院之一的情况。

我无法描述人们从格林威治村向南望去时的感觉，蓝色天空依旧而世界贸易中心大厦姐妹楼却不在了！我知道许多人将会和我一样感觉到自己身体一部分被剥夺。

我不知道该如何描述这个有成百上千人被集体谋杀的事件。我仅仅讲述自己的故事。

在"9·11"恐怖袭击事件发生时，《中国日报》驻北美办事处总经理孙玲玲正在世界贸易中心大厦北楼三十三层办公。她死里逃生，她当时的口述是"9·11"事件的真实记录：

快九点的时候，我正在位于三十三层楼的《中国日报》北美发行公司办公室里打电话，突然听到猛烈的撞击声。整个房子都在颤抖，我的第一个感觉就是发生地震了，但是又不像。紧接着，第二声巨响到来了，我赶紧走到楼道里，一看没有人，楼道很安静。看来，谁都不知道出了什么事。我赶紧回办公室，整个大楼里充满了浓烟，大家都不知道究竟发生了什么事，人们在走廊里面没命的乱跑。这时,我丈夫从牙买加打电话给我,说他从CNN上看到恐怖主义分子用飞机袭击了世贸中心,大楼已经着火,他让我别废话,镇静下来,赶快往楼下跑。

于是,我随着人群向楼梯走。到了楼梯口,才发现楼梯里已经挤满了人,大家走得很慢,但是紧张有序。到了三十层,已经基本走不动了。这时,楼上开始有担架抬下来,大家主动让出一条通道,让伤员先走。伤员身上伤痕累累,血肉模糊。有一位女伤员烧焦的头发沾在脸上。有的人心脏病发作,在大楼里工作的盲人带着导盲犬也下楼来,大家也给他们让路。这时,人群中有掌上电脑的人告诉大家是客机撞上了大楼。走到二十多层时,我们看到消防队员往楼上冲,他们背着沉重的消防器材,边跑边问伤员哪层楼着火了。伤员说可能是七十八层着火了。消防队员全身是汗,大家拿水给他们喝,还往他们身上洒水。这时抬下楼的伤员越来越多。大家慢慢地下楼。

走到大厅时才发现,我脚上的鞋不知道什么时候已经不见了。我赤着脚走进大厅,看到大厅里的很多大理石都被震掉了。从三十三层到一层的八台电梯统统被毁,那时候正值上班时间,不知道电梯里面有多少人。由于大楼着火,所有的灭火装置都在洒水,我们走出门时全身都是泥浆。在大门口,我见到八年里朝夕相处的警卫。他们对我们说:"别慌,但是行动要快。"

我刚从唯一的疏散出口出门,就听到一声响,发现有人跳楼了。我回头看时,两幢楼全部都在着火。我刚刚走过一个街区,世贸中心南楼就像化了的巧克力一样坍塌下来。整幢大楼被夷为平地。那座楼被撞在后,但是先坍塌了。那里有上千家公司,多数人根本没有时间逃出来。摩根·斯坦利公司也在那座楼里,有一些女职员经常跟我在一个体育馆锻炼身体。我有很好的朋友在那家公司工作,不知道她们是否还活着。等我们跑到布鲁克林桥上再回头看时,我们工作的北楼也坍塌了。我想到了那些不顾自己生命危险跑上楼的消防队员们,他们根本就没救了。

纽约全城交通陷入瘫痪。我走了七个小时才回到住所。到家一看,有七十多个电话录音等着我。电话从全世界四面八方打来,问候我,告诉我需要帮忙就说话。中国驻纽约领事馆、侨报也打来电话。

中国日报北美发行公司办公室已经不复存在,珍贵的客户资料全部被毁。在侨报印刷厂,大家加班加点,把打印好的地址做重新输入。大家都没有休息,非常有敬业精神。

"9·11"事件亲历者斯坦·普莱纳斯,44岁,一家美国银行的执行官,两个孩子的父亲。当第一架飞机撞向世界贸易中心大厦北楼时,他正坐在南楼81层的办公室里。

"我亲眼看见飞机飞过来。当时我就坐在办公桌前,突然一架飞机直奔我而来……"斯坦先生向美国记者叙述了自己逃生过程中非常感人的故事。美国报纸这样加以报道:

听到北楼的一声巨响,看到瞬间升腾的浓烟,求生的本能使斯坦和同事们不顾一切地奔向楼下的大厅,但一名声称南楼很"安全"的保安人员却拦住大家,把他们劝回办公室等待消息。

"我不知道,就是由于这个保安,有多少人被埋在了瓦砾之下。"普莱纳斯神情忧伤地说。

不得已,斯坦回到了办公室,墙上的时针正指向九。办公桌上的电话铃非常刺耳,焦躁不安的普莱纳斯抓起电话,一边注视着窗外的天空。只听一声巨响,又一架飞机撞向南楼……

"电话是芝加哥的一个同事打来的,他从电视上看到了这一幕,便打电话询问我的情况。我正准备回答,就看见那架飞机直逼我而来,我冲话筒大声尖叫:'天啊,一架飞机正朝我压过来!'"

"飞机速度不快,最后一秒钟,它稍稍偏了一下,斜着撞向大楼。我不知道驾驶员这么做的意图是什么,但这却使我死里逃生。机翼的下半部正好撞在我们这一层。这是我一生中听到的最恐怖、最可怕的声音,好像是钢铁断裂的巨响。"

"我赶快倒在地上,葡匐爬到桌子底下。房间里的墙开始摇晃、碎片四溅,屋顶开始大块大块地往下掉,除了我的桌子所有的桌子都被掀翻了,办公室里到处是黑烟,什么都看不见。只有二十英尺外的办公室大门上,那半截巨大的机翼隐约可见。整个办公室已经着火了。"

"我惊慌失措地叫起来:天哪,飞机马上就要爆炸了,我不想死。上帝,救救我吧,我不想死,我的家人还等着我回去。救命啊!"

斯坦声嘶力竭地喊着,碎片瓦砾已经埋到了他的肩膀,他已经一点力气也没有了。突然间,他看到不远处出现一个自动喷水灭火器,求生的欲望使斯坦使出吃奶的劲往碎石堆外爬呀、爬呀……

"肯定有人听到了我的呼救声。我好像看到了上帝的使者,房顶亮起了一个火炬,我奋力朝着那微弱的亮光爬去。我绝望地喊着:'请不要离开我,我不想死。'那人很镇静,安慰说他不会离开我,并把我拖出了碎石堆。我的衬衫已经不见了,背心也被划成了一块块的碎片。"

"我紧紧地抱住了他,疯狂地亲着他的面颊:'你真是我的保护神。'"

这位"上帝的使者"就是八十二层的大楼消防员、五十七岁的布朗·克拉

克。当他听到斯坦绝望的呼救声时，整个楼道已经被瓦砾堵死，"救人!"布朗义无反顾地沿着声音寻去，而他的同事们都拼命往楼上逃。

"布朗和我紧紧地抱在一起，连滚带爬、跌跌撞撞地往楼下跑。我们碰到许多消防员往楼上冲……我们跑出大楼时，已有一百多名消防员、警察、医疗人员在那儿。他们就好像根本不知道自己很危险。整个大楼已经浓烟滚滚，到处都是燃烧的瓦砾。警察叫我们赶快离开……"

"突然，轰隆隆一声巨响，黑烟滚滚，南楼塌了。我们没命地往远处跑，越来越多的人被瓦砾碎片淹没、砸伤。尖叫声、嘶喊声……在一片混乱中，我找到了口袋里仅有的一张名片，对布朗说：'如果我们出不去，我会在天堂里见你的。'"

斯坦和布朗终于安全地逃了出来。斯坦将布朗视为自己的救命恩人，但布朗望着斯坦意味深长地说："不，斯坦，是你救了我。如果不是为了找你，我可能已经和同事们一起朝楼上逃命。"——据悉，八十一层以上没有一个人活着逃出来。

在"9·11"灾难爆发之时，美国国防部长拉姆斯菲尔德用这样一句话来概括："对美国来说，这是最悲惨的一天。"

五角大楼遭到重创

就在世界贸易中心大厦双子星楼双双倒坍，使纽约陷入一片混乱的时候，位于美国首都华盛顿的五角大楼，也遭到重创。在"9·11"上午9时43分，被恐怖分子劫持的美国联合航空公司的一架波音757飞机，撞上华盛顿五角大楼坠毁。这架客机的航班号77，从华盛顿杜勒斯机场飞往洛杉矶。

如果说世界贸易中心大厦是美国经济的象征，而五角大楼就是美国军事力量的象征。恐怖分子显然经过周密的策划，攻击美国经济和军事的标志性建筑，以表达对于美国的憎恨。

五角大楼是美国国防部的所在地，所以也就成了美国国防部的代名词。"五角大楼以为"、"五角大楼表示"、"在五角大楼看来"之类的话，频频出现于新闻报道。每逢美国国防部举行记者招待会，国防部发言人身后，就挂着五角大楼的图案。正因为这样，五角大楼在世界上具有很高的知名度。

我在 2001 年 1 月从纽约前往华盛顿,曾经到过大名鼎鼎的五角大楼。五角大楼坐落于华盛顿西南、弗吉尼亚州的阿灵顿,隔着波托马克河与白宫遥遥相望。

五角大楼,是一幢五角形的大楼——由五幢五层的楼房联结而成的。

美国部队分为五个军种:陆军、海军、空军、海军陆战队、海岸警卫队。五个兵种各占大楼中的一幢,所以这座大楼成了"五角大楼"。

五角大楼不像世界贸易中心大厦那样直插云天,而是五层大楼。世界贸易中心大厦被恐怖分子劫持的飞机拦腰撞击,而五角大楼则被俯冲撞击。

其实,在建造五角大楼时,原本只准备盖四层大楼。在大楼的建设过程中,才决定盖成五层。

五角大楼是美国当时重要的工程,总统罗斯福亲自过问五角大楼的建设。当工程图纸已经设计差不多时,有人提出,大楼设计成五角形,建筑物朝外凸出,很容易成了敌人的轰炸目标。

于是,设计委员会向总统罗斯福请示。罗斯福很明确地答复:"我喜欢五角大楼的造型,各位知道为什么? 就因为它造型的前卫性。"

就这样,五角大楼照原样设计,建成五角形。

五角大楼从 1941 年 8 月开始动工。开工后不到 4 月,在 1941 年 12 月 17 日,爆发了日军偷袭珍珠港事件。于是,美国加速五角大楼的建设。原计划要建设四年,由于加快了工程进度,前后只用了 16 个月,五角大楼就完工了。五角大楼建成之后,立即投入了使用。1943 年,进入五角大楼的工作人员达到 33 000 人之多。这么多人集中在五角大楼,便于联系,便于统一指挥。设在这里的"国家指挥中心",成为美国三军的最高统帅部。在第二次世界大战中,五角大楼发挥了重要的指挥作用。

果真,五角大楼这一"造型的前卫性",使得它成为美国国防部的标志性建筑。1989 年,五角大楼被美国政府列为历史性建筑。

然而,设计委员会当时的担心不是多余的。六十年后,"9·11"恐怖袭击事件恰恰印证了这一点——敌人袭击了五角大楼朝外凸出的部分!

五角大楼很大,光是走廊的总长度就达 28 公里。曾经流传着这么一个笑话:一天,一个孕妇在五角大楼请求卫兵赶快带她出去,因为她快要生孩子了。卫兵感到奇怪,你是临产的人,怎么还来上班? 谁知那妇女说:"我自从走进五角大楼之后,一直在走,走不到尽头。进五角大楼时,我还没有怀孕呢!"

五角大楼是由五幢大楼围成五角形,这五角形中间是绿化带。五角大楼附近有庞大的停车场,足以装下两万辆轿车——因为现在这里的"上班族"就有 23 000多人。

五角大楼里不光是办公室,也有卧室、餐厅、商场、咖啡厅、健身房。因为一旦发生紧急情况,这里很多人必须日夜工作。

五角大楼自从建成之后,向来有着一种神秘的色彩。那里只允许工作人员和官方参观代表出入。在1976年庆祝美国建国二百周年之际,五角大楼对外开放,允许民众参观。从此,每年大约有十万人次游客参观五角大楼。当然,正如白宫也对外开放,五角大楼所开放的只是其中的一部分。

五角大楼最为机密的是参谋长联席会议办公室和作战室。

参谋长联席会议办公室号称"美国国防部的灵魂",重要的军事决策都是从这里作出。

作战室则是最高军事指挥所。这里的电话在二十秒钟之内可以接通美国在世界各地的重要军事指挥所。室内一面墙上挂着战时总统或可能接替总统者的名单,每个人的名字旁边有亮光,表明此人目前正在何处。如果爆发战争,美国总统的命令将从这里发出。

然而,作为美国军事力量象征的五角大楼,在2001年9月11日上午9时43分,却被恐怖分子所劫持的美国联合航空公司一架客机撞毁了西南端。在熊熊烈火之中,五角大楼顿时变成了"四角大楼"!

华盛顿附近有三个机场,即位于华盛顿近郊的里根国家机场,离市区约六十公里的杜勒斯国际机场,位于华盛顿与巴尔的摩之间的巴尔的摩——华盛顿国际机场。其中的杜勒斯机场是以美国已故著名国务卿杜勒斯的名字命名的。恐怖分子就是从杜勒斯国际机场登上美国联合航空公司的客机。

一位名叫塞伯斯的五角大楼工作人员说,他上班后听到纽约世界贸易中心大厦遭袭击的消息,连忙上网查看有关消息。就在这时,突然听到一声巨大的爆炸声,整个大楼都摇晃起来,好像是遭到导弹袭击一样。人们都害怕极了,大楼内喊叫声响成一片,人们纷纷往外跑。他简直不敢相信,五角大楼这种戒备森严的地方也会遭到袭击。

另一位名叫托马斯的五角大楼工作人员说,当时的情景就好像是发生了一场强烈地震。托马斯说,他对在美国首都的核心部门发生这样的恐怖事件深感震惊。

在五角大楼遭到袭击之后不久,一颗汽车炸弹在美国国务院附近爆发,又引起一阵慌乱。

华盛顿的蓝天之下,冒出浓烈的黑烟。警车、救火车、救护车,忙成一团。美国空军的直升机在空中盘旋。通往白宫、国会、财政部、司法部、国务院和五角大楼的道路全部封锁。

"9·11"这天,是美国建国以来首都第一次遭到严重袭击的一天,也是华盛顿最恐慌、最紧张的一天。

美国国会两党领袖们当天乘直升机从国会山转移到一个秘密的地方。民主党参议员多德说,"9·11"恐怖袭击事件使人想起当年的"珍珠港事件"。

华盛顿所有政府机构都关门,25万美国联邦政府的工作人员提前下班回家。商店也大门紧闭。唯一开门的是体育用品商店,因为交通管制之后,车辆不能行驶,人们只得步行回家,运动鞋成了热销商品。

其实,即便是五角大楼原本对于恐怖分子的突然袭击毫无防备,但是从8时45分第一架被劫持的飞机撞击纽约世界贸易中心大厦北楼,到9时45分第三架被劫持的飞机撞击五角大楼,这中间有一个小时的时间。如果五角大楼在纽约世界贸易中心大厦北楼受到撞击时马上采取防备措施,还完全来得及!

当时,杜勒斯机场的航管人员已经发现一架波音757客机飞往华盛顿市区。按照规定,首都华盛顿市区多半划为"B级空域",这代表任何飞机都必须配备开启的信号传播器,才能在这个空域飞行。飞航管制人员无法辨识这架飞机,因为显然有人关掉机上的信号传播器。这个仪器可以向地面管制站的雷达传送飞机所属航空公司、班机号码和高度与速度等资料。

这架飞机一度在低空以高速飞向白宫禁区。后来大角度转向,向右转二百七十度,在盘旋之后撞向距离白宫仅几公里的五角大楼。

事发后,杜勒斯机场的航管人员才查明,这架撞击五角大楼的飞机,就是不久前从他们那里起飞的美国联合航空公司飞往洛杉矶的客机。这架客机在起飞之后曾往西飞行一段时间,后来飞机在信号传播器关闭之后折回,并且保持无线电静音。

杜勒斯机场的航管人员断定,从这班飞机坠毁前驾驶的飞行技术以及懂得如何关闭信号传播器这一点来看,最后操纵这架飞机的恐怖分子是一名受过训练的飞机驾驶员。

在这架飞机的乘客之中,有一位常在美国电视上出现的政治评论家芭芭拉·奥森。她用手机打电话给她的丈夫、联邦首席司法官泰德·奥尔森:"你能相信吗,我们被劫持了!"她还说,"为数不明的劫机者所持的武器是美工刀等利刃。"

在杜勒斯机场的航管人员发现这架飞机动向异常时,曾经向离华盛顿很近的里根国家机场报告。

另外,美国联邦航空局在第一架被劫持的客机撞击世界贸易中心大厦北楼之后,根据从雷达、通信部门以及机上信息获悉,一架波音757飞机改变正常航线飞往华盛顿,航空局立即向美国防空司令部报告。

美国空军的安德鲁斯空军基地,距离华盛顿只有二十多公里。如果美国空军

的战斗机马上从安德鲁斯军用机场起飞,能够拦截那架飞向五角大楼的被劫持的客机。

然而,在美国空军安德鲁斯空军基地,当时居然没有一架可以马上起飞的战斗机!

这时,美国防空司令部不得不命令弗吉尼亚州兰利空军基地的两架F-16战斗机起飞迎击。兰利空军基地距华盛顿二百多公里。两架F-16战斗机在五角大楼被撞前的两分钟才起飞。当战斗机到达五角大楼上空时,已经是五角大楼被撞击之后二十多分钟了!

美国空军的反应如此迟钝,充分表明他们的纪律何等松懈、思想何等麻痹!

不过,也有人指出,即便是安德鲁斯空军基地当时马上起飞战斗机,也未必能够阻止恐怖分子袭击五角大楼。这是按照美国的有关规定,在通常情况下,决定击落商用飞机,必须得到总统的批准。

当时,美国总统布什并不在华盛顿白宫,而是在佛罗里达州参观一所小学。布什总统并不了解当时的情况。等到布什总统了解情况、作出击落那架遭到劫持飞向五角大楼的客机的决定,那架客机早已撞上五角大楼了!

实际上,当第三架被劫持的客机撞毁五角大楼之际,第四架遭劫持的客机还在空中飞行。美国空军的战斗机终于追上了那架客机,而且作好了在必要时击落客机的准备。不过,由于击落商用客机毕竟是一件非常重大的事,因为击落客机,意味着将使众多无辜的乘客也同时丧生。所以非到万不得已,没有得到美国总统的批准,战斗机是不能朝那架客机开火的。正因为这样,战斗机只能跟踪那架客机。

第四架被劫持的飞机,也是美国联合航空公司的客机,从纽瓦克国际机场起飞,飞往旧金山。这架飞机由于晚点,在上午8时42分才起飞。起飞后十多分钟,第一架被劫持的飞机撞上了世界贸易中心大厦北楼。

这架飞机原本是要撞击白宫的。按照恐怖分子事先的计划:两架飞机分别撞击世界贸易中心大厦的北楼和南楼,一架撞击五角大楼,一架撞击白宫。那三架飞机都"完成任务",惟有这一架例外。

第四架被劫持的飞机没有"完成任务",原因是遭到了乘客和机组人员的反抗!

在恐怖分子劫持了飞机之后,一位名叫杰里米·格利克的31岁的男乘客,用手机给在新泽西州的妻子打了电话,告知他所乘坐的飞机遭到劫持。杰里米·格利克是一家网络公司的职员,身体强壮,喜欢滑雪,打高尔夫球,还练习过摔跤和柔道。格利克说,劫机者是三个绑着头带的中东男子,手中都拿着小刀,还捧着一个红色盒子,声称盒子里面是炸弹。他们把乘客、驾驶员和客舱服务员全部赶到机舱后部,然后接管驾驶舱。他正是乘混乱之际,打这个电话的。

格利克的妻子当即向"911"报警。"911"的接线生问明格利克的手机号码之后,马上给他打了电话,告诉他世界贸易中心大厦遭到了被劫持的飞机的攻击。

格利克把这一重要消息告诉了周围的乘客。

格利克又一次给妻子打电话说,很多乘客已经知道世界贸易中心大厦被撞毁的消息。乘客们决心跟劫持者作殊死的斗争。

这时候,另一位名叫汤姆·伯内特的38岁的男乘客,也用手机给妻子打了四次电话。他说:"我在飞机上,飞机已被劫持,他们已经用刀刺伤了一个男子。他们说自己带着炸弹。"

汤姆·伯内特是一家医疗设备制造公司的业务主管,三个女儿的父亲。他曾经是一名曲棍球手。他在最后一次通话中对妻子说:"我知道这架飞机上的人都活不了,但是我们有三个人已准备做点事。"他给妻子最后一句话是"我爱你"。

伯内特所说的"准备做点事"的"三个人",除了他自己和格利克之外,还有一位是31岁的男子马克·宾厄姆。他是一家公司的公关部经理,身强力壮。在上大学时,他是学校的橄榄球队队员。他用手机给母亲艾丽斯·霍格兰打电话,他说:"妈,我是马克,我在回家的路上,但是如果我不能再见到你的话,我要告诉你,我非常非常的爱你。我爱你,妈妈!"他最后说:"看来目前的情况不妙,打算和暴徒斗一斗。"

这三位男子,如何与劫持分子作最后的斗争,不得而知。但是有一点是明摆着的:这架被劫持的飞机,没有按照原定的计划袭击白宫,而是飞到了匹兹堡附近,坠毁在一片玉米地里。飞机上所有的乘客、机组人员与恐怖分子同归于尽,无一生还。但是由于坠落于玉米地,地面上无人伤亡。

正是这些勇敢的乘客,保卫了美国总统府白宫。

在这架飞机坠毁后的第十三天,美国总统布什把这一航班上的遇难者们的家属请到了白宫。

一百多位白宫里的工作人员列队在走廊两旁,表达他们对这些死难英雄们救命之恩的感激之情。因为如果没有他们的英勇搏斗,白宫也许要化为灰烬。

在白宫的东屋,布什总统对他们讲,这架飞机很可能是冲着白宫来的。

布什总统和他的夫人同每一个家庭都进行了热情的交谈。

死难者卢·纳克的父亲罗伯特·韦斯伯格后来回忆说:"布什总统显得十分的激动,他紧紧地拥抱了我,并和我握手。"

"弱势总统"经受考验

布什总统人称"弱势总统",因为在与民主党候选人戈尔竞选总统时,他是以极其微弱的优势当选总统的。2000年12月,我在美国的时候,电视里天天播送美国总统的"选举大战"。尽管最后布什胜出,但是就全国的总票数而言,戈尔多于布什。

这样的"弱势总统"在步入白宫才几个月的时候,便遭遇了如此严重的恐怖袭击事件,对于布什来说,可以说是总统生涯中的严峻考验。

面对"9·11"恐怖袭击,美国总统布什的第一反应是什么?

事隔两个来月,布什总统才谈起了这一众所关注的问题。

布什是在出席奥兰多市政厅论坛时,有一名三年级学生问他对于"9·11"事件的最初反应。

布什说,发生"9·11"事件的时候,他不在白宫。当时,他正在佛州萨拉索塔市一所学校进行访问。

布什总统说:"我正坐在课室外面准备进去,旁边有一部电视机开着,恰好见到一架飞机撞击世贸大厦。我曾经驾驶飞机,所以看到事件发生后,首先想到'那位飞行员的技术实在太差,这一定是一宗可怕的空难'。"

布什所见到的"一架飞机撞击世贸大厦",实际上就是恐怖分子劫持的客机第一次撞向世界贸易中心大厦北楼。

这位美国总统的第一反应是"那位飞行员的技术实在太差,这一定是一宗可怕的空难",表明他当时并没有意识到这可能是一场恐怖袭击。

正因为这样,布什说,由于时间仓促,他没有多想便进入课室与学生见面。倘若他意识到这一事件的重要,作为美国总统,他会赶紧去处理这一重大事件,而不会走进教室跟学生会面。

布什总统回忆说,稍后白宫办公厅主任卡德进来,在他耳边告诉他,又有一架飞机撞中世界贸易中心的另一幢大楼,美国正遭受袭击。

布什说:"我不肯定当时首先想到什么。你们要知道,我自小到大从未有过美国会遭受恐怖袭击的念头,我在很短时间内尽力思考是什么叫'遭受恐怖袭击'。当我知道这次袭击的所有事实之后,我知道向美国发动袭击的人必将付出最可怕的代价。"

应当说，布什讲的是老实话。

连这位美国总统都"自小到大从未有过美国会遭受恐怖袭击的念头"，足见他在发生"9·11"恐怖袭击事件时毫无思想准备！

这位美国总统在部下告诉他发生了恐怖袭击事件之后，他还要"尽力思考什么叫'遭受恐怖袭击'"！

正因为美国对于"9·11"恐怖袭击事件毫无思想准备，所以恐怖分子的袭击计划才会得以如此顺利地进行！

在"9·11"恐怖袭击事件发生之后，曾经有消息说，美国国务院在四天前曾发布全球性警告，呼吁美国海内外的机构和民众加强提防恐怖活动。

但是，从美国总统布什在"9·11"事件发生时的反应来看，美国国务院似乎并没有"在四天前曾发布全球性警告，呼吁美国海内外的机构和民众加强提防恐怖活动"。不然，为什么作为美国总统的布什怎么会在突然袭击发生时还要"尽力思考什么叫'遭受恐怖袭击'"？！

正因为这样，美国众议院军事委员会战备小组委员会主席威尔登在"9·11"事件爆发后三小时接受电视访问时说，在国会今天上午紧急撤离之前，事前完全没有接到情报单位的警告！威尔登批评美国情报部门未能在事前掌握足够情报，以设法防范上午发生在纽约和华府的大规模恐怖攻击。

美国国务卿鲍威尔当时正在秘鲁首都利马访问，闻讯他立即中断了与秘鲁总统的早餐会晤，取消了原定对哥伦比亚的访问，迅速赶回美国国内。

美国国家安全事务助理赖斯取消了一个正在进行的外交政策演讲活动。

美国国防部部长拉姆斯菲尔德命令全国战备提高到"防卫三级"。这是1973年阿以战争以来最高的战备状态。

布什总统在"9·11"恐怖袭击事件发生之后，在佛罗里达州发表简短谈话，全文如下：

> 女士们，先生们，现在是美国历史上一个艰难的时刻。非常抱歉，在讲话结束之后，我将回到华盛顿。教育部长佩吉和副州长将继续主持论坛。
>
> 在此，我要对布克小学方面的热情和好客表示衷心的感谢。
>
> 今天，美国发生了一起全国性的悲剧。两架飞机与世界贸易中心相撞，这是一场显而易见的针对美国的恐怖主义事件。我已经同副总统、纽约州州长，以及联办联邦调查局主管等人交换了意见。我还命令联邦政府动员所有的力量去帮助遇难者和他们的家人，并对事件进行全面调查，寻找罪行的策划者。针对美国的恐怖主义行径不会停止。

现在让我们为死难者默哀。

愿上帝保佑遇难者,保佑他们的家人,保佑我们的美国。谢谢。

紧接着,布什总统搭乘总统专机"空军一号"离开佛罗里达州,赶回首都华盛顿。

布什在飞机上又同副总统切尼通了电话。切尼建议布什授权军方击落那些遭到劫持的民航客机。

布什同国防部长拉姆斯菲尔德通了电话,明确了向被劫持民航机开火的操作程序。

布什刚刚跟拉姆斯菲尔德通了电话,便接到副总统切尼的电话,说是白宫刚接到一个匿名电话,打电话的人使用了"空军一号"的代号"天使",表明恐怖分子掌握总统座机的保密行程。切尼建议布什总统最好不要马上回华盛顿,那里不安全。

于是,总统座机"空军一号"向左急拐,就近降落在路易斯安那州的巴克斯代尔空军基地。布什总统在那里再次发表电视谈话,称这是"一场全国性悲剧",并谴责这一"恐怖主义"行为。他宣布美国海内外军队处于高度戒备状态,要采取一切措施保护美国人民的安全,确保美国政府正常运转,并宣称:"美国不会被虚伪的胆小鬼侵犯的,美国会回击的。"

布什总统说:"我下令空军可以采取必要手段保护美国人民,包括军方可以派出战机拦截甚至击落那些没有理会警告、未经授权继续飞往首都华盛顿的民航客机。"布什说,他作这个决定时曾经感到"非常困难",他从来没有想到美国会遇到这样的袭击。

接着,布什总统飞到内布拉斯加州空军战略指挥中心,并在那里紧急举行全国安全委员会会议。

在布什总统的领导下,美国在"9·11"恐怖袭击事件发生后采取了一系列紧急措施。

美国民航管理当局下令客机全部停飞,各地机场暂时关闭,飞机停飞。这是美国建国以来第一次实行全国禁飞令。

美国出动F-16战机负责拦截任何被劫持的客机,以阻止更大灾难的发生。白宫、五角大楼、国务院、财政部、司法部、联合国总部均进行人员紧急疏散。

五角大楼附近部署军队。发现不明飞机,一律击毁。

美国各地迅速进入戒备状态:洛杉矶处于全面战术警备状态;加州宣布处于高度戒备,关闭所有入境关口;美国与加拿大边境关闭;美国与墨西哥边境关闭……

美国驻外军队进入最高警戒状态,戒备面积达到 3 370 万平方公里。包括欧洲、中东和非洲 83 个国家。

美国国务院授权美国在世界各地的大使馆关闭,并敦促他们采取一切必要的安全措施。也门、科威特、阿曼和阿联酋的美国大使馆宣布无限期关闭。美国驻科威特大使馆、克罗地亚大使馆、驻瑞典大使馆相继关闭……

华尔街股市全面停市。

美国联邦储备局向其他银行提供现金,并表示会维持正常运作,以防止出现资金挤兑现象。

美国全国已经部署了数千名联邦调查局特工追查元凶。参与追查恐怖主义分子行动的机构有联邦调查局、移民归化局、美国司法部、监狱管理局和药品管理局。

下午 4 时,布什总统离开内布拉斯加州空军战略指挥所,在 F - 15 和 F - 16 两架战斗机的左右护航下,乘"空军一号"飞往首都华盛顿。

傍晚 6 时半,布什回到华盛顿。

晚上 8 时半,布什在华盛顿向全国发表电视讲话。

他说:"今天,美国发生了全国性的悲剧。两家飞机撞毁了世界贸易中心,这显然是对美国的恐怖主义攻击。数千个生命瞬间就被邪恶的恐怖主义袭击吞噬了……我们心中充满了极度的悲痛和无言的、无法妥协的愤怒。"

布什说:"我已经与副总统、纽约市长以及联邦调查局局长进行了会晤","已命令动员一切联邦政府资源帮助受害者和他们的家庭,同时展开全面调查,找寻恐怖活动的元凶。针对美国的恐怖活动决不会得逞。"

他还指出,任何窝藏恐怖分子的人都将"与恐怖分子一起受到同样严厉的惩罚"。

他祝愿:"愿上帝保佑受害者、他们的家庭和整个美国。"

如果说,美国总统布什在 9 月 11 日的三次讲话还只是对恐怖分子进行谴责的话,他在 9 月 12 日美国东部时间上午 10 时发表的遭遇恐怖袭击后的第四次讲话,最为重要。显然,他在发表这次讲话之前,与他的幕僚们对"9·11"这一突发事件进行了仔细研究,正式宣布了美国政府的态度。他在这次讲话中,首次宣称恐怖袭击是"战争行为",并表示美国会用所有的力量去打败这些敌人,美国政府将不惜代价追查出凶手。

布什这次重要讲话的全文如下:

　　这个国家正处在不安全状态,它已处于战争状态。我们的敌人隐藏在阴影中,并且根本不会尊重人的价值,他们对无辜的平民下手,然后偷偷地逃

走了。

这些敌人隐藏起来,但是他们不能永久地隐藏起来;他们觉得隐藏的地方是安全的,但是他们不会永远安全。这些敌人袭击了我们的人民,充满爱心的人民。美国会用所有的力量去打败这些敌人,我们会和我们的盟友在一起,我们会非常耐心,我们会非常地集中精力,我们会以非凡的毅力,用我们所有能量和意志,我们一定会赢这场战争。

我们的联邦政府,我们各级机关都在尽我们的努力,我们现在已经进入了高度的戒备状态。美国会一如既往地前进,同时我们也要非常清醒,这是对我们国家的威胁,我们会做一切的预防措施保障我们的安全。我们也不会允许我们的敌人赢得这场战争,我们不会允许他们改变我们的生活方式,我们不会允许他们限制我们的自由。

今天我会应国会的要求安排一个紧急的援助基金,帮助纽约市民,还有华盛顿地区的市民来应对这场临时的危机。我已经得到的国会的支持,美国是团结在一起的。我们是一个热爱自由,热爱民主的国家。

这是一个非常有象征性的战争,是善良面对邪恶,我们相信善良会战胜邪恶。

感谢各位!

世界各国领导人对于美国发生"9·11"恐怖袭击事件纷纷表示震惊:

中国国家主席江泽民致电美国总统,向美国政府和人民表示深切慰问并向死难者家属表示哀悼。

英国首相布莱尔取消了原定一次演讲活动,他表示,"我可以想像出这一事件的恐怖和残忍,许多许多的无辜者已经失去他们的生命。"布莱尔把这一恐怖主义袭击定义为"现代世界新滋生的邪恶"。布莱尔认为,这些恐怖攻击纯属"丧心病狂者所为,是人性完全泯没的行为"。布莱尔还指出,世界的民主力量应该联合起来"与这种邪恶斗争,并把它从这个世界上彻底铲除"。

英国女王伊丽莎白二世发出了一份慰问函,她表示自己"难以相信如此的暴行和无比的震惊"。

法国总统希拉克在电视现场直播中,谴责此番袭击是残暴行径,并且表达了对美国人民的慰问。希拉克表示,"法国刚刚获悉这些残暴的攻击行径,没有其他的字眼可以形容。"

在召开一个安全危机会议之前,法国总理若斯潘表达了他的"悲哀和震惊"。

俄罗斯发言人格罗夫称,俄罗斯总统普京向美国人民"因遭到恐怖分子袭击酿成这次悲剧"表达了深切的同情。

巴勒斯坦领导人阿拉法特谴责恐怖分子的袭击，说"向布什总统和美国人民表达巴勒斯坦人民的哀悼。"

欧盟外交委员会专员彭定康表示，"这是疯子的行动。"他将这次攻击比做1941年日本袭击珍珠港事件。他又说，"这是自从珍珠港事件以来对美国最严重的袭击。这是人一生中少有的能够改变一切的日子。"

北大西洋公约组织（NATO）秘书长乔治·罗伯特森表示，这一事件是"对民主制度的无法容忍的侵犯"。

意大利总理贝鲁斯科尼官邸上的意大利国旗和欧盟的旗帜都降了半旗，他表示意大利同美国一道，严厉谴责"这些残忍的罪犯，他们针对人类犯下了野蛮的罪行。"

德国外交部的发言人称，"本国外长对纽约传来的消息深感遗憾和震惊。"

阿富汗塔利班驻巴勒斯坦大使也谴责在美国发生的一系列恐怖分子的袭击。

塔利班驻巴基斯坦大使扎伊夫说，"我们要告诉美国人民，对你们的痛苦深表同情。我们相信公正最终将大白于天下。"

堂妹送我"9·12"珍贵报纸

我获知发生"9·11"恐怖袭击事件，是在北京时间9月12日清早。

我床头放着钟控收音机，每天早上6时半会自动开始播报新闻。我吃惊地从收音机中听见美国纽约和华盛顿发生了飞机撞击大楼的重大事件。

我当即从上海给住在纽约的堂妹叶小玲打了电话。我知道，这时候纽约正是傍晚，她会在家。然而，电话竟然不通！

我明白，这意味着纽约发生了大事，以至电话中断。或者是从各地打来的电话太多，以至电话线路阻塞。

直到临近中午，我再度给她打电话，终于接通。她告诉我，家里都平安。纽约的世界贸易中心两幢大楼都倒塌了，现在很多交通阻断，乱糟糟的，像是发生了世界大战一样……

这一回，一到纽约，我就给小玲打电话。我的第一个采访对象，便是她。

在电话中，她告诉我，给我准备了一大堆报纸。

她强调说："阿烈哥，全是9月12日、13日、14日、15日的纽约各报！"

她家在纽约的布鲁克林（BROOKLYN），离市中心颇远。早在 1993 年，我便曾经在她家住过几天。那时候外出，是她带我乘地铁。这一回，她说要来接我和妻，我就说，我自己可以从曼哈顿乘地铁前往她家。

"你要换 N 线地铁才行。过了海底隧道之后，还要乘四十分钟。到了地铁口，给我打电话，我来接你！"她再三叮嘱道。

其实，我已经熟悉了纽约的地铁，凭着一张纽约地图，就能够乘地铁在纽约"自由行动"。

她家确实有点远。我从曼哈顿十四街下地铁，乘 A 线坐了几站，再换 N 线。虽然在地下失去了方位感，但是其中有一站特别长，我便知道那是在穿过海底，因为长长的海底隧道当中是没有车站的。我每一次乘地铁往返于旧金山与奥克兰之间，也都要穿过长长的海底隧道。

前后乘了将近一小时的地铁，票价仍是一元五角。

一出地铁口，熟悉的街景出现在面前。不用她来接，我和妻很快就找到她家——一幢用紫红色砖头砌成的楼房。这里的房子很有意思，从正面看过去是两层，而从后面看过去则是三层。那底层是半地下室，作为车库，所以后门露出地面，便于汽车进出。

她家的大门上贴着星条旗，上面还印着"天佑美国"四字。一眼就可以看出，这星条旗是从美国的中文报纸上剪下来的。

一摁门铃，小玲很惊讶，我们居然能够这么顺利找到她家。

客厅里铺着新地毯，四墙也刚刚刷过。由于把一个小房间拆掉，使得客厅看上去比原先大多了。她这幢房子上下两层都是三房一厅，底层是很大的车库兼储藏室，十年前用三十万美元买下，现在已经升值到五十多万美元。

我和妻刚坐下，小玲就抱出一大堆报纸送我。这些报纸是非常珍贵的历史资料。据说，2001 年 9 月 12 日的美国报纸，如今成为宝贵的收藏品，即便出原价三十倍的价格也买不到！

小玲开始用温州话跟我们交谈。她说："买这些报纸，很不容易，因为'9·11'事件一发生，报纸非常抢手，买报纸的队伍长长的，有一站路那么长！那几天，我、志生和女儿，全家出动买报纸！"

志生是她的先生，这时候还没有回家。

我迅速"扫描"了一下那几天报纸，几乎全部是关于"9·11"恐怖袭击事件的报道。各报用大标题、大幅照片报道这一重大新闻。

9 月 12 日各报的大标题是：

"惊爆 9·11，美惨遭攻击"；

"世贸双塔夷平，五角大厦半毁"；

"人楼灰飞烟灭,估计死亡上万";

"人坠血肉着地,楼坍烟尘冲天";

"四架被劫飞机,满载汽油,形同大炸弹";

"曼哈顿出现逃难潮";

"国防部被炸,二万人逃亡";

"华盛顿大乱,公仆涌上街";

"遭劫飞机坠毁,震惊匹兹堡";

"芝加哥摩天大楼风声鹤唳";

"全美高度戒备,机场全部关闭";

"目睹世贸大楼惨剧,华埠居民震惊"(注:华埠即唐人街);

"避难人潮,仓皇涌进华埠";

"公立学校今停课";

"恐慌:全美各地赛事喊停";

"越洋电话严重阻塞";

"航空业今年最黑";

"O型阴型血荒,请您捐血救命";

"华尔街无限期停市";

"全球告急,港股开市挫千点";

"布希誓言,绝不善罢甘休";

"前白宫国安顾问柏格:新恐怖主义已来临";

"恐怖组织竟能主导第二次珍珠港事变";

"开战! 报复恐怖攻击声浪高涨";

"美官员:拉登涉嫌最重";

"江泽民致电布殊慰问死难家属";

"恐怖分子袭美,朱邦造予以谴责";

"美中加强反恐怖合作";

......

9月12日的美国报纸,反映的是9月11日的情况,也就是发生"9·11"恐怖袭击事件当天,美国各界的激烈反应。

9月13日,这天的美国报纸继续着对于"9·11"恐怖袭击事件的大量报道:

"查出五十嫌犯及四驾机歹徒";

"纽约华盛顿,悲情满市区";

"五万尸袋,运抵纽约";

"市长誓言纽约将浴火重生";

"纽约市民自动自发,疗伤止痛";

"纽约、华府戒备森严"(注:华府即华盛顿);

"四组恐怖分子全登机,谈何安全检查?";

"世贸双塔理赔预估近150亿"

"灾难攻击后,涌现爱国潮";

"悬挂国旗致敬,旗帜供不应求";

"逾八成民意,支持军事报复";

"国防部长鼓舞军心,准备还击";

"增加国防开支,国会议员齐心;保卫美国优先,不惜一切代价";

"世贸大楼毁了,华埠街头冷清";

"纽约加强水源保护";

"影视撤换暴力题材";

"报纸热买,不肖者哄抬售价";

"联合国大会谴责恐怖攻击";

"美拟组反恐怖主义国际联盟";

"俄国提议,召开八国紧急高峰会议";

"布什与江泽民通话,讨论打击恐怖分子";

"阿富汗心知大战将至,神学士首脑先行躲藏"(注:"神学士"即塔利班);

……

小玲告诉我,9月11日那天上午8时多,她从布鲁克林乘地铁去曼哈顿。当时,地铁里人很挤。地铁经过唐人街时,已经是9时多,已经发生恐怖分子袭击世界贸易中心大厦事件,可是她在地铁车厢里不知道。当时只见到车站里许多人在大喊大叫,她不知道发生了什么事。

地铁列车继续往前开,到了十四街就停下来了。不知道什么原因,在这个站停了十分钟。后来,地铁列车慢慢开动,开到八十几街,她出了地铁,看见空中有许多直升机,街上救火车呜呜地叫。她只觉今天特别反常,却还不知道发生了什么情况。

这时,接到女儿打来电话,第一句话就是问她有没有看电视? 女儿说,世界贸易中心大厦被炸了! DC(注:即华盛顿)也被炸了!

她这才大吃一惊,知道发生了何等可怕的事情!

紧接着,地铁停运,交通阻断。直到下午4时多,地铁才恢复运行。她在6时多,终于回到布鲁克林家中。

她连忙打开电视机,见到世界贸易中心大厦和五角大楼遭到恐怖袭击的新闻,她惊呆了!

本来，她家的电视机可以收几十个频道的节目，这时却变成只能收第二和第二十五这两个频道。即便是这两个频道，也只是不断播送新闻节目。后来，她才知道，纽约许多电视台的转播天线，都设在世界贸易中心大厦顶上。世界贸易中心大厦塌毁，电视也就无法转播了。

正说着，小玲的丈夫志生回家了。他说起他在"9·11"那天的经历：

那天一大早，他开车出去，从布鲁克林前往法拉盛。布鲁克林在纽约的西南，法拉盛在纽约的东北，恰恰是对角线，路程很远，要斜穿整个纽约市区。

到了那里，才知道发生了"9·11"恐怖袭击事件，交通封锁。尤其是桥梁，没有特别通行证，汽车不能过桥，因为担心恐怖分子用"汽车炸弹"炸桥。从法拉盛到布鲁克林，要经过几座桥。他无法回家，只得在法拉盛大女儿家过夜。直到第二天，这才开车回到家中。

他说，那天在法拉盛，很多人买球鞋，因为交通封锁，人们只好步行回家，有的要走四五个小时才能到家。

小女儿在新泽西州上班，由于大桥被封锁，只好绕道，很晚才回家。

在"9·11"事件之后的一段时间里，货车在纽约过桥，必须经过检查。轿车如果是中东人驾驶，也往往要进行检查。徒步过桥，必须是两人以上，不许单独过桥。

小玲说，世界贸易中心大厦的浓烈烟尘，随风吹到布鲁克林。特别是一股焦味，非常刺鼻。他们家的窗户，足足关了三四个星期。

小玲说起关于"9·11"事件的诸多故事：

恐怖分子突然袭击世界贸易中心大厦，当时谁都没有想到。有人正在北楼八十层开会。听到爆炸声，以为是火箭炮打的。开会的人急忙乘电梯往下走，到了第七十层，那里的人说没事，于是大部分人又回到八十层。只有几个人觉得势头不对，继续下楼，得以逃生。

还有一个盲人，在世界贸易中心大厦北楼第七十九层工作。出事时，幸亏他的狗带着他沿着楼梯跑了下来。

一位孕妇下楼梯时，行动不便，很多人为她让路。最可尊敬的是消防队员们，人家往外逃命，他们却往里面冲，去救火。消防队员见到许多人跑得口干舌燥，就砸开大楼里的易拉罐柜子，把饮料一瓶瓶递给逃生的人，自己却一口也没有喝。所以在"9·11"事件之后，纽约人特别尊敬消防队员，认为他们是英雄。

一家公司在世界贸易中心大厦第104层，那天有二百多人在外面开会，幸免于难。其他的人在公司里办公，全部遇难了。

还有一个人，当时下楼去买一杯咖啡，到了底层见到大量的玻璃碎片从天而降，知道大楼遭到袭击，因此侥幸逃出。

有两个人是邻居,同在世界贸易中心大厦工作。由于彼此不和,过去见面时从来不说话。"9·11"那天,他们一起从大楼里逃下来。其中的一个人,手中拿着半瓶矿泉水,非要让给那位不说话的邻居不可。从此,他们化仇为友。

"9·11"那天,那些土头灰脸从灾难中逃出来的人,四处受到安慰。人们给他们递毛巾、送饮料、送快餐,一律免费。

小玲说,"9·11"事件之后,纽约人的礼貌好多了,互相关心的多了,在地铁里主动让座的人也多起来了,可能是恐怖分子的袭击,使人们的善心发现了。

"9·11"事件使美国反思。过去,美国机场实在太松了。小玲说,现在机场检查变得严格,完全是应该的。现在连坐轮椅的人,都不能乘坐自己的轮椅上飞机。残疾人要乘坐机场的公用轮椅上飞机,而他们自己的轮椅作为行李托运——因为轮椅里如果藏着刀枪,不易查出来。这说明美国人已经注意从方方面面堵塞漏洞,以免悲剧重演。

不过,两座大楼的倒塌,使很多人失去了工作岗位,成为失业者,生活变得非常艰难。

小玲说,在 10 月底,曾经传说恐怖分子要再度袭击纽约,纽约一下子紧张起来。后来发生了"11·12空难"。虽然当局说"11·12空难"是飞行事故造成的,其实很可能是恐怖分子的袭击。

那天我们从下午聊到深夜,志生和小玲用车送我和妻回到曼哈顿。夜幕下的纽约,依然车水马龙。

到了曼哈顿,已经是子夜时分了。

世贸大厦倒塌威胁地铁

世界贸易中心大厦的倒塌,人们往往只见到堆积在地面的山一般的瓦砾,然而,一场来自地下的威胁却是那么的严重。

世界贸易中心大厦下面,是一个繁忙的地铁中转站,好多条地铁在这里交汇。人们发现严重的情况:世界贸易中心大厦的地基——二十米深的巨大混凝土箱的墙壁有倒塌的危险。一旦倒塌,赫德森河的河水就会涌入世界贸易中心大厦地基,就会涌入世界贸易中心大厦下面的地铁站。大水将从这里漫向纽约地铁系统,把整个纽约地铁全部泡在水中!

叶永烈在纽约世贸中心地铁站

在"9·11"恐怖袭击事件之后，人们惊讶地发现，世界贸易中心大厦下面的地铁站内已经出现渗水！如果这些水来自赫德森河，那就是一个极其危险的讯号，因为渗漏会越来越厉害，从赫德森河渗入的河水会越来越多，以至形成浩荡洪流……

后来经过仔细调查，还好，这些水来自地下震裂的自来水管道、下水道及消防水管。

为了防止赫德森河河水吞没纽约地铁，人们在世界贸易中心大厦废墟进行清理、挖掘时，格外小心。因为废墟支撑着地基，移走废墟上的碎石，就可能会使地基在周围的水和泥的压力下倒塌。因此，在清理世界贸易中心大厦废墟时，挖走碎石之后，立即支撑地基的墙壁。

另外，在世界贸易中心大厦废墟下的隧道两端，还紧急插入巨大的混凝土栓，用来阻挡地下水。

由于及时采取有效措施，这才终于消除因世界贸易中心大厦倒坍而引发纽约地铁的灭顶之灾！

这一回在纽约，来来去去，不知道乘了多少次地铁，纽约地铁给我留下很深的印象。

四个月前，我在莫斯科，那里的地铁是在苏联时代修建的，简直像地下宫殿一

样漂亮。纽约地铁简直无法跟莫斯科地铁相比,甚至不能跟旧金山的地铁相比。

纽约地铁又旧又脏又乱!

说纽约地铁旧,这是因为纽约地铁第一期工程在 1904 年投入使用,已经有着近一百年的历史,理所当然旧。不仅车站旧,车厢也旧。乘纽约地铁,上上下下,全靠双腿迈过一级级台阶,不像莫斯科地铁,有那么多卷扬电梯让你不费吹灰之力地进进出出。人们用"配套设施'老掉牙',纽约地铁'蜗牛爬'"来形容,因为设备陈旧,纽约地铁的行走速度比别的城市地铁要慢;

说纽约地铁脏,这是因为旧了之后,四墙斑斑驳驳,再加上"现代青年"们用喷枪把彩色喷漆到处喷涂,乱七八糟的字句、五颜六色的"涂鸦之作",也就一派脏兮兮。据说,纽约地铁的"涂鸦"始于 1960 年前后,原本只是人们在地铁墙上写几句留言,没想到引发一些人乱涂乱画的"兴趣",以致无处不画,无处不乱七八糟;

说纽约地铁乱,这是因为左一个通道,右一个通道,这些通道不仅七拐八弯,而且很长,如同迷宫。内中的起因,是纽约地铁百年来不断扩建,增加了一条又一条新线路,于是左凿一条通道,右凿一条通道,而这些通道是最初设计地铁车站时没有想到的。

不过,在纽约乘地铁乘多了,倒也觉得有着诸多优点。

正因为纽约地铁历史悠久,在这一百年间慢慢地把自己的触角几乎伸向纽约的每一个角落,构成了一个稠密的地铁网。纽约地铁拥有十九条路线,四百六十九个车站,总长度达三百八十公里,是世界上最长的地铁系统。

纽约地铁不分远近,票价一律是一点五美元,而且各条地铁线路之间可以免费换车。正因为纽约地铁票价一律,所以出口不设检票口。相比之下,旧金山的地铁票价要比纽约地铁贵,而且旧金山地铁是按照里程计算票价的,越远越贵,所以旧金山地铁出口设检票口。

用乘地铁的捷运卡,出地铁之后两小时内还可以免费乘一次公共汽车。纽约的地铁捷运卡的设计也很巧妙,乘地铁时把卡横着刷一下,进口闸就开了;出去乘公共汽车时把卡竖着插一下,就能上车。

纽约地铁的频率很高。两三分钟、四五分钟就有一趟列车,使旅客用不着久等。据说,因为纽约地铁非常频繁,在每个车站停留的时间也就非常短暂,这样,纽约地铁的广播用语中一律免去"请"字!因为"请进"、"请出"、"请小心"之类的话,要占用很多广播时间,如果等广播说完这些"请"字才开车,就要延长地铁列车在车站的停留时间。一条地铁线上有许多车站,都这么"请",就要延误好多分钟!

纽约地铁又是二十四小时运行的。这样,你不论何时何刻,进了地铁站,总能乘上地铁。

在交通高峰时,纽约地铁很拥挤。在一般的时段,还可以,总能找到座位坐下来。

纽约人喜欢看书读报。在地铁车厢里,可以见到很多人埋头于书报。

纽约地铁车站很多,很方便。缺点是地铁口的标志不明显。在香港,地铁口有着醒目的统一标志,使人很容易找到。

香港的不同地铁站,贴着不同颜色的瓷砖。墙上写着比斗还大的站名。纽约地铁的站名,小小的,不那么明显。再说,纽约地铁墙上粘的大都是最廉价的白瓷砖,一片白色,叫人难以区分。

在纽约乘地铁,一定要弄清楚"Uptown"和"Downtown"。所谓"Uptown",是北行的意思;所谓"Downtown",是南行的意思。如果朝北走,就从"Uptown"车站下去;如果朝南走,就从"Downtown"车站下去。倘若走错了方向,对不起,要重新买票,再花一点五美元。

在每一个地铁站入口处,除了自动售票机之外,都有几张地铁运行详图,图上用红色五角星标明所在地铁站的位置。尽管纽约地铁纵横交错,十九条地铁线你来我往,细细查看地铁运行图,就知道到什么站换什么车。

在清早,我常在纽约地铁口见到上班族三步两脚急匆匆赶路。在香港,我也多次见到这种景象。这是一个快节奏的城市的形象。

过去,纽约地铁不安全,特别是在深夜,在旅客稀少的地铁站多次发生抢劫案。现在纽约治安有所改善,地铁抢劫案之类的社会新闻不大见诸于美国媒体了。

在纽约地铁,摆地摊的黑人、卖唱的小姐、拉小提琴的艺人,组成一幅纽约风情画。

这一次,我在纽约采访,来来去去于纽约地铁。在我看来,一个外国人,要想深入了解纽约,应该从了解纽约地铁开始。如果你能够独自来来往往于纽约地铁,你也就算是半个纽约人了。

纽约的公共汽车路线有二百多条之多。公共汽车站往往与地铁站相邻,所以不论乘公共汽车换地铁,还是乘地铁换公共汽车,都很方便。

纽约公共汽车车头上,写着"M"表示是在曼哈顿行驶,如"M1"、"M6"、"15"、"M104"等。写着"Q"代表皇后区,写着"B"则表示布鲁克林区,而写着"BX"则代表布朗克斯区。

纽约的公共汽车站,要比旧金山好。旧金山的公共汽车站牌,只写着一个数字,表示是几路车,至于是从哪里开往哪里之类,什么都不写。纽约的公共汽车站则贴着一张小小的线路图,给我们这些外国旅客带来了很多方便。

纽约的公共汽车票跟地铁票一样,都是 1.5 美元一张,不计站数。只是公共汽车一定要用硬币买票,我不得不在衣袋里放许多叮叮当当作响的硬币。

不过,曼哈顿街道密集,几乎见不到立交桥,公共汽车要穿过许多街口,常常遭遇红灯,车速不快。有时遇上堵车,那就更加麻烦了。所以我在纽约大都乘地铁,因为地铁比公共汽车快捷多了。

我的一位朋友的母亲,过去能够独自乘公共汽车到曼哈顿的唐人街。在"9·11"事件之后,她不敢独自去那里了。因为世界贸易中心大厦倒了之后,她出去没有了"路标",搞不清方位。

在纽约,我也"打的"。纽约的士的起步价是两美元,此后每五分之一英里30美分。这样的价钱,相比于中国的的士费当然算贵,但是跟美国的工资收入相比,则并不算贵。纽约的的士相当多。我不由得记起,四个月前在莫斯科,街上很少见到的士,但是一招手,马上会有轿车停下来。莫斯科的私家车盛行赚零花钱,谁都愿意替客人开一段车,至于价格则靠双方讨价还价谈定。

在旧金山,有的士,但不很多。这是因为旧金山只有六十多万人口,交通不算太拥挤,人们喜欢开私家车去上班。纽约则不同,这里人多车挤,停车又不方便,很多纽约人不买车,所以纽约的地铁里乘客会那么多。

他只剩一把世贸房门钥匙

他在纽约世界贸易中心大厦第33层,原本拥有一间相当大的办公室。这间办公室里有二十多台电脑以及许多文件。可是,在"9·11"恐怖袭击事件中全都化为乌有,如今只剩下一把钥匙。

我细细地观看这把钥匙,钥匙把上面刻着两行英文:

"WORLD TRADE CENTER"

"DO NOT DUPLICATE"

意即:

"世界贸易中心"

"不准复制"

他叫吴滨。他的母亲是我在北京大学上学时的同学。在离开中国前,我得知他以及他的一家在"9·11"那天的传奇经历,到了纽约之后,便跟他约定了采访时间。

他家住在纽波特(NEWPORT),隔着赫德森河,跟曼哈顿南端的世界贸易中心大厦遥遥相对。

　　清早,我从曼哈顿出发,乘地铁前往纽波特。不过,这一回所乘的不是纽约地铁,而是通往新泽西州的地铁,即"PATH",价格也是一元五角。"PATH",是"PORT AUTHORITY TRANS-HUDSON CORPORATION"的前面四个开头字母的缩写。"PATH"是穿过赫德森河、连接纽约和新泽西两州的专用地铁线。这条地铁线每天的客流量达七万多人次。

　　"PATH"地铁,是从曼哈顿三十三街到新泽西州纽瓦克市。可以从纽约曼哈顿的三十三街、二十三街、十四街、九街等处地铁口下去,但是要走到"PATH"的月台,才能乘坐。不过,"PATH"地铁的班次,没有纽约地铁那么频繁。

　　我从十四街地铁口下去,在自动购票机买了车票。等了十多分钟,"PATH"地铁终于来了。上了车,发觉车厢比纽约地铁车厢要新得多,也干净得多。过了横穿赫德森河底的隧道,上来便是纽波特。

　　纽波特看上去有点像上海的浦东。这里矗立着一幢幢新盖的高层大楼,是一个新区。楼与楼之间,有着许多草地,不像曼哈顿那样高楼摩肩接踵。

　　隔着宽广的赫德森河,对岸便是高楼林立的曼哈顿下城南端,犹如上海的外滩。

　　我没有去过吴滨家,就在车站给他家打了个电话。才七八分钟,一位三十多岁的年轻人风风火火地奔来。不言而喻,他就是吴滨。

　　车站跟前,就是赫德森河。吴滨穿一件深绿色T恤,外面套着一件敞开的西装。他一边带着我和妻沿着河边花园走着,一边向我们介绍纽波特。

　　纽波特在赫德森河此岸,属于新泽西州,地价远比对岸的曼哈顿下城便宜,而这里去曼哈顿下城乘"PATH"一站路就到了。正因为这样,在对岸世界贸易中心大厦、华尔街等工作的白领,很多住在这里,已经多达五千户。其中,中国白领大约占了十分之一,所以中国朋友都戏称这里是"华桥新村"。

　　许多大公司、银行,也从曼哈顿迁往这里,为的是这里房价便宜。

　　在"9·11"事件之后,对岸更多的大公司和银行往这里搬迁,则为的是这里比曼哈顿安全。

　　站在纽波特,可以清楚地看见曼哈顿的楼群。只是如今那楼群之中,少了纽约的最高楼,具有"地标"性的建筑——世界贸易中

他只剩世贸中心的一把钥匙

141

心大厦,觉得就像一个人被拔掉两颗大门牙似的,有一种空缺感。如今,在曼哈顿的楼群中,尖顶的帝国大厦成了最高楼,那仿佛是人的尖尖的犬齿,毕竟不能替代往日世界贸易中心大厦那雄伟的双子星楼。

虽说已是隆冬季节,赫德森河边一丛丛月季盛开,草地也还一片浓绿,与潾潾波光相辉映,令人心旷神怡。只是一见到对岸那"空缺"的世界贸易中心大厦,便给人一种苍凉感。

纽波特新盖的高楼,或红色,或米黄,或翠绿,或蓝色玻璃幕墙。吴滨告诉我,这些办公大楼用一位位美国总统的名字命名。

他领着我来到一幢公寓楼,乘电梯上去,来到他家。他的太太在曼哈顿友邦保险公司工作,上班去了。他们的孩子才一岁,正在由岳父、岳母照料着。

吴滨说,在"9·11"恐怖袭击事件中,他和太太幸免于难,跟他们的孩子大有关系。

此话怎讲?

原来,孩子出生后,是由吴滨的父母从中国西安来到这里照料。他们在这里住久了,要回中国,就请吴滨的岳父、岳母从中国青海西宁前来"换班",而岳父、岳母不早不晚,恰恰在9月11日飞抵纽约。为了去机场接岳父、岳母,吴滨的太太那天请了假,没有去上班,无意之中躲过了这一灾难!

吴滨的太太在离世界贸易中心大厦只有一箭之遥的友邦大厦上班。平时,他的太太从纽波特乘"PATH"去曼哈顿上班,9时多正好要从世界贸易中心大厦底下的地铁口出来,走向位于友邦大厦的友邦保险公司。如果9月11日那天她去上班,那就祸福难卜了。

吴滨办公室就在世界贸易中心大厦。那天上午,他开车离家,还没有到赫德森河隧道,就见到世界贸易中心大厦北楼冒出了黑烟。这时,他以为是发生火灾,继续开车进入隧道。当他从隧道里出来,看见第二架飞机撞上世界贸易中心大厦南楼,当时还以为是空难,没想到是恐怖分子的突然袭击。

吴滨说,"9·11"恐怖袭击事件发生之后,他的太太变得非常忙碌。因为保险公司要对世界贸易中心大厦里那么多的客户要进行赔偿,光是友邦保险公司的赔偿金便高达八亿美元。保险公司在进行赔偿时,还要做一系列的调查。很可惜他的太太今天不在家,不然她可以详细谈谈"9·11"事件之后的美国保险业。

不过,他的岳父康英才、岳母韩玉兰在家,他们讲述的"9·11"经历,也颇为曲折……

不早不晚,他们乘坐中国国际航空公司的航班在"9·11"那天,从北京经上海飞往纽约,原定9月11日下午3时飞抵纽约肯尼迪机场。

当9月11日上午发生恐怖分子袭击世界贸易中心大厦时,他们正坐在中国国际航空公司的飞机上,不知道外面发生了惊天动地的大事。

当时,他们的飞机正在太平洋上空。接到中国国际航空公司运行控制中心的紧急通知,美国发生意外事件,关闭全国机场,指示就近备降加拿大温哥华机场。

机组得到北美地区航空管制中心的许可,飞机在太平洋上空向北转向,向加拿大飞去,并安全降落在温哥华机场。

当时,他们只知道美国发生了意外,并不知道这意外是指什么。正因为这样,他们突然降落在加拿大西部的温哥华机场,简直懵了。

其实,也就在那个时候,德国和法国民航局同时宣布,取消所有飞往美国的航班。

德国航空公司表示,那些正在飞往美国的德国航空公司客机将会折返德国或改道飞往加拿大。

此外,西班牙航空公司的三趟正飞往美国途中的客机也奉命折返马德里。

英国多架前往美国的班机临时决定改道飞往加拿大,而那些还没有起飞的班机被下令无限期延迟。

正因为这样,加拿大温哥华机场一下子降落了许多客机。

他们下了飞机,航空公司通知所有旅客把行李都带上,去加拿大移民局办理签证。他们感到很惊讶,如果是美国发生了意外,那他们也只是临时在温哥华停留,为什么还要办理加拿大入境签证呢?

那时候,温哥华机场乱哄哄的,一架又一架飞往美国的飞机,改降在这里。七、八千旅客,涌向加拿大移民局。顿时,移民局里排起了长队。旅客们都不知道美国发生了什么事情。

直到下午5时左右,他们才从别的旅客那里知道,恐怖分子袭击了美国的华盛顿和纽约,美国发布了"禁空令"。

他们一听说纽约遭到袭击,非常紧张。到了晚上,得知详细的情况,知道恐怖分子劫机袭击了纽约世界贸易中心大厦,时间是在上午9时多。他们当场就大哭起来,因为他们知道女儿、女婿那时正在上班。他们急着给纽约女儿、女婿家里打电话,电话怎么也打不通。越是打不通,心里就越着急。

温哥华机场降半旗,向"9·11"恐怖袭击事件遇难者致哀。

他们不断地给纽约打电话。直到夜里11时,总算打通女儿、女婿家的电话,知道他们都没事,一颗悬着的心,这才放了下来。

他们记得,在加拿大移民局办理入境手续的时候,按照加拿大的规定,持单程机票是不能入境的。幸亏女儿、女婿给他们买的是往返机票,算是没有遭到麻烦。那些持单程机票的人不能入境,必须临时补买返程机票。有的人身边又没有那么多的钱,急着给美国的亲属打电话,请他们汇款过来。那种焦急的情绪,看上去真

可怜……

他们在温哥华吃不好、住不好、睡不好。航空公司只管他们一天的食宿，第二天就不管了。因为航空公司说，发生这样重大的意外事件，这不是航空公司本身的责任。

那时候，温哥华的旅馆爆满，学校、教堂也挤满临时求宿的旅客。他们不会讲英语，身边总共只有一百五十美元，真不知该怎么办。

女婿给在加拿大多伦多的朋友打电话，而加拿大多伦多的朋友又给温哥华的朋友打电话。在这样危难的时刻，"朋友的朋友"非常热情，给了身处异国、举目无亲的两位老人以极大的安慰。"朋友的朋友"开车前来，把他们接到家中安顿，这样他们才算安心下来。

此后，"朋友的朋友"每天都要给温哥华机场打电话，询问飞机何时起飞。一天一天过去，还是没有飞往美国的飞机可以起飞的消息。有的旅客原本飞往美国西部，等不住了，就乘汽车前往美国西雅图，再从西雅图转长途汽车或者火车，飞机票就只好作废了。

"朋友的朋友"真够朋友，居然还开车带他们游览温哥华。可是，在这样的非常时刻，他们哪有心思领略温哥华的良辰美景？

等了一天又一天，五天过去了，直到 9 月 16 日，他们这才终于离开温哥华，乘上中国国际航空公司的班机到达纽约。他们见到女儿、女婿，真是悲喜交集，一言难尽……

在岳父、岳母讲完他们"9·11"故事之后，吴滨补充说，也真巧，他也遭遇这样的事：

那是在 11 月 12 日那天，纽约再度发生空难，他正好在拉斯维加斯机场，要飞回纽约。当时，飞机也不能起飞。他在拉斯维加斯机场等了三个多小时，这才终于登上飞往纽约的航班……

她抢拍了世贸遭袭照片

吴滨还告诉我，他的朋友罗星波小姐当时不仅目击了两架飞机先后撞击世界贸易中心大厦的全过程，而且还拍了许多照片。

罗星波小姐和他的先生李怀忠也都是白领，也住在纽波特。我当即请吴滨给他们打电话。

过了一会儿，一对都穿黑色皮夹克的青年夫妇拿着一大堆照片进来了。那便是罗星波小姐和她的丈夫李怀忠，一对非常热情的年轻人。

罗小姐说，"9·11"那天她在家休息，上午8时才起床，梳洗毕，想去喝杯咖啡。

在纽波特的赫德森河边，有一家咖啡馆，那里有一个露台，正对着曼哈顿下城南端的高楼群。由于风景挺好，所以到这个咖啡馆的露台上喝咖啡的人不少。

那天上午，她也来到咖啡馆的露台。她正在一边慢慢啜饮，一边欣赏风光。风和日丽，对岸的高楼，沐浴在金色的阳光之中。突然，她看见一架飞机竟然径直朝世界贸易中心大厦的北楼飞去，轰的一声撞在北楼，顿时火光冲天，黑烟直冲蓝天。

她当时以为是飞机失控，撞到了世界贸易中心大厦。她意识到这是难得遇上的场面，喜欢摄影的她，马上请妈妈回家去取照相机。

她说，隔着河看过去，那架飞机小小的，最初以为是小飞机，后来才知道是民航大客机。

她家离咖啡馆不远。妈妈很快就从家中拿来了照相机。她对着浓烟滚滚的世界贸易中心大厦北楼，拍摄了多张照片。

这时，对岸的大火引起纽波特很多居民的注意。赫德森河边站满了"隔岸观

罗星波小姐在"9·11"现场

火"的人。

她告诉我,其实如果当时在曼哈顿的话,反而被一幢幢高楼挡住视线。在纽波特,隔着赫德森河,非常清晰地拍摄了世界贸易中心大厦的大火。

当时,她异常震惊。明亮的火光连同黑色的浓烟,笼罩着曼哈顿。

没多久,她见到又来了一架大客机。她亲眼看见这架客机绕了两个圈子,然后笔直朝世界贸易中心大厦的南楼撞了过去!

她惊呆了。用她自己的话来说,她"木讷"了!她竟然忘了用照相机拍摄飞机撞楼那一刹那!

等她醒悟过来,飞机已经撞入世界贸易中心大厦南楼,又燃起冲天大火。这时,她才赶紧摁下快门。

直到这时,她意识到眼前所发生的,不是偶然的飞机驾驶不慎所造成的事故,而是有人在制造一场灾难。

她见到高高的世界贸易中心大厦北楼渐渐变形,歪倒。她拍下了北楼的倒塌。

她做梦也没有想到,一架飞机撞在世界贸易中心大厦北楼之后,会使这么宏伟的摩天大厦变软以至像定向爆破那样倒塌!

她当时的感觉,就像在电影中看到的珍珠港事件那惊险的场面。

当北楼倒塌时,她的照相机里的胶卷已经用光了。

她感到非常痛惜,因为世界贸易中心大厦是那么多人用五年时间才建造起来的纽约标志性建筑,可是眼下在两个小时之内给毁了!

风朝赫德森河这边吹。不久,世界贸易中心大厦燃烧所产生的浓烈烟尘以及呛鼻的焦味,吹到纽波特。足足有两星期,他们就生活在这弥漫的烟尘之中,生活在"9·11"恐怖袭击事件的阴影之中。

她把一大堆照片拿出来,让我观赏,并让我随意挑选。经她同意,我选了几幅,并且用在这本书里。

她的先生和她都是思想非常活跃的人。他们和吴滨一起,看着那些凝固着纽约悲剧的照片,思绪又返回"9·11"恐怖袭击事件……

在"9·11"当天,他们几乎都"泡"在电视机前,反反复复观看着电视新闻中惊心动魄的那些画面。

最令他们感到震撼的是,世界贸易中心大厦上烈焰飞腾,巨大的火舌向上"舐"着,高楼上部的许多人受到大火炽热的熏烤,又无处逃遁,纷纷站到了高楼的窗口。就在这生命的最后一刻,不少人不愿活活被烧死,而是勇敢地从高楼往下跳!有的人还把衣服拉开,企望成为降落伞。他们是多么强烈地希冀求生。尽管他们都摔死了,但是他们这种勇敢的求生精神令人万分感动!

后来在世界贸易中心大厦废墟里，发现一对从高楼跳下的夫妇，手紧紧地牵在一起。他们在生命的最后一刹那，还是那样的相互挚爱，多么的催人泪下。

袭击世界贸易中心大厦，跟袭击珍珠港一样，都是不宣而战。但是，袭击珍珠港的飞机上，毕竟还刷着日本的太阳旗，而袭击世界贸易中心大厦的凶手则躲在阴暗的角落里。

这三位来自中国的年轻白领，在美国生活多年，都非常熟悉世界贸易中心大厦。那两幢摩天大楼里，有着世界八十多个国家的公司，是世界经济的"联合国"。恐怖分子袭击世界贸易中心大厦，就是为了产生巨大的国际影响。然而，这是两幢民用的商业办公楼，多少无辜死于非命！

他们说，"9·11"恐怖袭击事件之后，美国人所表现出来的献身精神，是令人感动的。很多人在现场维持秩序，抢救伤员，做义务工。有的人从外州开车前来纽约，做义务工。年轻人积极报名参军，要与恐怖分子展开殊死的搏斗。在纽约，献血的队伍非常长，往往要排队五小时！这是因为在献血前需要对献血者的血液进行化验，化验起码需要二三十分钟。即便这样，人们宁可排五小时的队，也要为受伤者献上自己的鲜血！

他们强烈感到，在"9·11"恐怖袭击事件之后，美国人的爱国主义情绪高涨。到处是星条旗，到处响起美国国歌。

这种"美国精神"，当然也与"9·11"事件之后美国媒体的大量进行爱国主义宣传有关。美国的媒体，有时跟政府唱反调。但是，在"9·11"事件之后，在进行反恐怖主义宣传、进行爱国主义宣传上，跟政府保持高度一致。媒体无时无刻不在影响人们的思想。美国媒体大量报道世界贸易中心大厦和五角大楼的死难场面，激起了美国百姓对于恐怖分子的无比仇恨，激起了美国百姓对于受难者的无比同情。看来，美国政府也很注意媒体的"舆论导向"。

当然，美国媒体也大量报道了阿富汗的情况。阿富汗离美国是那么的遥远，在"9·11"事件之前美国百姓对阿富汗并不了解，也并不关心。"9·11"事件的爆发，阿富汗一下子成了新闻焦点。美国电视里天天在播阿富汗。在美国军事打击阿富汗之前，曾经向阿富汗发出警告："塔利班如果不投降，就把你炸到'石器时代'去！"塔利班的答复令人忍俊不禁："用不着你们轰炸，我们已经在'石器时代'！"

确实，阿富汗是那么的落后，到处"深挖洞"，妇女戴面巾，没有电视，没有音响，仿佛还处于中世纪。那里军阀混战，战争不断，百姓苦不堪言。然而，就是这么一个"石器时代"的国家，就是那些深藏在阿富汗山洞里的恐怖分子，发动了对于当今世界独一无二的强国美国的突然袭击，使两幢纽约的最高楼轰然倒下。"中世纪"居然袭击了"21世纪"！美国人感到不可思议，感到困惑不解。

他们觉得，美国人向来有着强烈的优越感。美国是一个坐在轿子里的国家。

这个轿子由谁来抬,美国还得挑选挑选呢!美国国会每年都要讨论"外援"问题。其实,也就是给轿夫们付点赏钱而已。

其实,"9·11"事件不是孤立的。美国通过"9·11"事件应该深刻地反思自己的中东政策。为什么作为亿万富翁的拉登,放着舒适的生活不过,却情愿躲在阿富汗的山洞里,策划着袭击美国的恐怖事件?为什么他们总是把美国作为头号袭击目标?"9·11"恐怖袭击事件给美国敲响了警钟。不过,美国也很难从"9·11"事件吸取真正的教训。美国依然坐在轿子上,让别的国家抬着。美国是不会改变自己的石油政策、中东政策。也正因为这样,美国可能再次遭受恐怖袭击。

美国政府从"9·11"事件中吸取的教训,只是技术性的。比如,加强机场的安全检查,加强对于可疑分子的监视,如此等等。不过,美国人是自由惯了的。你要这么检查,那么监视,美国人就认为政府限制了他们的自由,侵犯了他们的隐私权,侵犯了他们的人权。一百多年来,美国政府一直很注意保护隐私权,立了这个法、那个法。然而,"9·11"事件从深层次上改变了这一切。美国政府要求人民放弃一部分自由,来换取国家和个人的安全。美国本来是一个自由很多、空子很多、漏洞很多的国家,所以恐怖分子才会那样"成功"地发动了"9·11"恐怖袭击事件。如今美国政府要堵塞空子和漏洞,也就限制了美国人的许多自由。在眼前,属于非常时期,美国人还能忍一忍。长此这么下去,美国人能够忍受得了吗?

发生"9·11"恐怖袭击事件之后,美国总统布什的应变能力还可以。但是,打败阿富汗塔利班政权还算不难,布什面临的真正难题是能否拿出复苏美国经济的良方。

跟这三位在美国生活多年的年轻人无拘无束地聊天,得到许多有益的启示。我发现,尽管他们在美国都从事金融业,但是对于美国的分析颇有见地,入木三分。

消防员和市长成了浴火凤凰

在纽约街头,我发现两样特殊的纪念品,成了即将到来的圣诞节的最畅销的礼品:

一是印有"纽约消防"——"FDNY"的服装(外套、T恤);

二是篮球帽。

特别是纽约的孩子们，如果能够获得一套消防服装或者戴上一顶篮球帽，会高兴得跳了起来！

就连美国总统布什和纽约市长朱利安尼，也穿起了印有"FDNY"茄克衫。

这一"当红商品"，只有独家授权的专卖店才出售"正版"的纽约消防服装。专卖店把所得利润，全部捐献给纽约消防慈善基金会，以救助那些在"9·11"恐怖袭击事件中丧生的纽约消防员们。

由于消防服装脱销，买不到消防服装的家长，干脆在孩子已有的衣服上，缝上"FDNY"四个字！

纽约消防的服装畅销，是因为"9·11"恐怖袭击事件爆发之后，纽约消防队员奋不顾身冲入世界贸易中心大厦救火、救人，赢得了纽约市民的普遍尊敬。

篮球帽怎么会成了畅销的"9·11"纪念品呢？

原来，在"9·11"恐怖袭击事件发生之后，纽约成了重灾区。身患癌症的纽约市长朱利安尼全身心地投入抢救工作。哪里最危险，哪里就有他的身影。他喜欢戴篮球帽，在电视新闻中总见到他戴篮球帽的镜头。于是，篮球帽也成了畅销的"9·11"纪念品。

美国人崇尚英雄。纽约消防员和纽约市长朱利安尼，在"9·11"烈火中成了纽约人心目中的英雄。

在世界贸易中心废墟前，一位美国青年送给我一本题为《殉难，但未忘怀》的小册子，上面写着这样的一首诗，称颂纽约消防员：

每当我值班的时候，
无论何处火焰张狂，
赐我力量拯救生命，
而不管那人的年岁。

帮助我拥抱小孩童，
并且时候不致太晚；
或是拯救一老年人，
脱离那恐怖的命运。

使我能有敏锐警觉，
聆听每个微弱呼声，
并能敏捷而有效地，
将火势完全地扑灭。

但愿我能完成使命，

把最好的全然献上；

保护我每一位邻居，

防卫他拥有的产业。

如果是上天的旨意，

我要回应死亡呼召，

愿你以慈爱的恩手，

保佑世上每一个人。

　　纽约消防员们确实是英雄。他们闻警而动。在第一架被劫持的客机撞击世界贸易中心大厦北楼之后几分钟，他们就赶到了现场。

　　这是生与死的严峻考验：当惊恐的人群从两座摩天大楼里疾奔而出、夺路逃生的时刻，纽约消防员却逆向而入，奔向最危险的地方。

　　纽约市消防局正、副局长都赶到现场，临阵指挥。

　　火势是那么的猛烈。第一批到达现场的消防员，300 多人，仍感人手不够。后

美国消防车上写着 911

来，又有大批消防员赶到，现场的消防员增加到五百多人。

在世界贸易中心大厦北楼燃起冲天烈焰的时候，众多的消防员乘电梯冲上南楼楼顶。他们想从南楼楼顶向北楼发射灭火弹。他们万万没有想到，南楼也会遭到恐怖袭击。当第二架被劫持的客机撞上了南楼，站在南楼110层楼顶的100多名消防员全部以身殉职！

当南、北两座大楼倒坍之际，300多名消防员连同纽约市消防局正、副局长，葬身火海！

"9·11"当天，纽约市长朱利安尼沉痛地在新闻发布会上宣布：

"由于火势凶猛，我们的救援工作受到了严重阻挠。死亡的人数越来越多，目前已有200多名消防人员殉职，纽约消防局正副局长也在其中，另外还有78名警察失踪。"

"我们现在不需要更多人来帮忙，如果可能，大家最好在明天之前都待在家里，为这些遇难者祈祷吧。"

此后不久，朱利安尼又宣布，纽约消防员在世界贸易中心大厦现场的牺牲人数增加到300多名！

最后，经过精确的统计，在世界贸易中心大厦现场牺牲的消防员为343人！

也就是说，在现场救火的纽约消防员，五分之三献出了宝贵的生命！

消防员们的死与恐怖分子们的死是两类截然不同的死：

恐怖分子明知要死，以自己的死造成千百人的死；

消防队员明知要死，以自己的死换取千百人的生！

在世界贸易中心大厦倒塌的灰土还在飞扬，余火还在燃烧，三位浑身上下全是污泥、脸上满是灰土的消防员，在废墟上竖起了一面星条旗。一位摄影师抓拍了这一感人的瞬间。这帧照片在"9·11"翌日被诸多美国报纸上广为刊登，成为纽约消防员英雄形象的生动写照。

在世界贸易中心大厦废墟现场，只要救援人员找到一具身穿"FDNY"消防员制服者的尸体，就会用国旗将他包起来，然后自发地围在一起高唱美国国歌。

在"9·11"烈焰之中，纽约消防员成了浴火的凤凰。消防员成了美国最崇高的职业。

在"9·11"事件之后，舍己救人的消防员逐渐占据了美国人的心，成为他们的新偶像。

美国姑娘们专门赶到废墟现场，为正在那里清理废墟的消防员献上一束鲜花。

消防员取代了大老板、大明星、大律师在美国姑娘心中的地位。她们说："我们梦想着嫁给这些无畏无私的大英雄们。对于那些每隔半个小时就查一下自己

股票价格的人,我们想起来都觉得烦。"

为了纪念 343 名消防英雄,纽约市政府打算在彻底清理世界贸易中心大厦现场之后,在那里竖立一座纪念性塑像。

雕塑家马上想起了那张流传甚广的照片,采用照片的构思,塑造三位壮实的消防员在世界贸易中心大厦废墟上竖起一面星条旗。雕塑家把那三名消防员,分别塑造为白人、黑人和拉丁裔男子。

在还没有制作青铜雕像之前,雕塑家先用黏土做了一个模型,以征求各方的意见。

由于那张摄于"9·11"的消防员竖星条旗的照片太为人们熟知了,不少人依据照片对雕塑提出异议,声称雕塑违背事实:照片上的消防员是三位白人,为什么雕塑要改成一个白人、一个黑人和一个拉丁裔男子呢?

雕塑家作了解释:塑像是艺术品,不是照片的翻版。纽约的消防员出自不同民族,因此作为雕塑,应该反映不同肤色的消防员共同战斗在世界贸易中心大厦现场。

雕塑家的意见得到纽约市政府和纽约消防协会的支持,也得到大多数纽约市民的支持。这一塑像,不久将会竖立在世界贸易中心大厦原址。

300 多位消防员捐躯,使纽约消防员队伍亟待补充新人。令人感动的是,尽管那么多消防员的牺牲已经用鲜血表明这是何等危险的职业,然而却有许多纽约青年以能够成为消防员而自豪主动请缨,加入了这支队伍。纽约市市长朱利安尼和消防局新局长托马斯·冯·埃森共同出席了宣誓仪式。新招募的消防员共有 307人,全部为男性,他们将在此后十个星期内接受严格的专业化训练,然后经过一年的见习期,经过考察合格后才能正式成为一名消防员。

与纽约消防员英勇献身形成强烈反差的是,在世界贸易中心大厦废墟,一个小偷居然装扮成消防员,混入世界贸易中心大厦废墟趁火打劫,浑水摸鱼。这个小偷名叫约翰·顿哈姆,26 岁。他先是偷了一套消防衣和防弹背心以及紧急服务徽章,混进了世界贸易中心大厦废墟。他在那里偷窃了六只名表。他被捕之后,面临着"盗窃、欺诈以及非法假扮公职人员"的指控,将被判处七年有期徒刑。

在"9·11"的火与剑面前,不仅消防员们可歌可泣,而且纽约市长朱利安尼也受到市民交口赞誉。

作为纽约的"父母官",在这一特大突发灾害刚刚发生,他就在第一时间内赶到现场,亲自指挥抢救工作。当世界贸易中心大厦轰然倒下的时候,身先士卒的他差一点葬身火海!

在纽约处于最紧张、最恐怖、最困难、最混乱的那些日子里,他奔前忙后,镇静地处理着千头万绪的工作。他成为纽约市民的精神支柱!

朱利安尼已经五十有七，是纽约的第 107 任市长。他在 1993 年当选纽约市长之后，由于政绩突出，在四年之后又连任。他的任期到 2001 年年底期满。然而，就在他站最后一班岗的日子里，发生了"9·11"恐怖袭击事件，而纽约正是美国的重灾区。恰恰在这最后三个多月的任期之中，已经身患绝症的朱利安尼，显示了他灿烂的人格魅力和献身精神。

朱利安尼，是个道地的纽约人。1944 年他出生在纽约市一个工人家庭。他在纽约上小学、中学，然后到纽约大学学习法律。这么多年在纽约生、纽约长，朱利安尼对纽约充满着感情。

朱利安尼的政绩在纽约本来就不错。纽约原本是个治安不好的城市。我在 1993 年来到纽约，就听朋友们说起纽约很不安全，特别是纽约地铁，在夜里经常发生抢劫。纽约作为一个国际化的大都市，治安不良直接损害了城市形象。朱利安尼一上任，就狠抓治安。他原本就是一个不畏强暴的人。他在 1981 年担任美国联合检察总长时，就把美国著名的黑手党家族凯姆比诺的老大约翰·高蒂送上公堂。谁都知道，黑手党在美国拥有强大的黑势力。谁在黑手党头上动土，谁就性命难保。朱利安尼敢说敢为，铲除了黑手党的一大帮派。在他出任纽约市长之后，又一次跟黑手党较劲，强力出击，加强治安。在他的领导下，纽约的犯罪率下降了百分之五十七，凶杀案下降了百分之六十五，而一度曾以"危险的街区"闻名世界的纽约，被美国联邦调查局认可为美国最安全的大城市之一。这样，纽约市民有了安全感，同时也吸引了世界各国的旅游者。纽约的旅游业达到空前繁荣的水平。

朱利安尼也使纽约的经济得到迅速发展。朱利安尼接任时，纽约市政府有着 23 亿美元的财政赤字，而在他的任内转换为数十亿的盈余。他创造了 45 万个新的就业机会，提高了纽约市民的生活水平。正因为这样，朱利安尼以压倒多数获得连任纽约市长。

在 2000 年，他患前列腺癌，照样夜以继日地忙于市长公务。

正当他的政治声望与日俱增的时候，爆出了他的婚外恋的桃色新闻，一时，他又陷入了极其尴尬的境地。即便这样，他依然忠于他的市长职守，没有懈怠半分。

就在他即将离任之际，"9·11"恐怖袭击事件的爆发，把他卷入一生中最忙碌、最紧张的时刻。也正是"9·11"恐怖袭击事件的考验，充分展现了他对于纽约市民的父母般的挚爱和温情。

朱利安尼向全体纽约市民宣告："纽约是世界上最大的城市。我们不仅要重建它，还要让它比以前更强大：情感上更强大、政治上更强大、经济上更强大。"

人们用这么一句话评价朱利安尼在"9·11"事件中的功绩："他比总统更像一位领袖！"

许多纽约市民甚至喊出了这样的话："让朱利安尼当美国总统！"

　　正因为这样,2001 年 12 月 23 日,美国《时代》周刊以"9·11"事件后领导纽约救灾表现突出为由,评选纽约市长朱利安尼为本年度风云人物。这可以说是对朱利安尼的最大褒奖。

　　然而,就在美国处处可见的《时代》周刊在封面上登着朱利安尼的大幅照片时,12 月 25 日,在那圣诞节的夜晚,朱利安尼没有在家里吃圣诞晚餐,却出现在世界贸易中心的废墟上。那里有许多救援人员自愿坚守岗位,即便在圣诞之夜,仍然继续在瓦砾中搜寻遇难者的遗体。他们只有在享受圣诞晚餐时才能休息一会儿。朱利安尼穿上工作服,向那里的救援人员发放食物。之后,朱利亚尼也给自己盛上食物,同五名消防员坐在一起享受圣诞晚餐……

世贸大厦设计师哭了

　　世界贸易中心高高的双子星楼,在"9·11"恐怖袭击事件中倒塌。现场目击者用这样的话来形容:"就像巧克力熔化了一样!"

　　也有人说:"就像定向爆破一样!"

　　为什么雄伟的　世界贸易中心大厦会如此脆弱,不堪一"机"呢?

　　早在 1943 年,当时纽约的第一高楼帝国大厦,也曾受到飞机的撞击。那是一架军用飞机,撞在帝国大厦上,帝国大厦岿然不动。究其原因,一方面因为那架军用飞机是小型的,另一方面帝国大厦是钢骨混凝土结构,在钢的外面包了一层混凝土,其防火性能比较好。

　　对于世界贸易中心大厦的倒塌,著名美籍物理学家、诺贝尔奖获得者杨振宁教授,作出了解释……

　　在"9·11"恐怖袭击事件发生的那天,杨振宁教授正从美国纽约来到中国吉林长春出席会议。当天晚间,杨振宁从电视中见到纽约世界贸易中心大厦遭到恐怖分子的袭击,连忙给他儿子杨光宇打电话。杨光宇在纽约华尔街证券交易所工作,离世界贸易中心大厦不过几百公尺而已。杨振宁从夜里 10 时开始打电话,打了许多次,电话一直不通。翌日清早,儿子打来电话,说一切平安,杨振宁这才放心了。

　　儿子在电话中说,他目击了世界贸易中心大厦的倒塌,"就像沙滩上用沙堆成的堡垒遇上大水一样整座塌下来了"。

正巧，一位香港记者前来采访杨振宁，杨振宁说起刚才儿子从纽约打来的电话。善于捕捉话题的香港记者，就向这位物理学家请教，为什么世界贸易中心大厦会"像沙滩上用沙堆成的堡垒遇上大水一样整座塌下来了"？

杨振宁作了这样的答复：

纽约世界贸易中心大厦是金属结构，因为混凝土建筑物不可能建得太高。在撞击事件发生后，大厦内部发生猛烈燃烧，高温使得金属结构发生变化，烧熔了的钢铁失去了支撑力，于是高层开始塌下，然后产生了"共振效应"，所以整座建筑物倒塌时是一层一层地往下坠，形成了一个非常令人震惊的景象。从制造恐慌、震撼效果来说，恐怖分子是"非常成功"的。

纽约世界贸易中心大厦的倒塌，引起世人对于它的金属结构的注意。

这时，纽约世界贸易中心大厦的设计者之一、我的温州同乡王昭藩先生出来说话，讲述了当年设计世界贸易中心大厦的过程……

台湾作家李敖曾说："在我们中国有一个很伟大的建筑师，他就是我的朋友王昭藩。"

69 岁的王昭藩先生，祖籍浙江温州。14 岁时随父亲、农学家王益滔前往台湾，在那里读完中学，考入台湾成功大学建筑系。后来到美国克兰布鲁克艺术学院攻读硕士学位。

很巧，美籍日本裔建筑大师山崎石应邀前往克兰布鲁克艺术学院讲学。山崎石很赏识这位年轻的建筑设计师，后来让他到自己主持的美国雅马萨奇建筑事务所任职。

这时，纽约正在准备建造世界贸易中心，征集设计方案。众多建筑名家各献高招，设计了风格不同的方案。山崎石领导着雅马萨奇建筑事务所的设计师们，也进行了精心设计。

王昭藩记得，1966 年的一个周末，事务所里十几位工作人员正在打牌、喝酒。突然电话铃响起，接到通知：山崎石先生主持设计的世界贸易中心大厦方案，在众多的设计方案中脱颖而出，被选中了！

整个事务所都欢呼了起来！

就这样，王昭藩成为参与设计纽约世界贸易中心大厦的五位建筑师之一。在这五位建筑师中，他是唯一的中国人，也是目前唯一的健在者。

王昭藩说，在 20 世纪 60 年代，电脑还没有普及，一张张图纸全靠手工绘制；而110 层，400 多米高的世界贸易中心大厦又是史无前例的"超级建筑物"，所以工作量很大。王昭藩迄今还保存着当年的设计图纸。

他说，世界贸易中心大厦用了两年时间设计，五年时间建造，总共用了七年时间才完成了整个工程。

世贸手稿

但是,他万万没有想到,凝聚着自己心血的世界贸易中心大厦竟然成了恐怖分子袭击的牺牲品!

王昭藩说,"9·11"那天,他正在台湾家中画画,中间休息时看到电视机里播出世界贸易中心大厦被飞机撞击的画面,他还以为是在演电影呢! 到了第二天,看到报纸上的报道后,他才确信世界贸易中心大厦倒塌了!

他非常伤心。他哭了!

他不断反问自己:世界贸易中心大厦为什么会塌得这么快? 为什么会整幢倒坍?

他拿出自己保存的世界贸易中心大厦一万多张设计图,反反复复研究。

王昭藩说,世界贸易中心大厦是又"瘦"又高的建筑物,承重量很大。在设计时,采用了钢架结构,而不是钢筋混凝土结构。这是因为钢具有很高的机械强度,比钢筋混凝土结构要牢固得多。再说,钢筋混凝土结构会使大厦显得太笨重、太臃肿。另外,这样的超高层大厦,在八十层以上,会有一种"摇晃感"。特别是在刮大风或者遭遇地震的时候,这样的摩天大厦顶部摇晃更厉害。只有钢结构才能胜任。五角大楼只有五层,可以用钢筋混凝土。所以五角大楼受到飞机撞击,只撞去一个角,不会整体倒坍。

他回忆道,在建造世界贸易中心大厦时,这些钢梁都是在工厂预先拼好,到现场再进行组合。所以工程的进展很快。如果全部钢梁到现场进行拼接,要花二三十年才能造好。

他以为世界贸易中心大厦的设计是成功的。正因为这样,落成之后经过三十个春秋,大厦一直是那么的坚牢。

王昭藩又说,当然,钢结构的弱点是怕火。虽然钢梁外面涂了防火漆,但是挡不住大量汽油燃烧时所产生的高温。

波音757和波音767两架客机先后撞上世界贸易中心大厦姐妹楼,这两架客机油箱分别携带着三十吨和四十五吨左右的航空汽油。两架客机与世贸大厦撞击时引起航空汽油猛烈燃烧。大量的汽油又向下流淌,大火也就向下蔓延。高温使大厦承重的钢结构软化以致熔化,在大厦本身的重量压迫之下,最后导致了大厦的坍塌。这是最初设计时所没有考虑到的。可是,设计师在设计大楼时,只可能考虑到大风、地震,又怎么可能考虑装满燃油的大型飞机的剧烈撞击呢?大火燃烧时,钢梁熔化、软化,一层挨一层,于是大厦像点燃的蜡烛一样坍塌掉了。

世界贸易中心大厦倒了,关于是否重建以及如何重建世界贸易中心,在美国引起了激烈的争论。

2002年元旦,纽约新市长迈克尔·布隆伯格在纽约市政大厅宣誓就职。在就职仪式上,布隆伯格承诺重建纽约在"9·11"事件中受损的城区。

布隆伯格说,纽约要从"9·11"事件所造成的经济和情感创伤中恢复元气,完成重建工作,需要紧缩财政。为此,他宣布纽约市政府工作人员裁员百分之二十,并表示希望纽约各区和市议会采取同样措施。

布隆伯格在就职演说中指出,"纽约人已作出了必要的牺牲争取更加美好的明天,而更加美好的明天一定会到来。"

关于重建,有着各种各样的意见,各种各样的方案,就像当年兴建世界贸易中心大厦时意见纷纭一般。

第一种意见是照世界贸易中心大厦的原设计图重建,再造一模一样的双子星楼。持这种意见的人说,这表明,恐怖分子"他们把什么给毁了,我们就能够再把什么建起来"。他们说,摩天大楼一直是国家实力和成就的象征,而世界贸易中心大厦却成了受伤害的象征。我们重建原样的世界贸易中心大厦,让人们从受伤的心理中振作起来。

第二种意见是再造更新更高的世界贸易中心大厦。柏林"大屠杀"纪念碑的

作者、建筑雕塑家彼得·埃申曼说:"无论如何,不能再建一个低于原世贸大厦的建筑,我们不能屈服。"另一位67岁的著名建筑师理查德·迈耶强调:"我们要建一座比世贸大厦更能够代表纽约特点的标志性建筑。"建筑师理查德·格鲁克曼甚至已有了一个具体的"21世纪型"塔楼的雏形,他说:"我设想用电子调控的玻璃镶嵌在大楼外墙,它的色彩可以不断变幻,营造出不同的气氛。"

第三种意见是世界贸易中心大厦的承租人拉里·斯威斯坦提出的。他建议建造四座高度只有世界贸易中心大厦一半那么高的大楼,象征着原先的世界贸易中心大厦"一分为二,二分为四"。他以为,建造高度二百来米的大楼比原来的高度四百米的大厦安全。

第四种意见是在世界贸易中心大厦遗址建造一个公园,公园里竖立"9·11"事件死难者纪念碑,另外再修建一座"9·11"事件死难者纪念馆。也有人建议在这里建立"反恐怖研究中心"或"世界艺术中心"。

这四种方案,究竟采用哪一种方案——按原样、造更高的楼、造低一半的楼还是造纪念碑、纪念馆,尚不得而知。

纽约新市长迈克尔·布隆伯格本人倾向于第三种方案。

不过,重建方案毕竟事关重大,何况清理废墟的工作起码要进行一年,还有充分的时间让纽约人作出慎重的选择。

四位纽约建筑师和艺术家建议,在这块空地正式确定是盖楼还是建其他什么建筑物之前,应该在这里安装一个巨大的灯光设备,每到夜晚,用灯光勾画出世贸大厦的双塔高耸入云的轮廓,让人们怀念在"9·11"事件中丧生的无数冤魂。

中央情报局遭到猛烈抨击

"9·11"恐怖袭击事件令美国举国震惊。在四架被劫持的客机撞击时产生的浓烟尚未散去的时候,美国上上下下便都在追问:是谁干的?

美国总统布什在"9·11"事件发生后的第一次公开讲话中便说:"显然是恐怖分子攻击我国。"

然而,"恐怖分子"究竟是谁,布什总统当时心中并不清楚。

9月13日,美国国务卿鲍威尔在讲话中首先暗示本·拉登是"9·11"恐怖袭击事件的头号嫌凶。

9月15日,布什总统在讲话中,第一次公开表示,正在阿富汗的拉登是"9·11"恐怖袭击事件的"首要嫌疑犯"。

布什总统表示,美国方面目前正与巴基斯坦和阿富汗方面接触,准备对拉登盘踞的"老窝"采取行动。

本·拉登是沙特阿拉伯的富商,后来隐藏在阿富汗。拉登是美国的"老对手",此人是制造美国驻非洲使馆被炸惨案以及"科尔"号军舰爆炸案的"幕后黑手"。这几年,美国一直悬赏捉拿拉登,但始终没有得手。尽管在"9·11"恐怖袭击事件发生之后,还没有直接、有力的证据表明拉登是这一事件的策划者,但是拉登的嫌疑最大。

当美国人从"9·11"恐怖袭击事件中清醒过来,这才意识到这批恐怖分子绝非等闲之辈,事先进行了极其周密、精心的策划。

一是选定的用于恐怖袭击的四架客机,全部是从美国东部飞往加利福尼亚州的旧金山或者洛杉矶。加利福尼亚州在美国西海岸,从美国东海岸飞到西海岸,要飞行五六个小时,这样长途飞行的飞机,在起飞前势必要加满汽油。他们选定的攻击的目标又全部在美国东部,也就是说,飞机起飞后不久,就要用于攻击。这种装满汽油的飞机,成了具有很强的攻击力的"飞弹"。波音757和波音767客机油箱装满时,大约装有三十吨和四十五吨左右的航空汽油。再加上飞机本身的重量以及飞机以每小时九百公里的速度飞行,在撞击时就具有极大的攻击力。撞击之后,大量汽油爆炸、燃烧,其威力绝对不亚于一颗导弹。

二是选择了美国最重要、最有代表性又最能产生轰动效应的目标进行攻击。两架飞机分别攻击美国经济的标志性建筑——世界贸易中心大厦双子星楼;一架攻击美国军事力量的象征、美国国防部的所在地——五角大楼;一架攻击美国政治中心、美国总统府——白宫。除了攻击白宫未遂之外,其他三个目标全部被命中。

三是四架飞机次第起飞,间隔很短。因为他们势必估计到,当第一架飞机实行攻击之后,势必惊动美国,所以第二架、第三架和第四架飞机必须在短时间内到达攻击目标。后来的事实也表明,第四架飞机由于起飞时晚点,飞机上的旅客获知世界贸易中心大厦遭到恐怖袭击的消息,就坚决起来反抗,使第四架飞机无法攻击白宫,坠毁于匹兹堡。

四是每一个劫机行动小组里,都配备了会驾驶大型客机的人。须知,驾驶大型客机是高科技工作,必具有高度科技知识和受过驾驶训练。从开始学习驾驶到领取大型客机驾驶执照,要花费许多时间。他们驾驶被劫持的飞机,如此准确地撞击目标,特别是第二架飞机非常准确地撞击了世界贸易中心大厦南楼中部,显示了高超的驾驶技术。现代的大型客机,驾驶系统高度自动化。从美国东部飞

往西部,是按照电脑光盘中预先制定好的程序飞行。劫机者要改变航向,必须事先准备好另一张光盘,而这样的光盘的程序设计也是相当复杂的工作。

五是行动计划严格保密,使得美国中央情报局和美国联邦调查局事先毫无知晓。正因为这样,这四个行动小组,能够分别从波士顿、纽瓦克、华盛顿机场顺利地登上飞机,并且按照事先的计划顺利地行动,真可谓做到了"攻其不备"。

六是这次恐怖袭击,是自杀性行动。这就要求参加者对于其政治信仰具有高度的"忠诚"及"献身精神"。策划者显然成功地培养了这么一批连死都不怕的人。

从以上六点分析可以看出,这是一批组织严密、手段高强、密谋已久、非同寻常的恐怖分子。

此外,这批恐怖分子用"廉价的成本",给美国造成巨大的创伤,因为他们所花费的,只是几条人命,而所用的"武器"——四架民航客机是美国的,造成世界贸易中心大厦双子星倒坍以及五角大楼"受伤",造成对于整个美国的巨大的负面影响。

这批恐怖分子甚至连作案的日期,也经过精心选择。在中国电话查号是"114",美国则反过来是"411";中国的火警电话是"119",美国报警电话则是"911"。在美国,需要找警察、消防队或医疗护理人员时,拨打"911"。恐怖分子选择"911"作为发动攻击的日子,源于报警电话号码"911"。

在"9·11"事件发生之后,有人对"9·11"进行"详细"考证:

1626年9月11日,荷兰人彼得·米纽伊特在美国大陆花了二十四美元向当地的土著印第安人买下了纽约的曼哈顿岛,而纽约的世贸中心大楼就位于曼哈顿。

1941年9月11日,五角大楼破土动工。

纽约州是第十一个加入美国联邦的州。

第一架撞上世贸大楼的民航客机是美国航空公司11号航班。

被撞上的纽约世贸大楼是双子星塔建筑,高高地立在曼哈顿闹市区,看起来也很像阿拉伯数字"11"。

这些"详细"的考证,只能作为茶余饭后的谈资而已。但是,以美国报警电话号码"911"来选定"911"作了发动恐怖攻击的日子,则是别有用心的,并非出自偶然巧合。

对于如此长期精心策划的阴谋,美国中央情报局(CIA)和美国联邦调查局(FBI)居然丝毫没有察觉!

这就难怪,在"9·11"恐怖袭击事件突然爆发之后,美国中央情报局和美国联邦调查局手足无措!

这就难怪,"9·11"恐怖袭击事件被视为美国中央情报局和美国联邦调查局最大的耻辱,最大的失败!

这也难怪,在"9·11"恐怖袭击事件突然爆发之后,美国中央情报局和美国联邦调查局遭到美国举国上下的一片谴责声!

美国举国上下批评中央情报局,其实"9·11"恐怖袭击事件只是导火线。因为从 1991 年苏联解体之后,美国中央情报局以为对手已经垮台,特工不愿再冒险,好逸恶劳,追求享受。从 90 年代开始,美国中央情报局在中亚八国就没有派驻特工!以白人特工为主的美国中央情报局,过去派特工渗透到苏联是"拿手好戏",可是却根本打不进阿拉伯世界。美国中央情报局中通晓阿拉伯语、阿富汗语以及中亚方言的特工,寥寥无几。正因为这样,他们对于来自中东的恐怖分子,所知甚少,这才酿成"9·11"惨剧。

另外,美国中央情报局与美国联邦调查局之间互不合作、互不通信息,也引起美国政界的不满。

在种种批评之中,要算是布什总统的父亲老布什的批评最有分量。

老布什不仅仅是美国前总统,而且还是美国中央情报局前局长。正因为这样,老布什的批评切中要害。

就在"9·11"恐怖袭击事件发生的第三天,即 9 月 13 日,老布什在波士顿的一次研讨会上指出,美国情报机关过分依赖高技术。

老布什说,尽管美国政府花费了一百多亿美元的巨资进行反恐怖活动的情报工作,但这起严重的恐怖袭击暴露了美情报机关工作的漏洞。近年来美国中央情报局过分依赖高技术,而忽视了在敌对组织内部发展情报人员的工作,因而导致了这次失败。

老布什特别批评了美国中央情报局在 1995 年通过的一项规定,禁止海外情报人员非经总部批准而招收"线人"(也就是间谍),指出这个规定束缚了海外特工的手脚,使他们不敢放手开展情报收集工作。他呼吁美国中央情报局吸收这次恐怖袭击的教训,取消这个禁令。

老布什的老部下、一位老资格的美国前情报官员补充说,美国中央情报局所面临的一个突出问题是,目前缺乏一些能够说当地语言的特工,尤其是会说中东地区语言的特工。美国中央情报局在拉登恐怖组织中没有"线人",所以对于他们的动向一无所知。

还有一位美国情报人士则指出三点:

第一,恐怖分子从策划到执行,几乎无懈可击,可谓"卓越高超";

第二,美国情报界事先根本没有防范;

第三,现任美国中央情报局局长特纳将会在三个月或半年后下台。

又过了两天,美国《华盛顿邮报》发表社论,尖锐抨击美国情报部门。

《华盛顿邮报》的社论质问道："美国一年花费几百亿美元在情报活动上，司法部另外花费二百三十亿美元执行法律。鉴于这些机构的规模和技术能力，它们怎么可能在事前对本周发生的恐怖攻击毫无所知？"

《华盛顿邮报》的社论说，且不提"9·11"恐怖袭击事件的复杂性，这个集团的规模应当提供情报渗透的许多机会。然而，那些密谋者的行动并未受到任何阻挠。

社论说，令人瞩目的是这些人显然感到非常安全，不受执法单位的任何威胁。部分恐怖分子已在美国居住长时间，他们进出美国也毫无阻碍。

社论指出，部分恐怖分子已被列入所谓的"观察名单"，应当是政府禁止入境的，然而这显然未对他们造成任何问题。在恐怖攻击前一天晚上，还有人在佛罗里达州一家脱衣舞场扬言美国"明天"会"溅血"。

《华盛顿邮报》的社论质问道："这样重大的恶行怎么可能不被阻止？"

《华盛顿邮报》说，也许中央情报局和联邦调查局都需要更多资源，或是它们获得的经费应当重新分配。但是在国会采取行动给予执法单位和情报机构新的权力或更多经费之前，应当研究它们运用已经拥有工具的效率。

两天之后，即9月17日，美国《洛杉矶时报》发表文章，辛辣地指出：中央情报局让美国自食其果！

《洛杉矶时报》指出，又是一个循环，美国中央情报局曾经协助过拉登和很多恐怖分子，这些人到头来倒戈相向了。现在，又有人要给中央情报局扩大权力，让它做更多这样的事。当然，中央情报局没有和伊斯兰狂热分子在行事目标上作过交易，只是遵循着总统里根提倡的政策即"支持英勇的阿富汗自由战士"去做。

《纽约时报》则批评道，美国国会领袖的想法有点荒谬，他们"认为应当让美国的情报组织用更多进取性的手段打击恐怖主义，包括招聘卑污的外国特务"。中央情报局什么时候停止过聘用"卑污的"特务？中央情报局如拉登一样从广大的伊斯兰世界招聘"自由战士"，目的是推翻由苏联支持的世俗政府。在这事业中，拉登决非泛泛之辈。由于他的父亲与沙特王室关系密切，他得到阿富汗等国最高层的欢迎，直至美国受到灾难性的攻击之前都是这样。

《纽约时报》指出，过去二十年中，我们的阿富汗政策自始至终提醒我们，它存在着"反效果"的危险，这是指美国情报机关的计谋最后使自己的国家受害。然而，在这束手无策的时刻，国会反而要授权中央情报局去做更多这样的事情。

美国总统布什意识到，在这关键时刻，鼓励比责怪更加重要。为了缓和美国各界对中央情报局的不满情绪，布什亲自访问中央情报局总部，为灰头土脸的中央情报局局长特纳打气。

不过,后来由于中央情报局努力将功补过,在清查"9·11"恐怖分子的工作中出了大力,居然获得了更加丰厚的活动资金。

美国国会一致通过关于情报经费拨款的法案,以加强情报人员在搜集潜在敌人及恐怖活动情报的能力,有关的拨款金额虽然没有公布,但众议员佩洛西暗示,拨款相信比 2000 年的预算"多出数十亿美元",比布什总统要求的拨款还"多出数亿美元"。美国中情局与其他十多个负责情报有关工作的机构,每年的总开支高达三百亿美元。在"9·11"事件之后,美国中央情报局用来收买"线人"的费用比以往增加十倍。

劫机罪犯浮出水面

美国媒体指出,美国在上个世纪赢得了"热战"和"冷战",现在遭遇了一场恐怖主义发动的"灰色战争"。

在举国上下一片批评声中,联邦调查局岂能怠慢,发动所属五十六个分局的四千多名特工、三千多名其他职员展开了全国性的搜查。中央情报局更不甘落后,通过各种渠道与其他国家警方联络,开展国际搜捕行动,在全世界追寻"9·11"疑犯。

美国联邦调查局首先从四架"死亡飞机"的旅客名单入手,调查旅客的身份,细细过筛,很快就从中确定了十九名恐怖分子嫌疑犯的名单。这十九人全部都是外国人,来自中东!

美国联邦调查局查明,在这十九名劫机犯中,有十五人来自沙特阿拉伯!

沙特阿拉伯在"9·11"事件之前,从不承认在自己境内有恐怖主义组织。这一次,沙特阿拉伯王子不能不承认自己打击恐怖主义不力。

沙特王子为了表示歉意,向遭受"9·11"恐怖袭击最严重的纽约市捐赠 1 000 万美元,纽约市市长朱利安尼把这笔钱全数退回了!

不过,在这十九名劫机犯之中,却没有一个是阿富汗人。

美国联邦调查局说,除了那四架飞机被劫持之外,没有发现恐怖分子在那天准备劫持另外的飞机。

美国联邦调查局指出,恐怖分子分成四个小组,每个小组四至五人,劫持了四架飞机。

美国联邦调查局查明，在这十九名恐怖分子嫌疑犯之中，有七人是受过训练的飞行员，九人与沙特阿拉伯有某种关系，十二人曾在美国佛罗里达州居住过，有几人至少在美国南加利福尼亚待过一段时间，有些人甚至在美国潜伏了好多年。但是也有一半的人没有线索，在美国既没有使用过信用卡，也没有租用汽车和使用电话方面的记录。

在"9·11"事件发生的第四天，即9月14日，美国联邦调查局向全国公布了这十九名恐怖分子嫌疑犯名单。

美国联邦调查局指出，在公布的十九名恐怖分子嫌疑犯名单中，其中有的名字可能是化名，但是至少他们的机票上写的是这样的名字。

美国联邦调查局披露，在第一架撞毁世贸北楼的AA11航班上的瓦力德·阿尔舍利，与在第二架撞毁世贸南楼UA175航班上的阿赫默德·阿尔伽穆迪，1997年曾经在同一公寓呆过七个月，表明他们之间有着密切的联系。

美国联邦调查局强调，在第一架撞毁世贸北楼的AA11航班上，有一个名叫穆罕默德·阿塔的人，最值得注意。阿塔33岁，曾在德国汉堡理工大学读研究生，入学登记是阿联酋人，但其他证件上又说是埃及人。他在2000年5月潜入美国，从2000年7月至2001年1月，先后在佛罗里达的两家驾驶学校学习驾驶飞机。警方在波士顿机场的一辆汽车上发现了艾塔遗留下的护照，该护照显示，他又变成了沙特人！

依照以上线索，美国联邦调查局在劫机嫌疑犯居住过的美国佛罗里达、南加州地区以及纽约等地，展开大搜捕。

美国中央情报局则与德国警方联系，9月13日在德国汉堡理工大学找到了阿塔等两名阿拉伯学生所租用的房子。令警方感到失望的是，在阿塔等离去之后，住房进行过装修，所以没有发现任何与恐怖袭击有关的证据。不过，警方查明，阿塔等两名嫌疑犯曾在汉堡理工大学注册学习电子技术和造船业，2000年5月前往美国。据房东介绍，在过去两年来却有许多阿拉伯人来到那里住过，跟阿塔见面。因此，美国中央情报局认为，那里很可能是恐怖分子的一个重要基地。

美国联邦调查局还监听了"9·11"恐怖袭击事件爆发时的通话，对于那些得知世界贸易中心大厦被撞毁而在通话中兴高采烈的人，也展开了调查，拘捕了其中一些值得怀疑的人。

美国联邦调查局不断扩大"9·11"事件调查线索。据美国一家媒体透露，美国各地被拘捕的人超过了一千！

9月17日，在德国发现了重要情报，那便是一个名叫齐亚德·贾拉的"9·11"劫机犯寄给他正在德国学医的女友的情书。由于他的女友已经是德国警方监控的对象，所以这封信还没有到他的女友手中，就已经被德国警方拆阅！

齐亚德·贾拉26岁,是在第四架飞机上的恐怖分子,那架飞机本来要撞击白宫,后来坠毁在匹兹堡附近。

信是在"9·11"事件的前一天,即9月10日,从美国寄出的。

齐亚德·贾拉的这封信长达数页,内中写及,他将执行一项任务,不会再活着回来。

在信中,贾拉称说与这封信一同寄出的,还有他飞行训练的有关文件。

贾拉在"9·11"事件前,曾经在德国汉堡学习居住了几年。他跟阿塔住在一起。

贾拉的信表明,他是抱着必死的信念在"9·11"那天从纽瓦克国际机场踏上那架飞往旧金山的飞机。

美国联邦调查局还查到另外五名劫机犯留下的遗书,他们告诉家人说,他们准备去死,再也不会回来了。

但是,在十九名劫机犯中,只有贾拉等六人留下了这样的遗书,其他十三人并没有留下遗书。

美国联邦调查局的一位官员说:"这六个人留下信或告诉家人说,他们准备去死,去见安拉。其他人并没有告诉家人他们要死了,最起码目前没有这方面的证据。"

据此,美国联邦调查局的这位官员以为,那六个留下遗书,知道自己执行的是自杀性任务的,是"9·11"恐怖袭击事件的核心分子。其余十三人事先并不知道自己那天要死。

不管怎么样,随着调查工作的逐步深入,尽管那十九名劫机恐怖分子个已经死去,但还是大体上弄清了"9·11"恐怖袭击事件的大致策划过程。

美国联邦调查局的调查人员,仔细研究了嫌疑犯们的手机通话记录、信用卡、电脑网络和自动提款机的使用记录等,从中确定他们的行踪以及彼此的联系。

调查人员指出,"9·11"事件的策划者精通网络技术,从他们网上联络的轨迹中判断,这些恐怖分子至少两年前,就在德国汉堡制定了计划,并经"基地"组织认可,很可能还获得本·拉登的批准。整个作案过程包括"调查研究"、"制定计划"和"采取行动"这样三个阶段。

调查人员以为,"9·11"恐怖袭击的主谋是阿塔、阿西希和贾拉三人。十九名劫机犯分成三组。由阿塔牵头的四个人为第一组,负责驾驶劫来的飞机,作案日期也是由他们决定的。第二小组负责后勤,包括租房、办理驾照等杂事。第三组负责在劫机之后,制服机组人员和乘客。各个劫机小组都有自己的银行账户和提款卡,其成员均使用同样的个人密码。从提款监视录像中发现,在一次提款出现障碍时,他们显得相当焦躁不安。

调查人员说,劫机者大多曾在阿富汗境内的营地受过训练。阿塔等几个主谋属穆斯林激进分子,其他人则大多来自沙特阿拉伯的中产阶级家庭,受过良好教育。他们选择美国的拉斯维加斯当面密谈。9月11日这个采取行动的日期,就是在赌城拉斯维加斯定下的。

调查表明,这伙恐怖分子行动极为诡秘。比如,第一架撞击世界贸易中心大厦北楼的客机是从波士顿洛根机场起飞的。但是,劫机小组的成员事先并没有全部住在波士顿。调查人员从机场监视器的录像中查明:9月11日凌晨5时45分13秒,劫机主犯阿塔和同伙在缅因州波特兰机场通过安检,之后他们一起乘飞机抵达波士顿的洛根机场,然后在那里转乘7时45分飞往洛杉矶的航班。缅因州是美国最东北的州,与加拿大接壤,那里不大引人注意。在起飞之前,坐在头等舱的阿塔曾用手机和停在同一条跑道上的美国联合航空公司175航班上的阿西希进行最后一次联络,通话时间不到一分钟。他们是在作最后的诀别,也是暗示开始行动。

经过反复调查、研究,美国联邦调查局把焦点对准了阿塔。他们确认,阿塔是"9·11"恐怖袭击事件的组织者、主谋。

调查表明,阿塔的活动极其频繁。他以佛州为基地,在美国到处活动。光是2001年,年初他在西班牙,然后回到美国佛罗里达。他接着又去过亚特兰大,并从那里租了一架飞机飞到新泽西州。7月,他再度从美国前往西班牙。在那里,他与来自法、意、德的"基地"组织头目秘密会合。他还至少去过赌城拉斯维加斯两次。在赌城,他打了上百次手机,还租了一台电脑,收发电子邮件。

阿塔曾经收到一笔来自阿联酋的十万多美元的电汇。调查人员认为,汇款人应该是拉登的财务总管穆斯塔法·阿迈德,但是他用的是化名。

阿塔在"9·11"的前两天,把他租的一辆汽车还给了佛州南部的一家租车公司。他还把剩下的四千美元电汇给拉登的财务总管,因而也留下了他和"基地"组织联系的最后线索。在"9·11"那天,他在登机前把自己的行李留在了波士顿洛根机场,里面有他的遗嘱。

美国联邦调查局对阿塔的身世进行了详细的调查。

神秘的阿塔,时而是阿联酋人,时而是沙特阿拉伯人,时而是埃及人,经过美国联邦调查局调查,查明他是埃及人。

阿塔出生在埃及上层社会的家庭。阿塔的父亲是一位律师,家境富裕。阿塔的两个姐姐,一位成为教授,一位成了医生。两个姐夫都是博士。阿塔是家中最小的孩子,也是唯一的男孩,受到母亲的溺爱。阿塔从小就学业优秀。1990年,阿塔从开罗大学建筑系毕业,期望像两个姐夫那样成为博士。他以优良的成绩获得了德国汉堡理工大学的奖学金,留学德国。

像阿塔这样出身富裕、受过高等教育的青年,怎么会成为劫机犯呢?美国联邦调查局的调查,显示了阿塔的心路历程:

阿塔是一位虔诚的穆斯林。他在汉堡,经常去清真寺,那里的阿訇则用阿拉伯语讲道,宣扬美国是穆斯林世界的敌人,是世界上一个"无人喜欢的国家"。渐渐地,他接受了这种反美宣传。

1995年,阿塔学成回到埃及,未能找到如意的工作。他重返德国汉堡。他对埃及政府极度不满,认为政府亲美、镇压穆斯林。他留起了长须,与齐亚德·贾拉等住在一起,不断发泄泄美情绪。他被拉登的"基地"组织所看中,发展成为"基地"组织成员。他在德国期间有两次长时间离开,据调查是去了阿富汗。

阿塔接受了"基地"组织的秘密使命,从德国前往美国。

阿塔是在2000年6月从美国纽瓦克国际机场入境。进入美国之后,他剃掉了长须。

2000年下半年,阿塔在佛罗里达州南部的温尼斯飞行训练中心学习驾驶飞机。他有着大学工科的坚实的数理化基础,所以经过半年学习就取得驾驶执照。

阿塔言语不多,为人干练,他成了施行"9·11"恐怖袭击的组织者、领导者。正因为这样,他在2001年如此频繁地往来于美国各地并两度前往欧洲。

美国联邦调查局在如此细致地调查了阿塔的"人生轨迹"之后,为在"9·11"事件之前多次放过了追查阿塔的机会扼腕而叹:

在2000年12月27日,阿塔和一名同伙驾驶一架小型私人飞机在迈阿密国际机场起飞时,突然出现故障,他们把这架飞机丢弃在机场。

美国联邦航空局官员发现之后,曾经表示一定要严格调查这架飞机的维护情况以及两名肇事驾驶员身份。但是他们后来并没有深究。

2001年1月10日,阿塔从西班牙首都马德里飞抵美国佛罗里达州迈阿密。入境时美国移民局官员曾经问阿塔前来佛罗里达干什么,他说在那里学习飞机驾驶技术。移民局官员发现阿塔所持的是旅游签证,而他却在佛州学习飞机驾驶,这是不允许的。为此,美国移民局官员对阿塔进行了57分钟的盘问,最后还是让他入境!

另外,美国移民局还犯了个大错。他们没有注意到,在此前的一次旅行中,阿塔在美国逗留的时间超过签证期限32天!

如果当时拒绝阿塔入境,他也就不能在美国组织"9·11"恐怖袭击事件了!

在2001年5月,阿塔又因无证驾驶汽车被传讯,但是他没有出席5月28日的法庭听证会。美国警察并没有因此逮捕他,从而又错过了一次制止他劫机的机会!

此外,美国明尼苏达州国际飞行训练学校一位飞行教官在"9·11"事件之前,曾经警告美国联邦调查局,恐怖分子可能会劫机发动恐怖袭击。

在2001年初,这所学校的教练发现,前来学习大型客机驾驶的汉约尔,只注意

学习飞机在空中的驾驶,却不学飞机的起降技术!

教练向美国联邦航空管理局报告这一学生的"古怪"行径,并未引起注意。

在"9·11"恐怖袭击事件中,驾机撞向五角大楼的,正是这个"古怪"的汉约尔!

接着,法籍摩洛哥男子穆萨维在2001年8月到那里学习驾驶大型喷气式客机时,又受到教练怀疑。教练说,穆萨维连最基本的飞行程序都不清楚,却花很多钱学习驾驶先进的客机。穆萨维根本跟不上课程,教官告诉他这是在浪费学费,但穆萨维却坚持继续下去。

教练这一回向美国联邦调查局报告,警方以移民方面的原因为借口对穆萨维进行了一般性的问讯,认为没有发现问题,把他放掉了。

直到"9·11"恐怖袭击事件发生,美国联邦调查局这才前来向教练取证,但是为时已晚!

应当说,美国联邦调查局对于十九名劫机犯的调查和确认,大体上是可以的。但是,毕竟这十九名嫌疑犯都已经命归黄泉。

美国交通部从"9·11"恐怖袭击事件中吸取深刻教训,从此规定,外国人在美国学习飞机驾驶,必须经过交通部部长亲自同意!

然而,指使这十九名恐怖分子进行"9·11"恐怖袭击的幕后主谋,又是谁呢?

美国总统布什和美国国务卿都公开指名道姓说是拉登!

不过,在美国,也有不少人持不同意见。

美国中央情报局一位官员说:"难道是拉登这家伙坐在阿富汗的山洞中指挥'9·11'恐怖袭击?这么大的事情,他一个人不可能做到。"

另一位美国高级军事情报官员说,他怀疑有其他外国情报组织协助"9·11"恐怖分子。

还有的情报人员怀疑"9·11"恐怖袭击事件的幕后策划者,是正在美国监狱服刑的尤素福。尤素福是在1993年用汽车炸弹袭击世界贸易中心大厦的主谋。他当年被美国司法当局逮捕时,曾指着世界贸易中心大厦说,他只遗憾没有足够的经费和炸药。他又说,世界贸易中心大厦总有一天会被炸毁。他的计划包括对美国进行化学战和细菌战,以及炸毁纽约和新泽西之间的隧道。

值得一提的是,阿塔的父亲、65岁的退休律师埃米尔从"9·11"事件发生之后就一直否认他的儿子卷入了这一恐怖袭击。他认为他的儿子阿塔可能遭到绑架,阿塔的护照被偷走。他还说,"9·11"之后,他曾亲自给阿塔打过电话。但是,他却不能说明现在阿塔在什么地方,而只能说阿塔处于绑架状态,失去人身自由。

"9·11"冤魂知多少

在"9·11"恐怖袭击事件刚刚发生之际,美国陷于一片恐慌之中。两幢各为110层的世界贸易中心大厦在顷刻之间倒塌,人们不知道有多少人死于非命。

最初,纽约市长朱利安尼准备了三万只尸袋,用来包裹死难者。

最初的推算是非常粗略的,人们估计"9·11"事件死亡人数为一万多人。

这是因为世界贸易中心大厦两幢楼的上班族有五万人,加上外来访问的客户以及参观旅游者,要有八九万人,所以最初估计死亡人数为一万多人。

其实,"9·11"事件死亡人数,还应包括五角大楼的死亡人数以及四架客机上的旅客(包括劫机犯)、机组人员。

最容易精确统计的人数,是四架客机上死亡人数。四架客机上的乘客无一生还。按照惯例,死要见尸。死不见尸者,称为"失踪"。尽管客机上的死者大都难以找到全尸,但是由于上机时航空公司不仅有着准确的人数统计,而且连旅客、机组人员的姓名都一清二楚。凭借航空公司提供的名单,全部可以列为死亡:

第一架——美洲航空公司 F11 号航班:死亡 92 人

第二架——联合航空 F175 航班:死亡 65 人

第三架——美洲航空公司 F77 号航班:死亡 64 人

第四架——联合航空公司 F93 航班:死亡 44 人

四架飞机上总共死亡 256 人。这一死亡数字是确定无疑的。

五角大楼的死亡人数,也很容易精确统计。因为五角大楼是军事机构,哪个办公室有几个人、姓名叫什么,一查就明白。最初,有报道估计,五角大楼在"9·11"事件中,死亡三百多人。

很快地,美国国防部公布了准确的伤亡数字:

死亡 124 人,

受伤 76 人,

失踪(不完全统计)0 人。

五角大楼总共只有五层,而且只是倒坍一个角,所以死者的尸体全部找到,死亡人数是确定的。尽管失踪者为 0,为了谨慎起见,美国国防部注明"不完全统计",但是后来一直没有再发现失踪者。

这样,四架飞机上的死亡者和五角大楼死亡者,总共为380人。

只有世界贸易中心大厦的死亡人数最难统计,但是却又不时公布于媒体。这数字在不断缩小,从最初"毛估估"死亡一万多人缩小到八千多人、六千多人、五千多人、四千多人、三千多人。

2001年9月17日,美国政府官员公布在"9·11"恐怖袭击事件中,死亡422人,失踪5 097人。此外,受伤2 326人。

2001年9月20日,中国外交部公布,在"9·11"恐怖袭击事件中,中国公民死亡2人,受伤1人,并有35人失去联系。死亡的两位中国公民是郑于光、杨树荫夫妇,他们已经退休,一年前来美探女儿郑蕊,于9月11日乘美洲航空公司AA77航班不幸遇难。受伤的中国公民符向群,纽约中国物产公司总裁。9月11日在飞机撞击世界贸易中心大厦时受伤,腿骨折。虽然多家中国公司在世界贸易中心大厦设有办事处,由于中国公司上班较晚,所以伤亡人数少。

2001年10月24日,据纽约市长办公室公布,世界贸易中心大厦在"9·11"事件中的死亡和失踪人数为4 817人。其中失踪人数为4 339人,救援人员在废墟中找到478具尸体,其中425名死者的身份已经查明。内中费茨杰拉德经纪人公司损失惨重,遇难的经纪人和交易人近700人。

2001年12月26日,美国政府官员宣布,美国在"9·11"事件中的死亡和失踪的总人数为3 173人。其中世界贸易中心大厦死亡和失踪人数为2 917人。

2002年1月5日,纽约市政府再度降低"9·11"事件中世界贸易中心大厦的死亡人数至2 895人。

纽约市政府称,找到遗体者为607名,内中包括136名消防队员、6名警员及10名港务局警员。

同时,有1 974名证实死亡但未寻获遗体,有314名仍列为失踪,且家属也没有申请死亡证书。

死难者来自世界八百个城市和全美四十个州。以纽约市民人最多,1 100人。

除了美国人之外,共有二十六个国家的120名公民死亡。

世界贸易中心大厦的遇难者,大多数为白领阶层专业人员,包括软件开发人员、保险公司管理人员和银行职员等。很多人正处在他们事业的顶峰,十多人是首席执行官、创建人或公司总裁。公司副总裁有59人。四分之三的遇难者的年龄在30岁至55岁之间。

随着时间的推移,经过反复查证的"9·11"事件死亡人数还可能进一步降低。

经过查核的"9·11"事件死亡人数,大大低于最初粗略估计的万把人,有几个原因:

一是第一架被劫持的飞机撞击世界贸易中心大厦北楼时,在上午8时45分,当时许多公司尚未上班。突袭事件发生后，火光冲天，正在赶去上班的人连忙掉头。

二是第一架被劫持的飞机所撞的是世界贸易中心大厦北楼的上部，这时中部以及下部的人还来得及逃走。再说，北楼是在受到飞机撞击之后一个半小时才倒坍的。在这一个半小时之中，很多人从楼里逃生。

三是第一架被劫持的飞机撞击世界贸易中心大厦北楼，惊动了南楼。南楼的工作人员连忙逃窜。过了一刻钟，第二架被劫持的飞机撞击了南楼中部，并使南楼先于北楼倒坍。不过，毕竟那宝贵的一刻钟这时间差，使许多南楼工作人员逃出"死亡之楼"。

至于世界贸易中心七号楼，在两幢姐妹楼的烈焰熏烤之下，在下午5时才倒坍的，工作人员几乎都已经逃出。

这样，世界贸易中心大厦的死亡人数也就大大少于最初的估计。

"9·11"事件死亡统计数字的逐步降低，还在于根据家庭成员失踪而报案的名册，与调查人员的纪录交叉比对，并删除重复的名字，因此人数逐日减少。

纽约警察局副局长安特南指出，"9·11"事件发生后，许多人因惊慌失措而逃离纽约，躲到了外地亲戚家，邻居出于关心向警方作了汇报，他们因此被列入失踪者名单，但他们本身并不知晓。最近，随着他们陆续返回纽约，警方也就把他们的名字从失踪者名单中排除。

不过，关于世界贸易中心大厦遭袭死亡人数的统计，有三个不同的"版本"。

一是"警方统计"：警方除了以遗体确认死者之外，把从废墟中的身份证、衣物都作为统计的依据。纽约市政府依据"警方统计"，发布世界贸易中心大厦遭袭死亡统计人数。

二是"医疗统计"：纽约市医疗检查官从医学角度进行统计，把死亡人数分为三类，第一类是已经找到尸体，确认死亡，发出死亡证书。第二类是估计已丧生但尚未找到其尸体，还需要进一步确认。第三类是仅仅列为失踪，这部分数字将随着发现尸体和预计误差的纠正而减少。纽约市政府以为，纽约市医疗检查官的统计更加科学，将把"医疗统计"的结果与"警方统计"相结合，确认死亡人数。

三是"媒体统计"：美联社自己独立进行世界贸易中心大厦遭袭死亡人数的统计。美联社的统计数字是参照医疗部门的数据、葬礼、讣告以及外国政府公布其公民在"9·11"事件中遇难人数，进行综合统计。

纽约市长朱利安尼说，从"9·11"事件的第二天开始，就没有从世界贸易中心大厦的废墟中救出一个活人。当时曾经以为世界贸易中心大厦北楼七层以下可能还有活人，因为七层以下没有完全倒坍。但是花费很大的力量进行清理，打通一条道路，结果在那里没有发现一个健在者。

专家指出,世界贸易中心大厦的倒坍跟地震不同。世界贸易中心大厦是在大量汽油燃烧中倒坍,处于高温之中,所以被压在废墟下的人会被烫死或者闷死。在地震中倒坍的建筑物,没有高温,所以往往能在废墟中找到幸存者。

世界贸易中心大厦废墟中的遗体清理、鉴定是一项错综复杂的工作:

一是那么高的大楼倒坍,混在瓦砾中的完整的遗体不多,大部分是尸块;

二是近三千人的尸块混在一起,极难辨认。

为了解决这道难题,纽约州首席刑事鉴定总顾问、有着"华裔神探"之誉的李昌钰先生参加并主持鉴定工作。李昌钰所著《神探李昌钰破案实录》、《让证据说话》等书,在中美两国畅销。

李昌钰说,从世界贸易中心大厦120万吨瓦砾之中,已经收集到几十万件人体碎片。要鉴定这些碎片,唯一的办法是动用 DNA 技术。那些人体碎片都编号,而且进行 DNA 测定,并把结果输入电脑。五六百名工作人员忙于测定。

与此同时,纽约市政府要求前来申报失踪人口者,携带失踪者用过的牙刷、梳子等,因为从牙刷上残留的唾液、梳子上残留的头发,可以测定失踪者的 DNA。另外,还对失踪者的直系亲属进行 DNA 测定。如果这些 DNA 与电脑中储存的死者 DNA 数据相同,就可以确认死亡。

这样大规模的 DNA 人体鉴定,对于美国来说,是史无前例的。

纽约市长朱利安尼说:"我们当然有希望确认更多死者的身份,这就是我们鼓励那些还没有前来的家属携带 DNA 取样物品前来的原因。"

统计"9·11"恐怖袭击事件精确的死亡人数,尚待时日。

保险公司焦头烂额

"9·11"恐怖袭击一声巨响,惊心掉胆的不光是航空公司,还有保险公司。人们这么形象地形容道,就在那一刹那,一张天文数字的保单,从世界贸易中心大厦飞出来,飞向保险公司!

保险公司惊呼:保险业进入了"恐怖时期"! 进入了"噩梦期"!

美国人有着很强的保险观念:人身要保险,汽车要保险,财产要保险,房屋要保险。美国人每年要支付相当多的保险费。

保险业有着颇大的风险。在平安年月,方方面面交纳的保险费,汇成了保险公司丰厚的利润。这种利润看上去似乎是唾手而得，不费气力。然而，一旦爆发"9·11"恐怖袭击事件这样的大灾大难，保险公司那就惨了，不仅要亏了血本，甚至面临倒闭。

航空业、保险业、金融业、旅游业，被人们称为"9·11"的四大"输家"！

"9·11"之后，保险公司的股票"高台跳水"！

保险公司要赔偿的大头，当然是世界贸易中心大厦那两幢姐妹楼。其实，需要赔偿的还有倒坍的世界贸易中心那四十七层的七号楼和三座宾馆，以及附近五十多幢受到很大损害的大楼。

四架撞毁、坠毁的大型客机，保险公司要向航空公司赔偿。

四架大型客机上的乘客（除劫机分子之外）以及机组人员，全部殒命，保险公司要进行赔偿。

此外，保险公司要对世界贸易中心大厦死难者进行赔偿，就连那些在世界贸易中心大厦地下停车场中被压坏、被烧毁的汽车，也要一一赔偿。

就在世界贸易中心大厦姐妹楼倒坍还只有几分钟的时候，工作效率极高的纽约市政官员阿兰·赫威西就已经在用电脑估计"9·11"恐怖袭击对纽约造成的损失。

世界贸易中心的大火还在燃烧，大厦倒坍时扬起的灰土尚未散去，阿兰·赫威西已经写出估算报告。他说，纽约遭受的损失、金融界的危机，甚至每个遇难人员的命运，每一个部分全部用数字来体现。

在他的报告中，把世贸大厦中的死难者平均定价为 200 万美元。

他估计，纽约市 160 万平方米的办公写字楼被毁，120 万平方米写字楼受损。

世界贸易中心大厦废墟有 20 万吨的钢筋和 30 万吨的瓦砾需要清理。光是清理费用就要花 60 亿美元。

纽约市审计办公室也迅速写出报告说，"9·11"恐怖袭击事件给纽约造成的经济损失可能多达 1 050 亿美元。

报告说，世贸中心大楼倒塌造成的直接经济损失大约在 450 亿美元左右，而由此引起的间接经济损失在未来两年内可能会达到 450 亿至 600 亿美元。

报告预计，在 2002 年 6 月 30 日结束的 2002 年财政年度，纽约市的商业损失将达 210 亿美元。另外，华尔街因纽约股市关闭四天损失了 75 亿美元，而纽约的旅馆、餐馆和剧院在恐怖事件后损失了大约 20 亿美元。

报告说，保险公司将只能承担所有损失的三分之一左右，即大约 370 亿美元。

此外，保险公司方面作出的估计则声称，赔偿金将高达 500 亿美元。

保险公司历数这几年的"赔偿大案"：

1992 年，袭击佛罗里达州南部的安德鲁飓风，造成美国历史上最可怕的一次自然灾害,使保险公司赔了 155 亿美元。

1992 年,美国洛杉矶发生骚乱,保险赔偿为 7.75 亿美元。

1993 年,恐怖分子袭击世界贸易中心大厦,使地下车库爆炸,保险公司赔偿了 5.1 亿美元。

1998 年,英国 PiperAlpha 公司的钻油平台在英国海岸爆炸,赔偿金额为 30 亿美元,创造了人为灾难赔金的历史纪录。

这些"赔偿大案"跟"9·11"恐怖袭击事件相比,简直是小巫见大巫。

就在保险公司欲哭无泪、战战兢兢的时候,就在"9·11"的翌日,忽然传出"好消息",那巨额赔偿一笔勾销,保险公司可以不赔了!

原来,在 2001 年 9 月 12 日上午 10 时,美国总统布什发表了"9·11"之后的第四次演说,正式宣称"9·11"恐怖袭击事件是一次"战争行为"。

"战争行为"这句话,等于为"9·11"恐怖袭击事件定性,而这句话出自美国总统之口,意味着富有权威性。

按照保险公司的规定,遭遇火灾、爆炸,都必须赔偿。但是,遭受战争的破坏,则不属保险公司赔偿范围。

美国保险公司有关的"战争条款"是这样的:"被保险人因战争、军事行动、暴乱或武装叛乱导致身故的,保险公司不负保险责任。"

世界贸易中心遭到恐怖分子袭击,既然属于"战争行为",保险公司也就可以"不负保险责任"。

不过,保险公司毕竟不能借美国总统布什的一句话,来逃脱保险责任。"9·11"恐怖袭击事件的性质,不同于一般意义的"战争行为"。通常所谓的"战争行为",是指两国交战,战争造成屋塌人亡。"9·11"恐怖袭击事件,应该属于"恐怖袭击"。按照保险公司的规定,遭遇恐怖袭击,是应当予以赔偿的。所以,保险公司必须对"9·11"恐怖袭击造成的损失,予以赔偿。

赔偿"9·11"恐怖袭击所造成的巨额损失,是一桩错综复杂的工作。

就拿人身保险来说,在"9·11"恐怖袭击中伤亡的人,应予赔偿。对于受伤的人的赔偿,还算简单,只要证明那些人是在"9·11"恐怖袭击中受伤,就可以了。

至于死亡赔偿,按照保险公司的规定,只能对医疗卫生部门开具死亡证书的人,才能进行赔偿。在一般的情况下,法院对死者的遗体进行鉴定,确认身份之后,才能由医疗卫生部门开具死亡证书。

"9·11"事件中死亡者分为三类:

第一类是四架客机上的机组人员和乘客,无一幸存。在受到剧烈的撞击和烈火猛烧之后,他们的遗体很难寻找。但是,他们的遗体是否被找到,这并不重要。

按照航空公司提供的机组人员和乘客名单,就可以开出死亡证书,保险公司按照死亡证书进行赔偿。这项工作比较简单。同样,那些在世界贸易中心大厦救火中死去的消防员,即使找不到遗体,纽约市消防局可以提供证明,也可以很快开出死亡证书。他们被追认为烈士,他们的亲属除了得到保险公司的赔偿金之外,还得到纽约市政府发给的高额抚恤金。

第二类是那些死于世界贸易中心的人,在废墟上能够找到遗体的,经过警方和医疗卫生部门确认遗体的身份,开出死亡证书,保险公司按照死亡证书进行赔偿。这里所说的找到遗体,包括用 DNA 确认死者的身份,即便死者的遗体极不完整。这项工作也比较简单。

第三类最麻烦,就是那些"失踪者"。失踪者,是指那些失去踪迹却又找不到遗体的人,也就是"死未见尸"的人。

失踪者,未必就是死亡者。前已述及,有的在世界贸易中心大厦工作的人,在"9·11"恐怖袭击事件之后,出于恐惧,躲到纽约之外的亲友家去了。好心的邻居把他们作为"失踪者"向警方报告。后来,当他们返回纽约,他们的名字也就从失踪者名单中勾销。

关于"失踪"与"死亡"的概念不同,我也有过一段采访经历:

1980 年 6 月 16 日,著名科学家彭加木在新疆罗布泊独自外出找水,从此不幸失踪。我曾经专程从上海飞往那里进行采访。当时,彭加木一直被称作"失踪"。

1986 年 4 月 12 日,六届全国人大四次会议通过的《中华人民共和国民法通则》第三节,对于"宣告失踪"和"宣告死亡"作出了法律规定:

"公民下落不明满二年的,利害关系人可以向人民法院申请宣告他为失踪人。"

"公民下落不明满四年的,利害关系人可以向人民法院申请宣告他死亡。"

这一法律公布时,彭加木已经失踪六年,也就由"宣告他为失踪人"转为"宣告他死亡"。

美国法律也有类似的规定,公民在失踪三年之后,才能确认为死亡。

但是,"9·11"恐怖袭击事件中失踪者数以千计,牵动着成千上万亲属的心。倘若都要等到三年之后这才由"失踪人"转化为"死亡",亲属们要等三年之后这才从保险公司领到赔偿金,这未免太伤亲属们的心。另外,死难者的存款、财产,也必须在开具死亡证书之后,才能由亲属办理继承手续。

纽约市政府在市长朱利安尼的领导下,充分体谅"9·11"死难者亲属的心情,打破惯例,特事特办,急事急办,在几天之内就给失踪者开具死亡证书,以便使死难者的亲属们尽早从保险公司领取赔偿金。

纽约市长朱利安尼对以泪洗面、陷于痛苦深渊的"9·11"死难者亲属,说出感人的话:"如果你确信那时候你的丈夫、你的妻子、你的家人在世贸中心,并且你

也逐渐意识到他们可能永远也回不了家了,你最好做出选择,去九十四号码头,申领亲人的死亡证书。总之,生活要继续下去。"

正因为这样,在"9·11"恐怖袭击事件之后,死难者亲属纷纷前往纽约赫德森河九十四号码头,那里是纽约市政厅办公楼的所在地。政府官员们一边安慰着泪眼满面的死难者亲属,一边按照他们提供的证明文件开具死难者的死亡证书。

死难者亲属带来死难者的出生证明、生前照片、工作证明、结婚证明以及单位的证明、同事的旁证等等文件,还有说明失踪者确实已经死亡的理由。上百位律师义务帮助死难者亲属收集、整理证明文件。

一位名叫索汉的先生,出示寻呼机,上面有他的在世界贸易中心工作的女儿阿斯特丽德在"9·11"发给朋友的三条留言:

"这里着火了,很黑。"

"这里很黑,还有好多的烟。我们躲在一个角落里。"

"告诉我的男朋友,还有我的父母,我爱他们!'"

寻呼机上这三条留言,成了确证阿斯特丽德死亡的物证。

这些证明文件和报告送至法官处。法官会向验尸官发布命令,最后纽约市卫生与公众服务部在确认死亡之后,正式颁发死亡证书。

市长朱利安尼还提议,在发出死亡证书的同时,还给死难者的亲属送一个骨灰盒,里面装着来自世界贸易中心废墟的泥土,给死难者亲属以心灵上的安慰。

从2001年9月25日开始到年底,短短三个多月的时间里,纽约市政厅办公室为1200多位"9·11"失踪者,开出了死亡证书。

纽约市政府和市长朱利安尼的这一举措,深得"9·11"死难者亲属们的赞誉。

但是,居心不良的人,什么时候都有。被巨额赔偿金所诱惑,居然也有人从眼里挤出泪水,在赫德森河九十四号码头哭泣,混在"9·11"死难者亲属的队伍中。他们用伪造的证明文件进行欺骗,声称自己的亲属在"9·11"恐怖袭击事件中失踪,骗取死亡证明。这种欺骗行为,被称为"骗保"。

一位加拿大妇女就谎称自己的丈夫在"9·11"那天失踪于世界贸易中心大厦,进行"骗保"。一把眼泪、一把鼻涕的她,领到了丈夫的"死亡证书"。但是,她的骗局很快被纽约市政府官员识破。她没有领到"赔偿金",反而偷鸡不着蚀把米,因此进了监狱。另一个"骗保"者,也遭到同样可耻的下场。对于这些铤而走险的人,美国政府加强了打击力度。

对于"9·11"恐怖袭击事件的死难者的赔偿,虽说复杂,但是不如世界贸易中心大厦本身的赔偿复杂。

世界贸易中心大厦双子星楼的产权,属于纽约市政府与新泽西州港务局。

纽约地产大王拉里·斯威斯坦早就觊觎世界贸易中心。他出资在世界贸易中心大厦双子星楼旁,建造了四十七层楼高的七号楼。2001年初,纽约市政府与新泽西州港务局决定把世界贸易中心双子星楼交给私人投资者管理。年已古稀的拉里·斯威斯坦当时虽然因病住院,但是仍在医院遥控竞标,最终夺取世界贸易中心大厦双子星楼的九十九年的承租权。他每年要支付一亿多美元租金和3 600万美元的债务利息。

2001年7月24日,拉里·斯威斯坦正式成为世界贸易中心双子星楼的"大房东"。

拉里·斯威斯坦的笑容还没有消失,一个半月之后,传来了晴天霹雳——发生"9·11"事件,世界贸易中心双子星楼连同他的四十七层的七号楼,全都楼飞灰灭!

拉里·斯威斯坦的愁容还没有消失,就开始跟保险公司打起了一场惊天动地的官司。

世界贸易中心双子星楼的倒塌,每一幢楼的赔偿金为17.75亿美元,两幢楼的总赔偿金为35.5亿美元。

拉里·斯威斯坦却说"不"!他提出,保险公司应该给他双倍的赔偿,即71亿美元。因为在"9·11"那天,世界贸易中心在十八分钟内受到了两次恐怖袭击。按照保险条例规定,保险公司应当给予双倍赔偿,也就是相当于四幢楼的赔偿金。他说:"毫无疑问,这是两个保险事故,保险公司应该给我两次赔付。"

保险公司则坚决反驳,认为世界贸易中心双子星楼是一个统一的建筑群,十八分钟之内的两次恐怖袭击,应视为同一事件,只能赔偿35.5亿美元。

保险公司还采用以攻为守的策略,对拉里·斯威斯坦在其他问题上进行反攻:

反攻之一是按照保险条例,世界贸易中心双子星楼只有按原样重建,才能获得赔偿金,而拉里·斯威斯坦提出不按原样重建,要新建四幢高度只有原楼一半的大厦。

反攻之二是拉里·斯威斯坦当时在投保时,"整个大厦建筑群保险金额不足五十亿美元,而且对大厦遭到灾难时重建以及租金的损失等都没有投保。"

这场"大官司"已经在打。究竟谁胜谁负,还不得而知。

"9·11"恐怖袭击事件引发的"天价"赔偿,不光是把美国的几家大保险公司都牵扯进去,而且把欧洲许多的保险公司也都卷了进去。

纽约失火,怎么会殃及欧洲保险公司呢?除了欧洲一些保险公司也为纽约世界贸易中心保险之外,更重要的是不少欧洲再保险公司参与了"再保险"。

原来,世上除了保险公司之外,还有"再保险公司"。

所谓的"再保险",也就是"保险上的保险",对保险公司进行保险!

平安岁月,保险公司要向再保险公司交纳再保险费。再保险公司等于瓜分了保险公司的利润。

然而,一旦发生灾难,再保险公司则要向保险公司支付赔偿金!

自从有了再保险公司,实际上是把许多保险公司"捆绑"在一起,"有福同享,有难同当"。这样的"捆绑",使得保险公司在遭遇大灾大难的时候,能够有足够的实力对付。

许多欧洲的再保险公司,对美国的保险公司进行了再保险。于是,在"9·11"恐怖袭击事件面前,欧洲的再保险公司也要"大出血"了!

据统计,由于世贸中心保险案经过再保险,美国本土的保险公司只负担百分之四十二的损失,德国负担百分之十五,英国负担百分之十三,瑞士负担百分之十一,百慕大群岛负担百分之九。

据法国《回声报》报道,在"9·11"恐怖袭击事件这场人为灾难中,有十二家欧美保险公司所受损失最大,直接赔偿额在6亿美元至27.5亿美元不等,其中欧洲保险和再保险公司占了一半,如英国劳埃尔公司税前净损失27.5亿美元,德国慕尼黑再保险公司损失19亿美元,德国安联保险公司和瑞士再保险公司分别损失13.5亿美元和12亿美元。

首席分析师沃特森说,"其中二十家最大的责任承担者,大约负担百分之八十的赔偿,而这些公司没有一家是'A'级以下,所以没有一家会因此威胁他们的消化能力。绝大多数公司将保持安全的财政力量。尽管我们将看到一系列的降级事件,比如目前有六家公司可能面临降级,从'A'级中除名。"

从表面上看,保险公司和再保险公司为受到"9·11"恐怖袭击的世界贸易中心进行赔偿,那赔偿金都有案可查。然而,保险公司和再保险公司蒙受的损失,不仅仅在于赔了那么多的钱。这是因为保险公司和再保险公司为了谋取最大的利润,通常把钱投资于不动产、股票、债券、基金和外汇。然而,面对巨额赔偿,保险公司和再保险公司急于要把资产套现,这下子又蒙受新的相当大的损失,如同雪上加霜!

在"9·11"之后,受到沉重打击的保险公司和再保险公司纷纷提高保险费,以求弥补损失。

从恐怖分子劫持的飞机撞击世界贸易中心大厦的一刹那开始,竟然在世界保险业演绎出这么多"悲痛的故事"来,真是局外人所难以知晓!

熊市统治华尔街

从世界贸易中心大厦废墟横穿百老汇大街,往南走过几个街口,我就到了华尔街。

因"9·11"恐怖袭击事件封闭多日的华尔街,总算已经恢复通行。不过,从百老汇大街弯进去的那一段路,还是用木栅栏隔了起来,只留下两三米宽的人行通道。

华尔街离世界贸易中心大厦只有一二百米之遥。世界贸易中心大厦的倒坍,对于华尔街产生了极大的震动。华尔街不光是整条街笼罩在浓烈的烟灰之中,而且给了华尔街金融业以狠狠的一击。

华尔街是一条"楼间小道"。十几米宽、几百米长的马路两旁,拥立着一幢又一幢高楼。这里只有在中午短暂时分,才见从楼缝里透出来的惨淡阳光。

在华尔街路口,我见到绿底白字的小小的长方形路牌,上面写着"WALL St"。这是一个"出镜率"极高的路牌。在美国电视中,每天的股票行情节目,第一个镜头,往往就是这块路牌。

这条小小、短短、窄窄的华尔街,云集着美国最大的证券公司。这里每天股票的交易量达七十多亿美元,不仅操纵着美国的经济命脉,而且左右着世界的金融。

华尔街与伦敦、东京证券交易所三足鼎立,是当今世界交易量最大的三个证券市场。

在"9·11"事件之前,我曾经两度来到华尔街。那时候,那里的证券公司和银行,都允许自由进出。这一回完全两样,我在华尔街看到许多佩带手枪的警察。证券公司和银行门口,都有警察站岗,进门要刷磁卡——出入证,外人莫入。这里的警察那么密集,在严密地保卫这条名闻世界的金融街。

在华尔街上,能够自由进出的只有餐馆。一家大型健身房,也允许自由进出。那里,白领们正在跑步机上呼哧呼哧地跑着。一眼望去,上百台拉力机、跑步机上,全是白领。确实,他们在证券公司、银行整天泡在电脑前,实在需要到这里放松一下,锻炼一下。

我的一位在华尔街工作的朋友,跟我聊起"9·11"恐怖袭击事件发生之后,华尔街那难忘的"黑色的日子"……

"9·11"恐怖袭击事件发生在星期二,华尔街证券市场除了当天紧急休市之外,从星期三起到星期五,也就是9月12日、13日、14日,接着休市。华尔街一连休市四个交易日,这是空前未有的。那四天,华尔街在动荡、恐慌、冷清、焦急中捱过。

幸亏接下去是周六和周日,也就是9月15日、16日,使华尔街歇了一口气。

周一,9月17日,华尔街重新开市,成为全世界关注的焦点。美国政府预料到股市会狂泻,为了稳定人心,注入大量资金"救市"。

另外,在开市前,美联储宣布紧急降息以刺激股市,联邦基金利率由百分之三点五降至百分之三,贴现率从百分之三降至百分之二点五。

17日上午9时半,在华尔街举行了隆重的开盘仪式。美国财界和纽约政要出席仪式。纽约州参议员、前总统克林顿夫人希拉里、纽约州州长柏德基、纽约市市长朱利安尼等都出席了仪式。为了表达对纽约救援人员的敬意,华尔街证券交易所特意邀请一位警察鸣钟开盘。美国各电视台都转播了这一万众注目的历史时刻。出现在电视画面上摁下鸣钟电键者,竟是一位黑头发、黑眼珠、黄皮肤的华人警察。

他叫林维敏。他在"9·11"恐怖袭击事件的英雄行为,受到纽约市民的崇敬,被推举为这一隆重典礼上的鸣钟者。

他是一个平凡的人,在烈火中显示了不平凡的品格。

他在纽约的新泽西港务局当了二十二年警察。他的办公室就在世界贸易中心大厦南楼地下二层。

9月11日上午,当灾难发生之后,他从大楼里跑出来,见到情形危急。作为警察,他首先考虑到的不是逃命,而是救人。在众人从大楼里往外逃生时,他却逆向冲进南楼,疏导人群。他一层层地疏导。当他上了第二十七层时,接到家人的电话,他说自己作为警察应该救人,请他们不要担心。当他来到四十四层时,大楼猛烈摇晃,他见到一架飞机撞上了南楼。他和一名消防员一起扶着一位受伤的妇女下楼。当他下到第五层时,大楼倒坍了,他被埋在瓦砾之中。不过,他幸运地被赶来的消防员救出,死里逃生!

他的父亲林维敏住在佛罗里达州,心急似焚。在夜里11时接到林维敏的电话,这才放下心中的石头。

当林维敏作为嘉宾出席华尔街证券公司复市典礼时,他的父母从电视中见到他,喜笑颜开。

在林维敏摁动了电键之后,钟声响了。华尔街股市终于重新复市。

华尔街股市刚刚复市,股民们恐慌地大量抛出手中的股票,道·琼斯指数和纳斯达克指数在大幅低开后仍然振荡走低,终场均以重挫作收。收市时,道·琼斯指数下跌679点,跌幅为百分之七;纳斯达克指数跌116点,跌幅百分之六点八。

接下去的四个交易日，华尔街依然乌云密布，股市连续下挫。这一周，成了华尔街"黑色的一周"：

道·琼斯指数下跌百分之十四点四；

纳斯达克指数重挫百分之十六；

美国股市市值损失 13 800 亿美元！

美国媒体哀叹华尔街的惨淡。《华盛顿邮报》说，道·琼斯指数经历了"大萧条时代以来的最大周际暴跌"，美国有线电视 CNN 则称，"华尔街遭遇了惨痛的一周"。

美国媒体历数战争危机引发的华尔街股市狂跌：

1941 年，珍珠港事件爆发，道·琼斯指数下跌百分之六点五；

1962 年，古巴导弹危机爆发，道·琼斯指数下跌百分之九点四；

1990 年，海湾战争爆发，道·琼斯指数下跌百分之四点三。

看来，"9·11"恐怖袭击事件爆发引起的道·琼斯指数下跌百分之十四点四，超过了以上三次战争危机中的任何一次。

与 2000 年 3 月的最高点相比，科技股占较大比重的纳斯达克指数已经下跌了百分之六十七！

人们还这样从历史的角度加以评价：

"华尔街跌入了自从 1929 年美国经济大萧条以来的最低谷。"

"熊把牛从华尔街赶走，赶得远远的！"

"华尔街陷入了最黑暗的时期！"

在"9·11"恐怖袭击事件爆发前，华尔街已经处于熊市。"9·11"恐怖袭击事件使华尔街"一熊再熊"、"熊上加熊"！

受华尔街股市"走黑"的巨大影响，欧洲股市也全线走低，全线报跌。英国、法国、德国的股市也陷入困境。

我的朋友还告诉我，"9·11"恐怖袭击事件之后，华尔街演出了一场"大逃亡"！

毕竟是离世界贸易中心大厦太近了。华尔街的白领们亲眼看见世界贸易中心大厦的倒下，看见世界贸易中心白领们的惨剧。

这场"大逃亡"的"领头羊"，是那些原本设在世界贸易中心大厦的公司。大厦的倒坍，他们"无家可归"，当然要租借新的办公室。特别是大厦的倒坍造成这些公司大量数据丢失，使他们的业务面临瘫痪。遭到严重打击的公司有著名的美洲银行、朝日银行、德国银行、国际信托银行、肯珀保险公司、马什保险公司、帝国人寿保险公司、盖伊·卡彭特保险公司、坎特·菲兹杰拉德投资公司、摩根斯坦利金融公司、美国商品期货交易所。其中，遭到打击最重的是摩根斯坦利银行，他们在世贸中心总共租用了二十五个楼层，近 30 万平米，供 3 500 名职员办公。"9·11"

恐怖袭击事件不仅造成这家银行员工的大批伤亡,而且使大批电脑毁坏,数据大量丢失。

这些公司再也不敢在曼哈顿下城办公,一方面担心这里不安全,说不定恐怖分子又会对这里发动新的袭击;另一方面因为许多同事在这里死于非命,再在这里办公会引起不愉快以致恐怖的回忆。

在世界贸易中心大厦燃烧、倒坍的时候,使附近的世界金融中心建筑群的玻璃也大都震碎,有的大楼墙壁出现裂缝。这样,世界金融中心也无法在原地办公,加入了"大逃亡"的行列。

据统计,世界贸易中心大厦倒坍以及周边的近五十幢大楼严重受损,使曼哈顿下城的办公楼面积损失了五分之一。

这些失去办公楼的公司,当然要"大逃亡"。虽然华尔街的大楼没有受损,但是那里许多公司也加入"大逃亡"的队伍。就连《华尔街日报》也要易地而居!

他们"逃"到哪里去呢? 一是"逃"往曼哈顿中城。那里的第五大道、时代广场本来就是繁华的商业区。大批金融公司迁到这里,使这里逐渐成了纽约的金融中心。

著名的运通公司和李曼公司,都已经决定把总部从曼哈顿下城迁往中城。加拿大最大的银行帝国商业银行也从曼哈顿下城迁入中城。

正因为这样,有人说,恐怖分子劫持的飞机,把纽约的金融区从曼哈顿南端的下城,一下子"撞"到了曼哈顿中城!

不过,那里一下子"挤"不下那么多的公司,何况有人觉得曼哈顿中城也不安全。于是,另一个"逃亡"目标,便是与曼哈顿下城隔河相望的新泽西州纽波特。那里的办公楼租金在"9·11"之后迅速上涨,地价也飞快上升,便是因为许多公司"逃"到那里的缘故。

当然,除了"逃"往曼哈顿中城和新泽西州纽波特之外,还有的公司"逃"得天远,迁往曼哈顿之外的纽约其他区,甚至迁往新泽西州或者康涅狄克格州。

对于华尔街来说,"9·11"恐怖袭击是对华尔街的第三次打击:

第一次是在1835年,这里发生巨大的火灾,烧毁了华尔街以及附近的七百幢大楼,使得纽约26家保险公司中的23家失去了办公室。但是华尔街重建了,规模超过了以往;

1929年美国股市大崩盘,使华尔街陷入了大萧条之中。但是,华尔街后来走出了阴影,依然成为美国乃至世界的金融中心;

这一次的打击非同小可。华尔街能否第三次闯过难关? 要有待时日了。

一位美国经济学专家用这样的话来形容华尔街的处境,形容美国经济的前景:

"之前,美国经济是在走钢丝,钢丝的一边是经济不景气,另一边是毫无生气的复苏。现在,恐怖分子剪断了我们脚下的钢丝。今后,美国和全世界都将受到经济全面衰退的影响。"

在离华尔街不远处,我又见到那只硕大的牛的青铜雕塑。看来,眼下熊战胜了牛,占领了华尔街。

总台小姐叹旅馆业清冷

如果问美国人,你在 2001 年某日是怎样度过的,也许谁都答不上。可是,如果问美国人,你在 2001 年 9 月 11 日是怎样度过的,谁都能够答得上。因为这是特殊的一天,是谁都不会忘记的一天。

张小姐在纽约曼哈顿中国旅馆总台工作。我采访她,是为了请她谈谈"9·11"恐怖袭击事件之后的美国旅馆业。不料,她却首先谈起"9·11"那天的经历……

那天她没有去上班,在家休息。早上去打球,回家时习惯地打开电视,她吃了一惊:世界贸易中心大厦冒出了浓浓的黑烟!

这时,已经是第二架客机被劫持,她看见那飞机撞向世界贸易中心大厦的南楼。

她的第一个反应,就是赶紧给自己的先生打电话,因为他在上午 7 时半出门,说是要送货到曼哈顿南端的"下曼哈顿",而世界贸易中心大厦正是在"下曼哈顿"。

所幸打通了丈夫的手机,他连声说:"不得了,不得了,满车是灰土,都是灰,都是灰!"

确实,当第一架飞机撞向世界贸易中心大厦北楼的时候,她的先生正好驾车路过那里。丈夫说,当时就像闪电一样,一道红色的光芒一闪而过,紧接着便是铺天盖地的灰土从天而降,落在他的车上。

才说了这么几句,手机就打不通了。不管怎么说,知道丈夫平安,她也就放心了。后来,她丈夫无法过大桥,因为听说恐怖分子要炸桥,警察封锁了大桥。她丈夫驾车绕了一个大圈,很晚才终于回到家中。他的车,上上下下全是灰,很脏很脏……

她来美国已经十一年,加入美国国籍也已经六年。她在这家中国旅馆工作多

年。她告诉我,由于这里地段好,处于曼哈顿的中心,条件不错而房价又低廉,工作人员大都是华人,治安又好,而且供应中国餐,所以从中国出差到纽约的人,什么考察团呀、观光团呀以及前来美国培训的、实习的,都喜欢住在这里。往年,如果不是提前三个月预订,甚至提前半年预订,是绝对住不进的。这里一年到头都是这么火爆。

张小姐对我说,她在总台工作,每天都忙于接电话,有时电话耳机一拿起来,两三个小时放不下来,因为很多人打电话来预订房间。有的旅客订不上房间,就请求加床。好多房间都加了床,甚至打地铺。旅客住在里面转都转不过来。她一边接电话,一边还要作记录,只得歪着脖子夹着耳机。回到家里,脖子又酸又痛。

张小姐说,"9·11"恐怖袭击事件之后,中国的出国人员明显减少。晚上,你只要站在大楼外面抬头一看,就明白了:大部分房间,都是黑灯瞎火的。现在,客房只有二成到三成住人,其余的全空在那里。这是从未有过的。要知道,每年的11月、12月、1月,是客人最多的时候。现在正是旺季,客人却这样稀稀拉拉。尽管房价一降再降,已经降到历年来的最低点,还是没人住。是呀,纽约发生了那样的大灾大难,谁还敢到纽约来? 正因为这样,她才有空接受我的采访。要是在往年,忙得不可开交,根本没有时间跟你谈。

她指着总台前的一块牌子,那上面写着"请按顺序排队",你现在也许以为这块牌子是多余的,因为一个旅客也没有,排什么队呀! 可是,在"9·11"之前,总台前总是挤满等待入住的旅客。刚刚有人退房,马上就有人入住,真可以说"前脚刚走,后脚就进"。

她说,"9·11"之后,由于这里离世界贸易中心大厦不远,旅馆的大门一开,一股刺鼻的焦味就钻了进来。一直到10月底,还能闻到这股焦味。

她又说,这家旅馆在"9·11"之后,已经在裁减人员。比如,打扫房间的服务员就减少了,因为没有那么多旅客来住。不过,这家旅馆裁员还不算多。那些星级宾馆裁员就很厉害。很多人辛辛苦苦工作多年,一下子就给老板炒鱿鱼了。失业很痛苦,不仅吃饭成了问题,而且买车、买房那些分期付款的钱无处着落。从中国国内来的人,常常羡慕在美国工作的人。其实,在美国工作,要承受很大的生活压力,这往往是在中国国内很少有人理解的。

"9·11"之后,不光是旅馆业、旅游业、航空业的员工大量失业,这是人所共知的。张小姐说及一件事,倒是外界很少知道:世界贸易中心大厦塌毁了,许多白领死于非命,许多白领失业,就连给他们开车的司机也失业了。本来,在这两座姐妹楼里工作的许多经理、高级职员,每天有专车接送。如今楼倒人去,司机们也无从接送了。

这家中国旅馆,即将易主。意大利商人出了三倍于原价的价钱,从中国中央某部手中买下了这座旅馆的产权。对于中国中央某部来说,房价一下子翻了三个跟斗,当然是乐意转手。意大利人买下这家旅馆,则着手大装修,把这里变为星级旅馆。不言而喻,这里客房的房价,在易主之后,也就向曼哈顿高级宾馆看齐了。到时候,张小姐是否下岗,就不得而知了。

据美国报纸报道,纽约麦迪逊大道的纽约宾馆四分之三以上的客房闲置。坐落在纽约繁华的第五大道的广场宾馆,也因生意的清淡而关闭了大部分客房。纽约所有宾馆的生意都很清淡,客房的利用率只有百分之二十,有的甚至只有百分之十。

纽约已经有四家大宾馆因生意清淡而关闭。

美国旅馆业失业人数急剧增加。纽约市有三千名旅馆业员工被解雇。如果在短时期内情况没有好转的话,纽约还会有一万五千名旅馆业员工面临着被裁员的危险。

在佛罗里达,9月初还是游客爆满,以至频频出现鲨鱼袭人事件。然而,在"9·11"事件之后,沙滩上游客寥寥无几,四下望去,一片凄凉的景象。

在首都华盛顿,先是五角大楼遭到袭击,接着炭疽菌事件又频频在国会大楼发生,使人们对华盛顿望而生畏。

在华盛顿,白宫、国会不再向游人开放。历史、自然、美术、航空和航天等著名博物馆的参观人数大大减少,而且每个博物馆入口处都增添了警察哨卡,检查每个参观者携带的随身物品,如乘坐飞机前的安全检查一样严格。

华盛顿旅游公司总裁汉伯里说,自"9·11"恐怖袭击事件以来,华盛顿地区的旅游业每天损失一千万美元,日营业额仅相当于2000年秋季的一半。旅馆业的境况则更惨,平均入住率只有百分之三十,而2000年同期的入住率平均为百分之八十。

为吸引游人和顾客,华盛顿地区的各类旅游服务业竞相使出自己的招数,饭馆或向每个就餐者免费提供甜食,或赠送葡萄酒。旅馆的房价减半。地铁和公交车周末可以免费乘坐。据地铁公司发言人说,开展这项优惠活动使该公司在一个周末就损失了六十万美元。即便如此,游客仍是寥寥无几。

"世贸中心袭击事件是史无前例的悲剧。然而,纽约还是纽约,我们确信这是一个新时期的到来,我们不能让经济进一步下滑。来纽约旅游对我们每个人来说,既是爱国的表现,也是一种挑战。"纽约旅游业协会主席沃特如是说。

这位纽约旅游业协会主席已经把前来纽约旅游提高到"爱国的表现"这样的政治高度。不过,这样充满"爱国的表现"的旅客,依然是屈指可数!

美国历史学家一席谈

金介甫教授是我的老朋友。虽然他有着金介甫这样道地的中国名字,其实他是道地的美国人,金介甫只是他来中国访问时或者在中国发表文章时所用的名字。他的本名叫 JEFFREY C. KINKLEY。

金介甫博士原本是纽约大学历史系教授,如今是纽约圣约翰大学历史系教授。我给他打电话,他马上说来看我们。考虑到他住在新泽西州的 Bernardsville 小镇,前来曼哈顿很费时间,我就跟他约定,在我离开纽约时,反正要去纽瓦克国际机场,就在机场见面,因为那里离他家很近。当然,这"很近"也得开半小时的车。

在中国电影里,凡"洋人"说中国话,总是怪声怪气、发音不准。然而,身为"洋人"的金介甫博士,却能讲一口流利、纯正的普通话,甚至比许多中国人都讲得好。

我最初是从上海《文汇月刊》上见到金介甫的大名。他写的《沈从文传》(节选)发表了。我当时以为他是美籍华裔作家,他的名字是道地的中国名字。后来,我接到上海作家协会的通知,说金介甫先生来到上海,要求一晤。我在上海作家协会会见了他。一见面,吃了一惊,原来他是黄发碧眼的"洋人"!

对于"洋人"来说,学汉语、识中文如同论证哥德巴赫猜想一般艰难。大抵用脑过度,他步入不惑之年已明显谢顶了。据他自我介绍,先在美国哈佛大学学汉语,然后留学台湾。在那里,结识了台湾大学经济管理系学生康楚楚小姐,组成异国家庭。康楚楚成了他的汉语"家庭教师"。

我们见了一面之后,他便打来电话,希望到我家访问。当我告诉他该坐几路公共汽车时,他说他有车。我以为他有小轿车,谁知他竟骑了一辆自行车来了!他说在上海骑自行车自由自在。他的挎包里带着一张很大的上海地图,有了这张地图,就能在上海自由行动。尽管上海有几千条马路,他说只要地址准确,他必定能找到。所以,这位"洋教授"颇能适应中国国情,成了中国这个"自行车王国"中的一员。他掏出一张卡片给我看,那是一张日程表,上午、下午、晚上甚至中午,都排满了活动。他靠自行车,迅速而自如地东奔西跑,如鲫鱼过江一般灵活。

他是一位"记者型"的学者。当初,他为了写《沈从文传》,也是骑着一辆自行车,在北京胡同里东拐西弯,寻访了一位位沈从文的友人。他的这种钻劲,使沈从文也大受感动,不仅接受他的采访,而且还陪他到北京天坛、中山公园等处去。

　　不过,他的写作计划,最初差一点告吹:1980 年,他选定沈从文作为传主,着手收集许多资料,得到美国一家基金会的赞助,准备飞往北京——这是他头一回前往中国大陆。就在这时,忽然传出美国邀请沈从文访美的消息。那家基金会收回了赞助,理由是既然沈从文要来美国,你就不必去中国了。他为失去了访问中国大陆的机会而万分遗憾,何况写《沈从文传》不光是要请沈从文本人谈,而且还要访问丁玲等数十人,要到中国查阅大批资料,亲身体验中国风土人情……

　　幸亏沈从文当时没有成行。于是,他拿到了那笔赞助,如愿以偿,兴高采烈地飞往神往已久的中国大陆。《沈从文传》的出版,使他为中国文学界所注意——一位美国人,能为一位中国历经坎坷而成就卓著的老作家立传,是很有眼力的。

　　他的妻子在美国一家电话公司"作战部"工作。我很奇怪,电话公司怎么有"作战部"?原来,美国电话公司之间竞争十分激烈,设立"作战部"是为了制定本公司的"战略"。其中尤为重要的是确定来年长途电话价格。定得太高会使用户减少;定得太低又使公司收入减少;定多少最能吸引用户、挤垮对手而又能赚最多的钱,成了"作战部"的"重任"。经济管理专业毕业的他的妻子,正适合于筹谋此事。

　　他颇幽默。他漫步于我家四壁林立的书架前,忽然说要上厕所。我领他去厕所,他伸进脑袋看了看,大笑道:"我不是要上厕所,我想看看厕所里会不会也堆着书。哦,果真有书——你的家里无处不是书!"

　　2001 年初我在美国费城,曾经跟他通过电话。只是行程仓促,未及与他见面。

　　回到上海不久,我收到他从纽约寄来的一本书,书中对我的作品用了三十多页的篇幅进行评论。

　　这一回,我们终于有机会在美国见面。

　　临走的那天,我在上午 8 时离开宾馆,从曼哈顿西十四街乘"PATH"地铁,直达终点站——新泽西州纽瓦克市的火车站。我去纽波特时乘过"PATH"地铁,所以很顺利就到达纽瓦克。

　　纽瓦克市的火车站跟汽车站在一起。我从那里转乘 302 路公共汽车,便到达纽瓦克国际机场。

　　我们约好上午 10 时在机场大楼二楼见面。我刚刚到达那里,非常守时的金介甫教授也到了。

　　他已经五十有三,看上去还是那么活跃,热情奔放。他见到我的第一句话就是:"你家里的厕所,是不是还堆着书?"

　　他大笑起来。笑罢,告诉我,他的孩子已经 8 岁。

　　机场大楼里的咖啡馆很空,我就在那里对他进行采访。在电话里,我已经告诉他,希望他从历史学的角度谈论"9·11"恐怖袭击事件,他有了思想准备,所以一坐下来就跟我谈起了"9·11"。

　　跟宾馆的那位张小姐一样，他从自己在"9·11"那天的经历说起——确实，对于每一个美国人来说，都很难忘却自己在"9·11"那天的经历。

　　金介甫教授说，他每星期只需要到纽约圣约翰大学去两天，其余的时间在家中工作。"9·11"那天，正是他要去大学上班的日子。

　　圣约翰大学在纽约皇后区，他从新泽西州去学校，路上要花费三个小时，来回六小时。所以，每逢上班的日子，他会感到很累。

　　"9·11"那天，他正在半路上，突然"PATH"不开了。这时，他听说一架飞机撞在世界贸易中心大厦北楼。起初他以为是偶然事件。没一会儿，又传来消息，另一架撞在世界贸易中心大厦南楼。这时，他明白，这不是偶然事件，恐怕有人在搞恐怖袭击。

　　"PATH"在新泽西州这一段，是在地面行驶的。他从车厢窗口望出去，看到了曼哈顿方向冒出一股浓烟。在车上，很多人用手机跟家人通话，急着问发生了什么事。

　　由于交通中断，他不能去学校上班，只好打道回府。

　　后来他听说，在他所住的新泽西州那个小镇里，有两个人在"9·11"那天去纽约上班，再也没有回来了。

　　在纽约圣约翰大学，师生们组织了纪念活动，以追悼那些在"9·11"恐怖袭击事件中的死难者。

　　当时的纽约，充满恐怖感。人们在担心，什么时候会发生第二次恐怖袭击？恐怖分子在第二次恐怖袭击时，会不会动用原子弹？

　　作为历史学家，金介甫教授说，这次"9·11"恐怖袭击事件不是偶然的，美国对此应该进行反思。

　　就美国本身而言，太麻痹了，太放松了，让恐怖分子有空子可钻。

　　本来，苏联是美国的对手。在苏联解体之后，俄罗斯经济不好，越来越依赖美国，俄罗斯的亲美情绪也越来越明显。这么一来，美国更加以为自己是世界霸主。美国只是忙着管美国以外的事，并没有足够重视加强自身国家的安全。

　　其实，在1993年恐怖分子已经袭击了世界贸易中心大厦，等于已经发出了警告。可是，美国很自信，总以为战争是在美国之外进行，美国国内是非常安全的。这种"天真态度"，使许多恐怖分子居然能够入境美国，而且在美国学习驾驶，住了下来。另外，美国本身也有许多恐怖分子。比如，国内的一些反对堕胎的恐怖分子，到处示威，甚至要杀死医生，简直无所不为。

　　这几年，学习外国语的美国人越来越少了。因为美国以为自己是世界上最强大的国家，最富有的国家，用不着去向别的国家学习。在美国人看来，别的国家应该学习美国，接受美国的影响，包括政治上的影响、文化上的影响。

　　美国看似强大，也很脆弱。比如，纽约那么繁华，但是恐怖分子如果攻击那几条海底隧道,就足以使纽约瘫痪。恐怖分子寄几封炭疽菌信件,也把美国闹得天翻地覆。

从里根总统之后,美国政府的职能在减弱。什么事情,都包给私人公司。比如,机场的安全检查,就包给私人公司。就连有些监狱也包给私人公司管理。

金介甫教授说到这里,从裤袋里掏出一个长方形的黑色小匣子。有一回,在机场进行安全检查时,是一个黑人在查,他居然不知道这是什么东西。其实,这是很普通的车库钥匙,揿一下,家里的车库门就能自动打开。可是,那安全检查员住的是没有车库的很差的房子,当然不认识这是什么东西。因为私人公司雇佣这样一些贫穷的黑人作安全检查员,为的是可以付给他们很低的工资。当然,这么一来,安全检查方面的漏洞之大,就可想而知。

还有,在机场运送行李、运送航空食品的人,有自己一扇专用的门,进出不用检查。这些工作人员,也大都是贫穷的黑人、墨西哥人,还有一些是非法移民。如果恐怖分子买通他们,就很容易把武器运上飞机。

经济不景气,失业的人那么多,造成了美国社会的不安定。再说,非法移民通过各种途径,大批进入美国,一方面抢走了许多工作,一方面也进一步造成美国社会的不安定。

当然,那些劫机的恐怖分子,有的很有钱。美国对他们很麻痹。那么多外国人来美国学习飞机驾驶技术,只要收学费就行了。那些恐怖分子只学驾驶,不学降落,也没有引起美国有关部门的注意。

在中东,美国支持以色列,造成了美国跟阿拉伯国家的尖锐矛盾。中东是一个很复杂的地方。伊斯兰教在那里有很深刻的影响。宗教,本来只是个人的信仰。是否出入教堂,完全是个人的选择,个人的自由。但是在中东,宗教与政治紧密地联系在一起。

金介甫教授说起,在世界贸易中心大厦倒塌之后,纽约市长提议重建。不过,有人主张新的世界贸易中心大厦的高度,只有原先的一半,而且从原先的两座变成四座。据说,这一方案是根据希腊神话设计的。在希腊神话中,有一位天神被拦腰斩断,结果一变成两,变成两个神,而高度只及原先的一半。

这一方案提出来之后,反对者不少。很多人主张如果重建,那就恢复原状。在他们看来,原先的双子星楼才是最雄伟、最美丽的,以为那样才是纽约的标志性建筑,是纽约人骄傲所在。

金教授说,这些人忘记了历史。要知道,世界贸易中心大厦建造之初,曾经受到很多人的反对,以为那长方形的瘦瘦、长长、高高的建筑物怪怪的,很难看,不美,不协调。后来人们看惯了,这才认可了这双子星姐妹楼。如今,要新建四幢高度只及原先一半的世界贸易中心大厦,很多人觉得看不惯,这跟当年看不惯世界

贸易中心大厦双子星姐妹楼是一样的。

他还说道,由于发生"9·11"恐怖袭击事件,美国全国上下呼吁加强各种措施,预防恐怖分子的犯罪活动。这么一来,也就要采取措施,加强通讯监视、加强机场安全检查等,相对而言,也就缩小了美国公民的一些权利。这样,引起美国极右分子的坚决反对。另外,飞机上要派驻全副武装的警察,这也引起争论,因为旅客们见到带枪的人在飞机上走来走去,又引起一种不安全感。现在,美国机场也增加许多持枪的军人,同样有人看不惯。

他以为,这次美国打击阿富汗,既吸取了当年苏联陷入阿富汗这泥潭的教训,也吸取了美国当年在越南长期陷于困境的教训,所以来了个速战速决。另外,美国采取让阿富汗人打阿富汗人的策略,自己只是扔扔炸弹,躲在后面,伤亡很少。

飞离"重灾区"纽约

在纽瓦克国际机场,金介甫教授请我和妻吃中饭。与他告别时,已经是下午1时半了。

送走金介甫教授之后,我和妻就进入机场,走向登机口。照例,要进行安全检查。虽然我已经"习惯"了那种开包检查,但是我明显感到:旧金山机场的安全检查严于上海浦东机场,而纽瓦克机场的安全检查又严于旧金山机场。这是不难理解的,因为纽约在"9·11"遭到严重的恐怖袭击,那天坠毁的四架飞机之中有一架是从纽瓦克国际机场起飞的;再说,不久前又发生"11·12"纽约空难事件,所以纽约机场的安全检查,可以说是世界上最为严格的了。

好在我和妻只有两个手提包而已。我想,查来查去,就这么两个小包,不会有什么麻烦。况且我已经有"经验",在过安检门之前,尽量把身边所有的金属物品都放到小包里去,这样过安检门时不会发出"嘟、嘟"声,一次性顺利通过,安全检查员就不会再用探测器上上下下检查,我也就用不着高举双手了。

谁知我在过安检门时,依然发出"嘟、嘟"声。连我自己都感到奇怪,身边怎么还有金属物品?

无可奈何,我只得高举双手,接受安全检查员的检查。正面查过了,没有发现金属物品。安全检查员让我转过身子,检查背面。当探测器探头到了我的颈后部时,发出强烈的"嘟、嘟"声,不仅安全检查员感到惊讶,我也感到奇怪:在颈后部位,怎么会有金属物品?

当时,我的西装已经脱下,放在 X 光扫描仪的传送带上接受检查。我身上穿着皮背心。记得,在旧金山机场接受安全检查时,连皮背心都脱下,放在 X 光扫描仪的传送带上,而这一回则穿在身上。安全检查员示意要我脱下皮背心。我脱下之后一看,安全检查员笑了,我也笑了:原来,这件皮背心上部背面,钉了一块鸽蛋那么大小的椭圆形商标铜牌,就是这铜牌引起了"嘟、嘟"声!

后来,回到旧金山,我赶紧把皮背心上的那块铜牌拆掉,扔进了垃圾箱,以免在下一次安全检查时再出"状况"。

那两个手提小包,经受的严格检查,也出人意料。

我那个手提包里面,有许多在纽约拍摄、尚未冲洗的胶卷。安全检查员居然把一个黑色的塑料盒打开,看看里面是不是真的装着胶卷!我真担心,她要不要把胶卷也打开看看。

安全检查员手中有一个小型探测器。她把我的手提包上每一根拉链翻过来,用探测器的探头细细探测了一遍。

看着她那么认真地在工作,尽管检查是那么繁琐,我也都充分理解。

经过如此细致的检查,我和妻总算得以通过。

我们来到登机口,时间还早。我找了一个面对机场的座位,拿出照相机,聚精会神地拍摄飞机起飞的镜头。纽瓦克国际机场相当繁忙,每隔几分钟就有一架飞机起飞。我一连拍了好几张。当我放下照相机稍微休息一下的时候,忽然发觉,一位全副武装、身穿迷彩服的军人,在离我三米处注视着。我朝他笑笑,他显得有点尴尬,勉强一笑,然后走开了。

我又发现一桩怪事:

妻要上洗手间。在美国,每一个登机口,差不多都有洗手间。可是,这里的洗手间却被一把铁将军锁住了。妻无奈,只好走过长长的过道,朝登机口外面走去。她在出安全检查处时,跟检查员打过招呼。回来时,跟那个检查员点点头,也就回到登机口。

过了一会儿,我也同样走出登机口,上外面的洗手间。当我回来时,那位安全检查员却要我重新排队、重新进行安全检查——尽管我在出去时,也跟安全检查员打过招呼。

后来才知道,在纽瓦克国际机场,嫌疑分子曾经利用登机口的厕所进行接头,所以机场方面就关闭了登机口内的厕所。

后来才知道,对于重新返回登机口的男性旅客,要再度进行安全检查。对于女性旅客,则比较宽容。

幸亏,我从登机口出去时,随身带着护照和登机牌,所以还能重新回来;

幸亏，妻在返回登机口时，没有再次接受安全检查。她的护照和登机牌在我身边。要不，她会被堵在登机口之外。

虽然纽瓦克国际机场的安全检查措施如此严格，令我感到不解的是，在登机口，居然还有黑人专门替旅客擦皮鞋！他的长方形的工具箱里要夹带点什么东西，其实是很方便的。

在登机口里，还有小卖部、小吃店。小吃店的厨师手上，有着刀刀叉叉。

难道美国联邦调查局对于擦皮鞋的黑人、小卖部的店主、小吃店的厨师，也都进行过"背景调查"？

所以，美国机场的漏洞甚多，真是堵不胜堵。

在上飞机的时候，又要对旅客进行安全检查。

这一回，我的那架"美能达"大照相机受到了检查。安全检查员打开了镜头盖，然后把眼睛凑近取景框看了一下，知道这确实是一架照相机，而不是伪装成照相机的定时炸弹，这才还给了我。

妻的小包里，那本《英汉词典》，居然也被安全检查员翻了一下，似乎生怕里头夹带着了什么。

走过空桥，踏上飞机的时候，我见到驾驶舱加了铁门。

这一回，我坐在前舱第九排靠窗口的座位。舷窗外，阳光灿烂，纽瓦克国际机场停机坪上一排排客机泛着银光。下午4时一刻，我乘坐的NW347航班准时从纽瓦克国际机场起飞，飞往底特律。

客舱里空荡荡的，十分之九的座位全是空着。我原本以为，我从底特律飞往纽约时，也许是早班飞机的缘故，乘客是那么稀少。然而，这次离开纽约的时间，应当说是非常合适的时间，居然也是这样乘客寥寥。飞机飞上高空之后，我见到有的旅客把座位与座位之间的把手往上一扳，干脆躺了下来。这表明乘飞机往返于纽约的人，依然甚少。

客舱服务员，男女各半。一位留着小胡子的"空中先生"反坐在前排，目光一直警惕地注视着整个客舱。

起飞后不久，暮霭降临，窗外一片铅灰色，内中夹杂着一团团黄褐色的晚霞。

晚上六时到达底特律机场时，已经是一片夜色。客舱服务员告诉我，一个多小时以后，还是乘这架飞机，还是坐原先的座位，从底特律飞往旧金山，所以行李可以放在飞机上，不必带下去，这样在上飞机时可以免去检查行李。

我从F3出口下机，在底特律机场逛了一个小时。当我重新从F3登上飞机时，窗外已是漆黑了。

飞行了五小时，减去时差三小时，到达旧金山机场时，是旧金山时间晚上9时半。小儿子和儿媳已经在机场大楼早早地等待我们了。

悠悠万事，反恐为大

拉登：魔鬼还是英雄

我在美国，发觉本·拉登的"出镜率"甚高：不仅电视新闻中经常播送本·拉登的讲话镜头，而且电视新闻的片头就有拉登的特写镜头。所以，一打开电视，几乎天天可以"见"到拉登。

在美国，除了患老年痴呆症的前总统里根至今还不知道什么是"9·11"恐怖袭击事件之外，本·拉登——"BIN LADEN"已经是家喻户晓的了。

本·拉登，在美国是"魔鬼的化身"，而在阿拉伯世界，则有不少人称他为"英雄"。

美国富有影响的《时代》周刊，一年一度评选当年的"风云人物"。

2000年岁末，美国《时代》周刊评选出的2001年度的风云人物是通过艰难的竞选而终于"出线"的美国总统布什。

在2001年岁末，美国《时代》周刊评选2001年度的风云人物时，本·拉登的呼声甚高。

《时代》创办人亨利·鲁斯于1925年发起这项评选活动时，就为"风云人物"制定了非常明确的标准，那就是"对新闻及人类生活影响最大的人或事，而且无论是善或恶"。也就是说，评选的标准是人物对时代的影响力，而并不计较这影响力是正面的还是负面的。

正因为这样，希特勒曾经当选《时代》周刊的风云人物。

也正因为这样，本·拉登可以"当之无愧"地成为2001年度的《时代》周刊的风云人物。

然而，在2001年12月23日上午，美国《时代》周刊第七十六位风云人物——2001年度风云人物评选揭晓，在"9·11"恐怖袭击事件之后积极恢复纽约正常秩序的纽约市市长朱利安尼当选，而本·拉登落选！

本·拉登的落选，有两个原因：

一是美国人普遍憎恨这个恐怖主义魔鬼，如果本·拉登当选，会引起美国读者对《时代》周刊的强烈不满——尽管《时代》周刊的评选标准并不计较影响力的正或负。

二是出自《时代》周刊本身的担心。因为不久前"美国之音"不顾美国政府的反对播出了对于塔利班领袖奥马尔的采访录音，招致"美国之音"台长被撤职。如果《时代》周刊评选本·拉登为2001年风云人物，并在2001年末期封面上刊登当选人物本·拉登大幅照片，可能会遭到"美国之音"同样的命运。

尽管本·拉登落选，但是谁都不否认，他才是真正的2001年度时代风云人物。

本·拉登啸聚山林，以恐怖袭击为业，乃是黑道大头目。然而，其本人却出身富豪，而且受过高等教育，是一个"知识化"的恐怖主义领袖。

本·拉登的相貌特征，在美国政府的通缉令中写得清清楚楚："身高在193厘米到198厘米之间，体重约73公斤，棕眼，走路时拄着拐杖。"

本·拉登有着近两米的颀长身材，应该说，在人群中是很容易发现他的。

他频频出现于电视中的形象是扎着红色头带、留着长须，修长的双眉之下是一对锐利的眼睛。他笑容腼腆，讲起话来轻言轻语，一副温文尔雅的样子。他平时喜欢穿一件白色的阿拉伯传统长袍，习惯于盘腿而坐。他不懂英语，用阿拉伯语说话。最初，他的长胡子一片浓黑，而现在则是黑白参半的灰色了。

本·拉登发表电视讲话时，总少不了一样"道具"，那就是一支"AK-47"冲锋枪。本·拉登不论到哪里，总是带着这支"AK-47"冲锋枪。一位英国记者阿特万问起这支"AK-47"冲锋枪的来历，本·拉登很自豪地回答说，这支"AK-47"冲锋枪原来的主人是苏联的一位将军，在一次战斗中，他打死了这位将军。当他拿起这支枪的时候简直爱不释手，从那以后他就一直把这支"AK-47"枪带在身边，再没有离开过他。

英国的笔迹学家曾经仔细研究过本·拉登的签名。

英国笔迹学学院专家穆雷说："所有迹象表明，他有着非常强烈的自我意识，他也许还有自卑情结，他通过攻击和暴力来过度补偿。"

穆雷夫人也提出童年创伤的可能性，她说，其签名"似乎表现出对社会强烈的报复欲望，他可能认为社会对他给予了不公正的对待"。她还从本·拉登的签名中发现了"超过常人的利比多(性本能)"，一种超常的能量。

英国另一位笔迹学家里斯也得出了本·拉登遭受挫折的结论。他说："无论他的言词如何，他都不是个幸福的人。他担负着沉重的包袱，他认为自己应该超负荷地承受。"

拉登的全名叫"奥萨马·本·拉登"。"本"，在阿拉伯语中，就是"之子"的意思。他的名字奥萨马·本·拉登的含义是姓"拉登"，名字叫"奥萨马"。照理，如果不叫他的全名的话，应该叫他的名字"奥萨马"，然而世人却叫惯他"本·拉登"，也就这么叫下去了。

1957年3月10日，他出生在沙特阿拉伯西部、红海之畔的吉达。曾经有一位印度的算命先生说，本·拉登的生日是与希特勒的生日同一天，都是7月30日，并

由此推算本·拉登与希特勒的共同点。我查了一下,希特勒的生日是 4 月 20 日。所以,不仅本·拉登并不是与希特勒同一天生日,而且他们的生日也都不是 7 月 30 日。算命先生之言不可信也!

沙特阿拉伯在亚洲西南,与非洲相邻,国土辽阔而人口稀少,240 万平方公里的土地上只有 700 多万人,绝大部分是阿拉伯人,讲阿拉伯语。由于盛产石油而人口又少,所以沙特阿拉伯是世界上最富有的国家之一。

公元 7 世纪,伊斯兰教的创始人穆罕默德创立了阿拉伯帝国。几经演变,1932 年建立了沙特阿拉伯王国。伊斯兰教是沙特阿拉伯王国的国教,国民几乎都是伊斯兰教的虔诚信徒。

沙特阿拉伯与伊拉克、巴勒斯坦、埃及、约旦、伊朗、也门、科威特、阿拉伯联合酋长国、阿曼等相邻。

沙特阿拉伯王国的首都是利雅得。本·拉登的故乡吉达是仅次于利雅得的重要港口城市。沙特阿拉伯的麦加,是伊斯兰教发源地,被誉为"圣城"。

本·拉登出生在大富豪之家。他的父亲阿瓦得·本·拉登出生于也门,后来携全家前往沙特阿拉伯,从事建筑业。由于得到沙特阿拉伯国王的信任,承揽了在利雅得修建新王宫、在圣城麦加重建清真寺等许多重大工程,生意兴隆,财源滚滚,成了沙特阿拉伯最富有的建筑业大亨,聚敛了 50 亿美元的财产。

奥萨马·本·拉登在他五十二个兄弟姐妹之中,排行十七。他的母亲是巴勒斯坦人,是他父亲的第十房妻子。奥萨马·本·拉登共有二十个兄弟。他从父亲那里继承了 3 亿 5000 万美元的财产。

奥萨马·本·拉登毕业于吉达的阿布都尔·阿济兹国王大学经济管理系。他大学毕业后,做过建筑生意,做得不错。他先后娶了四房妻子,生了十八个子女。如果他一直从事经济管理专业,做建筑公司老板,凭借他的才能以及 3 亿多美元的雄厚资本,可以把生意越做越大,在沙特阿拉伯过着豪华、优越的生活。

然而,一桩突发事件,改变了本·拉登的人生道路。

那是 1979 年 12 月 27 日深夜,苏联特种部队在阿富汗首都喀布尔向戒备森严的总统府发起突然袭击,击毙了阿富汗领导人阿明。从此,苏联部队大规模入侵阿富汗。

苏联悍然出兵阿富汗,明目张胆地干涉一个主权国家的内政,不仅引起阿富汗人民的极大愤怒,而且遭到全世界的谴责。美国又乘机推波助澜,于是,阿富汗陷入了漫长的混乱局面。

苏联出兵阿富汗,深深地刺激了年仅 22 岁的本·拉登。他作为沙特阿拉伯人,原本与此事无关。他却出于一种正义感,放弃在沙特阿拉伯的优越生活,前往阿富汗东北部的兴都库什山脉,参加那里的阿拉伯志愿军,向苏联军队展开游击战。

本·拉登的一位战友哈立德·福阿瓦兹说："本·拉登带去了巨型推土机。由于害怕苏军武装直升机的攻击而找不到驾驶员,他就亲自上阵,并因此而负了伤。后来,本·拉登置身家性命于不顾,干脆亲自率领一支阿拉伯志愿军与苏军作战,并且在 1986 年的一场关键性战役中取得胜利。"

也许应了一句话:"从战争中学会战争。"本·拉登正是这样。这位经济管理系的毕业生,在战火中成了一名熟练、沉着的青年军事指挥官。由他领导的一支游击队,成为阿富汗当时七支反苏游击队中的主力。

处于美苏冷战时期的阿富汗,凡是反对苏联的,必然得到美国的大力支持。于是,美国中央情报局看中了本·拉登,把本·拉登称为"反苏英雄"!

美国中央情报局倾力"培养"、"帮助"本·拉登,要枪给枪,要钱给钱。本·拉登从美国获得二亿五千万美元的援助,而且美国用高科技武器武装了本·拉登的反苏游击队。这时,本·拉登是美国的"亲密战友"! 本·拉登正是从美国中央情报局那里,学会了恐怖手段!

勃列日涅夫在 1982 年 11 月 10 日去世之后,先后担任苏共中央总书记的安德罗波夫、契尔年科要么多病,要么年老。终于到了 1985 年 3 月 11 日,年仅 54 岁的戈尔巴乔夫出任苏共中央总书记。戈尔巴乔夫决定要把苏联的脚从阿富汗的泥潭里拔出来。

理所当然,美国加紧了对本·拉登的"帮助"。

1988 年,本·拉登在美国的帮助下,在阿富汗建立了"AL QAEDA"组织。这一组织音译为"阿尔·卡达",意即"基地",现在通常被称为"基地"组织。

这个"基地"组织如同它的名字所表达的那样,是用来训练与入侵阿富汗的苏联军队战斗的阿富汗义勇军。这些来自国外的义勇军,大部分是阿拉伯人。本·拉登成了"基地"组织的首领。美国中央情报局在"基地"帮助本·拉登训练阿富汗义勇军,学习的内容有如何使用轻型武器、发射迫击炮和火箭筒以及使用电脑和因特网。由于得到美国的大力支持,"基地"组织获得了许多先进武器和高科技设备。从此,本·拉登有了组织,有了一批志同道合的阿拉伯"弟兄"们。除了美国人帮助训练使用先进武器以及高科技设备之外,本·拉登还在"基地"组织中讲授原教旨主义教义,用"圣战"思想武装他的"弟兄"们。这时,本·拉登是向苏联展开"圣战"。

1989 年 2 月 15 日,苏联终于全部从阿富汗撤出那 11 万大军。

在这漫长的近十年阿富汗战争中,阿富汗有 130 多万人丧生,500 多万人流离失所,沦为难民。苏联也付出了沉重的代价,在阿富汗战争中苏军累计伤亡 5 万多人,耗资 450 亿卢布。

在这十年中,阿富汗陷于水深火热。

在这十年中,苏联本身也被漫长的阿富汗战争拖累得苦不堪言。

在这十年中,美国势力渗入了苏联的"后院"阿富汗。

在这十年中,本·拉登从一介书生成长为一个成熟的军事指挥家,并拥有自己的"基地"组织。

在阿富汗抗苏战争结束之后,阿富汗群雄并立,又开始一场新的内战——军阀混战,再度陷入悲剧之中。

本·拉登无意于在阿富汗争权夺利。作为一个外国人,他结束了志愿军使命,带着一批"弟兄"回到了自己的祖国沙特阿拉伯。

本·拉登在沙特阿拉伯开始重操旧业,经营建筑公司。这时,又一桩突发事件改变了他的人生道路。

那是 1990 年 8 月,伊拉克向科威特发动进攻,一下子吞并了科威特。

伊拉克和科威特都是沙特阿拉伯的邻国。这一事件当然极大地震撼了沙特阿拉伯。沙特阿拉伯举国上下担心伊拉克会在吞并科威特之后,把进攻的矛头指向沙特阿拉伯。

就像当年苏联出兵阿富汗那样,伊拉克入侵科威特,激怒了阿拉伯各国,也引起了全世界的反对。

美国总统乔治·布什决定军事打击伊拉克,联合了诸多盟国,开始了规模宏大的海湾战争。

担心伊拉克会进攻本国的沙特阿拉伯,倒向美国,支持美国的军事行动,允许美国军队驻扎在沙特阿拉伯的基地,攻击伊拉克。

沙特阿拉伯王室的这一决定,使本·拉登极为不满。在本·拉登看来,他的祖国沙特阿拉伯,绝对不能允许西方势力进入。他从阿富汗的悲剧中清楚看到,超级大国势力的渗入,会使一个独立的国家沦为附庸,甚至走向毁灭。特别是在阿富汗,他跟美国有过那么多的接触,深知美国的霸权主义是何等的强烈。

这时,本·拉登在政治上发生一个历史性的转变:从当年反对超级大国苏联,转为反对超级大国美国。

为此,本·拉登发表声明,强烈批评沙特阿拉伯王室的亲美政策。他甚至跑到沙特阿拉伯国防部,向部长说明,坚决反对美国军队进入沙特阿拉伯。他说,我们不能依赖美国,因为美国比伊拉克更凶狠!伊拉克"吃"不掉沙特阿拉伯,而美国会"吃"掉沙特阿拉伯!

本·拉登的意见遭到沙特阿拉伯王室的拒绝。

本·拉登多次抨击沙特阿拉伯王室。他曾经这样谈及:

"我对沙特王室的指责是他们充当了美国的附庸。沙特政权变成了美国的一个分支机构和代理。正因为效忠于美国，沙特政权与伊斯兰教世界对立起来。而且，根据伊斯兰教教法，该政权与宗教组织也脱离开来。随之而来的是，该政权不再按照真主神喻的所赐和赞誉来统治人民，更不用提它的倒行逆施。当以上的基础动摇以后，这个国家出现了每个方面的腐败行为，这些方面包括经济、社会、政府机构等。当然，这不足为奇。"

本·拉登无法在沙特阿拉伯待下去。1991年，本·拉登带着家眷和一大批志同道合的"弟兄"们从沙特阿拉伯前往他的家族的原居地也门。在那里生活了一年。不久，由于苏丹政府支持本·拉登，所以他从也门来到非洲，来到苏丹首都喀土穆，在那里开设公司，表面上从事经商，实际上进行反美恐怖活动。

当年在阿富汗的那些"基地"组织成员，在本·拉登的领导下，从向苏联展开"圣战"，到向美国展开"圣战"。本·拉登开始在世界各地进行反美恐怖活动。他用当年美国中央情报局教他的"本领"，对美国展开恐怖袭击。他说，他"小"而美国"大"，以"小"打"大"，唯一的办法那就是突然袭击——也就是恐怖袭击。

1993年10月，美国特种部队在索马里首都摩加迪沙遭到伏击，损失惨重。数架美军武装直升机被火箭击落，共有十八名美军官兵遇难身亡。据说，这是本·拉登最初策划的恐怖主义行动。

他在沙特阿拉伯进行的反美活动，受到沙特阿拉伯政府的坚决反对。于是，本·拉登着手密谋推翻沙特阿拉伯王室。

1994年4月，沙特阿拉伯政府取消了本·拉登的沙特阿拉伯国籍，把本·拉登驱逐出境，并冻结了本·拉登在沙特阿拉伯的所有财产。

从此，本·拉登成了一个无国籍的漂泊者！他更加强烈地反美！

1995年，美国在沙特阿拉伯首都利雅得的军事基地遭到恐怖分子的炸弹袭击，共有六名美国人丧生。这便是本·拉登策划的又一恐怖主义袭击。

后来，本·拉登在回答全美广播公司记者米勒的问题时，谈到了他从苏丹前往阿富汗的经过：

"我去了苏丹，在那里呆了五年，在此期间我曾到过阿富汗和巴基斯坦参与反抗喀布尔政府的战斗。

"沙特阿拉伯政府对我施加了很大的压力。他们让我的母亲、叔叔、兄弟前后共九人次到苏丹的喀土穆劝说我停止目前的活动，并回去向法赫得亲王致歉。我很友善地向我的亲人道歉，告诉他们我知道他们是迫于压力来说和的。沙特阿拉伯政府试图在我和我的家庭之间制造麻烦。但是，感谢真主！他们的想法没有得逞。我拒绝回去。我的家人转达了沙特政府的口信，即我不回来，沙特当局就冻结我的银行账户，剥夺我的公民权，取消护照和沙特身份证。他们以为一个穆斯林会拿他的宗教做交易。我回答他们：如果他们想做什么，悉听尊便。可以说正

是在真主的支持下，我拒绝了回去。

"沙特政府数次企图逮捕和暗杀我。在真主的恩惠下，没有一次得逞过。"

"沙特政权向苏丹施加压力，美国、埃及和也门政府也插手进来，他们也向苏丹政府不断施加压力。沙特政府以我从苏丹驱除出去作为前提对苏丹政府开出了各种条件。美国政府也采取相同立场并从喀土穆撤回了外交人员，声称只要我离开他们就回来。不幸的是，苏丹政府当时情况有些糟糕，政府内部有一种妥协和投降的倾向。于是，当他们开始要求我闭嘴沉默的时候，我就决定为自己寻找一个可以呼吸新鲜和纯洁空气的地方以表白正确和禁绝错误。我问过真主，赞美和荣誉属于他，他给这片土地带来了繁荣。我问他是否阿富汗可以让我们履行责任。感谢真主，他接受了我们的行为。"

1996年4月，塔利班战胜了阿富汗大大小小的军阀，夺取了全国政权。塔利班领袖奥马尔，邀请本·拉登前来阿富汗。早在阿富汗抗苏战争中，奥马尔就与本·拉登有着很好的友谊。本·拉登欣然前往阿富汗。

本·拉登决定重返阿富汗，把阿富汗作为他的"基地"——根据地：那是因为十年在阿富汗的战斗生涯，使他对阿富汗的山山水水非常熟悉；那是因为阿富汗塔利班夺取了政权，使那里成为本·拉登最理想的根据地。

于是，本·拉登带着他的"基地"组织成员们，在阿富汗安营扎寨。阿富汗成了本·拉登的恐怖主义根据地。他在这里训练了数以万计的恐怖分子，他们分别来自埃及、沙特阿拉伯、黎巴嫩、也门、阿尔及利亚、利比亚、突尼斯、苏丹、巴基斯坦以至美国、法国、英国等国家。受训之后，派往北非、车臣、塔吉克斯、波黑甚至美国本土，派往世界各地。这样，本·拉登有了"恐怖大亨"之称。

本·拉登在阿富汗境内共有三个基地：位于坎大哈和卢格尔的"展示基地"，完全由一组组帐篷组成，主要供西方的记者参观访问。位于霍斯特的"蝙蝠洞"才是拉登真正的总部。

最早有幸参观并采访本·拉登"大本营"的是设在伦敦的阿拉伯报纸《生活报》记者巴里·阿特旺。本·拉登在阿富汗安营扎寨不久，得以前往采访"蝙蝠洞"。

关于阿特旺这次传奇式的经历的报道，写得富有现场感，从中可以觑见当时本·拉登的大本营"蝙蝠洞"是何等模样：

"阿特旺专程从英国飞到了巴基斯坦，因为他被通知获准采访拉登本人。他到巴基斯坦的第二天，就有一个叫费叟的人约见他，给了他一身新衣服：毛裤、大号衬衫和一个丘尔邦（男子头饰），并告诉他说，穿上这样的行头，别人就会把你当作普什图族部落的首领，你就能安全地在巴阿边境上行走。费叟带着阿特旺顺利地穿过巴阿边境，来到了阿富汗，并把他引见给了世界上最神秘的人物本·拉登。"

"当时，拉登为了安全起见，躲藏在阿富汗奥尔利诺耶格内兹多山上的一个海拔三千米高的营地里。拉登的住所是一个山洞，洞外都是荷枪实弹的卫兵，他们坐在车上来回巡逻，手里紧握着手榴弹、火箭筒和机枪。阿特万本来猜想卫兵一定要对他进行仔细搜查，可实际上没有一个士兵检查他随身带的提包。"

"阿特旺被带到拉登居住的山洞，这是一个大约六米长、四米宽大小的'房间'，山洞的入口处摆放着几个柜子，里面全是各种阿拉伯文的书籍和《古兰经》的注释材料。房间里放置着五张木板床，床已经破旧不堪，很像阿拉伯市场上贫穷人家用于摆放水果的木板座。墙上挂着 AK－47 冲锋枪，这使洞里显得有些阴森恐怖。"

"拉登微笑着走到阿特旺的身旁，当他看见阿特旺穿的衣服有些小时竟然哈哈大笑起来。拉登自己当时穿的是阿拉伯传统服装，上身还外套了一件厚厚的夹克，好像是特种部队的衣服。头上扎的是红色的头巾。"

"阿特旺与拉登谈了几个小时后，有人给他们送来了晚餐。阿特旺原以为晚餐可能是当地的山羊肉，或者是山鸡什么的野味，没想到侍者送上来的却是油煎土豆片和一盘炒鸡蛋。炒鸡蛋的量还很大，足够一个人吃的。后来又有人送来了咸奶酪和几块面包。"

"晚上，拉登指着一张床对阿特万说，这是你的床，收拾一下吧。说完，拉登就走到隔壁'房间'休息去了。阿特万几乎彻夜未眠，因为他的床下塞满了装着手榴弹的木箱子。"

"凌晨 4 时，起床号吹响了，有人给阿特旺送来了热水。当阿特旺问那人厕所在哪里时，来人对他说，这里不是旅馆，你可以到外边随便找个地方'方便'。"

"趁着'方便'的时机，阿特万发现，基地的警戒是相当严的，有防空设施、坦克和步兵战斗车。此外，基地内还有发电机、电脑和各种现代化的通信工具，拉登每天都能接收到来自伦敦和海湾地区的消息。"

在采访中，本·拉登直言不讳地告诉阿特旺："我们以为利雅得的爆炸事件可以让美国人知道，跟伊斯兰国家作对是没有好处的，但美国人却并没有从中汲取教训。"

本·拉登的这句话，最明白不过地表明他是利雅得恐怖袭击的主谋。

对于本·拉登来说，1998 年 1 月，来自埃及的私人医生艾曼·扎瓦赫里的加盟，使他的恐怖活动上升了一个档次！

早在 1985 年，本·拉登就与扎瓦赫里结识。扎瓦赫里曾说，本·拉登非常仇恨以色列，一谈起犹太人，他就会失去往日的沉着，变得异常激动。

本·拉登这一回跟艾曼·扎瓦赫里见面，可以说是一拍即合，从此携手，共同从事"恐怖大业"，因为扎瓦赫里是有着多年丰富从事恐怖活动的"专家"，善于策

划、指挥。这样，本·拉登成了"基地"组织的精神领袖，而扎瓦赫里则是实干的"总理"。

扎瓦赫里比本·拉登年长六岁，有着与本·拉登惊人相似的人生经历：

扎瓦赫里也出身望族，祖父、父亲都是埃及的名流；

扎瓦赫里毕业于开罗大学医学院，跟本·拉登一样都受过高等教育；

他也是在年轻时受到伊斯兰极端组织的影响，放弃优越的生活和本来的专业，开始从事反美恐怖活动。他成为埃及圣战解放组织的领导人。

扎瓦赫里震惊世界的恐怖活动，就是成功地谋杀了埃及总统萨达特！扎瓦赫里谋杀萨达特的原因，是由于萨达特要和以色列讲和。

从此，扎瓦赫里成了埃及的通缉要犯，甚至被埃及总统穆巴拉克称为"头号公敌"！

然而，扎瓦赫里居然经过化妆、染了头发之后，逍遥于美国！

他在美国隐藏了多年，对于美国非常熟悉。他甚至在纽约世界贸易中心大厦附近的穆斯林居住区住了很久。

他以为，本·拉登在阿富汗的大本营，是从事恐怖活动最佳的根据地，于是辗转前来阿富汗。

本·拉登与扎瓦赫里在阿富汗创立了"反犹太人和十字军国际阵线"，这一阵线的核心就是"基地"组织。

1998年2月3日，本·拉登和扎瓦赫里以及伊斯兰教组织领导人阿布塔哈、巴基斯坦"贾米阿特·乌尔·乌勒玛·俄"组织秘书长米·哈姆扎赫和孟加拉国圣战组织的领导人法兹鲁·拉赫曼，共同签署了《圣战宣言》。这《圣战宣言》宣布了他们这些组织对美国展开"圣战"的理由和血战到底的坚定决心：

> 感谢真主！他默示了圣书，主宰着天空，遏制着宗派主义。他在圣书中说："当受禁的日子过去以后，你们就在任何地方进攻和杀死发现了的异教徒；抓住他们，包围他们，随时准备在任何战斗中与他们交锋。"和平与先知同在。穆罕默德·本·阿布达拉说："我双手带剑而来是为了保证除真主之外没有人可以崇敬，真主让我生活在锋刃的羽翼下，并且把痛苦和诅咒附加在不遵守我命令的人身上。"自从真主开拓出这块平地，造出沙漠再以海洋日绕它之后，阿拉伯半岛从没有遭到过像今天这样如蝗虫般分布的侵略军的洗劫，他们掠夺我们的财富，破坏我们的庄稼。所有这些进攻穆斯林人的国家就像争夺一盘食物一样。鉴于目前的严峻局势和孤立情况，我们和大家不能不讨论当前的一些事由，我们应该就如何解决问题达成一致。

今天已没有人否认人人尽知的三个事实。为了提醒大家，我们列举如下；

第一，在过去的七年中，美国已经在圣地和阿拉伯半岛占领了伊斯兰教的许多土地，他们掠夺土地，架空当地统治者，迫害当地人民，威胁临近地区，把自己在半岛的基地变成了深入对付临近穆斯林人民的前沿地带。如果早些时候人们对占领地的事实引起重视的话，半岛的人们就会认识到目前的情况。有关于此的最好证明是美国继续利用半岛这个阵地来侵略伊拉克人民，尽管当地所有的统治者都反对占用他们的土地来达到美国人的目的，但他们无能为力。

第二，美国人不顾给伊拉克人民造成的巨大苦难和逾一百万人数目的死亡，再次以侵略军联盟的身份重复着自己的暴行。然而，他们对残酷战争之后的支离破碎和苦难的长期封锁并不感到达成初衷。所以现在他们着手要消灭这个民族剩下的成员和加害他们的穆斯林邻邦。

第三，如果美国发动战争的企图是为宗教和经济，那也是为帮助犹太人这个小国和分散人们对其占领耶路撒冷和谋杀穆斯林的注意力。关于这一点的最好证明是他们摧毁临近最强的阿拉伯国家——伊拉克的急切愿望。他们努力想把伊拉克、沙特、埃及和苏丹像地图上标志那样地分离开，并且通过他们的分裂和虚弱以保证以色列的生存和继续他们对半岛的残酷侵略与占领。

所有美国人犯下的这些暴行和罪恶都是公然对真主和他的穆斯林信徒们的挑战。纵观整个伊斯兰教历史的乌理玛（伊斯兰国家有名望的神学家和教法学家）已一致公认：

如果敌人要破坏伊斯兰国家，圣战是唯一的职责。武装斗争的目的是保卫正义和宗教，这也是公认的责任。再也没有比反击一个攻击宗教和生命的敌人更神圣的事情了。

基于以上的观点，为了执行真主的旨意，我们向所有的穆斯林倡议发动如下的圣战：

有组织地杀死美国人和他们的同盟军——士兵和公民，这是每一个任何国籍的穆斯林在有可能的情况下的个人义务。这一行为的目的在于让所有的阿奇萨清真寺和神圣清真寺不再受美国人的控制并让他们的军队从伊斯兰教的土地上撤出去，一败涂地而且再无力威胁穆斯林，这也是与全能真主的意愿相一致的："当异教徒联合起来对付你们时，联合起来反击他们"和"打击他们直到不再有混乱和压迫，那样真主的公正和真诚永存"。

这也是全能真主的话："为什么不以真主的名义为那些弱小的，受迫害和压迫的女人和孩子而战？他们的呼声是：'真主呵！请把我们从这座小镇上

sp解mallll

解放出来吧！它的民众是受压迫者，请从你身边派一个帮助我们的人'"。

在真主的帮助下我们要号召每一个信仰真主和愿意接受真主的命令的穆斯林去刺杀美国人，随时随地截取他们的钱财。我们也号召穆斯林乌理玛、领导者、青年人和士兵去发动进攻撒旦的美国士兵和恶魔的支持者们，把躲藏在穆斯林身后的美国人流放，这样他们也能有个教训。

全能的真主说："信仰者，把你的回答放在真主和他的教徒上，当他呼唤你的时候你就会获得新生。真主存在于人们心间，正是她把你们大家凝聚在一起。"

全能的真主还说："信仰者，你怎么了？当你被唤起从事真主的事业时，你是如此地眷恋尘世。你留恋生前的生命甚于死后的一切，是吗？但是，与死后的一切相比，生前的生命是如此微不足道。你只有前进，否则你会受到严厉的惩罚，其他人会起而代替你的位置，但对于真主你至少不会加害于她。因为真主的神威无处不在。"

全能的真主还说："不要失去勇气，不要失去信心。因为你会在真挚的信仰中获得优胜。"

有了扎瓦赫里加盟，从此本·拉登的恐怖活动有了一位"高参"。
曾经多次采访本·拉登的巴基斯坦记者米尔，这么评价扎瓦赫里：

"'基地'组织真正的首脑人物是埃及医生扎瓦赫里。'基地'组织所有的成员都崇拜扎瓦赫里，他曾经周游日内瓦、伦敦、巴黎、纽约，比本·拉登更聪明。

"一般人看来，扎瓦赫里是本·拉登的得力助手，其实正好相反。扎瓦赫里与本·拉登不同，他从来不亲自手持枪和手榴弹，骑着毛驴在山地打转。他考虑更多的是在国际范围内的打击活动。他会说英语。"

美国诸多情报专家也以为，本·拉登不懂英文，而且从来没有去过美国，本·拉登在有了扎瓦赫里这样的熟悉美国的"高级恐怖专家"之后，才有可能策划"9·11"恐怖袭击事件。在他们看来，扎瓦赫里才是"9·11"恐怖袭击事件的真正指挥者！

在理清了本·拉登的人生脉络之后，可以看出他走过的四个阶段：
苏联入侵阿富汗，使他放弃富豪生活成为阿富汗反苏游击专家；
伊拉克入侵科威特，引发他从反对沙特阿拉伯王室到展开反美"圣战"；
重返阿富汗，在塔利班的协助下建立恐怖行动大本营；
扎瓦赫里的加盟，使本·拉登的恐怖活动走向"高层次"。

聚焦多难之国阿富汗

"9·11"恐怖袭击事件之后，全世界的目光聚焦阿富汗。

本来，阿富汗并不引人注目。世人十有八九并不了解这个不大不小的国家，这个偏隅于亚洲西南的山国。

当人们聚焦阿富汗，这个当今最为多灾多难的国家，这才显影于全世界的目光之前……

在1857年，恩格斯曾经为《美国新百科全书》写过《阿富汗》一文。他在文中写道：

"阿富汗——亚洲的一个幅员辽阔的国家。"

"阿富汗人是勇敢、刚毅和爱好自由的人民。"

"阿富汗"在古波斯语中的意思是"山上人"。阿富汗确实是在山上的国家。在阿富汗，山地和高原占了国土的五分之四！兴都库什山脉自东北斜贯西南。阿富汗的山以荒山居多，森林的覆盖率仅为百分之三。阿富汗北部和西南部多为平原，西南部为沙漠。

阿富汗的面积为65万多平方公里，相当于两个半英国，比法国还大。

阿富汗地处欧亚大陆中西部，是一个内陆国：北接土库曼斯坦、乌兹别克斯坦和塔吉克斯坦，东和东南与巴基斯坦毗邻，西与伊朗交界。阿富汗东北突出的狭长地带与中国接壤，宽度只有50多公里，实际上只是高山上一条崎岖的通道而已。

阿富汗这"山上人"有2100多万，相当于美国的十分之一。其中以普什图族和塔吉克族最多。普什图族占总人口的百分之四十，塔吉克族占百分之三十，还有乌兹别克、哈扎拉、土库曼、伸路支等三十多个民族。官方语言为普什图语和达里语（即波斯语）。

阿富汗以伊斯兰教为国教。阿富汗居民百分之九十八以上是穆斯林，而且绝大多数属于逊尼派教徒。

穆斯林每天必须按照伊斯兰教要求做五次礼拜，时间分别为太阳显露之前、正午之后、下午4时前后、太阳落山后以及夜间。

阿富汗人的膳食以牛肉、羊肉、蔬菜和大饼为主。穆斯林们严格遵从《古兰经》的训诫，不食猪肉，不饮酒。

阿富汗在历史上曾经多次遭遇外侮,也曾经有过辉煌。

从公元前 4 世纪起,阿富汗遭受外族侵犯,并长期被波斯帝国统治。

经过多年的奋战,直到 1747 年,阿富汗普什图族杜兰尼部落首领艾哈迈德率部攻下坎大哈,这才终于赶走波斯侵略者,建立了阿富汗王国。艾哈迈德成为阿富汗国王。

新生的阿富汗王国国力鼎盛,成为仅次于奥斯曼帝国的穆斯林帝国。

但是,从 1838 年开始,阿富汗受到英国三次入侵,沦为英国的"保护国"。俄罗斯沙皇也对阿富汗垂涎三尺,曾经派兵入侵。

直到 1919 年 8 月 19 日,阿富汗人民在阿曼努拉的率领下打败了英国侵略者,宣告独立。阿曼努拉成为阿富汗王国的国王。从此 8 月 19 日成为阿富汗的独立日。

阿富汗虽然独立,但是英国仍虎视眈眈。1929 年英国在阿富汗策划了叛乱,颠覆了阿曼努拉政权,纳迪尔·沙阿继承王位。

随着苏联的日益强大,在阿富汗与英国展开角逐,把矛头对准纳迪尔·沙阿国王。

1933 年 11 月 8 日,纳迪尔国王遇刺身亡。纳迪尔的独生子、年仅 19 岁的穆罕默德·查希尔·沙阿继承王位。

查希尔国王对外奉行中立政策,对内保持各种政治势力的平衡,所以使阿富汗王国在整整四十年之中,保持了安定的局面。但是,在查希尔国王的统治下,阿富汗仍是一个落后的农牧业国家,人民生活困苦,在 1971 年被联合国列为世界最不发达国家之一。

1955 年 1 月 20 日,中华人民共和国与阿富汗王国建立外交关系。阿富汗王国成了中华人民共和国的友好邻邦。

1957 年 1 月,中华人民共和国国务院总理周恩来、副总理贺龙访问阿富汗。同年 10 月,阿富汗王国首相达乌德应邀访华。

1964 年 10 月,阿富汗国王查希尔及王后访华。毛泽东主席会见了查希尔国王。

冷战时期,美苏两个超级大国争霸于世界,也争霸于阿富汗。阿富汗国王与首相之间产生了尖锐的分歧。国王查希尔倾向于美国,而首相达乌德倾向于苏联。阿富汗的动乱和灾难,就是因两霸争夺而引起。

首相达乌德亲王是国王查希尔的堂兄、妹夫,从 1953 年起出任首相。达乌德亲苏,以至阿富汗人称他为"红色亲王"。

达乌德解释说,他是用苏联火柴点美国香烟! 意思是说,尽管他表面上亲苏,实际上还是亲美的。然而,有人却反讥说,达乌德是用美国火柴点苏联香烟!

国王与首相之间的矛盾日益激烈。1963年，国王查希尔借口进行宪政改革，不准王室担当政府官员，依此巧妙地解除了达乌德的首相职务，任命穆罕默德·优素福为首相。

虽然国王查希尔清除了心腹之患，从此达乌德也就对国王怀恨在心，埋下了阿富汗大动乱的祸根。

达乌德的下台，使阿富汗政局不稳。国王查希尔在十年之内，更换了五任首相。

达乌德经历了"十年首相、十年饮恨"之后，在苏联的支持下，伺机进行政变。

1973年6月，查希尔国王在中央军团司令、驸马阿卜杜尔·瓦利将军的陪同下，前往英国治病，然后前往罗马疗养。

达乌德深知此乃天赐良机，在1973年7月17日借军事检阅的名义，把驻扎在喀布尔郊区的装甲师调入首都喀布尔，一举夺取王宫，宣告统治阿富汗整整四十年的查希尔的王朝结束。

于是，从此查希尔国王一直蛰居于意大利，直至"9·11"恐怖袭击事件爆发。

达乌德宣布成立了阿富汗共和国。

从达乌德上台之后，阿富汗剧烈动荡，城头频频变幻大王旗，开始了一次又一次的政变：

达乌德政权只维持了不到五年的时间，1978年4月27日，阿富汗亲苏联的前空军副司令阿布杜尔·卡迪尔中校发动军事政变，推翻达乌德政府，改国名为"阿富汗民主共和国"，成立最高权力机关革命委员会，阿富汗人民民主党主席努尔·穆罕默德·塔拉基为革命委员会主席兼总理。

不久，塔拉基任命阿富汗人民民主党的副主席阿明出任阿富汗民主共和国总理。

亲苏的塔拉基政权在1978年12月，与苏联签定了睦邻友好合作条约。依照这一条约，在保障两国国家安全、独立和领土完整方面，双方有义务采取相应措施。

主席塔拉基与总理阿明之间发生激烈的权力之争。1979年9月14日，主席塔拉基准备暗杀总理阿明，不料总理阿明先下手为强，除掉了主席塔拉基。

这样，塔拉基政权只维持了一年多时间。

阿明杀死了塔拉基，自任阿富汗革命委员会主席兼总理。这原本是阿富汗人民民主党内部的争权夺利，美国却乘机插入，阿明上台之后表现出明显的亲美倾向。这是苏联所绝对不能容忍的。

于是，苏联共产党总书记勃列日涅夫依据不久前签定的苏阿睦邻友好合作条

约,决定出兵阿富汗,推翻阿明政权!

阿明政权更加短命,只维持了三个来月。

阿富汗政权发生了走马灯式的更迭,一个比一个短命:

查希尔国王的阿富汗王国前后四十年;

达乌德的阿富汗共和国只维持了五年;

塔拉基的阿富汗民主共和国只有一年寿命;

阿明上台刚刚三个月就被苏军推翻。

1979年12月24日至26日,苏军出动大型运输机二百八十架次,向阿富汗喀布尔国际机场和巴格兰空军基地空运五千多名官兵和大量武器装备。

与此同时,苏军地面部队也从陆路进军阿富汗。

苏军总共出动七个师八万人,阿明的政府军虽然有十万人,但是在强大的苏军面前,大都举手投降。

27日晚,苏军顺利地占领阿富汗首都喀布尔的政府首脑机关、国防部、电台等,打死了阿明!

苏军扶植亲苏的卡尔迈勒上台。

1979年12月30日,中国发表政府声明,强烈谴责苏联对阿富汗的武装入侵。中国对苏联扶植起来的卡尔迈勒政权不予承认,虽保留驻阿富汗使馆(临时代办级),但不同该政权发生正式官方关系,仅有事务性、领事签证关系。

苏联公然出兵阿富汗,干涉阿富汗的内政,而且苏联军队从此"赖"在阿富汗,这一侵略行径引起全世界的公愤。

在阿富汗,苏军从此陷入泥潭。阿富汗游击队在那高山峻岭之中,跟苏军展开了持久战,使苏军坐立不安。

苏军入侵阿富汗整整十年,以失败告终。1989年2月,苏联不得不全部从阿富汗撤出。

这十年,使阿富汗饱受战争的苦难。

苏联撤离阿富汗之后,阿富汗并未从战争的阴影中走出。阿富汗内各派别之间爆发了内战,使阿富汗又蒙受新的战争灾难。

随着苏联的解体,1992年4月,亲苏的纳吉布拉政权也随之垮台。阿富汗游击队接管政权,改国名为阿富汗伊斯兰国,拉巴尼任总统。

尽管这时候的阿富汗有了政府,有了总统,但是阿富汗实际上处于群雄并立、军阀内战之中。

出于安全考虑,中华人民共和国于1993年2月撤离驻阿富汗使馆工作人员,两国间正常往来从此中断。

在阿富汗的军阀内战之中,一支名叫"Taliban"的游击队揭竿而起,迅速壮大。

"Taliban"音译为"塔利班"。"塔利班"在阿富汗普什图语中是"宗教学生"的意思，也称"学生军"。

塔利班运动起始于1994年9月，当时阿富汗军阀的部队在南部城市坎大哈对平民实行烧杀抢掠，其中一个军官甚至强暴了一名少女。一位名叫穆拉·穆罕默德·奥马尔的穆斯林闻讯，怒不可遏，杀了那军官，发起了"塔利班"运动。

奥马尔发起的塔利班运动，核心口号便是："铲除军阀，重建国家"！

奥马尔还提出，塔利班不依附于任何势力派别，而是以《古兰经》为法律，要把阿富汗建成真正的伊斯兰国家。

厌倦了军阀混战的阿富汗百姓，拥护奥马尔，拥护塔利班。

塔利班最初只有八百多人，由于他们的政治主张在阿富汗颇得人心，队伍迅速扩大。

奥马尔在1959年出生于阿富汗坎大哈省的诺德赫村，父母都是无田无地的雇农，笃信伊斯兰教。奥马尔从小就虔诚地笃信伊斯兰教，曾经远赴巴基斯坦伊斯兰学校学习。

苏联入侵阿富汗时，奥马尔回国参加了反苏游击队。在那时，他结识了从沙特阿拉伯前来参加抗苏游击队的本·拉登，结下很深的友情。他俩都受到了美国中央情报局的"培养"。奥马尔作战勇敢，在一次战斗中负伤失去了左眼，并因此得名"独眼将军"。

塔利班的成员多为普什图族，信奉伊斯兰教，属逊尼派，为原教旨主义派。他们推行严格的伊斯兰法。

奥马尔领导的塔利班，节节胜利，只用了短短的两年时间，很快就战胜阿富汗各路军阀。

1996年9月27日，塔利班攻占首都喀布尔，推翻了拉巴尼政府，成立了临时政府。不久，塔利班控制了阿富汗大部分国土。

1997年10月27日，塔利班改国名为阿富汗伊斯兰酋长国。奥马尔成为最高领袖。

不知道因为伤了一只眼的缘故，也不知道出于伊斯兰的教义，奥马尔不接受电视采访，也从不在媒体上露面。但是，他牢牢地控制了阿富汗的一切大权。

尽管塔利班成为阿富汗最强大的军事力量，但是只有巴基斯坦、沙特阿拉伯和阿联酋三国承认塔利班政权，建立了外交关系。

这时，以被塔利班推翻的总统拉巴尼为首的原政府，步步后退，退缩到阿富汗北部。

塔利班的反对派们，这时结成了统一战线：由拉巴尼、马苏德领导的"伊斯兰促进会"、杜斯塔姆领导的"伊斯兰民族运动"和哈利利领导的"伊斯兰统一党"，还有一些小党派,联合组成了反塔利班联盟,简称"反塔联盟"。由于他们地处阿富汗北方,通常被人们称为"北方联盟"。

1997 年 6 月,北方联盟成立"拯救阿富汗伊斯兰联合阵线"政府,定都马扎里沙里夫,任命拉巴尼为总统,马苏德为国防部长。北方联盟承袭了阿富汗伊斯兰国驻世界各国的使馆和联合国席位。

1998 年夏,塔利班对北方联盟展开凌厉的攻势,一举攻克北方联盟的首都马扎里沙里夫。

北方联盟大败之后,退守小城塔洛甘,宣布那里为首都。2000 年 9 月,塔利班又攻下了塔洛甘。这时,北方联盟岌岌可危,阿富汗 92% 的国土全都在塔利班手中。北方联盟只剩下马苏德领导的一支孤军在那里坚守。

到了这种地步,阿富汗可以说完全是塔利班的天下。

然而,"福兮祸所伏",塔利班自己埋下了覆灭的种子:

塔利班覆灭的原因之一,是为了建设一个"真正的、纯粹的、纯洁的伊斯兰国家",在阿富汗全面推行伊斯兰法,实行极端宗教统治。塔利班颁布政令,严禁电影、电视,男人必须蓄须,女人必须蒙面,还不允许妇女接受教育和就业,谁违反就将在公开场合受到鞭打、截肢或处死。妇女不准独自上街行走,外出必须有家中男眷护送。妇女连脚踝都不能暴露,甚至连穿白袜子也会遭到鞭打,理由是她引诱人们注意她的踝部。

其实,塔利班的这些禁令,犹如中国要倒退到男人留长辫、女人缠小脚一般,纯属倒行逆施!

塔利班这一系列政令,完全违背了当今世界的历史潮流,丧失了阿富汗民心。

塔利班覆灭的原因之二,是接纳了本·拉登的"基地"组织。为此,塔利班遭到以美国及其盟国的坚决反对,在外交上处于完全孤立的地步,只得到三个国家的承认。

随着本·拉登的针对美国的恐怖活动,塔利班成了美国的眼中钉。

美国克林顿政府要求塔利班交出恐怖头目本·拉登。塔利班以"证据不足"为由加以拒绝。

美国政府为了推翻塔利班政权,对于塔利班的反对派北方联盟给予大力支持,使得北方联盟在最困难的情况下守住了最后的阵地。

在新千年到来之际,联合国邀请阿富汗原总统、北方联盟领导人拉巴尼出席新千年首脑会议,大大激怒了塔利班。

出于报复,也出于向联合国示威,塔利班领袖奥马尔竟然在 2001 年 2 月 26 日下令"灭佛"!

奥马尔的"理由"是:"因为真主是唯一的,那些神像存在于此并受到敬奉是错误的。它们应被毁灭，从今以后亦不会被敬拜。"

阿富汗著名的历史和文化重镇、巴米扬省首府巴米扬，在东北郊的山崖上有两尊举世闻名的石佛：一尊凿于公元 1 世纪，高达 36 米，身披蓝色袈裟；另一尊凿造于公元 5 世纪，高达 52 米，着红色袈裟。

奥马尔竟然下令炸毁这两座稀世珍宝！

塔利班的倒行逆施，引起了全世界的谴责！

其实，如果塔利班没有包庇本·拉登这一项，如此背逆时代潮流，也注定要灭亡！

就在"9·11"恐怖袭击事件之前两天，即 2001 年 9 月 9 日，打扮成记者的两名阿拉伯人在阿富汗北部塔哈尔省采访北方联盟领导人马苏德总司令，那伪装的照相机里装着炸弹，当场把马苏德炸死！两名刺客以及马苏德的翻译、私人助理兼发言人苏海勒也同归于尽。

马苏德全名艾哈迈德·沙阿·马苏德，1953 年生于阿富汗潘杰希尔的塔吉克名门望族。马苏德是当年抗击苏军的阿富汗民族英雄，富有政治军事组织能力与军事指挥能力。他的游击队从三十人发展到三千多人，被阿富汗人誉为"潘杰希尔雄狮"。然而，马苏德却在最关键的时刻，倒在"基地"组织恐怖分子的袭击之中！

在"9·11"恐怖袭击事件之后，阿富汗陷入空前猛烈炮火之中，阿富汗人民再度生灵涂炭。

从 1979 年至 2001 年这二十二年战乱中，有 100 万阿富汗人被打死，50 万人致残，500 万人流离失所，沦为难民！

北方联盟在美国的倾力支持下，成为反击塔利班的主力。

北方联盟大败塔利班，推翻了塔利班政权，从此阿富汗的历史翻开了新的一页。

然而，阿富汗经过二十二年战乱，依然群雄割据。在塔利班被打倒之后，阿富汗当年的总统拉巴尼健在，希冀复出，就连八十有七的国王查希尔也企望在喀布尔重新坐上金椅，而各派拥有重兵的军阀又各怀心腹事……

2001 年 12 月 5 日，在联合国主持下，阿富汗四派依照"基础广泛、权力分享"的原则，签署了《波恩协议》，决定成立以卡尔扎伊为主席的临时政府。

但是，阿富汗四派会不会再度内乱，塔利班会不会卷土重来，不得而知……

不过，已经被战争折腾得筋疲力尽的阿富汗百姓，只有一个发自内心的愿望：别再打仗了！

探索"9·11"事件原因

随着纽约世界贸易中心大厦倒坍时的漫天烟尘渐渐散去,美国人从惊讶、恐惧、悲伤中渐渐清醒过来,开始思索这样一个共同的问题:恐怖分子为什么袭击美国? 为什么美国成了众矢之的?

美国总统布什也在思索这个问题。

布什的结论是:恐怖分子嫉恨美国的财富!

美国前总统克林顿的见解跟布什类似。

克林顿在比利时根特大学发表演讲时说,如果西方能在全世界更公平地分配财富,全球贸易将会为战胜恐怖主义起到关键作用。

克林顿对恐怖主义的成因作了分析,他说:"并不是所有愤怒的人都对文明社会愤怒,很多人愤怒是因为他们不能成为文明社会的一分子。"

他以为,单纯抓一个本·拉登并不能消灭恐怖。他说:"我们应该增加21世纪里的合作伙伴,并由此减少潜在的恐怖分子。"

克林顿以为,在"9·11"事件之后,减少发达国家和发展中国家不断扩大的差距的问题变得更为紧迫。

克林顿呼吁西方国家为发展中国家人民提高生活和教育水平提供援助。他说:"我们应该尽快让每个人都受益,并减少他们的负担。"

2002年2月13日,布什政府和美国参、众两院情报委员会的民主党、共和党领袖就调查"9·11"原因签署了一项协议。

美国参、众两院情报委员会的官员们说,他们合作调查美国政府为什么没能制止"9·11"恐怖袭击事件的发生,并将对美国政府应对恐怖主义的能力进行全面检查。

参议院情报委员会副主席谢尔贝质疑说:"我们想要弄明白的是,我们为什么会有这么多策略上的失败。是缺少资金吗? 工作缺乏重心吗? 缺少训练吗?"

调查委员会的官员们说,他们这样做不是为了指责政府,而是为了防止恐怖袭击的再次发生。

看来,美国确实要对"9·11"恐怖袭击事件进行一番反思。

其实,冰冻三尺,非一日之寒。美国成为众矢之的,由来已久……

通观 20 世纪的历史，最初居世界鳌头的是英国。这个老牌的帝国主义国家，英伦三岛虽小，却有着"日不落帝国"的荣称。那个时候，美国还只是英国的伙计。

在第一次世界大战中，分为"协约国"——英国、法国、俄罗斯和"同盟国"——德国、奥地利、意大利两大阵营，以"协约国"战胜"同盟国"而告终。在"协约国"之中，英国是首领。正因为这样，在第一次世界大战之后，英国不可一世，称雄于世界。

美国是在第二次世界大战中崛起。

在第二次世界大战中，以美国、英国、法国、苏联、中国为一方，以德国、日本、意大利为另一方，分为两大阵营。最后，以德、日、意失败而告终。

在第二次世界大战中，法国全部被德军所占领，英国、苏联、中国都在战争中受到重创，德国、日本、意大利作为战败国更是一溃千里，惟有美国虽然在珍珠港事件中挨了日本一刀，但是美国本土未曾遭到炮火袭击。正因为这样，美国在战争中不仅保存了实力，而且还得到了迅速发展。美国超过了英国。

1945 年 2 月，在苏联雅尔塔举行了著名的"三巨头"会议，即美国总统罗斯福、苏联人民委员会主席斯大林、英国首相丘吉尔三方会晤。当时，第二次世界大战即将结束而未结束。"三巨头"实际上是"两巨头"，美国和苏联在这里商定了战后的势力范围。

第二次世界大战之后，开始了美苏两个超级大国进行对抗的冷战时代。

世界形成了以美国为首的资本主义阵营和以苏联为首的社会主义阵营。这两大阵营互相对抗着。

冷战时代从 1945 年一直延续到 1991 年苏联解体。

随着红旗从克里姆林宫顶上落下，东欧也跟着易帜，社会主义阵营解体。

从此，美国成了世界上唯一的超级大国。或者更准确地说，美国成了世界上唯一的超级强国。

从此，美国称霸于世界，成为世界霸主。

这时候，英国成了美国的伙计。法国、德国也拥戴美国。日本"臣服"于美国。

俄罗斯失去了当年苏联时代的辉煌，从超级大国沦为二流国家。俄罗斯尽管还要做强国梦，但是也不能不面对现实，把自己定位为"欧洲大国"。

中国的发展为世人瞩目。但是，中国一直认为自己属于发展中国家，而且坚决奉行"不称霸"的方针。

此时，美国是世界上经济实力最雄厚的国家，是世界上科学技术最发达的国家，是世界上军事力量最强大的国家。这三个"最"，使美国成了为所欲为、发号施令的世界霸主。美国总统，成了当然的世界领袖。

美国的"诺贝尔和平奖"得主乔治·坎南，早在 1948 年就向国会提出过这样的

警告：

"我们只有占世界上百分之六点三的人口，而拥有百分之五十的财富，未来对我们来说，不是空谈民主、正义和人权，而是要在世界上务实，维持一种有利于我们的国际关系，保护这种不平等的优势，才能高枕无忧。"

1996 年，《美国国防报告》直言不讳地说：

"为保护和实现美国利益，美国政府必须有能力影响其他国家的政策，在国外参与共同行动，尤其是那些使美国最重要的利益处于危险的地区。"

这段话透露了两层含义：

第一，美国政府的行事标准就是"保护和实现美国利益"；

第二，美国政府要"影响其他国家的政策"，使其他国家成为美国的追随者。

这段话明明白白道出美国作为世界霸主的两大原则。

"9·11"恐怖袭击事件清楚表明，美国已经成了众矢之的。

美国成为众矢之的的原因之一，在于它凌驾于世界各国之上，称霸于世界。

美国充当了"世界警察"、"世界宪兵"的角色。世界任何一个角落的纷争和变故，都会牵动美国敏感的神经。

美国为了保护自己的国家利益，在世界一百四十多个国家驻扎军队！美国，成了今日世界的"日不落之国"！

别的国家的军区、司令部是以本国的不同区域划分的，然而美国的军队却以世界为范围划分司令部！

美国的军舰，游弋于世界各大洋。

美国的空军，巡逻于世界各地。

美国的陆军，驻扎于别国的军事基地。

也正因为美国在全球各地建立军事基地，派驻重兵，到处干涉、插手别国的事务，因此而成为国际恐怖主义的主要目标。

据统计，从 1968 年至 1995 年，在七十二个国家里的美国人员和设施曾遭到恐怖主义的袭击，三百多美国外交官成为恐怖主义的牺牲品或目标！这段时间里，世界发生的恐怖事件，有百分之三十至四十是以美国为目标的。

从 1993 年到 1996 年，在美国国内发生的较大规模的恐怖主义事件就有四起，其中针对纽约世贸大厦的就有两起。

美国成为众矢之的的原因之二，在于横加干涉，树敌太多。

美国动不动就开列"流氓国家"的名单，前后有七个国家之多。内中，伊朗、伊拉克、叙利亚、利比亚、苏丹等五个伊斯兰国家，都被美国称为"流氓国家"。

在美国政府看来，它就是"国际大法官"，它有权判决一个国家是不是"流氓国家"。

美国政府指责这些"流氓国家"的一系列罪行，诸如"违法"、"反动"、"无赖"。

美国政府的无理宣判，理所当然激怒了这些国家。伊朗的精神领袖霍梅尼、利比亚总统卡扎菲以及本·拉登，都宣称要对美国进行"圣战"。

美国借口"人权高于主权"，推行"新干涉主义"，对许多国家说三道四。美国的一年一度的人权报告，一口气点了十几个国家的名，是常有的事。美国以"人权高于主权"，干涉许多国家的内政。美国的横加干涉，又激起了另一批国家的愤懑。

2002年1月，美国总统布什又宣布伊朗、伊拉克和朝鲜为"邪恶轴心"，与这三个国家为敌。

美国成为众矢之的的原因之三，在于巧取豪夺，手伸得太长。

美国政府处处以"保护和实现美国利益"为准则，哪里可以使美国获益，美国政府就把手伸向哪里，人称"自私国家"。

美国尤其垂涎于中东石油。美国出于自己的国家利益，在中东一贯支持以色列，引起阿拉伯和伊斯兰国家的广泛不满。本·拉登能够在阿富汗建立基地，就是利用了他们的反美情绪。

美国成为众矢之的的原因之四，在于过分傲慢，单边主义。

美国恐怖主义问题专家鲁宾斯坦在"9·11"事件之后曾发表过一段颇令人深思的感想。他认为，布什在谈到对恐怖主义发动"全面战争"时显然过于傲慢，似乎认为美国自己有权决定谁是恐怖分子，谁不是恐怖分子。他说，美国是当今世界上最大的暴力输出国。从中东到世界各地，为保卫自己的权利和生活方式而战斗的人们所面临的枪弹和武器上都印着"美国制造"的字样。美国人民的思想受到操纵，只听到布什咒骂恐怖分子要摧毁"民主"和"西方文明"，却对伊拉克遭受轰炸、贫铀弹的后果以及一百万夭折的伊拉克儿童视而不见。

在谈到"9·11"事件的影响时，鲁宾斯坦精辟地指出，问题的关键是美国要改变什么？是进一步巩固自己绝对的统治地位、成为新罗马呢，还是懂得必须重新评估与重建与世界其他国家的关系？

美国对待联合国，采取实用主义，"招之即来，挥之即去"。有时候，美国打起联合国的旗号，以求自己"师出有名"，而且也使自己不至于成为孤家寡人。然而，也有时候，美国把联合国甩在一边，自己爱怎么干就怎么干。

美国作为世界上最富有的国家，却多年拖欠联合国会费。然而，在打响反恐战争之后，需要联合国的支持，美国就交清了联合国会费。

基于以上四方面的原因，使美国在世界上成为众矢之的。正因为这样，恐怖分子把袭击的矛头对准了美国。

也有人从本·拉登的角度，寻找"9·11"恐怖袭击的原因。

他们以为，本·拉登敌视美国，大致有两个原因：

其一是，美国对与巴勒斯坦闹不快的以色列的单方面支援；

其二是，美国在伊斯兰教的圣地沙特阿拉伯驻军，污辱伊斯兰教。

以本·拉登为代表的伊斯兰宗教激进主义者不仅谴责美国的政策，而且把整个西欧文明定性为万恶的根源。追随拉登的恐怖主义分子自称"按照神的意志，振兴伊斯兰文明"，这些人在圣战面前视死如归，毫无畏惧。

还有人以为，"9·11"事件是不同文明的冲突引起的。

德国《时代》周报在2001年9月18日发表了对"文明冲突论"提出者亨廷顿教授的专访。亨廷顿教授指出，"9·11"袭击的既是一个国家，也是一种文明，因为恐怖分子"既把美国看作是他们所仇恨的西方文明的一个代名词，也把美国视为地球上最强大的国家"。

亨廷顿教授认为，冷战结束后，西方面临的问题不是宗教激进主义，而是一个不同的文明——伊斯兰文明，它的人民坚信自身文化的优越性，并担心自己的力量处于劣势。同样，伊斯兰世界面临的问题不是美国中央情报局和国防部，而是一个不同的文明——西方文明，它的人民确认自身文化的普遍性，他们有义务把他们的文化扩展到全世界。而这些正是造成伊斯兰和西方冲突的根本因素。

当然，关于探索"9·11"恐怖袭击事件产生的原因，还有许许多多的说法。不过，不论持怎样的见解，人们都认为，反恐斗争并不随着阿富汗战争的结束而结束。

美国学者路易斯在《纽约时报》发表《无法回避的世界》一文指出，赢得对本·拉登和塔利班的战争，并不能根除针对美国的恐怖主义威胁。美国和其他西方国家必须进行长期的、比军事斗争更为艰巨但意义更为深远的努力，缓解发展中国家的贫困和痛苦。消除贫困已不再是一种优雅的施舍，而是具有强烈利己色彩的事情。因为只有拯救穷人，才能最终拯救我们自己。

路易斯指出，首先武力既不能完全消灭恐怖分子，也不能完全消除恐怖主义产生的原因；其次，以暴易暴可能导致报复的恶性循环，甚至使受害者降低到与施害者一样的道德水平；最后，单纯用武力解决恐怖主义问题将会使受害国家付出巨大的代价。

路易斯还指出，为了从根本上解决恐怖主义问题，首先应当消除恐怖主义发生的原因。关于"9·11"事件发生的根源，有人曾提出可以用文明冲突论、全球化下的南北矛盾以及美国的霸权主义政策等来加入解释。应当说，这些都有一定根据。各国的领导人需要反思他们的内外政策，克服利己主义的考虑，努力改善本国人民的生活，并共同为建立公正、合理的国际政治、经济新秩序贡献力量。其次，各国应加强在打击国际恐怖主义问题上的协调与合作。诸如形成对国际恐怖主义的基本共识、建立反国际恐怖主义的组织等。只有世界各国共同行动起来，才能最终找到根治国际恐怖主义这一"政治艾滋病"的良方。

拉登恐怖主义的三大特点

"9·11"恐怖袭击事件是当代恐怖主义的"代表作"。

恐怖主义由来已久。

"恐怖主义"一词，最早见于18世纪法国大革命时期。当时，失去了政权的反革命分子为恢复封建旧秩序而采取暗杀手段袭击革命家，这种行为被称为"恐怖主义"。

在《美国法典》第2656f(d)节第22条中，可以查到以下定义：

对于恐怖主义的定义是："恐怖主义一词是指经过预谋的，有政治目的，且针对非军事目标的，由非国家的集团或秘密组织进行的暴力活动，其目的通常是影响大众。"

对于国际恐怖主义的定义是："涉及不止一个国家的公民或领土的恐怖主义"。

对于恐怖主义集团的定义是："任何从事（或其重要的附属团体从事）国际恐怖主义活动的集团。"

美国国防部对恐怖主义的定义是："为实现政治、宗教或意识形态的目的，对个人或财物非法使用或威胁使用武装力量或暴力，以强制或胁迫政府或社会。"

在国际上，一般把恐怖主义界定为：为实现政治目的，针对平民或民用目标，故意使用或威胁使用暴力的行为。

追溯恐怖主义的历史，可以一直追溯到中国秦代的荆轲刺秦王。司马迁的《史记·刺客列传》，可以说是最早的关于恐怖主义的历史文献。

在古希腊、古罗马，也有类似的出于政治、军事目的进行的秘密行刺。

恐怖活动可以分为三种性质：一种是革命者用恐怖手段对付反革命者、正义者用恐怖手段反抗非正义统治；另一种则正好相反。第三种则是统治集团的内讧以及敌国之间的互殴，所谓"春秋无义战"。

曾经震惊世界的恐怖刺杀事件，是1881年沙皇亚历山大二世遇刺和1914年奥匈帝国斐迪南遇刺。后者甚至成为第一次世界大战的导火线。

许多国家的革命者,如俄国民意党人、中国的同盟会,也都曾经采取暗杀、爆炸等恐怖手段反抗当时的专制统治者,内中包括列宁的哥哥以及汪精卫。不过,列宁与孙中山本人,都坚决反对用恐怖手段对付专制统治者,以为革命要依靠人民群众的普遍觉悟,而不是依赖"侠客式"的恐怖袭击。

无政府主义者也曾经热心于恐怖主义。

在反抗西方殖民主义的斗争中,许多亚非拉民族主义运动也曾借助于恐怖主义。

中国台湾淡江大学教授关中认为,只要仇恨存在,以暴力行为为特征的恐怖主义就会存在。他指出恐怖主义的四个基本特点是:

行为有预谋;

具有政治目的而不是图财害命或个人恩怨;

所要袭击的对象是无力或无机会进行自我防卫者;

恐怖活动分子属于秘密组织或"次国家团体"。

不过,随着恐怖活动愈演愈烈,尤其是诸多恐怖活动滥杀无辜,成为一种反人类的活动,恐怖主义普遍受到谴责,恐怖主义也就随之成了一种贬称。正因为这样,人们谴责一切形式的恐怖主义活动。

在 20 世纪后半叶,世界上比较活跃的恐怖主义组织分为五大类:

一是极端宗教恐怖组织,诸如本·拉登的"基地"组织、日本的邪教奥姆真理教。

二是极右翼恐怖组织,如奉行新法西斯主义的德国光头党。

三是极左翼恐怖组织,如意大利的"红色旅"、日本的"赤军"。

四是民族主义恐怖组织,爱尔兰共和军、斯里兰卡"泰米尔伊拉姆猛虎组织"、菲律宾"摩洛民族解放阵线"、印尼的"亚齐运动"。

五是黑社会恐怖组织,如意大利西西里岛一带的"黑手党"、哥伦比亚的卡利贩毒集团、美国的三K党等。

其中,本·拉登的"基地"组织最活跃,实力也最强大,制造了一系列的震惊世界的恐怖主义活动。

当代以本·拉登为代表的恐怖主义,跟往日的恐怖主义相比,有着新的三大特点。

本·拉登恐怖主义集团的特点之一,在于是一个跨国组织、"非国"组织。

说本·拉登的"基地"组织是跨国组织,因为"基地"组织在五十多个国家都设有据点。参加这一"基地"组织的人员,也来自各个国家。

说本·拉登的"基地"组织是"非国"组织,因为它虽然拥有武装,拥有根据地,拥有庞大的资金，却不是一个国家，没有地理界线。

因此，美国总统布什宣称美国打击恐怖主义是一场"新战争"。这场"新战争"，新就新在是一场"国"与"非国"的战争。

在20世纪80年代初，英国政治学家海德理·布尔(Hedley Bull)便注意到这种无国界的"非国"势力的崛起。于是，他提出了"非国"组织的概念以及这种政治势力会迅速发展、影响世界历史进程。他认为"非国"组织的势力，将会恢复到欧洲中古时代帮会及教会所享有的地位。布尔认为，将来的"非国"势力会向"国"发出严重挑战。历史证明了海德理·布尔的预言。"9·11"恐怖袭击事件，便是一场"国"与"非国"的激烈战争。

本·拉登的"基地"组织，没有国界，没有政府，但是它的威胁力、攻击力、破坏力，绝不亚于一个国家。

自1996年拉登到阿富汗避难时起，拉登就在阿富汗建立大规模的根据地，开办了二十来个训练营。

这些训练营有教材，有教官，训练期从几周到几个月不等。

训练的内容主要分两方面，即思想灌输和技术训练。

训练营的思想灌输，包括宗教灌输，反美思想，圣战思想灌输等。

训练营的技术，也就是恐怖主义专业化的训练，从枪支和爆炸物的使用到劫机、暗杀训练。这里教授的数学，是计算爆破一幢大楼的炸药用量！受训科目还有侦察、乔装和绑架，而武器的使用则从徒手格斗到机关枪和地对空导弹的使用，无所不包。

五年多来，拉登已经训练了来自五十个国家的近两万名恐怖分子。

受训者通常扮作阿富汗人经由巴基斯坦进入阿富汗境内。大多数受训者同伊斯兰极端教派有关。据在这里受过训练的人说，抵达营地的第一天晚上就被枪声惊醒，这是为了告诉他们来这里不是为了睡觉的，而是进行战斗。

大多数训练营在阿富汗坎大哈、喀布尔和卡拉拉巴德附近。

颇有讽刺意味的是，其中有些训练营地是80年代在美国中央情报局的支持下建立起来对抗苏联占领军的！

这些营地从外表上看很不起眼。通常是很普通的建筑，没什么堡垒，有的营地附近洞穴相连，有的外边有起降直升机的平地。

据透露，本·拉登"基地"组织的"网络"有：

巴基斯坦——拉登在此召集了伊斯兰恐怖主义分子的最高议会。他和一百五十名神职人员组成了"伊斯兰反犹太人和十字军国际阵线"，其目的是统一操纵全球的恐怖活动，以打击伊斯兰最主要的敌人。

埃及——拉登资助并训练了"阿尔·加马—阿尔·伊斯兰米亚组织"的成员，

该组织是由奥马·阿布德尔·拉赫曼组建的一个极端恐怖主义分子组织,该组织的目的是推翻穆巴拉克总统的政府。

阿尔及利亚——拉登向1999年前被怀疑在法国制造了七宗爆炸案的阿尔及利亚组织提供资金。

菲律宾——拉登资助恐怖主义分子为那里的穆斯林叛乱分子建立训练兵营。

车臣——本·拉登资助分裂反叛组织建立军事训练营。

塔吉克斯坦——本·拉登资助分裂反叛组织建立军事训练营。

约旦——拉登资助极端主义分子反对国王侯赛因。

利比亚——拉登资助伊斯兰反对分子推翻卡扎菲政府。

波斯尼亚——本·拉登资助建立以塞尔维亚为袭击目标的伊斯兰恐怖分子的训练兵营。

突尼斯——拉登支持伊斯兰极端主义分子推翻政府。

厄立特里亚——拉登的兵营训练穆斯林的军队并为其提供在苏丹的安全避风港。

……

本·拉登恐怖主义集团的另一大特点,在于"恐怖手段的高科技化,恐怖组织的高度严密化,袭击目标追求轰动性,袭击效果追求大规模杀伤"。

荆轲刺秦王,用的恐怖手段是所谓"图穷匕见",虽然也用了点智谋——献图,但是所用的恐怖作案工具——匕首非常原始。

然而,"9·11"恐怖袭击的作案者们,却能够驾驶最现代化的大型波音客机。这些驾驶者受过高等教育,掌握高科技手段。他们事先对世界贸易中心大厦的结构进行研究,确定"最佳撞击点"。他们还研究了飞机起飞时的载油量以及撞击大楼之后的燃烧效果。

作案者们用高科技因特网进行恐怖主义宣传、募集资金、协调行动。

他们用手机、卫星通信、电子信件等高科技手段进行联络。

美国中央情报局局长曾经这么形象地说道:"现代科技的发展已经能使美国的个人消费者挑选和购买在澳大利亚或者印度销售的书籍。同样它也可以帮助恐怖分子筹集资金、宣传教义、吸收新成员和筹划行动。"

本·拉登的恐怖组织非常注重成员的绝对忠诚和对所执行的任务的高度保密。谁反叛就立即处死。执行重要恐怖任务的人往往处于单线联系,以求严格保密。每项行动都要事先周密安排,多则提前数年,少则也要提前几个月。由于严格保密,恐怖分子可以在美国潜伏多年而不暴露。

在选定袭击目标时,着重选择具有轰动效应的目标。例如"9·11"恐怖袭击事件所选定的世界贸易中心大厦姊妹楼、五角大楼以及袭击未遂的白宫,都是在美国、在世界上具有广泛影响。

炭疽菌信件寄送的目标，也选择具有轰动效应的白宫、国会大厦、美国政要、新闻媒体以及国防部、美联储等。

追求袭击目标的轰动性，实际上就是追求最大的心理打击效果：

世界贸易中心大厦的倒坍，在美国人心中投下的恐惧阴影在几年内都难以消除；

四架飞机在一个多小时内被劫持、坠毁，造成人们对于乘坐飞机的恐惧心理也是非常巨大的；

炭疽菌信件更是闹得人心惶惶。好莱坞影星从此不敢拆影迷来信……

除了追求袭击目标的轰动性之外，当代恐怖主义还追求大规模的杀伤。杀伤的人数以百计、千计。世界贸易中心大厦的倒坍，使两千多平民死于非命。日本奥姆真理教在东京地铁施放毒气，使五千多人中毒。如果用飞机把上百公斤的炭疽杆菌培养液喷洒在华盛顿的上空，就会造成一百多万人的死亡。

他们动用大规模杀伤工具：满载乘客的飞机，爆炸力很大的汽车炸弹，炭疽菌等生物武器，还有日本沙林毒气案运用化学武器，甚至还计划运用核武器！

他们筹划炸美国的核设施、纽约的林肯海底隧道和荷兰海底隧道，还谋划对美国的电脑网络施行攻击，要使美国的金融、电力等重要系统网络瘫痪。

正因为这样，当代恐怖主义的危害性极大。

本·拉登恐怖集团的第三个特点，那就是一切都在"圣战"的口号下进行。

本·拉登是宗教激进主义者。

宗教激进主义又称"伊斯兰复兴运动"，是伊斯兰教中一股极端保守的宗教势力。随着西方文化渗入伊斯兰国家，基督教等各种非伊斯兰的宗教的教义随之渗入，这些极端的原教旨主义分子对此无法接受，他们极力反对非穆斯林文化的异端邪说，号召全面实现政治、经济以及社会生活的"伊斯兰化"。

本·拉登恐怖集团成员大都是狂热的伊斯兰极端分子。本·拉登号召要对美国进行"圣战"。那么多恐怖分子愿意舍命进行自杀式恐怖袭击，就是怀着为真主安拉献身的精神而心甘情愿赴死。

据考证，"圣战"一词是西方学者对阿拉伯语"吉哈德"的意译。

"吉哈德"，在阿拉伯文中的原意是"尽力"、"奋斗"。伊斯兰教经典引申成为"为真主安拉之道而奋斗"。《古兰经》说，"你们信仰真主和使者。你们以自己的财产和生命，为真主而奋斗，那对于你们是更好的。"本·拉登歧解了《古兰经》，要求"基地"组织成员进行"圣战"，那就是"以自己的财产和生命，为真主而奋斗"。

"圣战"还有一层意思，那就是传统的伊斯兰教义认为，世界由两部分人组成，一是真主选中的穆斯林，由哈里发统治；另一部分是非穆斯林，他们应皈依伊斯兰。进行"圣战"，是使非伊斯兰地区变为伊斯兰地区的重要途径。

但是，伊斯兰教义规定的"圣战"，只是自卫性的，而且不能滥杀无辜。

本·拉登接过"圣战"的口号，用作恐怖主义的大旗和精神支柱。本·拉登的恐怖袭击，种种暗杀、爆炸、劫机、纵火，都是在"圣战"的大旗下进行的。

本·拉登声称自己是伊斯兰世界的旗手，并号召全球的穆斯林为捍卫自己的宗教发起一场反击西方的"圣战"。

"圣战"使本·拉登的信徒们如痴如醉，奋不顾身，不惜一切，其狂热程度超过了当年的德国法西斯和日本武士道。

法国恐怖主义国际观察站和当代威胁研究中心主任罗朗贾卡这样指出：

"发生在美国的这场恐怖主义'9·11杰作'确实将人们的视线聚焦到拉登身上，也使许多宗教激进主义分子和其他一些崇尚暴力和恐怖的极端分子将拉登尊奉为他们的领头羊。这种客观现实尤其强化了一些缺乏教育的年轻穆斯林的心理误区，使他们进一步认为拉登是在维护他们的利益，是在替巴勒斯坦、以色列、车臣等那些饱受战争之苦的人说话。"

"需要指出的是，拉登标榜的并不是真正的伊斯兰教，因为该教的教义《古兰经》提倡和平，谴责暴力。而拉登则认为，世界的其他宗教都是没落和腐朽的，只有伊斯兰教才是人类文明的代表。所以，他发动的'圣战'正是希望将伊斯兰世界同奉行基督教的西方世界对立起来，使伊斯兰世界的人民为了实现他的个人目的和带有私欲的'宗教'目的同西方对阵。我们千万不能掉进这个陷阱。"

汪洋所作《本·拉登恐怖主义的性质和受到穆斯林民众支持的原因》一文，则对本·拉登与"圣战"以及恐怖主义作了如下的分析：

　　本·拉登和他的追随者是一批极端狂热的、主张通过"圣战"排斥西方影响，以纯洁伊斯兰社会的宗教激进主义者。他们的理想是重新恢复伊斯兰教创始人穆罕默德所在及其以后的那个令他们引为自豪的辉煌时代。在他们眼中，世界上只存在着真主的信徒和异教徒。因此他们视一切其他宗教为异教，一切不信奉伊斯兰教义的都是异教徒。

　　他们认为伊斯兰世界正在受到异教徒的毒害和亵渎，这些异教徒的具体代表，在外部就是美国和以色列，在内部则是指那些推进西式改革的、已经"背叛"了伊斯兰原教义的伊斯兰国家或政府如埃及和约旦。他们认为必须遵从"全知全能的真主"的意愿，通过"圣战"把所有的异教徒驱逐出伊斯兰世界，并要在穆斯林居住的所有地方重新建立起严格的伊斯兰律条。

　　而塔利班控制的阿富汗正是他们所推崇的宗教激进国家的一个样板和

模范。

因此,拉登所代表的是具有宗教狂热性质的恐怖主义。

那么,被国际社会视为恶魔的拉登,为什么会在伊斯兰世界具有很大的影响和号召力?为什么在"9·11事件"后,伊拉克的巴格达、约旦的安曼、阿曼的马斯喀特、埃及的开罗和巴勒斯坦的加沙等地,都爆发过规模和程度不同的反对美国、支持本·拉登的群众示威活动呢?难道在几千条无辜生命瞬间消失的、异常惨烈的人类悲剧面前,笃信伊斯兰教义的穆斯林们连起码的是非对错都分辨不清了吗?

我想,这个问题是不是可以这样看:近代以来,阿拉伯人和伊斯兰世界一直处于被西方世界渗透和压迫的发展历程中。从第一次世界大战期间英、俄、法分割土耳其的东方问题,到当代国际政治中的巴勒斯坦问题,伊斯兰世界遭受了许多的屈辱,包括战争失败、失地赔款和经济的痛苦变革。这对于民族自我认同感要显得比其他民族更为强烈的伊斯兰世界来说是难以忍受的,因此,长期以来存在着一种对西方世界,对美国的不满、抵触甚至敌视的心理。

加之,美国肆意偏袒以色列(例如,以色列拒不接受核不扩散条约和生化武器公约,但却没有被列入美国的大规模杀伤性武器违禁者之列;又如,美国多次在安理会动用否决权,甚至是在十四比一的孤立情况下,也要冒天下之大不韪,阻挠对以色列不利提案的通过)以及有理无理地对伊拉克实行长达十年之久的制裁,等等。

这一切都使伊斯兰民众的感情,受到伤害的程度一次次加深。当以色列凭借美国给予的高新技术武器,通过战争一次又一次占领阿拉伯国家的大片土地时;当美国的轰炸使无辜的伊拉克平民倒在血泊中,制裁使天真的伊拉克儿童病死饿死时;伊斯兰民众的仇恨心理也一天天滋长蔓延起来,这种蓄积已久的普遍的复仇心理迫切需要宣泄,需要表达。更重要的是,需要找到一种宣泄和表达的形式。

这就是原教旨主义宗教狂热分子发动针对美国的袭击的直接原因。也是本·拉登为什么会受到部分穆斯林民众支持的原因。

正因为本·拉登的恐怖主义集团具有以上三大特点,美国中央情报局把本·拉登恐怖主义集团视为心腹之患。美国中央情报局局长以为,流亡的亿万富翁本·拉登是美国国家安全的最大威胁。尤其是他愈演愈烈的高科技恐怖活动和全球恐怖活动网,使美国日夜不得安宁。

拉登的宣传战和心理战

本·拉登虽然完全从事"秘密"工作,但是他也并不完全躲避新闻媒体。他很有选择地在恰当的时机,接待记者,让他们参观基地并回答记者的提问。本·拉登说,这是为了让美国人了解他、害怕他!

即便是在"9·11"事件之后,他仍多次"现身"于半岛电视台。

他的每一次讲话,都在世界上引起极大的震动和反响,就连俄罗斯总统普京也以为,在"宣传战"方面,美国远远不如本·拉登"更积极主动,更能鼓动人心"!

英国《卫报》发表头版头条的文章,题目便是"拉登赢得宣传战"。文章称,"西方面临的最大挑战是拉登一步步登上穆斯林英雄的宝座"。

伦敦国际战略研究所学者、克林顿政府反恐怖局局长西蒙说:"拉登的才华之一是熟练操纵媒体。他把自己包装成受难的圣人、修道勇士,非常有效。他是宣传大师。"

1997年3月底,本·拉登在阿富汗山区接待了美国有线新闻网记者彼得·阿内特。

1998年5月28日,本·拉登又接待了全美广播公司记者约翰·米勒的采访。

本·拉登在美国电视中"亮相",其目的是通过美国新闻传媒,向美国发动宣传战、心理战。

每一位外国记者采访本·拉登,都有一番传奇的经历。他们几乎都是应约前往巴基斯坦,在那里经过反复盘查之后,由专人带入阿富汗。进入阿富汗之后,要么被蒙上双眼,要么被装进没有窗户的闷罐车,在不知方向、不知路径的情况之下,被送往阿富汗山区的秘密地点。

全美广播公司记者约翰·米勒是这样记述他在1998年的难忘采访经历:

"第一次联络是在华盛顿古老华丽的杰弗逊宾馆。ABC的新闻制作人带我会见了一个据称与宗教激进主义者有良好关系的人。很快他就回话了:我们必须到伦敦和拉登的人见面。看起来,拉登到处都有人。第二次联络是在离伦敦市中心约半小时车程的一个房间里。我们告诉拉登的人,我们要做一个关于拉登的专题,并且会充分介绍他的背景,可以让人们更多地了解他。"

"从伦敦出发,我们到巴基斯坦首都伊斯兰堡听候进一步指示。一个叫阿卡拉姆的人来了，接下来几个星期，他成了我们的要人，他是我们的"护照"，我们的"安全通道"。"

"阿卡拉姆准时出现在机场。他仔细地检查了我们。我们穿着这个地区成千上万的人们穿着的制服。这套服装让我混在机场和路途的人群之中，只有我脚上的白色袜子、阿曼尼眼镜以及我在伦敦买的古巴雪茄有点不合时宜。阿卡拉姆带我们上了飞机，马上有人把机票给我们——前往巴基斯坦的白沙瓦。"

"阿卡拉姆早上打电话到宾馆，再次告诉我们去机场。我们上了一架螺旋桨飞机，目的地是巴基斯坦北部的 Bannu。我们走过每一站都似乎是沿着时间倒退，这些地方的生活也越来越原始。这里，驴拉小车，男人和妇女或是背着布袋，或是挑着东西，或是在他们的头上顶着篮子。在 Bannu 下了飞机一小时后，一辆载着许多当地人的卡车停了下来，一个老人下来招呼阿卡拉姆。我们挤进已十分拥挤的卡车后篷。我们被告诉不能讲话，其他乘客知道我们是西方人，但他们不一定知道其中有美国人。"

米勒带着助手在山区前进，翻山越岭，这才进入阿富汗：

"阿富汗大多数地区由塔利班控制，塔利班是一个穆斯林原教旨主义组织，他们认为电视是一种邪恶（是一种西方国家流行的趣味），任何生存的事物都不应该被拍摄或录影。所以，三个美国电视新闻工作者带着录像设备偷偷通过毗邻塔利班的检查站是很危险的。阿卡拉姆给我们选择：蒙上黑面纱只为眼睛留下狭窄的缝隙——装扮成妇女，或者趁黑夜爬过山岭避免遭遇塔利班的巡逻。阿里对提议很不满意，'我们不是妇女，'他愤愤地说，'我们不会蒙着面纱，我们要爬过山岭，像男人一样。'"

他们选择了夜间通过塔利班的检查站。

汽车在山区颠簸着。米勒记得，汽车在行进途中，突然响起密集的机关枪声。他吓坏了，以为遭遇袭击。后来才知道，那是"基地"组织在本·拉登到来时的欢迎仪式，就像美国白宫在尊贵的客人到来时鸣放礼炮一样。

在密集的枪声中，本·拉登出现了：

"在枪声中，他走得很快，由七位保镖包围，每个人手里握着一把 AK－47。他们的眼睛扫视四周，这只是他们的习惯性动作，完全没有意义，因为在上百个朝天开枪的人群中是不可能知道谁是刺客的。拉登围着白色的头巾，留着浓密的长黑胡子，大约 6.3 英尺，是他们中最高的。尽管场面混乱，他的眼神却很镇静、专一、坚定。他从我身边走过时点了下头，然后走向为我们采访准备的一个长方形小屋。他的一个随从朝天开了一枪，人们大声欢呼，然后大家继续对空射击。他们射向空中的子弹又落回地面，只是不知落在地球的哪一块地面。"

"本·拉登走进房间，他的卫队跟在他后面，我随后进入小屋。他给我印象最深的是他的声音：柔和，声调有点高，语气像老伯父在给你建议。拉登在屋子一端垫有红色垫子的长凳上坐下来。屋里墙壁是泥糊的，被刷成白色。坐下之后，他把自己的枪靠在后面的墙上。二十个卫队成员坐在两侧的长凳上，斜着身子，等他说话。拉登穿着一件没有任何军衔标志的绿色野战夹克，在夹克外面是一条金色披肩，夹克下面是传统穆斯林长袍。"

应当说，所幸有了伦敦的阿拉伯报纸《生活报》记者巴里·阿特旺 1996 年的采访、美国有线新闻网记者彼得·阿内特 1997 年的采访、全美广播公司记者约翰·米勒 1998 年的采访以及巴基斯坦记者阿米德·米尔从 1998 年到 2001 年的三次采访，使本·拉登撩开神秘的面纱，让世人知道这位深居阿富汗山洞的"恐怖司令"的情况和见解。

美国有线新闻网记者彼得·阿内特曾经问本·拉登：为什么要向美国发动"圣战"？

本·拉登就这一重要问题，阐述了自己的立场：

"我们向美国发起了圣战，因为美国政府是不公正、可耻和残暴的政府。不论它是直接或间接支持以色列占领先知黑夜旅行的道路，它都做了特别不公正、邪恶和可耻的事情，而且我们还认为美国应对巴勒斯坦和黎巴嫩、伊拉克死亡者负主要责任。提到美国我就首先想到了最近在黎巴嫩发生的爆炸案，无数无辜儿童被炸死，他们身首异处。

"这些令人发指的罪行说明美国政府丧失了人性，他违反了所有的戒律，犯下了世界上过去任何帝国主义国家未曾做过的罪恶。他们应该考虑到麦加（穆斯林的圣地）会激起整个穆斯林的情感，因为依附于犹太人、飞扬跋扈的美国政权甚至想占领目前在世界上拥有十多亿人口穆斯林的中心麦加。正是归于美国的侵略和偏执以及以上的原因，我们对美国发起了圣战，因为在我们的宗教中，执行真主至高无上的旨意是我们应尽的义务，所以我们要把美国人从所有的伊斯兰国家赶出去。至于圣战针对美国士兵、两个圣地（麦加和麦地拉）的美国人还是在美国的公民，我们已经宣布过主要打击两个圣地的士兵。在我们的宗教中两处圣地享有整个伊斯兰世界不同一般的地位，我们的宗教不允许非穆斯林居住在我们领土上。"

本·拉登强调，美国玩弄关于恐怖主义的双重标准，只有美国才是世界上真正的"恐怖头子"：

"苏联解体之后，美国更为傲慢和目空一切，他开始把自己当成世界的主宰而且要建立起所谓的世界新秩序。他想任意地愚弄全世界的人们，而这是不可能得逞的。"

"美国按照自己的意志和愿望向我和其他人提出了指控。在目前的霸道环境下美国人建立了双重标准，他把那些对其不公行为的人称为恐怖分子。他要霸占我们的国家，偷盗我们的钱财，把我们变成附庸来统治，这不是按照真主的旨意而是以他的意愿为标准。如果我们拒绝这样做，他就说你是恐怖分子。"

"我们只要睁开眼睛，处处都会发现美国人在全世界作为恐怖头子所犯下的罪行。美国人从来不认为向数千里地之外投掷原子弹而不打击军事目标是恐怖主义，这些原子弹实际所投向的是整个国家，包括他们的女人、孩子和老人，如今原子弹的遗痕仍然在日本存在。美国人从不认为我们成千上万的伊拉克兄弟们死于缺粮少药是恐怖主义。所以，美国人所说的话是毫无根据的，它们也影响不了我们什么。因为，我们信赖的只有真主，赞美和荣誉属于他。我们希望从他那里获得帮助来对付美国人。"

本·拉登猛烈地抨击美国总统克林顿和乔治·布什，称他们是"恐怖分子"：

"提到克林顿和美国政府的名字就会让我产生恶心和厌恶的感觉。这是因为美国政府，克林顿和布什的名字会使我想起那些头被砍掉的孩子们的样子。虽然已经过去一年多了，它还会使我想起手被截掉的孩子、伊拉克死亡的孩子，以色列人摧残孩子时拿着武器的手。穆斯林的心中对美国政府和美国总统充满着仇恨。美国总统是没有心肝的，一颗杀害了成百儿童的心是听不懂任何话的。我们阿拉伯半岛的人没有话要对美国总统讲。如果我能通过你传递什么信息的话，我只想对那些到我们土地上趾高气扬、而把我们的学者关进监狱的美国士兵的母亲们说几句话，如果你们真的关心自己的儿子，让他们反对美国政府的政策和美国总统吧！不要亲信总统在他们死伤的士兵面前说沙特的自由战士是恐怖分子，只有总统本人才是为以色列利益服务的恐怖分子。"

在接受全美广播公司记者约翰·米勒的采访时，本·拉登继续抨击美国政府：

米勒问道："在美国，你被描述成了恐怖头子；而对你的追随者而言，你又是个英雄。你本人如何看待自己的？"

本·拉登答道："我并不在乎美国人说什么。我们把自己和我们的兄弟当成真主的崇拜者，真主赋予我们生命以崇敬和追随他的教义，我只是真主诸多的信徒之一，我信奉真主，这包括推行圣战以传播真主的教义，同时把美国人从所有穆斯林的土地上赶出去。"

本·拉登预言，超级大国美国的命运将与超级大国苏联一样。他说：

"苏联 1979 年 12 月的最后一个星期加入了那场阿富汗战争。真主帮助，他们的旗帜在几年后的 12 月 25 日这一天被卷起来扔进了垃圾堆，现在再没有苏联存在了。

"我们对真主和我们反击美国和犹太人的胜利确信不疑。

"我们确信胜利,我们与美国人的战斗比与俄国人的战斗要大,美国人犯的错误是史无先例的。我们可以预测到美国的末日和他作为国家的解体;他将成为一个四分五裂的国家;它将从我们的领土上逃回去而且带回他们儿子的尸体。真主希望这样。"

当米勒问起有什么话带给美国人民,本·拉登说:

"我想说的是,美国人民把领导权交给了背信弃义的领导者,这尤其在克林顿的政府中表现得越来越明显。我们认为美国政府是一个在美国国内代表以色列的机构。"

"所以我们对美国人民、美国士兵的母亲和广大的美国母亲们说,如果你们珍视自己和孩子们的生命,那就请支持一个人民的政府来关心你们而不是犹太人的利益吧!"

在"9·11"恐怖袭击事件发生之后,本·拉登改变了向全世界表达自己态度的方式。考虑到保密和安全,他在一块岩石或者幕布前发表讲话,用摄像机拍摄下来,巧妙地通过半岛电视台播出,传遍全世界。

卡塔尔是一个只有五十万人口的海湾小国,这个小国的半岛电视台却在"9·11"恐怖袭击事件之后名声大震,其原因就在于它被本·拉登看中,独家播出本·拉登的录像带,独家与阿富汗塔利班以及"基地"组织有着直接联系的电视台。

其实,并不是小小的半岛电视台有什么绝招,也不是半岛电视台跟本·拉登有什么瓜葛,而是本·拉登看中了这家电视台在喀布尔设有办事处,是一个通向世界的便捷的窗口。

当然,这其中还有双重关系:一方面,卡塔尔国王与本·拉登的个人关系比较好,而半岛电视台是卡塔尔国王主办的,本·拉登信得过半岛电视台。第二,卡塔尔与美国的关系也不错。美国在卡塔尔设有军事基地和军火库。美国不可能因半岛电视台播放本·拉登录像而把卡塔尔列入"支持恐怖主义的国家"。

那是2001年10月7日深夜,美国军事打击阿富汗塔利班的战争刚刚打响,一个陌生的男子带着一个包裹来到了半岛电视台驻喀布尔办事处。这家电视台驻喀布尔的记者泰菲尔·阿洛尼接待了他。他打开包裹,里面是一盒录像带。来人说,这是本·拉登事先录制的向全世界发表声明的录像带,要求立即播出。

泰菲尔·阿洛尼显得非常兴奋,当即把录像带迅速浏览一遍,确实是本·拉登在发表声明。他立即给卡达尔多哈总部打电话。总部马上意识到这是千载难逢的独家新闻,当即决定中断别的节目,请泰菲尔·阿洛尼把录像从喀布尔传过来,直接播出去!

就这样,10月7日子夜,半岛电视台播出了本·拉登的讲话,一下子就成了全世界关注的焦点。全世界的几百家电视台,包括美国的诸多电视台,都转播了半岛电视台播出的这一重要新闻。

出现在电视屏幕上的拉登，不仅旁边放着那支从苏联将军手中缴获的冲锋枪，而且身上居然穿着美军标准的迷彩战斗服，手腕上戴的是美国名牌"TIMEX"的"三项铁人赛"运动手表！本·拉登用了特殊的道具和服装表明，他是两个超级大国"武装"起来的！

本·拉登在讲话中发誓：在巴勒斯坦实现和平之前，美国人将再也无法过上和平的生活。拉登在讲话中还宣称，布什是异教徒的首领。

以下是本·拉登讲话全文：

全能的真主以其惊人的神力攻击了美国，摧毁了他们最伟大的建筑。感谢真主。从南到北，从东到西，美国举国都已经陷入巨大的恐怖之中。感谢真主，美国人将感受到我们所感受的一切。

我们伊斯兰国家忍受这种苦难已经八十多年了，我们的人格被羞辱，我们的信仰被玷污，我们的孩子在死去，我们的鲜血在流溢。

真主保佑这些攻击美国的穆斯林先锋，他们是伊斯兰世界的精英。真主将引领他们上天国，只有全知全能的真主才能做到这一点。当他们挺身而出，保护巴勒斯坦和其他伊斯兰国家的弱者，保护他们的儿童、保护自己的兄弟姊妹的时候，那异端的世界里，伪君子们却开始聒噪。

我们在这里讲话的时候，在伊拉克，有一百万无辜的儿童正在等待死亡。他们是无罪的，却被无情地谋杀了。那些自命的裁判者对此置若罔闻，他们不肯谴责这一暴行。以色列的坦克正在踩蹿巴勒斯坦的土地，他们踩蹿拉马拉，踩蹿拉法，踩蹿拜特贾拉，踩蹿广大的伊斯兰土地，没有人愿意为正义呼吁。然而八十年后，当真主之剑落在美国人头上的时候，这些伪善者却站了出来，为那些践踏穆斯林的鲜血、尊严和圣洁的凶手的命运哀叹。

这些伪善的家伙，他们背离了善的道路，他们是变节者。他们和压迫者一起践踏受害者，和屠夫一起残杀无辜的儿童。我祈求真主显示神力，让他们得到应得的罪。

现在，一切都已经昭然若揭。这一事变之后，每一位穆斯林（都应该为信仰而战），多年以来，美利坚合众国一直扮演异教世界的头目。（美国总统）布什和他的追随者炫耀着自己的力量，他们甚至挑动那些同样信仰伊斯兰教义的国家来反对我们，但是我们忠实信仰全能的真主，是不会屈从于他们的信仰的。

美国人一直在向全世界散布谎言，称他们是在与恐怖主义作战。在远东的国家——日本，数十万老幼无辜民众受害，美国人却不认为这是世界性质

的犯罪。对于他们而言,这一事件的真相永远不明。伊拉克有一百万儿童受害,对于美国人而言,这同样是未解之谜。

但在内罗毕和达累斯萨拉姆仅有十几个美国人被杀,阿富汗和伊拉克就遭到了轰炸,美国及其盟国戴着国际异教徒首领的伪善面纱滥杀无辜,美国已成为现代世界中异教徒的象征。

他们的罪恶行径使整个世界分裂为两个阵营,一方是真主信徒;另一方则是异教的阵营。愿真主保佑你我免遭异教徒的迫害。

每个穆斯林都应该站出来保卫自己的宗教。信仰之风正荡涤人们的邪恶之心,和平必将来临。

对于美国人,我有以下进言:我对真主起誓,除非巴勒斯坦人民能够享受到和平,除非所有的异教军队撤出伊斯兰领土,重还真主安宁,否则美国人将永远不知和平为何物。

真主万能,伊斯兰万岁!

其实,在半岛电视台一炮打响的背后,显示了本·拉登的精明。本·拉登借助于小小的半岛电视台,及时地把他的声音传遍了全世界!

此后,本·拉登多次让半岛电视台播出他的录像讲话,一次又一次抨击美国政府。

本·拉登通过半岛电视台播出的讲话,每一次都在全世界掀起一番轩然大波。本·拉登不仅精于恐怖与阴谋,也精于宣传战与心理战。他在阿富汗的深山老林之中,居然用他的讲话如此广泛地影响了全世界。

难怪人称美国总统布什"天不怕,地不怕,就怕拉登在'半岛'讲话"!

英国首相布莱尔也十分震怒于本·拉登的一次次录像讲话。英国电视网决定"封杀"半岛电视台,不许转播半岛电视台的节目。然而,英国观众照样可以从其他国家的电视频道收看本·拉登的讲话。

美国《华盛顿邮报》则发表题为《言辞和形象:其他战争武器》的文章说,战争不仅仅在疆场,也在电视屏幕展开。虽然目前预测哪一方赢得宣传战为时尚早,但拉登在伊斯兰世界成功赢得宣传战胜利。虽然穆斯林并不认同拉登牺牲大量平民的斗争方式,但拉登的呼吁的确在大量的穆斯林教徒中引起共鸣。

本·拉登的宣传战、心理战,还不只局限于他本人的一次次亮相、讲话,他还"导演"了各种"圣战节目"。内中精彩的一个节目,便是让他的四个儿子在美军直升机残骸前朗读诗篇。

美国五角大楼对于阿富汗战况,向来采取"报喜不报忧"。他们尽量缩小美国士兵在阿富汗的伤亡数字,尽量缩小阿富汗平民伤亡数字,尽量扩大塔利班士兵和"基地"组织成员的伤亡数字。

当塔利班报道击下一架美军直升机的时候，五角大楼矢口否认。于是，本·拉登便"导演"了这样的一幕戏，让自己的 10 岁到 18 岁的四个儿子，在美军直升机残骸前朗诵歌颂塔利班领袖奥马尔的诗篇：

> 我们的领袖和师长，
>
> 穆罕默德·奥马尔，
>
> 你是雄壮和骄傲的象征。

本·拉登的四个儿子，都手持钢枪。他们都参加了塔利班部队，并担负看守美军直升机残骸的任务。

本·拉登儿子的这一精彩表演，给了五角大楼一记响亮的耳光。

"9·11"主谋的证据之争

中国历来讲究"师出有名"。世界各国也是如此。

美国出师阿富汗，其理由是"塔利班政权包庇本·拉登"。

美国要抓本·拉登，其理由是"本·拉登是'911'恐怖袭击事件的主谋。"

这一逻辑倒过来推理，更加符合逻辑：

美国发生了"9·11"恐怖袭击事件，美国政府当然必须查明元凶是谁。

美国查明了本·拉登是"9·11"恐怖袭击事件的主谋，理所当然要抓捕本·拉登。

阿富汗塔利班政权庇护本·拉登，所以美国政府要对阿富汗塔利班进行军事打击。

在这一逻辑之中，本·拉登躲在阿富汗以及塔利班庇护本·拉登，这都是举世皆知的。因为本·拉登多次在阿富汗公开露面，而塔利班政权又多次声明不能交出"尊贵的客人本·拉登"，这些都有录像、照片以及塔利班声明为证。

问题的关键在于：本·拉登究竟是不是"9·11"恐怖袭击事件的主谋？

本·拉登确确实实是"基地"组织的领袖，而且是多起恐怖袭击事件的主谋。他是不是"9·11"恐怖袭击事件的主谋，虽说可能性极大，但是却必须拿出确凿的

证据——这一证据关乎美国出师阿富汗是否"师出有名"的重大问题。

不过,由于"9·11"恐怖袭击事件是极其周密的计划,袭击者理所当然会事先销毁一切证据。何况劫机犯都已经全部灰飞烟灭,已经无法进行审讯,获得证据。所以,对于美国政府来说,拿出"9·11"恐怖袭击事件幕后主谋的证据,是一道高难度的难题!

为了寻找证据,忙坏了美国联邦调查局。在"9·11"恐怖袭击事件之后,美国联邦调查局发动五十六个分局的四千名特工、三千多名其他职员展开了全国性的搜查。

美国联邦调查局认定本·拉登是"9·11"恐怖袭击事件主谋,最初的证据是:

此人是制造美国驻非洲使馆被炸惨案以及"科尔"号军舰爆炸案的"幕后黑手"。这几年,美国一直悬赏捉拿拉登,但始终没有得手。

在制造"9·11"恐怖袭击事件的十九名罪犯之中,有的是本·拉登"基地"组织成员,有的在阿富汗"基地"组织营地接受过训练,有的从"基地"组织的财务总管那里领取过活动经费。

这样,美国联邦调查局很快就认定"老对手"本·拉登是"9·11"恐怖袭击事件的主谋。

这样,在"9·11"事件发生后的第三天,即9月13日,美国国务卿鲍威尔首先指出本·拉登是头号嫌凶。

当时,有记者问鲍威尔:"现在是否有证据表明本·拉登应对此次恐怖袭击活动负责?"

鲍威尔回答说:"目前掌握的证据可以表明,本·拉登在很大程度上与这次恐怖活动有关,我们将很快作出最后的判断。"

鲍威尔还说,塔利班为本·拉登提供了必要的设备和保护。

鲍威尔指出,根据《北大西洋公约》规定,如果美国处于战争状态,北约有义务帮助美国。但现在还不能确定美国要采取何种行动。

有记者问,布什总统曾指出某些政府应对这次恐怖事件负责,这是否可以理解为美国要向某些国家发动战争?

鲍威尔回答说,我们现在不仅要找出恐怖分子,还要找出那些在背后支持恐怖分子的人,也就是某个国家、政府。我们的确认为,现在有人向美国发动了"战争行为",我们正面临一个艰难的时刻,但是美国人民不会被吓倒,美国会继续前进,人民生活也会很快恢复正常。

又有记者问,如果阿富汗就是幕后支持恐怖分子的政府,美国会采取什么样的措施?

鲍威尔说,我们需要进一步调查和证实,如果真是阿富汗政府,我们还要确认阿富汗为恐怖分子提供了怎样的帮助才能确定下一步行动。

鲍威尔还透露，目前美国政府已掌握了一份涉嫌此次袭击活动的恐怖组织名单，会以法律形式继续进行调查。

9月15日上午，美国总统布什与负责国家安全的官员在戴维营举行紧急会议，部署军事行动。在会议开始之前，布什总统接受记者访问时说："我们将查出是何人所为，我们会把他们从巢穴里揪出来，我们会抓住他，将他绳之以法。"

在谈到本·拉登时，布什说："我们认为他是一个首要嫌疑犯。"

布什还说："如果他认为可以躲过美国及其盟国追捕的话，那就大错特错了。"

布什同时呼吁美国民众耐心等待。

这是美国总统布什第一次公开点名本·拉登是"9·11"恐怖袭击事件的主谋。

美国媒体立即作出强烈反应。

9月17日，美国全国广播公司和《华尔街日报》公布共同组织的民意调查结果，百分之八十一的美国人认为，在使用军事力量对恐怖分子以及包庇他们的国家进行报复之前，应彻底查明"9·11"事件的真凶。实际上，这表示美国百姓希望政府能够公布本·拉登是"9·11"恐怖袭击事件主谋的证据。

在美国提出对阿富汗实行军事报复后，美国的盟国一方面表示支持的，但是过了两三天美国的两个最重要的盟国就开始提出索要证据的要求。随后许多其他的国家，例如埃及、瑞典、荷兰也提出了类似的要求。

由此可见，美国能否拿出证据来，事关重大。

9月18日，美国国防部部长拉姆斯菲尔德就何时对阿富汗和拉登发动军事打击的提问回答说，美国"将做正确的事"，以缜密细致的工作来"根除"恐怖主义。

此后，美国国务卿鲍威尔说："我想，在不久的将来，我们将呈上一份文件。这份文件将会清楚地证明，本·拉登与这次恐怖袭击有关。"

鲍威尔所说的这份文件，就是本·拉登主谋"9·11"恐怖袭击事件的证据。

在发动对阿富汗的军事打击之前，美国总统布什和国务卿鲍威尔都曾经说过，要公布这份文件。

后来又说，由于文件中的一些内容涉及目前正在审理以及正在追捕中的"9·11"事件疑犯，暂时不能公布。

美国政府把这一文件送给各个盟国。

英国首相布莱尔表示，看了这份文件，确信本·拉登就是"9·11"恐怖袭击事件的主谋。

巴基斯坦外长说收到了美国政府提供的证据，但表示还希望得到更详细的材料。这表明巴基斯坦方面以为美国提供的证据不够充分。过了两天，巴基斯坦方面改口了,声称美国的文件有力地证明本·拉登是"9·11"恐怖袭击事件的主谋。人们猜测,这可能是美国通过外交手段对巴基斯坦施加了压力。

然而,这份文件一直没有公之于众。

一直到 2001 年 10 月 4 日,英国政府公布这一题为《本·拉登 9 月 11 日对美国发动恐怖袭击事件的证据》的文件,使世人才得了解美国政府所说的确凿证据。

以下就是这一重要文件:

一、介绍

政府所作出的明确结论是:

奥萨马·本·拉登和他所领导的恐怖组织"卡达"(注:即"基地"组织)策划并制造了 2001 年 9 月 11 日的暴行。

英国和英联邦国家都是潜在的目标;

拉登和卡达之所以能够犯下这些罪行是因为他们与塔利班政权结成了紧密的联盟,塔利班准许他们(拉登和"基地"组织)进行恐怖活动而保护他们不受惩罚。

关于 1998 年和美国"科尔"号军舰的材料来自起诉状和情报机构。关于 9 月 11 日的材料来自情报机构和最新的调查报告。有关一些方面的具体细节还不能公布,但是情报机构提供的事实清楚。

出于持续的和必要的保护情报来源的考虑,这份文件并没有包括英国政府所掌握的所有材料。

二、背景

"基地"组织是一个全球网络化的恐怖组织并已存在了十多年。本·拉登建立并一直领导着这个组织。

拉登及其"基地"组织一直在对美国及其同盟国家进行一场圣战。他们所宣称的一个目标是杀死美国公民和袭击美国的盟国。

1996 年以来拉登和卡达组织一直以阿富汗为基地,并且建立了一个遍及全世界的行动网络。这个网络包括训练营地、仓库、军火库和为了能够资助其行动而进行的商业活动。他们还在阿富汗大规模从事非法毒品的加工。

拉登的卡达组织和塔利班政权结成紧密而互相依赖的联盟。他们共同从事毒品交易。塔利班政权允许拉登在阿富汗建立训练营并从事活动;保护他免受来自外部的攻击;保护其所拥有的毒品储藏。没有和塔利班的结盟和支持,拉登无法开展他的恐怖活动。没有拉登在军事上和财政上的支持,塔利班的力量就会严重削弱。

拉登和"卡达"组织具备进行大的恐怖袭击的能力。

拉登曾声称对以下事件负责:1993 年 10 月,十八名美国士兵在索马里遭袭击身亡;1998 年 8 月,美国驻肯尼亚和坦桑尼亚遭袭击,二百二十四人死亡,近五千人受伤。此外他还与 2000 年 10 月 12 日发生的美国科尔号战舰遭袭有关,在那一事件中十七名水手死亡,四十多人受伤。

他们还寻求获得核武器和化学武器,作为进行恐怖行动的武器。

在 9 月 11 日以后,我们得知道,不久以前拉登暗示他要对美国发动一场大的袭击。

9 月 11 日恐怖主义袭击的具体计划都是拉登的一个亲密同伙制订的。在 9 月 11 日事件所涉及的十九名劫机者中,已经证实至少三人与"基地"组织有关。9 月 11 日的袭击事件与本·拉登及其"基地"组织的野心和以前制造袭击事件所想达到的影响相一致并且有许多共同点。特别是:

自杀性的袭击者

同一日多起袭击

目标是造成美国公民极大程度上的伤亡

完全不顾及其他人的伤亡,包括穆斯林

细致而长时间的计划

没有事先的警告

"卡达"仍具备对美国及包括英国在内的盟国进行进一步袭击的能力与动机。

三、事实

本·拉登和"基地"组织

1989 年拉登和其他人一起建立了国际恐怖主义组织"卡达"(意为"基地")。他一直是该组织的领导人。

从 1989 年到 1991 年,拉登先后以阿富汗和巴基斯坦的白沙瓦为基地。1991 年他转到苏丹。1996 年回到阿富汗,并一直驻留至今。

塔利班政权

塔利班是 20 世纪 90 年代在巴基斯坦境内的阿富汗难民营里崛起的。1996 年他们占领了喀布尔。目前他们仍然从事于一场流血的内战以控制整个阿富汗。他们的领导人是奥马尔。

1996 年本·拉登回到阿富汗。他与奥马尔建立了亲密的关系并且向塔利班提供支持。拉登与塔利班政权建立了紧密联盟。他们还具有共同的宗教价值观和信仰。

但是,许多人看了这份文件,以为并没有提供本·拉登是"9·11"恐怖袭击事件主谋的直接证据，面对美国的指控，本·拉登一直矢口否认参与策划"9·11"恐怖袭击事件。

就在 9 月 13 日美国国务卿鲍威尔第一次声称本·拉登是"9·11"恐怖袭击事件的"首要疑犯"之后，本·拉登就由一名助手通过卫星电话矢口否认参与纽约世贸中心的恐怖袭击。这名助手引述拉登的话说，这次袭击是"全能的真主安拉对美国的惩罚"。不过，本·拉登声称对发动攻击的人一无所知，既不知道他们目的何在，也与他们没有任何联系。

接着，拉登传作者、巴基斯坦记者阿米德·米尔透露了关于本·拉登的权威性信息。

阿米德·米尔是本·拉登亲自挑选为其写传记的作者，是巴基斯坦一份乌尔都语小报 *Daily Ausaf* 的发行人。

米尔说，"我确信本·拉登绝没有参与'9·11'事件，他只不过是华盛顿为掩盖情报机构和联邦调查局工作失误的一个替罪羊。他们想丑化拉登，因为拉登在 1999 年说过，'穆斯林最大的敌人是美国人'。"

米尔以为，"发生在华盛顿和纽约的自杀式恐怖事件与阿富汗人信仰不同。阿富汗人推崇那些凯旋的人。"

他说，"本·拉登只不过是一个躲藏在崇山峻岭里的游击队员，一个孤独无援的斗士而已。他既不懂英语，又不打电话、发电传和上网，没有条件组织谋杀活动。不过，拉登在巴西有阿拉伯血统的朋友，他们秘密地为拉登提供活动经费。"

米尔提供了来自本·拉登的重要信件。

那是在美国开始打击阿富汗的七个小时之后，本·拉登曾亲自给米尔寄来一封信，信中声称，他没有参与"9·11"事件。本·拉登祝贺"恐怖分子的成功，但是否认自己参与这起恐怖事件"。拉登在信中强调，"如果美国军队在阿富汗打击平民目标，他们将还击美国军人。"

米尔还透露，"'基地'组织的真正首脑人物是埃及医生阿亚曼·扎瓦利（Zawahri）。"

米尔强调说，拉登只承认他是美驻索马里使馆爆炸案的策划者，是对美国杀害阿拉伯人的报复。拉登绝不是"9·11"事件的主谋。他认为，"自杀式的拼杀更接近于巴勒斯坦人的方式。恐怖事件的真正主谋应当是一个国家或一个情报机构，它们对美国的安全设施非常了解"。

米尔所传达的来自本·拉登的信息，与美国政府的《本·拉登 9 月 11 日对美国发动恐怖袭击事件的证据》，完全相反。

也就在这个时候，卡塔尔的半岛电视台播出了本·拉登的讲话。本·拉登强

调"没有任何证据显示阿富汗人民与美国遭袭事件有关"，也就是说，他本人与
"9·11"事件无关。

本·拉登的这一讲话不长，十分重要，全文照录于下：

　　随着美国的两个重要城市纽约和华盛顿的遭袭，媒体炸开了锅，其喧闹
的程度是前所未有的。与此同时，人们分成了两个阵营：一个阵营支持这次
对美国暴政实施的打击，另一个阵营谴责这种行为。之后，美国悍然发动了
对阿富汗的无理攻击，人们又分成了两个阵营：一部分人支持美国的行动，另
一部分人谴责美国的做法。

　　虽然没有任何证据显示阿富汗人民与美国遭袭事件有关，但除了少数几
个国家之外，整个西方世界对美国的野蛮行径表示一致支持。虽然美国没有
任何轰炸阿富汗的理由，但是轰炸却在继续，平民的伤亡也在扩大，其中包括
妇女儿童和许多无辜的人民。与此同时，整个西方世界都支持这场极不公平
而且残忍的战争。

　　这一切清楚地揭示了这场战争的真正本质：这是一场东西方之间的战
争，而不是布什和布莱尔竭力描绘的所谓"反恐怖主义战争"。

　　成千上万人从世界各地来到阿富汗帮助我们对抗美国，他们并非为了我
拉登而来，他们是为自己的信念而战，他们知道自己是正确的，因而不畏强
暴，前来对抗这场有史以来最残暴的战争。

　　那些声称这是一场反恐战争的人有何权利大喊大叫？当我们的兄弟国
家的人们数十年来遭受残酷屠杀的时候，他们袖手旁观，一言不发；而当被害
者挺身而出为巴基斯坦、伊拉克、索马里和克什米尔的无辜惨死的儿童采取
报复行动的时候，这些伪君子们突然又想出面维护道义了。

　　将我们的悲惨遭遇向联合国申诉，要求联合国出面调停的人也是伪君
子，是背叛信仰的人。我们的悲惨遭遇不正是联合国一手造成的吗？是谁批
准将巴勒斯坦分割一部分，允许以色列成立？是联合国。那些自称阿拉伯国
家的领导人，却想依靠联合国实现和平的人是背叛信仰的人。联合国不过是
犯罪工具，它令我们变得苦难深重，任何一个神经正常的人都不会把希望寄
托在它身上。

　　我要告诉前来支援阿富汗的兄弟们，你们的支持令我们增添了力量。

2001 年 11 月 8 日，阿米德·米尔在阿富汗喀布尔附近再度采访了本·拉登。
巴基斯坦发行量最大的英文报纸《黎明报》在 11 月 10 日发表了米尔的报道。
本·拉登声称，他拥有核武器和化学武器，可以作为阻吓美国的力量。拉登

说,如果美国使用这类武器对付他,他可能会使用他拥有的这些武器还击。拉登称他手中的核武器和化学武器具有强大的威慑力,但拒绝透露他是如何取得这些武器的。拉登在阿富汗境内接受了该报特派记者米尔的采访。

在采访中,米尔问拉登"9·11"恐怖袭击事件中杀害了无辜平民,是否有违穆斯林教义时,拉登这次没有如以往一样否认参与了袭击。拉登回答说,穆斯林反对杀害妇孺,但没有禁止对以平民作盾牌的敌人进行报复,以保护穆斯林教徒的土地。由于美国及其盟友霸占了伊斯兰世界的土地,在巴勒斯坦、车臣、克什米尔和伊拉克屠杀穆斯林教徒,所以他们有权向美国进行报复。他又指出,"9·11"袭击的目标并非妇孺,真正目标乃是"美国的军事和经济象征",他要对付的不是美国人民而是美国政府。他还说,在世界贸易中心大厦工作的那些人,不能算是平民,他们在为美国政府工作。

本·拉登的这次谈话中,很明显在为"9·11"恐怖袭击事件辩解。特别是他所说的"9·11"恐怖袭击的是"美国的军事和经济象征",清楚说出了这次恐怖行动的目的。

但是,本·拉登在谈话之中,并没有承认是他策划了"9·11"恐怖袭击事件。

关于本·拉登是"9·11"恐怖袭击事件主谋的最重要的证据,是在北方联盟获得大胜、阿富汗战争即将结束的时候,在阿富汗贾拉拉巴德市一私人住宅中被发现的一盘关于本·拉登的长达四十分钟的录像带。

2001年12月10日,美国国家安全委员会就是否将本·拉登这盘谈论"9·11"恐怖袭击事件的录像带公之于众展开辩论。白宫发言人弗莱舍透露,布什总统本人支持公布拉登的罪证。

这盘长四十分钟的录像带上显示的录制时间是在2001年11月9日,拉登正在阿富汗坎大哈一个秘密住所和几个人谈话。

与本·拉登对话的人之中,经沙特阿拉伯驻华盛顿大使馆辨认,证明其中一个是沙特阿拉伯一个宗教激进分子,名叫阿尔·加姆迪,他曾因公开声称反对海湾战争而被沙特阿拉伯政府判刑收监。此人不久前还在沙特阿拉伯国内,但现在不知去向。

除了本·拉登和加姆迪之外,画面上有明确身份的还有两个人物是拉登的助手扎瓦利和阿布·加思。

拉登说,"9·11"恐怖袭击事件发生后,自己急切地等待美方损失报告的那一刻。当世贸中心第一幢大楼被撞的消息传来后,本·拉登告诉身边的人,好戏还在后头。

在录像带中,拉登对撞击造成的损失表示惊讶,他没想到纽约世界贸易中心大厦双子塔会完全倒塌,这超出了预期的结果。录像带还显示,恐怖袭击的领导者们并没有告诉所有的劫机者，这会是一次终极行动，他们要与美国人同归于尽。

这盘录像带被视为关于本·拉登是"9·11"恐怖袭击事件主谋的"最强有力的证据"，用弗莱舍的话说，布什总统在看过录像带后，"希望同美国公众一同分享这些证据"。

美国参谋长联席会议主席迈尔斯也看过这盘录像带，他说拉登显得非常放松，他用阿拉伯语同穆斯林教士谈论着恐怖袭击。

公布录像带不仅仅涉及情报的机密性，还可能引发更深层的安全隐患。美国国家安全事务顾问赖斯女士曾要求，由于本·拉登的讲话中可能含有再次攻击美国的密令，应禁止播放本·拉登讲话的音像资料。

布什总统认为，这盘录像带像是一名业余摄影师的作品。

最后，美国政府还是决定公布这盘录像带。因为在美国政府看来，这是关于本·拉登发动"9·11"恐怖袭击事件的最好证据。

由于本·拉登是用阿拉伯语讲话，美国政府请了四位精通阿拉伯语的专家翻译成英语。

我在美国观看了电视台播出的这盘录像带，画面很模糊，声音也很不清楚——播出了本·拉登原声，配上英文字幕。

拉登录像播出之后，美国公众反应强烈。一位"9·11"恐怖袭击事件受害者亲属看了录像后，激起对本·拉登的无比仇恨，几乎要把电视机砸碎；一名遇难者的父亲则不断变换频道，不希望再看到拉登可怕可恶的嘴脸，他说"拉登真的该死"！

一名波士顿的酒吧招待说，看到拉登在那里大笑，他几乎都要发疯了。他说，"9·11"后每次在电视上看到拉登，他都会换台。

25岁的纽约投资银行雇员弗诺德，"9·11"恐怖袭击事件发生时正在世界贸易中心大厦61楼工作。他看了录像带之后说："以前我一直是一个反对体罚的人，提倡实施经济制裁。但当有人想要我们的命时，我们就应该以牙还牙。"

纽约萨拉劳伦斯学院伊斯兰事务专家福沃兹·吉格斯说："这算得上破除本·拉登神话的第一步，我们所看到的是一个真实的拉登。这个拉登是一个极端冷血的人，非常危险，对人的生命没有任何感觉——不仅仅对美国人，也同样对阿拉伯人和穆斯林。"

美国阿拉伯反歧视委员会主席哈卖德认为，美国政府阿拉伯语翻译十分准确。他说拉登确实在为世贸的倒塌而喝彩。这是极端无耻的。

美国伊斯兰关系协会成员表示，录像中的几个画面尤其让人无法接受，因为拉登在为死亡和毁灭喝彩。

巴基斯坦很多人看完录像后，不再承认拉登是伊斯兰人，因为真正的穆斯林不会干出这种事,那样做是违背伊斯兰教的。

在阿拉伯国家,只有少数高级官员宣称他们深信录像带上显示的证据,但是那里的普通市民大都不相信美国提供的证据,这一地区的多数政府则在这个问题上保持沉默。

本·拉登的母亲加尼姆看了录像带,发表谈话说,美国公布的她儿子本·拉登事先知道"9·11"恐怖袭击事件的录像带是伪造的。

本·拉登的母亲说:"录像带声音不清楚也不连贯。我认为,他们提供的录像带是经过修改的,不足以作为证据。

拉登母亲说,她相信本·拉登与"9·11"恐怖袭击事件无关。她为儿子的生命安全担心。

不少熟悉拉登的人,也发表类似于拉登母亲的意见。有人说,拉登是很斯文的人,动作的幅度不可能像录像带里的那个人那么大。还有人说,拉登不会那样仰天大笑。

更有人明确指出,这盘模糊的录像带纯属伪造。伪造者故意把画面弄得模糊,把声音弄得不清楚,以求以假乱真。美国政府伪造这样的录像带,有其明显的政治目的,因为阿富汗战争即将结束,美国政府居然还拿不出像模像样的证据,来证明本·拉登是"9·11"恐怖袭击事件的主谋。于是,便想出伪造录像带这一招——美国中央情报局在伪造方面向来是行家里手。

伦敦伊斯兰组织的学者哈尼·苏拜不客气地指责录像带为"伪造品",他认为,"美国这样的超级大国竟然提供一盘伪造品作为证据,简直是羞耻!"苏拜的证据是,录像中的本·拉登太过健康,但实际上,本·拉登近来的身体情况并不好,而且头发也不像录像中那样黑。苏拜说,录像带只能更加证明美国根本没有证据。

加州大学洛杉矶分校的伊斯兰教法学博士阿卜·法德尔这样形容自己在听到对话那一刻的反应:"我的下巴快掉下来了。"据法德尔的了解,本·拉登是一个很少表达自己感情的人,微笑的次数少得可怜。但在录像带中,他不仅微笑,甚至经常发出大笑声。而当谈到执行任务的人在登上飞机前才知道行动细节的时候,本·拉登的笑声更加令多少对他有些了解的人感到不解。

据《阿拉伯新闻报》引述要求匿名的一名情报专家的揣测,拉登可能是在不知道的情况下被拍摄,一名可能是仆役或是与本·拉登谈话的族长的亲信扮演摄影者,将一个伪装的超小型电视监视器藏在自己的头带中,又为掩饰拍摄动作,不时在房间走动,因此造成画面焦距不准、无法清晰听到谈话以及镜头似乎漫无目的扫描现象。

这位专家说,目前研发出来的摄影机已小到可以藏在帽子或头带里,而美国政府不愿透露取得这卷录像带的原因和渠道，可能也是为了保护暗中拍摄者的安全与身份。

一名叫阿里的沙特阿拉伯公务员说，录像的画面是真的，但声音是假的，可能经过了处理。

但是也有专家在对录像带进行分析后指出，尽管现在的语言合成技术很先进，电脑能以假乱真地模仿人声，但对于上述录像带来说，伪造的可能性很小，其中的难点在于：很难模仿一个人讲话时的声调和语速；让配音和图像保持同步不太容易；合成阿拉伯语的技术还不完善。

在阿拉伯及伊斯兰世界，持怀疑态度者多于相信者，认为拉登在自己多次公开的录像带演说中否认涉及"9·11"事件，不可能又故意在摄影机前高谈阔论"9·11"事件的情节。

约旦主流伊斯兰派别"伊斯兰行动阵线"领导人阿兰比特表示，美国人真的认为世界上其他人都能愚蠢地相信这盘录像带可以成为证据吗？

伊斯兰世界的许多人认为"9·11"恐怖袭击事件是以色列秘密机构所为，然而嫁祸给穆斯林。

被美国指责为"9·11"恐怖袭击事件指挥的穆罕默德·阿塔的父亲埃米尔看完录像后表示，这盘录像带完全是伪造的，他的儿子也从没有被任命为恐怖袭击的首脑。

埃米尔称，那"完全为一场闹剧。所有的东西都是伪造的、虚假的"。"全世界的人都在提阿塔的名字。但拉登本人却从没有听说过。拉登是从美国人的口中才知道我儿子的名字。"

还有人指出，本·拉登的"基地"组织在撤离时，片纸不留，销毁了一切文件，怎么可能把这么重要的录像带"遗留"给美国人？

于是，这盘录像带的真伪，又变成了一笔糊涂账！

这么一来，关于本·拉登是不是"9·11"恐怖袭击事件的主谋，又陷入证据并不完全令人信服的地步。

但是美国总统布什坚决驳斥了那些怀疑拉登录像真实性的说法。他说，"任何认为这卷录像是伪造的说法都是荒谬的。"

布什强调说，录像中的拉登"是没有经过剪辑的拉登"。

他说，自己对于公布录像其实有着复杂的情绪，他担心录像被公布之后会增加在"9·11"事件中丧生的罹难者家属心中的悲伤。不过他认为，公布录像是必要的行动，因为这证明拉登犯下的罪行。

美国的反恐策略

世界贸易中心大厦的一声巨响,这一突发事件使布什政府不得不迅速调整自己的政策。从此布什政府把反恐列为头等大事,大有"悠悠万事,反恐为大"之势。

就在"9·11"事件发生的第八天,即2001年9月19日,位于华盛顿的美国战略与国际研究中心,向布什政府提出了反恐怖主义的七点重要建议。美国战略与国际研究中心,有着"美国思想库"之誉。

来自"美国思想库"的七点建议,后来确实有许多内容被布什政府所采纳。

现把美国战略与国际研究中心的七点建议摘要如下:

一、我们必须长远地考虑现在的紧急任务,包括我们正在准备的对袭击世贸中心和五角大楼的恐怖分子的反击,根除他们的网络、资金支持和一些国家对他们的支持。我们必须通过多方面力量的运用实施一个多维的斗争,这些斗争也许持续几十年才能结束。具体要把握的问题有:

过去对阿拉伯和伊斯兰世界的重点外交努力显示我们的目标是合法的,我们将适当地使用武力,我们将与盟国、朋友和其他国家密切协作。

建立一个重点外交战略来解决关键国家包括伊朗、伊拉克、黎巴嫩、利比亚、朝鲜、巴基斯坦、叙利亚的问题。如果它们成为恐怖活动和极端主义运动的庇护者,我们必须加大它们在外交和经济上要付出的代价,并尽一切可能使它们扮演的角色成为最不受欢迎的。

防止下一步可能的袭击,也许袭击不再像对五角大楼和世贸中心的袭击那样使用民用飞机或手段。

调整我们的反恐怖程序。我们必须抛弃空泛的做法和一般的努力,要配备更精干的人员努力对付个别国家和恐怖运动。改变国内的法律以提高其对反恐怖的威力,并利用国际法加强协作,使我们的反恐怖程序更加有效。

建立一个广泛的本土防卫程序,提供资金,使它的运转能够持续由若干年组成的时期。建立有效的程序和平衡的规划预算去实现其战略。这必须与国防部、情报部门和其他十七个国内的部门和机构加强联系。这比解决某部门的问题或试图修补一些漏洞更重要。

解决目前的财政危机并重新评估我们广泛的财政和民用设施的脆弱性。找到有效的资金投入方式，改善我们的财政系统，并降低我们在经济、国家的关键基础结构、情报系统的全部脆弱性。

重新评估我们在世界范围的再生能力基础计划。我们必须付出更大的努力推动"军备控制"用以产生一个联合军备控制程序，解决再生能力和本土防卫问题。

复活美国的情报系统，这大约需要五年时间。无疑，这将大大加强人工情报的来源和能力，也将使我们能够快速清除有关障碍以充实新的情报局，降低法律与情报部门间的障碍，重建情报能力从而对付恐怖分子和支持他们的国家。

调整美国的军事力量，加强他们监视和捕捉目标的能力，用以对付恐怖分子的头目和小组，以及支持恐怖分子的某些国家的首脑；决定打击或威慑那些能影响和阻止他们的行为的目标；大幅提高特种部队的能力和远距离精确打击能力，加强他们打击恐怖主义的快速反应能力；改善反恐怖的训练和军事组织的状况，同时，也提高双边、地区和盟国在这方面的能力。

二、我们必须打一系列短小精悍的战争来反击恐怖分子和任何卷入支持他们袭击世贸中心和五角大楼的国家的头目。这些战斗与其叫"反恐怖行动"，不如定义为"反恐怖战争"。我们需要一种不同于过去的意志力量和决心，准备应对比以前完全不同的局面。

三、在斗争中取得胜利的四个关键因素是：领导能力、持续性、重点性和致命性。

四、提高领导能力最需要做到下列要求：

领导人必须既深谙国内、国际事务，不能被民意调查左右，也不能对媒体有过分的反应。

领导必须将精力集中在手头的紧急任务上。世贸中心被袭击后，我们不能像以前打击阿富汗和苏丹那样轻描淡写，做做样子。我们也不能干那种通过军事手段彻底消灭一个政权的冒险，除非我们清楚地判断出它直接要承担袭击世贸中心的责任。

五、做到有持续性，最需要做到下列三点：

可能需要花数月或数年的努力才能制定正确的行动时间表，那样我们就会在最脆弱的位置找到一个清楚的目标，从而定位并用最合适的工具去打击，利用合适的打击机会完成工作。

我们需要坚持使用手中所有的手段而不仅仅是军事手段。我们的武器包括政治、财政、情报和法律诉讼，还包括发动反恐怖运动和贸易战。

至于要持续多长时间，只要一个明确的答案，那就是需要多长就持续多长时间。

六、实现重点性需要做到下列几点：

持续性必须得到有力的支持，而支持依赖于谨慎地确认真正罪犯，以便突出重点打击目标。我们必须考虑行动的方式，慎重考虑每一个标志性行动的政治影响。

我们面临重点性和持续性两方面平衡把握困难：

除非我们非常幸运，否则，外交是不能使主要的恐怖分子转交到美国的。

通过军事努力迫使塔利班交出恐怖分子将难以成功，也可能仅部分成功。

大部分目标非常分散和隐蔽，并且没有什么痕迹。

根据目标和塔利班的角色的转换以及其他政权的出现，要适当改变我们的反应。

对庇护和鼓励恐怖分子的头目和某些国家的掌权精英的大规模武力打击可能迫使他们将恐怖分子转移。这种情况可能发生，也可能不发生。但是，包括恐怖分子和庇护和鼓励恐怖主义的塔利班领导人，对其需要更多更直接的军事打击。

我们最基本的目标必须是那些直接参加袭击事件的恐怖分子，与其相联系的其他分子和组织。我们要打击的是这些人而不是地理上的位置和设备。

直到我们肯定没有政府卷入，但我们必须准备接受有其他国家的首脑扮演了一个直接策划和执行了这样攻击的角色。而且，在我们行动前，我们必须尽可能平静和逐步地接受他们所犯的罪行，我们必须和我们的盟友建立地区的联合，用联合的力量确定目标，用外交、经济压力等手段集中火力用于庇护和鼓励恐怖分子的政权和真正的恐怖分子身上，不管它们是什么人种，什么国家，或什么宗教。

占领和颠覆政权是最后一招。我们必须避免军事冒险和引起特别的反应。这些包括大张旗鼓地颠覆阿富汗和伊拉克政权，其他需要我们面对的是一个阿以和平或采取以色列的恐怖主义观问题，另外要考虑的是美国突然完全改变地区或世界的恐怖主义结构问题。

没有什么比在没有任何战略目标却派出主要的地面部队穿越敌人的领土腹地去搜索一些分散和隐藏的敌人更冒险的了，这还不如用一个残余政权去取代一个坏透了的政权。

我们必须一直看准战略目标，制定使用决定性武装力量的计划，同时尽量减少政治上的负面影响。

七、致命性的问题有：

有许多国家需要工具比需要军队更甚。那就是在解决庇护恐怖主义的敌人问题上，实现致命性是唯一的答案。

我们需要利用合法的手段解决与盟国和合作国家的协调问题。

我们需要通过努力帮助阿富汗北方联盟，并通过对塔利班的施压，鼓励北方联盟与塔利班区分开，不要等到美国的军事行动结束，才考虑可能产生新政权的条件。

我们需要用稳定的、长期的外交压力对付那些有极端主义倾向和庇护恐怖主义的国家，但是那些没有直接卷入袭击事件的国家不要对其施加军事上的压力。

我们必须用致命的武装力量打击恐怖分子和那些直接支持他们的敌对国家。在这个问题上，致命的武装力量是最终而且是唯一的有效工具，除非强迫和压力可以使敌对国家停止对恐怖分子的支持并将其交到美国。

不移交到别的国家和国际法庭是可以接受的。例如洛克比空难，它演变成法律上的争论和无休止的问题。

消灭他们的所有设备有利于说明或实现强制性的目的，但是没有一个这样的打击能瘫痪当我们不能接近那些真正的罪犯，我们必须搜捕并消灭他们。

在公开的军事打击中有些事是必须做的，但在将来几年的时间里我们需要发展一种隐蔽的搜捕或消灭恐怖分子的能力。而且我们需要使那些与恐怖分子有关联的人、恐怖团伙更加清楚地意识到，他们会经常付出死亡的代价。

这与和平时期杀死领导人或暗杀不同，它意味着最小限度地使用军队并消灭了明确的敌人。我们必须建立一种构架，那就是：谁发动了恐怖袭击，谁就不可能觉得自己安全。

"美国思想库"在"9·11"恐怖袭击事件发生不久，就提出如此详尽的反恐策略设计，可以说确实起着为美国政府出谋划策的重要作用。

从布什政府在反恐战争中的轨迹，可以看出采用了以下的策略：

美国的反恐策略之一是加强本土防卫。

从"9·11"事件吸取深刻的教训，转变防卫观念，改变了以往"轻国内、重国外"的军事战略，开始实行"内外并重，国内优先"的军事战略方针。

美国国防部在 2001 年 9 月 30 日公布的《四年防务评估》报告指出，为了防止恐怖事件的再次发生，美军将保卫本土作为其首要任务，强调要建立一支"轻型、

机动、更具打击力"的军队,以对付恐怖组织或敌对国家的突然袭击。为此,美军将强化打击恐怖活动的信息搜集与侦察,防止核武器、生化武器等落入恐怖组织手中。此外,军方还必须设法保护石油和天然气的储存设施和供输系统、信息和通讯设备以及银行、金融、电力、交通、供水等设施。

美国为了加强本土防卫,成立专门的本土防卫署,征召五万多名国民警卫队和预备役人员加入保卫本土安全的行列,决心把美国建成"防备森严的新型国家"。这在本书第二章已经述及。

美国的反恐策略之二是以反恐划分敌友,建立反恐国际联盟。

布什在"9·11"事件发生之后,着手建立以美国为首的国际反对恐怖主义统一战线——反恐国际联盟。

布什把是否支持美国反恐作为"测量温度的计量器",作为划分敌、我、友的标准。

布什宣称在反恐问题上非友即敌,要么站在美国一边,要么站在恐怖主义一边。

布什宣布,"庇护恐怖分子者与恐怖分子同罪",这显然是对那些同情、支持本·拉登的国家发出警告。

对于美国反对恐怖主义,应当说,绝大多数国家都是表示支持的。这样,美国在世界上建立了广泛的反恐国际联盟。尽管这联盟并非军事同盟,而是松散型的,但是毕竟表示了美国的反恐行动在世界上得到广泛支持。

作为美国传统盟友的欧盟对美国反恐行动给予了坚决支持。

欧盟大国首脑相继访美,与美协调立场,表示在提供情报、开放领空乃至直接出兵方面给予最大限度的支持。

欧盟还召开了特别首脑会议,确定了反恐对策和基本立场。

俄罗斯总统普京作出了积极的反应,美俄关系因共同反恐而迅速接近。

中国政府表示坚决反对一切形式的恐怖主义,积极参与国际反恐合作,并采取了一系列措施。中国政府强调,联合国应在打击恐怖主义及推动国际反恐斗争中发挥不可替代的重要作用,对恐怖主义采取军事行动应符合《联合国宪章》的宗旨和原则,要有确凿证据和明确目标,避免伤及无辜。中国反对在反恐问题上搞双重标准,反对将恐怖主义与特定的宗教或民族挂钩。

就在"9·11"恐怖袭击事件发生不久,APEC 会议在上海召开。本来,会议并无讨论反对恐怖主义这一议题。应美国总统布什的要求,会议进行反对恐怖主义的讨论,出席会议的二十位国家和地区首脑一致同意发表反恐联合声明。声明共有七项内容:

一、领导人一致强烈谴责 2001 年 9 月 11 日在美国发生的恐怖袭击事件，对每位死难者和死难者家属、美国政府和人民深表同情和慰问。

二、领导人认为，这种屠戮生命的行径和其他一切形式的恐怖行为，不论发生在何时、何地、针对何人、由谁所为，都严重威胁着所有人民，所有信仰，以及所有国家的和平、繁荣和安全。恐怖主义对亚太经合组织倡导的自由、开放和繁荣目标，对亚太经合组织各成员信奉的价值观，也构成直接挑战。

三、领导人重申，对各成员此刻尤为重要的是加快实现《茂物宣言》所确定的贸易、投资自由化目标。

四、领导人认为，必须全面加强各层次、综合性的国际反恐合作，重申联合国应在此方面发挥主导作用。领导人特别强调联合国有关决议的重要性。

五、领导人承诺，恪守《联合国宪章》和其他国际法，防止、制止一切形式的恐怖活动，迅速、有效执行安理会第一三六八和一三七三号决议，支持一切旨在加强国际反恐机制的努力，呼吁加强合作将凶手绳之以法，呼吁尽快签署并批准包括《禁止资助恐怖主义的国际公约》在内的所有国际反恐公约。

六、领导人决心根据各自具体情况加强反恐合作，包括：

——采取适当金融措施，防止恐怖主义的资金流动，加快亚太经合组织反金融犯罪财团工作组的工作，并更多地参与相关国际机制的活动。

——各成员都应执行国际海、空运输的相关安全要求。交通部长们应积极讨论保障机场、航空器和港口安全的有效措施，力争尽早取得实际成效，确保全面落实与合作。

——通过"亚太经合组织能源安全倡议"机制，加强地区能源安全，研究本地区能源供应面临的短期问题和长远挑战的应对之策。

——加强亚太经合组织在关键领域的保护工作，诸如电信、交通、卫生和能源等。

——加强海关联系网络，加快发展一体化的电子通关网络，以便既减少对贸易流动的影响，又更有成效地执法。

——合作建立人员流动电子记录系统，以加强边境安全，增加合法旅行人员的行动便利。

——加强各成员国的能力建设和经济技术合作，以协助每一成员能确定和实施有效的反恐措施。

——共同努力减少袭击事件造成经济下降的影响，采取措施加大经济增长，确保贸易、投资、旅行和旅游有一个稳定的环境，以恢复本地区经济信心。

七、领导人承诺进行全面合作，加强经济与金融部门的相互沟通，确保经济与市场不受国际恐怖主义的干扰。

"9·11"事件发生后,联合国发表声明强烈谴责这一恐怖主义行径,安理会通过了一系列反恐决议。

10月初,联大举行了整整一周的关于反恐问题的辩论,一百六十多个国家代表发言。

紧接着,因"9·11"事件而改期举行的联合国大会于2001年11月11日在纽约召开。美国总统布什致辞表示,恐怖主义正威胁全球,采取反恐怖主义行动的时间已经到了。各国领导人在联大发言中都把反恐作为主要内容,表达了一致的反恐立场。同时,安理会还举行了部长级会议讨论反恐问题。

另外,阿拉伯国家和伊斯兰国家也谴责恐怖主义。2001年10月10日,伊斯兰会议组织的外长们在卡塔尔首都多哈举行了第九次特别会议,发表了旨在反对恐怖主义的《最后公报》。

这样,经过美国政府的努力,在世界上形成了反恐的联合阵线,对于反对恐怖主义取得共识。

美国的反恐策略之三是联合盟国共同军事打击阿富汗塔利班。

美国凭借强大的军事实力,打击阿富汗塔利班是不在话下。但是,美国除了对格林纳达和巴拿马这样的小国,直接采取了单纯的军事行动外,一般总是联合盟国一起行动,以防在军事上过于孤立。

从20世纪50年代进行朝鲜战争,直至老布什发动军事打击伊拉克的海湾战争,美国一直采用联合盟国共同进行军事行动的策略。

"9·11"事件发生后,欧盟大部分国家作为北约成员国一致同意破天荒启用北约《华盛顿条约》第五款,即把对一国的攻击看作是对所有成员国的攻击,做出要"集体上阵"的决定。有了《华盛顿条约》第五款的明文可依,使美国联合欧洲盟国共同进行军事打击阿富汗塔利班变得顺理成章。

在美国的诸多盟国之中,最为积极的是英国。在"9·11"事件之后,英国首相布莱尔率先访问白宫,表示与美国的反恐立场完全一致,而且还前往中东以及印度、巴基斯坦,进行旋风式的访问并协调反恐行动。英国不仅派兵与美国军队一起对阿富汗塔利班施行空中打击,而且承担了多国维和部队担负了领导责任。

法国自戴高乐总统起,总是对美国的政策保持自己的独立性。这一回,法国非同往常,迅速作出了派兵决定,参加美国为首的联合打击阿富汗塔利班的军事行动。

最值得注意的是作为第二次世界大战战败国的德国和日本。

德国对于美国的反恐立场表示坚决支持。德国突破了第二次世界大战之后不能向海外派兵的限制,派出军队参加美国的联合军事行动。

日本也突破了第二次世界大战之后不能向海外派兵的限制,派出两艘军舰进入印度洋。

从表面上看，德国和日本是在那里响应美国的反恐号召，实际上在尝试着把自己的军事势力伸出国界之外。正因为这样，德国和日本显得格外卖力。

美国的反恐策略之四是在反恐战争中采用"代理"战略，以求进行一场"零阵亡"战争。

其实，这也是美国的惯用策略。在朝鲜战争时，冲锋在前的总是韩国李承晚的军队，美国大兵则在后面压阵。在越南战争中，美国人也采用以越南人打越南人的策略。

这一回，理所当然以阿富汗人打阿富汗人，美国军队只是进行空中打击而已。美国大兵在几千公尺的高空，塔利班的炮火打不到、够不着。美国用激光制导，在高空摁摁电钮，狂轰滥炸一番之后，扬长而去。美国国防部把这种战略，称之为"零阵亡"。虽然本·拉登开出悬赏高价，声称活捉一个美国大兵，可获五万美元奖金，然而，美国大兵远在高空，怎么个活捉法呢？

当然，在阿富汗，也有美国飞机因故障而失事，也有因误炸而自己人打自己人，这些死伤不算在"零阵亡"之内。美国兵唯一的阵亡者，是在阿富汗战争已经结束后，被塔利班冷枪击中。因此，美国军事打击阿富汗塔利班，算是"一阵亡"罢了。

美国采取以阿富汗人打阿富汗人的策略，最重要的一点，就是要在阿富汗寻找可靠而又有一定实力的盟军。美国看中了阿富汗的北方联盟。

北方联盟是塔利班的宿敌。就在"9·11"恐怖袭击事件刚刚发生，9月13日上午，美国中央情报局局长特奈特就向布什总统详细介绍了关于阿富汗北方联盟的情况。特奈特说，北方联盟大约有二万人，由五个派别控制，实际上有二十五个小派别。在马苏德被拉登派人谋杀之后，北方联盟处于群龙无首的涣散状态。但是如果有中央情报局的指导，再加上大笔金钱资助，这支武装可以成为一股新生力量。

特奈特说，在过去四年来，中央情报局一直同北方联盟领导层保持定期的秘密接触，每年资助他们几百万美元。

美国中央情报局确实选中了对象。果真，北方联盟在美国的大力支援之下，从北向南掩杀，首先扫平通往首都喀布尔的要地马扎里沙里夫，紧接着攻下首都喀布尔，然后拿下塔利班的老巢坎大哈，最后占领阿富汗全境。

这是美国政府以阿富汗人打阿富汗人的策略的胜利，也表明美国政府选择北方联盟作为盟军是选准了对象。

可以说，美国成功地制订并运用了以上四项反恐策略，取得了反恐行动的重大胜利。

大象与老鼠之战——非对称战争

当世界贸易中心大厦和五角大楼的浓烟渐渐散去,惊魂未定的美国人在问:这是怎么回事?

美国总统布什作出了最初的答复:"我们的国家正处于不安全状态,已经处于战争状态。我们的敌人隐藏在阴影之中。"

布什总统的讲话表明:

第一,发生了战争;

第二,敌人不明。

确实,这是一场新型的战争。

在第二次世界大战中,美国珍珠港遭到袭击,那场战争以及敌人是很明确的,即美国与日本之间的一场国与国的战争。

那是一场传统概念上的战争。

这一次,却是一场非传统的战争:

第一,这场战争没有明确的战线,没有前方、后方之别;

第二,"敌人隐藏在阴影之中",身份不明,布什总统只能笼统地称之为"恐怖分子";

第三,虽然后来美国指明"9·11"恐怖袭击事件是本·拉登的"基地"组织所为。这么一来,这场战争不是传统的国与国之间的战争,而是一场新型的"国与非国"之间的战争。

第四,敌方以小胜大,只付出十九条性命,却获得巨大的"战果",使世界贸易中心大厦姐妹楼倒坍、五角大楼严重受损、三千来人死亡、四条波音大型客机坠毁;

第五,敌方以突然袭击的方式,在一个多小时内发动密集的攻击,组织严密,计划周到,目标选择精确,产生震动美国、震动世界的巨大效应,而在这场突然袭击之后,敌方隐去,"隐藏在阴影之中"。

对于这场战争,美国总统布什称之为"新世纪的第一场战争"或者"21世纪的第一场战争"。布什总统的话,只是说明了战争的时间,没有道出这场战争的新的本质。

美国的军事专家则指出，21世纪的第一场战争，完全脱离过去传统战争的历史轨道，这是一场新型的战争。他们用军事新术语来说明这场新型战争的特点，曰"非对称战争"。

非对称战争一词的学术性定义是："与强敌对抗的一方，为掌握战略或战役主动权，从自己处于劣势的情况出发而采取的避开强敌高技术武器的强点、击其弱点的一种作战方式或作战指导思想。"

通俗地说，所谓"非对称战争"，就是指交战的双方大小、强弱悬殊，极不"对称"。在这种情况下，小方、弱方采用了非传统的战争手法，达到以小胜大、以弱制强。

其实，非对称战争的最形象的比喻，就是大象与老鼠之战，或者说是四两拨千斤，或者说是拳王泰森跟蚊子"打架"。恐怖分子人数虽少，力量虽弱，却成功地袭击了世界上最强大的唯一的超级大国，使得美国举国上下陷入了惊恐之中。这就是非对称战争的特点。

在"9·11"恐怖袭击事件发生之后，美国中央情报局和美国联邦调查局受到了严厉的指责，称他们是"饭桶"、"痴呆"、"废物"。

就在这时，有人提醒重读一下美国总统克林顿在1997年5月发表的《新世纪国家安全战略》。

克林顿总统早在"9·11"事件前四年，就已经明确指出：

"敌人可能使用非对称手段（这是一种避开或削弱我们的强点而利用我们弱点的策略），美国必须计划和准备打赢此种条件下的战争，这是一项事关重大的挑战，因为我们在常规军事领域处于绝对优势，对美国进行挑战的敌国很可能使用非对称手段，如大规模毁伤武器、信息战或恐怖活动。"

克林顿总统这段关于非对称战争的预言式的论断，如今被"9·11"恐怖袭击事件所证实！

克林顿总统的话表明，美国早已在理论上、在战略上、在宏观上预见到，敌人可能以非对称战争手段对美国发动恐怖袭击。

美国中央情报局和美国联邦调查局的失误，是在战术上没有预知"9·11"恐怖袭击事件。

重读克林顿总统《新世纪国家安全战略》，美国人开始关注非对称战争这一军事新理论。

关于非对称战争的概念，早在1988年，美国国际关系学者卡尔·多依奇在《国际关系分析》一书中，就曾强调新老恐怖主义是一种新的战争形式，并辟专章加以阐述。他指出，恐怖主义所进行的战争，虽不符合传统的战争定义，但却成为一种新的战争形式和战争样式。

1991年海湾战争结束之后，美国军事专家提出了"非对称作战"（Asymmetric

Operation)的概念,使非对称战争这一特殊的战争形式开始受到注意。美国出版的题为《美国武装部队的联合作战》一书,称"非对称作战是不相称部队之间的战斗"。

美国军事专家以为,巴勒斯坦人采用旷日持久的小规模消耗战来对付占尽技术装备优势的以色列军队,这种"持久性低强度战争",就是一种非对称战争。

在"9·11"事件之前,美国军事部门已经对非对称战争进行了一系列研究。

1997 年,美军参联会主席沙利卡什维利上将在《国家军事战略报告》中指出:

"面对美国的军事优势,某些国家或非国家主体可能会诉诸非对称性手段或方式,运用某些非常规途径或廉价手段,使美国军事实力陷于无用武之地,利用美国的弱点或者使用美国不能使用的方法与美国抗衡。其中,恐怖主义、使用或威胁使用大规模毁伤武器和信息战尤其令人担忧,敌人运用这三种手段直接威胁美国本土和美国人民,很可能使美国无法使用关键性的海外基础设施。此外,敌人可能利用商用或外国航天能力、威胁美国的天基系统、阻碍关键信息的流通,使美国无法获取战略资源,以及破坏环境等行动,也对美国提出了挑战。"

美国国防部高级研究计划局认为,非对称战争通常由数量不多的行动不定的人员,采用非常规战术实施攻击,这些战术可以对政治或装备产生重大影响。为此,对于这些新的威胁必须充分研究,预测和分析,以便对其有更加广泛深入的了解,并作好充分准备来面对这种威胁。研究非对称战争包括战略、战术、武器和人员等要素。

他们认为,美国及其军队正面临着日益复杂的非对称战争的威胁,其中包括:生化武器甚至核武器的威胁;攻击美军的信息系统和国家基础设施,破坏美军的指挥、控制、通信和情报网络;采用非对称战术延缓和阻止美国利用关键性设施,或者谋略削弱美国决策者的判定能力;举行暴动、恐怖活动和环境破坏。因此,美军担心在非对称性作战中遭受的损失比预期的更惨重。

他们特别指出,非对称战争不局限于采用军用飞机、导弹、火箭系统以及特种部队等传统的军用投送平台,而且还采用手提箱、民用车辆或邮路、公共运输系统以及陆海空私营运载工具等其他投送方法。

实际上,在"9·11"事件中,恐怖分子就是采用"陆海空私营运载工具"进行恐怖袭击。

就在美国的军事专家研究非对称战争的特点以及如何进行非对称作战的时候,本·拉登的"基地"组织也提出了他们的战略,那就是进行"城市游击战"。"9·11"恐怖袭击,就是典型的"城市游击战"。他们所派出的十九人,就是一支"城市游击队"。他们采取以小胜大、以弱制强的非对称战争手法,取得了"辉煌"的"战果"。

　　美国的非对称战争专家不客气地指出，布什政府犯了以传统战争概念指导美国国防政策的错误！因为布什政府所苦心经营的导弹防御计划（NMD），完全是出自传统战争的观念。"9·11"恐怖袭击给了布什政府当头一棒：NMD即使将美国全部"罩"起来，也保护不了美国；NMD无法抵御恐怖分子的自杀性攻击。恐怖分子不需要什么导弹和核武器，几个人劫持你的几架飞机，就能发动大规模袭击。一架被劫持的客机，威力不亚于一颗导弹！

　　炭疽菌事件的发生，又进一步证明了非对称战争理论的正确性。恐怖分子只消寄几封炭疽菌信件，就把美国搞得人心惶惶。生物武器，是非对称战争的重要手段。

　　于是，就在"9·11"事件发生才十来天，9月23日，美国战略与国际研究中心就发表了一份名为《非对称战争与恐怖分子利用生物武器的袭击》的报告，报告长达95页，系统阐述了恐怖分子用生物武器的攻击问题，报告作为本土防卫主题下系列报告的一部分。

　　同日，美国战略与国际研究中心还发表了《非对称战争和恐怖分子利用化学武器的攻击》和《非对称战争和恐怖分子利用放射性武器和核武器的攻击》。

　　这些报告，都是从非对称战争理论的角度，提出对付恐怖袭击的策略，供美国总统决策参考之用。

出师阿富汗的决策过程

　　两个历史性的时刻：

　　2001年9月11日上午8时45五分（美国东部时间），美洲航空公司一架波音767飞机被恐怖分子劫持，撞上纽约世界贸易中心大厦北楼坠毁，爆发了"9·11"恐怖袭击事件。

　　2001年10月7日，晚上8时57分（阿富汗当地时间），美英部队开始对阿富汗进行军事打击。阿富汗首都喀布尔机场附近、南部城市坎大哈、东部城市贾拉拉巴德等三十个塔利班军事目标遭猛烈袭击。

　　从9月11日到10月7日，前后总共26天。

　　细细研究这不平常的26天，可以看出，美国的决策过程大致上分为四步：

　　首先是确定必须回击；

第二是确定打击对象；

第三是如何打击；

第四是出兵前的准备。

对于必须回击这一点，美国总统布什在"9·11"当天就下定了这一决心。

"9·11"恐怖袭击，仿佛给美国掴了一记响亮的耳光。作为世界上唯一的超级大国，在首都华盛顿和最大的商业城市纽约突然遭到如此猛烈的攻击，理所当然要进行最坚决的反击，即报复性回击。

"9·11"当天，美国总统布什一连向全国发表了三次公开讲话。

布什总统在"9·11"恐怖袭击事件发生三小时之后所作的第一次讲话，就把这一事件定性为"这是一场显而易见的针对美国的恐怖主义事件"。

布什总统的第二次讲话说："毫无疑问，美国将坚决追查并严惩那些对这一行动负有责任的人。"

在当天晚上，布什总统在所作的第三次讲话中指出："我已经下令所有情报及司法部门全力协作，找出应为此事负责的人，并将他们绳之以法。"

这表明，当时布什总统并不清楚"应为此事负责的人"究竟是谁。他的反击，也只限于"绳之以法"这样笼统的话。

到了第二天，布什总统对于"9·11"恐怖袭击事件的定性，上升了一级，认为这是"战争行为"。

所谓"战争行为"，那么就要以战争来回击敌人，也就是军事打击敌人。

布什声称要打赢这场"21世纪的第一场战争"，对恐怖分子及其庇护者要进行毫不留情的报复。

这时，美国民众受"9·11"恐怖袭击事件的刺激，民情激愤，强烈要求美国政府惩罚元凶。民意测验显示，百分之九十以上的美国人，支持美国政府对恐怖分子实施军事打击。美国报纸说，"支持复仇的美国民众比率如此之高，绝无仅有！"

另外，"9·11"恐怖袭击事件也使美国民众普遍失去了安全感。百分之九十以上的民众要求严惩恐怖主义，不仅仅是为了替死难同胞报仇，而且也为了保障自身的安全。

作为美国总统，布什必须对广大无比痛恨恐怖分子的民众要有一个明确的交代。他宣布征召后备役部队，要求国会紧急拨款。

然而，这时候布什总统并没有具体说明敌人是谁，而是称之为"恐怖分子"。也就是说，美国政府在决定军事回击之后，面临着第二个决策：确定打击对象。

美国联邦调查局迅速地从"9·11"被劫持的四架客机旅客名单中，确定了十九名恐怖分子疑犯。然而，这十九人都已经死亡，"死无对证"。

至于进一步的证据，虽然从被捕的上千人中找到一些线索，却并没有关于

"9·11"恐怖袭击事件主谋的过硬证据。

事后，一位美国政府高级官员透露白宫当时的心态，即使最后找不到真凶，也要找个替罪羊！

由于十九名劫机疑犯都来自中东，因此依照逻辑，打击对象势必在中东。

从美国政府的立场来看，中东有两个宿敌嫌疑最大：一是伊拉克，二是本·拉登。

这时，美国高层对于究竟打击伊拉克还是打击本·拉登，有过分歧。

在内部讨论中，美国国防部长拉姆斯菲尔德力主军事打击伊拉克，而美国中央情报局则以为应该打击本·拉登恐怖集团。

经过仔细权衡利弊，美国政府最后决定打击本·拉登，而暂缓打击伊拉克。

美国政府暂缓打击伊拉克有两方面的原因：

一是还找不到伊拉克策划"9·11"恐怖袭击事件的确凿证据；

二是已经多次军事打击过伊拉克，内中包括当年老布什痛打伊拉克以及小布什一上台就打伊拉克，再打也不过如此，只能狂轰滥炸一通，不能推翻萨达姆政权。

美国政府决定打击本·拉登也有两方面的原因：

一是已经找到"9·11"恐怖袭击事件与本·拉登"基地"组织有联系的证据，虽然还缺乏本·拉登策划这一恐怖袭击的直接、有力的证据，起码在舆论上说得过去；

二是早在克林顿时代，就已经决定要铲除本·拉登及其"基地"组织。

早在1995年底，克林顿总统便已经签署了一个绝密文件，授权中央情报局对付本·拉登的恐怖体系。中央情报局的反恐怖主义中心专门成立了一个"本·拉登工作组"。这样，本·拉登早就成了美国中央情报局的重点监视对象。本·拉登的一言一行以及他在十几个国家的上千同伙的资料都被输入电脑。

美国总统克林顿在1998年8月9日，便就美国驻东非使馆被炸发表了《我们反对恐怖主义》电视演说：

早上好！

我要跟大家谈谈昨天发生在肯尼亚的内罗毕和坦桑尼亚的达累斯萨拉姆的爆炸案。它夺去了许多美国人和非洲人生命。我将告诉大家我们正在做些什么和我们如何应对这场针对美国人的比过去更为严重的恐怖主义。

你们大多数人已经从电视中看到了那些可怕的破坏场面。内罗毕的爆炸夺去了至少十一个美国人的生命。在达累斯萨拉姆，虽然没有涉及美国人的死亡事件，但至少有一人受重伤。同时，两处的爆炸致死及致伤无数非洲人,我们的大使馆及周围建筑遭到了毁灭性的破坏。

对于那些死难者的家属和朋友,我不知道该说些什么来减轻你们的悲痛。我希望你们能从那些所爱的人为之献身的最崇高使命——报效国家、捍卫自由和为他人造福中获得慰藉。

愿上帝保佑他们的灵魂。

昨天晚些时候,由国防部和国务院组成的紧急援助小组已经到达了非洲。救援小组成员包括救治伤员的医生,恢复我们大使馆并使其正常工作的救助专家,保护人员安全的一个军事小组,分析事态的反恐怖专家和有关负责人员。

美国现在是恐怖主义的目标。部分原因是因为我们在世界上担当着独特的领导责任;我们正身体力行地推动着和平与民主;而且我们还众志成城地反对恐怖活动。

要改变上述的任何一个事实,把我们的外交官和部队从世界的动乱地区撤走,无视那些为和平冒险的人和淡化反恐怖的力度——所有这些将给恐怖主义以胜利,而这种胜利是不应有也绝不会有的。

取而代之的是,我将继续对抗恐怖分子的活动。

在过去的数年,我已经在这场战斗中的各个方面强化了我们的努力。它包括:随时随地捕获恐怖分子并将其绳之以法;阻止恐怖活动;加强与盟国反恐怖的合作;孤立支持恐怖活动的国家;保护计算机网络;提高交通安全;反对核武器和生化武器的威胁;为最好的反恐怖武器使用提供法律依据。今年,我已经任命了一名国家协调员来快速有效地调动我们的资源以应对反恐怖活动。而其实,在我们反恐怖的武器库中最有力的武器是我们永不放弃的决心。

近年来我们已经从世界各地抓获了一些大恐怖分子并把他们带到了美国接受法律的公正制裁,有一些是在他们逍遥法外数年之后。他们包括谋杀两名中央情报局特工总部之外的罪犯,四年后我们在其环球旅行的中途将他逮捕并由弗吉尼亚陪审团判处死刑;世贸中心爆炸案的主谋逃离美国两年后在纽约受到了审判;还有1982年制造了从日本飞抵夏威夷的泛美航空飞机爆炸案的恐怖分子,在我们追捕了十六年之后,于今年6月落网。

一些严重的恐怖行径仍然未得到应有的惩罚。这包括在沙特的阿尔科巴对我军事人员的袭击,苏格兰洛克比泛美103航班爆炸案和现在非洲可怕的爆炸事件。

不论要花多长时间或者追到那里,我们都将追捕恐怖分子直到履行公正和了结案子。

那些杀害了无辜美国人的弹药并不是针对他们的,而是针对我们国家的那些称作为自由的精神,因为恐怖分子是我们信仰并为之奋斗的和平与民主、宽容与安全的敌人。

只要我们继续相信上述价值并且一如既往地为之而战,她们的敌人就不会得逞。我们的职责是伟大的,而她赋予我们的机遇更是伟大的。

让我们毫无畏惧地拥抱她们。

正因为这样,在"9·11"事件刚刚发生,美国中央情报局提供了十年来涉嫌与本·拉登有关的种种对美国的恐怖袭击的资料:

1992年12月29日:美军驻也门共和国亚丁市的一处旅馆发生爆炸事件。美军没有伤亡,但两名澳大利亚籍游客却不幸遇难。结果:两名曾在阿富汗接受过训练的也门穆斯林战士被捕。美国中情局认为这是第一起涉嫌本·拉登参与其中的案件。

1993年2月26日:在现已倒塌的世界贸易中心大厦的地下停车场中,一辆汽车被引爆。死六人,伤超过一千人。结果:有六人被逮捕,其中包括此次事件的主要策划者,拉登的密友罗密兹·亚塞弗。最终,亚塞弗因策划世贸中心爆炸事件和计划乘坐携带有炸弹的航班逃离东海岸而被判处二百四十年徒刑。美国认为,亚塞弗原本从巴基斯坦引渡至美,并一直同拉登保持着密切的联系。

1993年10月3日:18日名美国士兵在索马里首都摩加迪沙被当地游击队所杀。美国防部和司法部对拉登是否参与了训练和装备索马里游击队产生了分歧。结果:有超过三百名反叛者遭美部队杀害。

1995年4月19日:美国俄克拉荷马州的一市政设施被附近的一个满载炸药的汽车引爆炸毁。有一百六十八人死亡,五百多人受伤。结果:美国原本怀疑拉登与此事件有关。但后来一名二十七岁的年轻男子被捕,宣称对该爆炸案负责。美当局对其进行了审判。

1995年11月13日:在沙特首都利雅得,美国建立的一个国家防卫安全培训中心发生爆炸事件。五名美国人和二名印度人当场死亡。结果:美国指认拉登所为。但拉登否认,并表示支持该袭击事件。

1996年6月25日:沙特达兰市的一个卡车爆炸摧毁了美在当地的军事驻所,造成十九人死亡。结果:美国怀疑拉登主谋,但现在认为是沙特的一个什叶派组织所为。但仍认为拉登参与其中。

1998年8月7日:肯尼亚和坦桑尼亚美大使馆被炸,二百三十八人死亡,四

千五百多人受伤。结果:美国在 8 月 20 日向东阿富汗本·拉登训练营和其在苏丹喀土穆的化学武器工厂发射了七十多枚远程导弹进行报复。

2000 年 10 月 12 日:一艘满载炸药的小舢板船撞向美国驻也门亚丁海港的可鲁号战舰。十七名船员死亡,另有三十九人受伤。结果:除了指责本·拉登策划外,美国至今也没有采取任何措施。

在克林顿担任美国总统时,本·拉登的"基地"组织曾经两度密谋刺杀他。本·拉登把这两次谋杀都安排在克林顿出访的时候,因为在拉登看来,袭击出访中的克林顿比在美国袭击要容易一些。

第一次暗杀行动,计划在 1994 年 11 月 12 日克林顿访问菲律宾时,袭击克林顿的车队,暗杀克林顿。但是,由于菲律宾方面戒备森严,这一计划流产。

第二次暗杀行动,计划在 1998 年 2 月克林顿访问巴基斯坦时,进行袭击。本·拉登对于这次袭击,以为把握很大,因为巴基斯坦是阿富汗的邻国,"基地"组织容易渗透到巴基斯坦。他们计划在某地高尔夫球场谋杀克林顿。"基地"组织甚至为此进行过演习。由于克林顿取消了该次访问,因此刺杀行动也告流产。

这两次谋杀均未遂。后来,在美国军事打击阿富汗之后,美国情报部门从喀布尔附近"基地"组织训练营中发现一些手写的文件,上面用阿拉伯文写道:"我们已经计划杀死克林顿,但是没有成功。"

克林顿也瞄准了本·拉登。克林顿把本·拉登称为美国的"头号公敌"!

《华盛顿邮报》曾经发表鲍勃·伍德沃德和弗农·洛布文章,指出:"美国中央情报局自 1998 年根据总统克林顿的指令,获得授权以秘密手段去破坏和制止本·拉登恐怖主义分子策划的海外行动。"

美国驻非洲大使馆被炸后,美国克林顿政府曾在 1998 年 8 月获知本·拉登的确切行踪,向阿富汗东部地区本·拉登的训练营发射了七十枚导弹,造成二十人死亡,但本·拉登却在一个多小时前逃走了!

从此,阿富汗塔利班当局就禁止本·拉登公开露面和演讲。

本来,克林顿要穷追本·拉登。然而,恰恰在这个时候,他与莱温斯基的绯闻案在美国沸沸扬扬,许多人指责克林顿下令向阿富汗本·拉登基地发射导弹,是为了转移视线。再说,8 月 17 日,克林顿在向大陪审团作证之后,在全国电视演说中承认了与莱温斯基确有"不当"关系,克林顿本人被绯闻案搅得焦头烂额,使追捕本·拉登的工作受到了影响。

在克林顿离开白宫的前几个月,美国中央情报局又一次获悉本·拉登的确切藏身地点。美国军方曾经策划要对这名恐怖主义元凶采取攻击行动,但最终却不了了之。

一名前白宫官员透露，克林顿政府最后执政的日子，美军事高层和负责国家安全事务的官员曾在一起召开了多次会议。虽有几次机会对拉登进行打击，但都因条件不是十分成熟而放弃。

在"9·11"事件之后，一位前美国国防部官员透露了克林顿执政时期讨论对拉登进行打击的会议的内容：

——军方官员提出了对本·拉登进行打击的计划。所有成员对攻击的利弊进行了权衡。

——在激烈的辩论中，人们对美国中央情报局的情报是否十分准确产生了怀疑。因为本·拉登向来以行动迅速善于躲避著称。同时，对行动的正负两方面影响进行了论证。

——最终，克林顿总统决定暂不采取行动，而五角大楼也从没有对打击给出过任何具体可行的建议。

所以，在克林顿时期，克林顿与本·拉登打成了二比二平：本·拉登的"基地"组织曾经两次谋杀克林顿未成，而克林顿又两次未能击毙本·拉登。

这二比二也表明，美国与本·拉登的暗中较量已经相当激烈。

然而，在新总统布什上台之后，美国政府却一度与阿富汗塔利班进行"合作"甚至给予援助！

2001年5月，美国反毒官员访问了阿富汗，为塔利班限制鸦片生产取得成功叫好。

当时的《纽约时报》的头条新闻标题是《美国官员说，塔利班限制鸦片生产成功》。报道得到美国官员的认同。

《纽约时报》的报道说："塔利班的突然转向，使国际的反毒专家大吃一惊——这为美国援助停止种植鸦片的阿富汗农民开辟了道路。5月17日，美国国务卿鲍威尔宣布了向阿富汗追加四千三百万美元紧急援助，以对抗漫长的旱灾。美国成为援助阿富汗旱灾的最大支援国。"

鲍威尔还发表声明说，美国会"继续寻求方法向阿富汗塔利班提供更多援助"。

直到"9·11"恐怖袭击事件突然爆发，布什政府这才吃了一惊！

布什政府决定狠狠打击本·拉登"基地"组织。虽然关于本·拉登主谋"9·11"恐怖袭击事件的证据并不充足，但是用得着美国高官那句私下里说的话，"即使最后找不到真凶，也要找个替罪羊！"——因为本·拉登本来就是美国的"头号公敌"！

当然，真凶也罢，替罪羊也罢，本·拉登的"基地"组织，并非一个国家，人称"非国"组织。本·拉登本人是沙特阿拉伯人，他只是借居于阿富汗。要打本·拉

登,那就要打阿富汗。但是,阿富汗是一个主权国家,十九名劫机疑犯中没有一个是阿富汗人,况且也没有任何证据表明阿富汗塔利班政权参与了"9·11"恐怖袭击事件。

不过,不打击阿富汗的塔利班,就无法打击本·拉登。所以,阿富汗的塔利班政权,也被美国列为打击对象。

美国总统布什为打击阿富汗塔利班,制造了这样的舆论:

"我们将对恐怖分子和那些庇护他们的人一视同仁,决不姑息。"

也就是说,美国是以"庇护"罪,把本·拉登连同阿富汗塔利班一起锁定为打击对象。

当然,后来布什总统还说了这样的划分敌我的标准:

"如不支持美国,即支持恐怖分子。"

用这句话来衡量阿富汗塔利班,也足够把他们划为打击对象。

然而,在"9·11"恐怖袭击事件的翌日,阿富汗塔利班当即否认本·拉登在美国遭受的系列恐怖主义袭击中扮演了任何角色。

塔利班政权驻巴基斯坦大使扎伊夫对"9·11"袭击事件表示谴责,希望肇事者能够被绳之以法。他在记者招待会上为本·拉登辩解说:"本·拉登只是个普通人,他没有能力实施这些活动。"

他还说:"我们想告诉美国人民,阿富汗人民能够理解他们的痛苦。我们希望这些恐怖分子能够落网,受到法律制裁。"

即便阿富汗塔利班如此为自己以及本·拉登辩解,美国仍把他们锁定为军事打击对象。

在确定了打击对象之后,美国高层进入第三步决策,即如何打击。

值得注意的是,英国首相布莱尔在"9·11"事件的翌日,给美国总统布什发来五页备忘录,提出如何打击的重要策略:

一、在全球范围内造成有利于反恐战争的舆论至关重要,因而宜尽早公布本·拉登及"基地"组织与"9·11"事件有关联的证据;

二、集中揭露阿富汗境内的恐怖组织训练基地,引导舆论关注塔利班政权庇护恐怖主义的事实;

三、向塔利班下最后通牒;

四、稳定阿富汗的东西两厢,同巴基斯坦建立联盟,同伊朗改善关系;

五、加大对北方联盟的支持力度,将他们纳入整个反恐军事行动。

六、重新启动中东和平进程的必要性,舍此便不能巩固阿拉伯国家对反恐战争的支持。

布什总统则在与布莱尔通电话时,说了自己的策略。他说这场斗争的展开应像一粒石子投入水中激起层层涟漪那样，"我们把焦点先放在处于中心的第一圈涟漪，然后扩大到第二圈，再扩大到第三圈……"

布莱尔表示赞同。他说，眼下先集中火力揭批恐怖主义头子拉登和阿富汗，下一步对"基地"组织成员的清剿必定要远远超出阿富汗的范围。

后来的历史进程表明，布莱尔与布什所提出的这些策略确实至关重要，都逐一付诸实现：

在"9·11"事件的第三天，即9月13日，美国国务卿鲍威尔点明"9·11"恐怖袭击事件的主谋是本·拉登。美国新闻媒体便大为鼓噪，反复宣传本·拉登是"9·11"恐怖袭击事件的主谋，反复宣传本·拉登的"基地"组织是最危险的敌人，反复宣传阿富汗塔利班政权庇护本·拉登。

9月14日，美国参众两院先后通过决议，授权美国总统布什动用武力对"9·11"事件进行报复。美国参众两院都以压倒性票数通过决议，批准总统动用军队来对付恐怖分子。参议院以98：0，众议院以422：1的压倒多数通过这项决议。参众两院还全体通过另一项决议，为这次美国受攻击所面对的危机，提供四百亿美元的额外援助资金，其中二百亿用于打击恐怖主义组织。美国参众两院如此支持美国总统，也是史所罕见，足见军事打击本·拉登恐怖组织以及庇护者阿富汗塔利班，得到美国参众两院全力支持！

美国政府不仅要在国内争取多数，而且要在国际上争取多数。就在这天，美国国务卿鲍威尔跟47个国家的领导人通了电话，争取各国对于美国反对恐怖主义行动的支持。鲍威尔叹道："这几天我得眼观六路，耳听八方，已经有点晕船的感觉了。"

9月17日，布什总统前往五角大楼视察时，第一次向全世界发出军事行动的信号。他表示，美国将向国际恐怖主义进行"新的战争"。

9月17日下午，巴基斯坦前驻阿富汗大使向塔利班当局转交了美国政府的最后通牒：限其在七十二小时内交出涉嫌制造美国"9·11"系列恐怖袭击案的沙特富翁本·拉登，否则美国将对其实施军事打击。

关于"如何向塔利班下最后通牒"，布什事先曾经与布莱尔交换过意见。布莱尔说，最后通牒开出的条件要让塔利班无法逃脱，比如要他们交出本·拉登和他的主要副手；关闭恐怖分子训练营；允许国际监察人员到阿富汗核查执行情况等。布什说，我百分之百同意。

阿富汗塔利班面对美国政府的最后通牒，声称本·拉登与"9·11"恐怖袭击事件无关，声称本·拉登是塔利班尊贵的客人，穆斯林没有赶走自己客人的习惯。

阿富汗塔利班的态度是美国政府所料之中。

9月20日晚9时，布什总统在国会向全国发表重要讲话，英国首相布莱尔、布什内阁的全体成员、第一夫人劳拉、纽约市长朱利安尼都出席会议。

布什总统的这一讲话，是向全体美国人民说明在阿富汗塔利班拒绝了美国政府的最后通牒之后，为什么要出兵阿富汗。布什总统这次讲话，可以说是下令在美国实行战争总动员。

布什总统在讲话中，回答了美国民众"是谁袭击了我们的国家"的疑问。布什说："我们收集的证据都指向一个恐怖组织松散联系在一起的集团，被称为'卡达'（Qaeda）。"他进一步指出，"这个集团及其领导人，一个名叫本·拉登的人"，与许多国家的其他组织都有联系。布什指责这个组织制造了美国驻东非大使馆爆炸案和美国在也门的战舰"科尔"号的爆炸案。他还说："卡达的领导层在阿富汗具有很大的影响力，支持控制着这个国家大部分领土的塔利班政权。"

布什总统说，美国搜集的各项证据显示沙特富商本·拉登是"9·11"恐怖袭击事件的幕后黑手。本·拉登与阿富汗塔利班政权关系密切，受到庇护。

布什首次表示，要"声讨塔利班政权"。

布什称恐怖分子之所以憎恨美国人是因为他们憎恨美国的"自由"。美国政府将动用一切可以动用的资源，包括交通、外交、财政、执法工具。这场战争不像对付伊拉克、科索沃，这会是一场长期的战争。对付恐怖主义唯一的途径是对付他并彻底摧毁他，很多人都将参与这次行动，包括美国联邦调查局、中央情报局、军方要作好一切准备，并保持最高警备。

布什强调，国际社会要作出选择："要么支持美国，要么跟美国对立。"任何国家庇护恐怖分子，美国就会对付他们。

布什指出，这是一场全球性的战役。美国需要世界上各种力量共同联合对付恐怖主义。

面对美国强大的军事压力，阿富汗宗教领袖会议在 9 月 20 日通过一项决议，要求被美国列为恐怖袭击"头号嫌疑犯"的本·拉登自愿离开阿富汗。决议说："为避免目前的混乱和以后类似的嫌疑，宗教领袖高级委员会建议阿富汗当局劝说本·拉登在任何可能的时间自愿离开阿富汗。"这项决议呈交塔利班最高领导人奥马尔，作最后决定。

这一要求被塔利班最高领导人奥马尔所拒绝。

在向阿富汗塔利班提出最后通牒的同时，美国着手第四步决策：调兵遣将，进行出兵阿富汗前的准备。

9 月 19 日，经布什总统同意，国防部长拉姆斯菲尔德签署了第一道调兵命令，开始调兵遣将，向中东派出航空母舰、战斗机、轰炸机以及预警飞机和空中加油机。美国航空母舰"企业"号、"卡尔文森"号、"罗斯福"号和"小鹰"号，驶向中东，再加上英军航空母舰"卓越"号，中东海域集结了五艘航空母舰，规模之大，仅次于海湾战争。遵照拉姆斯菲尔德的第二道命令，向中东地区增派多达五万人左右的精锐地面部队，其中包括行动敏捷、作战干净利落的特种部队。美国国防部副部长沃尔福威茨说，这次军事部署的代号为"无限正义行动"。

除了调兵遣将之外，为了实行"无限正义行动"，美国政府还进行两方面的工作：一是外交协调，二是经济打击。

外交协调是实行"无限正义行动"的前提，因为阿富汗是一个内陆国家，要对它实行军事打击必须要经过其他国家，即便是实行空中打击，美国飞机也必须经过其他国家的领空。因此，美国政府忙于外交协调。经过协调，阿富汗的许多邻国同意美国使用它们的军事基地，或者同意向美军飞机开放领空。

经济打击也紧密配合了军事打击。9 月 24 日，布什总统签署行政命令，正式冻结和拉登有关系的 27 个组织和个人在美国的财产。布什总统在白宫宣布上述命令时说，"我们要切断财源，把恐怖分子饿死。"

后来，布什政府又加大在金融领域上打击恐怖主义的力度，宣布冻结另外 39个组织和个人的资产。这样，加上较早时公布的冻结名单中的组织和个人，被美国列入冻结资产名单的组织和个人共有 66 个。

与此同时，英国政府也公布了准备冻结的另外三十八个可能与国际恐怖组织有联系的组织和个人的名单。

这样，美国和其他国家已冻结全球恐怖分子大约二千四百万美元的资产，一百零二个国家承诺加入这一行动。

在完成了这一系列战前准备之后，美国总统布什终于在 10 月 7 日摁动了向阿富汗塔利班实行军事打击的揿钮。

在美国发动对阿富汗的军事打击之后数分钟，美国总统布什在白宫就此行动发表了重要讲话。以下是布什讲话的全文：

> 按照我的指令，美军部队已开始向位于阿富汗境内的 al Qaeda 恐怖组织训练营以及塔利班政权的军事设施实施军事打击。
>
> 这次经过精心准备的军事行动的目的是为了让阿富汗不再成为恐怖组织的训练基地并削弱塔利班政权的军事实力。
>
> 美国最亲密的盟友英国也派遣部队参加了这次行动，另外包括加拿大、澳大利亚、德国和法国在内的其他盟国也已承诺随着打击行动的逐步展开，他们也将加入我们的行列。中东地区、非洲、欧洲以及亚洲的四十多个国家已同意向美军开放领空或是起降战机的机场，还有很多国家表示愿意与美国共享情报信息，显而易见，我们这次行动是得到了全世界的支持。
>
> 两个多星期以前，我已向塔利班政权领导人发出了一系列清晰而且明确

的信号,要求他们关闭阿富汗境内的恐怖组织训练营,交出 al Qaeda 恐怖组织的所有头目,释放包括被非法拘禁在阿富汗的美国公民在内的所有外国人质。但是,塔利班拒绝答应上述任何要求,现在,该是他们为此付出代价的时候了。通过摧毁 al Qaeda 恐怖组织的训练营和塔利班政权的通信设施,我们知道该组织再想训练新加入的恐怖分子以及协调他们的毒恶恐怖计划将更加困难。我们很清楚,战争一打响,恐怖分子就会躲到山洞里藏起来,但我们会能够持续、全面以及毫不手软的打击行动将他们逼出山洞、赶出阿富汗并最终绳之以法。

与此同时,饱受压迫的阿富汗民众将对美国政府及我们的盟国的慷慨大度有更深的认识,在我们打击阿富汗境内军用设施的同时,我们还会向正遭受饥饿之苦的阿富汗民众空投食品、药品以及其他救援物资。

美国政府是阿富汗人民的朋友,而且我们是全世界信仰伊斯兰教的近 10 亿教徒的朋友。美国是那些从事恐怖活动的个人及组织的敌人,这些人根本就不是伊斯兰教徒,他们只是打着伊斯兰教的幌子在从事谋杀活动。

这次针对塔利班政权的军事打击活动是我们反恐怖行动的一部分,在实施军事打击的同时,我们还对三十八个国家境内与恐怖组织有关联的个人及机构的资产进行了冻结。

我们相信,只要我们团结一致,目标统一,我们就一定能够赢得这场反恐怖战争的胜利。虽然今天我们打击的目标是阿富汗,但其具有更广泛的意义,尽管每个国家都有权做出自己的决定,但在反恐怖战场上没有任何中立立场可言。

如果任何一个政府支持或庇护恐怖分子,它就会成为国际社会孤立和打击的对象,它最终的下场将与恐怖分子一样。

美国是一个渴望和平的国家,但我们在 9 月 11 日这一天突然意识到,如果恐怖主义不除,世界将永无宁日。在面临现今的恐怖主义威胁时,我们得到和平的唯一办法就是消灭那些带来恐怖威胁的人。美国并不想发动这场进攻,但我们被逼无奈,而且一定要取得胜利。

这次军事行动的代号是"持久自由行动"。通过这次行动,我们不仅将为美国民众带来宝贵的自由,而且还将为全世界的公众赢得自由,让他们的子孙后代远离战争。

我知道很多美国人今天会感到担心,不过请放心,美国政府已采取了最谨慎的防范措施,我们所有的执法机构以及情报部门都为此在一天二十四小时地工作着。

在未来几个月内,耐心将是我们最大的法宝,它将给那些在前线作战的士兵的家人和朋友带来希望和毅力。我们为这些士兵及其亲属做出的巨大牺牲感到自豪。这些到前线参战的武装人员是职业军人，他们值得我们尊敬，他们代表了美国民众当中最优秀的成员，我们为他们感到骄傲。

对于我们所有的军人——每位艇员、每位战士、每位飞行员、每位国民警卫队员、每位海军陆战队员——我需要指出这点：你们的任务是具体的、目的是明确的、目标是正义的，你们必须有全部的信心，你们将拥有完成任务所需的所有工具。

我最近收到了一封感人的信件，其中谈到了许多关于现在困难时期美国的现状，这封信出自一位四年级女孩之手，她的父亲是一位军人。

"尽管我不希望我的父亲去战斗，"她写道，"但我希望把他交给你们。"

这是一份珍贵的礼物，她所拥有的最爱的人，这个小姑娘知道国家是什么。

"9·11"恐怖事件让所有的美国人都更加懂得了自由的含义，深知赢得自由就需要付出代价和牺牲。现在，战争就在眼前，我们不会退缩也不会裹足，因为和平和自由终将战胜邪恶。

谢谢大家，愿上帝与美国同在。

"无限正义行动"打击塔利班

从 2001 年 10 月 7 日起，全世界几十亿观众开始收看一部精彩纷呈的"战争电视连续剧"：

剧名："无限正义行动"——美国军事打击阿富汗。
播出时间：每天一集，随时现场直播，风雨无阻。
总导演：美国总统布什。
导演：美国国防部部长拉姆斯菲尔德。
执行导演：美军联合作战中央指挥部指挥官、四星上将汤米·法兰克斯。
领衔主演：布什与本·拉登。
主要演员：美国大兵、北方联盟与塔利班、"基地"组织。
群众演员：美军十八万，塔利班四万五千，北方联盟一万。

每天摄制成本：三千万美元。

美国军事打击阿富汗，确实像一部电视连续剧。自从"总导演"美国总统布什喊了一声"开始"之后，美军战机呼啸升空，直奔阿富汗上空，狂掷炸弹、猛射导弹，伴随着隆隆的爆炸声，阿富汗山崩地裂，血肉横飞，一场惊心动魄的"新战争"打响了。

这下子忙坏了各国的电视台。记者们冒着生命危险，在第一线现场直播"新战争"。"无限正义行动"成了全世界收视率最高的节目。

我在美国一打开电视机，就可以不时见到"无限正义行动"的现场报道。画面的下方，一直打着一行字幕：

"Americas New War"（美国的新战争）

电视节目主持人为了追求现场效果，总是穿着厚厚的羽绒服，背对战场的浓烟火光，手持话筒，报道最新战况。

这场21世纪的第一次战争，通过高科技的传播手段，做到了全球化，让全世界的观众都可以通过电视，不断见到来自阿富汗前线的"新战争"报道。现代化战争，用这样的方式进行，真是令人耳目一新。

这部"电视连续剧"的"剧情"，是由"总导演"事先设计好的，分为三部曲：

第一部——空中打击；

第二部——地面战争；

第三部——捉拿拉登。

在这冗长的"电视连续剧"中，除了火光冲天、杀声震地之类战争"武戏"场面之外，还穿插着种种"文戏"：

美国总统布什在白宫，不时发表演说；

美国国务卿鲍威尔进行穿梭外交，游说各国，建立反恐国际联盟；

美国国防部长在五角大楼，频频对战况进行评说；

美国中央情报局局长则经常要发布一点关于恐怖分子进行新的袭击之类的警报；

那个挥之不去的炭疽菌幽灵，经常"客串"几个镜头；

美国总统布什在军事打击阿富汗的同时，参拜清真寺，会见穆斯林代表，进行"策略战"；

美国飞机投下大批印着"USA"字样的粮食，显示美国对阿富汗难民的人道主义援助，又是一种"策略战"；

每到关键时刻，"反面主角"本·拉登就会现身半岛电视台，进行反美演说，剧情顿时波澜起伏……

常有一些出人意料的"花絮新闻"，插科打诨于电视剧中，使看厌了连天炮火的观众们，享受到一点幽默和情趣：

塔利班悬赏五千万美元"捉拿"美国总统布什，那悬赏布告上印着绑着头带、蓄了络绳长须、身穿长袍、手持卡宾枪的布什总统照片；

美军以牙还牙，从飞机上播撒印有刮光胡子、身穿西装的本·拉登照片的通缉传单；

媒体还报道布什总统曾经进行的关于空中打击阿富汗的"成本核算"："用一枚价值一百万美元的导弹，击中了一个价值不过十美元的塔利班帐篷，合算吗？"

法国男记者用蓝色面纱蒙脸、长裙蒙身，扮成阿富汗妇女混入阿富汗，却因裙底一双大脚露破绽而被塔利班识破，作为间谍逮捕，后来又因确证记者身份而驱逐出境，这位记者因此反而名声大振，成为新闻人物；

美国肥胖协会对美军进行调查，发现百分之五十八的男兵与百分之二十六的女兵超重，影响战斗力。在各兵种之中，肥胖最严重的是海军。美国肥胖协会向美国政府报告，军人身上多了赘肉，势必影响耐力与行动，也增加了受伤的可能性。然而，美国国防部一位官员却回答说，把肥胖的美军战士派到阿富汗最合适，因为那里条件艰苦，正是减肥的绝好机会；

瑞士商人欲起诉本·拉登，原因是"9·11"事件使机场检查变得非常严格，旅游工艺品瑞士军刀无法带上飞机，亏本严重；

一位具有强烈反美情绪的乌克兰妇女奥廖娜在"9·11"事件发生之后，她和丈夫就在当地一家麦当劳门口进行反美示威。她声明改名"本·拉登·乌萨马"，表示自己要与美国抗争到底。她说，乌萨马·本·拉登是她心中的偶像，她把自己的名字改为"本"，父名改为"拉登"，姓改为"乌萨马"；

国际贸易有限公司为了迎接万圣节，制作了布什面具和本·拉登面具，结果本·拉登面具的销路超过了布什面具；

还有那关于"鞋子炸弹"、假炭疽菌恐慌种种趣闻……

当然，作为"正剧"，还是美军对阿富汗的军事打击。

美军军事打击阿富汗塔利班的第一战役，是大规模、地毯式轰炸。

2001年10月7日，美英部队对阿富汗开始进行空中打击。阿富汗首都喀布尔机场附近、南部城市坎大哈、北部城市贾拉拉巴德等三十个塔利班军事目标遭到袭击。在极短的时间内，摧毁了阿富汗塔利班政权所有通讯、交通、空防炮兵基地、雷达设备。

美军大规模的昼夜不停的空袭持续了一个多月。在阿富汗投下了上万枚导弹和炸弹。然而，北方联盟的部队却一直裹步不前。

观众们对单调的轰炸画面看烦了。在美国普遍产生对军事打击阿富汗的不满情绪,甚至爆发反对军事打击阿富汗的游行。阿富汗冬季的逼近以及穆斯林斋月的临近,美军上下也产生了烦躁情绪。

2001年11月9日,阿富汗战局终于有了重大转机,进入第二战役:北方联盟部队在美国及其盟国的空中支援下,经过数天激战,终于攻占了阿富汗北部战略重镇、巴尔赫省首府马扎里沙里夫。

马扎里沙里夫坐落在阿富汗和土库曼斯坦界河阿姆河南岸,是阿富汗北方地区的交通枢纽和商业、文化中心,著名的萨郎公路经过这里,把阿富汗同北方的乌兹别克斯坦连接起来。

北方联盟攻下马扎里沙里夫,使五角大楼兴奋不已。僵持、沉闷的战局终于被打破了。美国的反对声浪,被胜利的欢呼声压了下去。

一个多月的持续空袭,给了塔利班心理上沉重的打击。马扎里沙里夫的失守,使塔利班的阵脚乱了。

紧接着,阿富汗之战进入第三战役:

北方联盟以摧枯拉朽之势,在几天之内,夺取了七个省,逼近首都喀布尔。

这时,美军要求北方联盟暂停进攻喀布尔,他们担心北方联盟独吞战果,将来不便控制。

然而,北方联盟不顾一切乘胜前进。

北方联盟原本以为在喀布尔会与塔利班大战一场,结果完全出乎意料,当他们在11月13日凌晨攻入喀布尔的时候,竟然兵不血刃,不费吹灰之力!

美国国防部大为吃惊,曾经断定塔利班主动放弃喀布尔是"战略转移",甚至是诱敌深入的圈套。

此时,阿富汗形成南北对峙的局面:北方联盟占领阿富汗北部,塔利班占领阿富汗南部。北方联盟所占领土为阿富汗领土的百分之四十五。

这时,塔利班据守南部重镇坎大哈。那里是塔利班的根据地。

北方联盟乘胜追击,向坎大哈进逼。于是,进入第四战役,即进攻坎大哈。

北方联盟遭遇塔利班的坚决抵抗。

11月22日,在喀布尔西南二十公里的迈丹城,北方联盟向固守在那里的塔利班发起攻击时,损失惨重。这一挫折使北方联盟在进军的途中谨慎起来。

美军给北方联盟强大的支持,猛烈轰炸坎大哈机场以及军事据点。

在猛烈的攻势之下,塔利班最高领导人奥马尔为了避免更大的伤亡,决定在12月6日主动交出坎大哈。

这样,北方联盟连克马扎里沙里夫、喀布尔和坎大哈三城,取得了全国性的胜利,进入最后的战役——第五战役,即进攻塔利班最后困守的据点、位于阿富汗东部山区的托拉博拉。

从 12 月 11 日起，托拉博拉激战开始。塔利班作最后的顽抗。美军发动最猛烈的轰炸。

12 月 16 日中午，北方联盟发动总攻击。塔利班战死二百多人之后溃散。

就在混战之中，不见了"基地"组织首领本·拉登和塔利班领袖奥马尔的踪迹。北方联盟与美军特种部队进入阿富汗深山反复搜索，毫无所获！

12 月 22 日，阿富汗以卡尔扎伊为主席的临时政府就职仪式在喀布尔举行。

2002 年 1 月 29 日，美国副国务卿阿米蒂奇在华盛顿正式宣布，尽管美军仍在阿富汗对塔利班残余势力进行追剿，但塔利班在阿富汗境内已经彻底瓦解，再也没有能力来有效控制阿富汗的任何一片领土。

阿米蒂奇说，1999 年美国总统克林顿签署过一份对塔利班实施制裁的总统令。根据克林顿的总统令，美国对塔利班的制裁适用于阿富汗境内塔利班控制的领土。阿米蒂奇声明，由于从 2002 年 1 月 29 日起塔利班不再控制阿富汗的任何领土，原总统令中的表述不再有效，应予修正。

这样，2002 年 1 月 29 日被确定为"塔利班彻底瓦解日"。

于是，美国军事打击阿富汗"无限正义行动"的"三部曲"的第一部——空中打击和第二部——地面战争，已经画上句号。但是，第三部——捉拿拉登仍在进行……

布什奉行单边主义

我在美国注意到，在布什上台之后，单边主义成了流行语，成了高频词。

单边主义一词虽然频频见诸报端，但是我并未见到关于这一名词的权威性的定义。

在我看来，所谓单边主义，通俗明白地讲，那就是"自说自话"、"我行我素"、"独断独行"、"一意孤行"。布什的单边主义，其实也就是"美国说了算"。

布什奉行单边主义的基础，就是所谓世界"单极化"。

那是因为在苏联解体之后，美国成了世界上唯一的超级大国。世界从两霸争斗的冷战时期，进入美国独霸全球。

在美国看来，从此世界"单极化"了，从"两极"进入"单极"。

正因为这样，美国可以为所欲为，可以"自说自话"、"独断独行"，也就是实行

单边主义。

对于布什的单边主义,在"9·11"恐怖袭击事件发生之前,2001年6月出版的美国《旗帜周刊》(*The Weekly Standard*),发表了《布什主义》一文,对此作了理论阐述。

这篇文章指出,用"超级大国"来描述当今美国的世界地位已不够,"美国是现代世界上以前从未见过的东西",不知比超级大国要高强多少,因为它占有压倒优势的世界统治地位。美国就是要做当今世界的唯一霸主,"仁慈地"去统治世界。

据此,这篇文章认为,"世界已经是单极化而非多极化"。

这篇文章毫不遮掩地说,美国必须奉行"承认单极化与保持这种单极化所必需的单边主义政策"。

这篇文章以为,建立在世界单极化之上的单边主义,这便是布什主义的核心。

这种"老子天下第一"的单边主义,在布什上台之初,就咄咄逼人地表露出来。美国《纽约时报》曾经历数布什的单边主义表现:

2001年3月,白宫宣布美国拒绝签署有关防止全球变暖的《京都议定书》;

5月,布什总统宣布美国准备单方面突破《反弹道导弹条约》的限制,以便部署导弹防御系统;

7月,美国政府要求"淡化"修改联合国有关减少小型武器非法交易的协议;

此外,美国政府又决定拒绝接受经多方磋商而形成的《禁止生物武器公约》议定书草案。

与此同时,布什政府还要求参议院"无限期推迟"审批1996年签署的《全面禁止核试验条约》以及美俄两国在1993年达成的有关裁减核军备的条约。

另一家报纸指出,美国新政府上台不足百日,却在外交上多方起火:

对俄罗斯强烈批评,驱逐俄使节;

猛烈轰炸伊拉克事件;

在韩国总统金大中访美期间突然宣布中止与朝鲜的对话,令金大中难堪;

2001年4月1日又发生美军用侦察机撞毁中国战斗机事件……

我见到布什政府所奉行的单边主义在美国受到媒体的诸多批评。

美国《纽约时报》曾经发表社论,对布什政府执政半年来在外交上推行的一系列单边主义政策提出批评。社论说,布什政府在同国际社会打交道中往往采取一种"敌对态度",对国际合作表现出一种"傲慢和蔑视",这种做法终将损害美国自身的利益。

《纽约时报》的社论说,在1999年总统竞选期间,布什曾说过,像美国这样的大国在处理同他国关系时应该"礼让恭谦",然而布什在入主白宫后,却对一些国际条约和协议采取了"倨傲轻视"的态度,而这些国际条约和协议实际上"为美国同外部世界接触确定了基调"，并且自二战结束以来一直"在美国外交政策中得到突出体现"。

《纽约时报》社论认为，布什政府所反对的上述国际条约和协议"应该得到保留或批准"，至于这些条约和协议中的某些缺陷，则可以通过谈判协商解决。社论说，将近一百八十个国家的代表在德国波恩开会，根据美国的意见对《京都议定书》进行了重要修改，"可是美国政府的代表却没有认真参加波恩谈判，而是根据指示置身于事外"。

《纽约时报》社论说，布什政府的所作所为，不符合一个世界大国在国际事务中理应发挥的"富有成果"的作用。社论强调说，"对其他国家所关心的事务漠然视之，只能削弱美国的影响"，损害美国的国家利益。

《纽约时报》说，布什政府应当从中美撞机事件中吸取教训，尽管美国很强大，但它不能把自己的意志强加于世界，美国将为之付出代价。

在我看来，虽然《纽约时报》的社论也是处处站在"美国国家利益"的角度说的，但是对于布什政府的单边主义批评，还是有相当力度的。

美国的《华盛顿邮报》则就中美撞机事件批评美国政府的单边主义说，美国人应当想一想，如果角色互换，中国在美国的海岸线上进行同样的近距离、挑衅性侦察活动，美国会如何反应？如果发生类似的撞机事件并造成一名美国飞行员丧生，美国又会如何反应？美国是言行不一、玩弄双重标准手法的大师。

对于布什政府单边主义更强烈的批评，则来自世界各国。

法国总理若斯潘直截了当地指出，美国在外交上采取的是自私霸道的"单边主义"。这种"单边主义"就是不顾及别国利益、不顾国际舆论、不顾国际规则地"一意孤行"。

若斯潘对布什政府几个月来在处理欧美贸易纠纷、大西洋两岸关系、部署国家导弹防御系统等一系列问题上所采取的咄咄逼人的立场进行了批评。他说，传统上由共和党领导的美国政府有时会表现出孤立主义的倾向，"但我目前的印象是，现在的美国政府不是个孤立主义的政府，而是一个单边主义的政府"，"它在某些问题上似乎并不认为有必要顾及国际社会通行的一些准则"。

若斯潘强调，整个欧洲，而不仅仅是法国，应该在自身关切的问题上向美国表明自己的不同意见。

针对美国政府宣称不执行旨在减少温室气体排放、控制全球气候变暖的《京都议定书》，若斯潘强调，这是"一个不折不扣的单边主义和十分有害的行为"，因为美国温室气体的排放量是世界上最多的，占全球总排放量的四分之一。

加拿大政府向来跟美国政府保持"高度一致"。但是，就连这样的"忠实盟友"也对布什政府的单边主义，颇有微词。

271

加拿大外长曼利指出,美国近来在处理一些国际重大问题上的单边主义行为越来越严重,这对全球安全构成了严重威胁。

曼利说,美国最近拒绝签署一些国际性条约,同时决定要推行导弹防御计划和太空军事化计划,这是十分危险的趋向。美国的这些行为将破坏全球稳定。

曼利说,美国政府必须认识到,多边的国际协定最符合美国的利益,在国际安全事务中的单边主义行为只能给自己的防御带来不利和破坏。

曼利指出,美国要把激光武器送到太空是里根时代星球大战计划的重演,这将引发太空军备竞赛,这对全球的安全是十分危险的。他说,加拿大政府坚决反对太空军事化,并希望国际社会能签署一个禁止太空武器条约。

俄罗斯外长伊万诺夫批评美国在包括太空武器和全球变暖在内的一系列问题上的"任我行"主义。

伊万诺夫说:"衡量一个国家在国际社会中威望的标准不是该国的军事或经济力量,而是看它是否负责任地履行了国际职责。"

伊万诺夫说,在解决国际问题上,任何单边主义的做法"只能破坏法治,使国际社会在处理紧急问题和应对危险挑战时,由于采取折中方案而影响到效率"。

在各国对于布什政府单边主义的批评之中,我以为新加坡资政李光耀的见解最为深刻和风趣。

李光耀说:"在我看来,布什政府执政以来,美国那种不断明显的独断独行作风让大家都感到非常不舒服。"

他说:"人们觉得自己被踩在了美国的脚下,你总是能看到美国在那里奉行着单边主义。大家都受够了。"

李光耀把克林顿与布什加以比较,指出:"克林顿也采取过单边主义,但他的语言技巧很高,能掩饰他的真正意图。而布什想说什么就说什么,甚至不想说的也说。"

面对国际舆论对于布什政府单边主义的批评,美国国家安全顾问赖斯终于站出来说话。

赖斯在 2001 年 7 月接受哥伦比亚广播公司采访时说:"你不可能再找到一个比布什政府更奉行国际主义的政府了。"

赖斯说:"如果国际主义意味着不得不接受一些差劲的条约,美国人将不能接受。美国人选举总统的目的,不是为了让他签署那些不利于美国的条约。"

就在人们对于布什政府的单边主义越来越不满的时候,爆发了"9·11"恐怖袭击事件。

美国报纸在强烈抨击恐怖主义的同时,也批评布什政府的单边主义,甚至认为正是因为美国的单边主义使美国树敌太多,成为众矢之的,这才招致"9·11"恐怖袭击之祸。

为此，在"9·11"恐怖袭击事件发生不久，美国《洛杉矶时报》便十分乐观地说："随着纽约世贸大厦的倒塌，布什政府的单边主义也因此破产了。"

在《洛杉矶时报》看来，布什政府一定会从"9·11"恐怖袭击事件吸取教训，从此改弦易辙，抛弃单边主义。

在"9·11"事件发生后的第三天，香港《明报》发表题为《一只手掌拍不响美国也应反省》的社论指出，"美国应在全力缉凶之余，好好检讨自己的所作所为。"

文章指出，总统布什一上台便在国际上奉行单边主义，独行独断，唯我独尊，激化矛盾。

文章认为，冷战期间，国与国之间的冲突基于意识形态上的分歧，美国轻易地制造出一个民主社会、西方文明世界共同对抗的敌人。但冷战结束后，美国无法接受国与国之间的分歧主要在于文化上的差异，美国不少人包括总统布什，还死抱着冷战的思维，来对付一些与西方文化不同的国家。

这篇社论指出，西方实际上是利用国际机构（国际货币基金组织等）、军事力量、经济资源去主宰这个世界，以维持它的主导地位，保护西方利益，推广西方政治和经济价值观。

社论强调指出，如果美国执迷不悟，继续采用冷战时代的手段来处理对外关系，不但会处处碰壁，而且会形成一个"杀戮与报复"的恶性循环，最终会使更多美国人和其他国家无辜的人民遭殃。

在"9·11"事件发生之初，布什政府的外交动向，也确实曾经使很多人误以为布什政府抛弃了单边主义：

布什政府强烈呼吁，建立国际反对恐怖主义的广泛联盟。为此，美国国务卿、国防部长接连访问许多国家，握手、拥抱、友好、团结。美国跟许多国家的领导人进行合作，并对世界各国谴责恐怖主义表示感谢。美国政府认为，许多国家在美国最危险的时刻，给予了最可贵的支持。

一时间，美国政府仿佛从单边主义转向为多边主义。

人们以为，美国和欧洲之间的冲突似乎一下子消失了，英国、法国、德国等国家坚定地站在了美国的后面，帮助美国出钱出枪，打击国际恐怖主义，双方关系发展似乎形势一片大好。

美国一下子显得"谦虚"多了。美国对于俄罗斯和中国不再是那么咄咄逼人，而是强调合作和友谊。

但是，随着美国军事打击阿富汗塔利班的节节胜利，人们很快就发现，布什政府的单边主义故态复萌，甚至比过去更加强烈！

美国总统布什宣布：

"9月11日那天可视为是一个测量温度的计量器,我们将以其他人对'9·11'事件的最初反应,以及对随后开始的阿富汗战争的反应来判定他们对美国关系的亲疏,以及来划定谁是我们的朋友,谁是我们的敌人。"

布什警告世界各国,"要么同美国站在一边,要么同恐怖分子站在一边",而且一再扬言要对伊拉克和叙利亚等国动武。

布什这种以"反恐"划线、非友即敌的"计量器",又一次反映了他以美国国家利益为准的单边主义政策。

一位欧洲官员说:"我们认为,当我们加入反恐斗争时,我们是在扭转美国政府奉行的单边主义的趋向。但是我们现在发现,反恐部队几乎都在布什政府的控制之中。"

另一位欧洲外交家也说:"我们怀有的向多边主义迈进的梦想没有实现。实际上,美国现在更有能力推行它所推崇的自以为是的行事规则,控制它的伙伴。"

最使人们失望的是,在2001年12月13日,布什政府不顾国际社会的强烈反对,宣布单方面退出美苏1992年签署的《反弹道导弹条约》。这清楚地反映,在反恐战争获得胜利之后的布什政府,依然故我,还在顽强地实行单边主义!

全球化与反全球化

纽约世界贸易中心大厦的倒坍,对全世界的经济产生了强烈的"地震"!

华尔街股市因此受到重挫,导致英国、德国、法国、日本以及中国香港、台湾的股市狂泻。

就连世界保险业也因此产生连锁反应:由于再保险,使美国本土的保险公司跟欧洲的再保险公司紧紧联系在一起。纽约世界贸易中心大厦的倒坍,不仅使美国的保险公司面临困境,也导致德国、英国、瑞士、百慕大群岛的再保险公司严重亏损。

纽约世界贸易中心大厦姐妹楼只是美国千楼万厦中的两幢。为什么两幢楼遭到恐怖袭击,就会对全球的经济产生"多米诺骨牌效应"呢?

这里用得着《红楼梦》里的一句话,即"一荣俱荣,一损俱损"。《红楼梦》里所说的,只是限于贾府上下那几百口人而已。

如今,随着经济的发达,随着通讯技术的发展,整个地球变成了"地球村",经济日益全球化。

过去只是说，美国打个喷嚏，加拿大就会感冒。在经济全球化的今日，变成了美国打个喷嚏，全球都会感冒！

真的是牵一发而动全身，恐怖分子牵了世界贸易中心大厦这一发，动了全球的经济！

世界贸易中心大厦的倒坍，引发了世界经济界的论争：经济全球化，利耶？弊耶？

其实，反对经济全球化，早有人在，而且还形成了一个运动，名曰"反全球化运动"。

反全球化运动发端于 1999 年 11 月底。当时，世界贸易组织（WTO）贸易部长会议在西雅图召开，准备发起新一轮多边自由贸易谈判。来自世界各地的反全球化者，在西雅图举行大规模的示威，导致会议无果而终。这次大示威，成为世界反全球化运动的起点。

此后，什么地方举行全球化经济会议，什么地方就出现反全球化示威。

2000 年 1 月底，世界经济论坛年会在瑞士达沃斯召开，反全球化的示威者也云集那里。

2000 年 2 月，联合国贸易与发展会议在泰国首都曼谷召开。反全球化的示威游行也在那里举行。

2000 年 5 月 1 日，英国首都伦敦爆发大规模的反全球化与反资本主义的示威游行。

2000 年 9 月，世界经济论坛亚太地区会议在澳大利亚墨尔本召开，引发反全球化示威。

2000 年 9 月，世界银行与国际货币基金组织（IMF）年会在捷克首都布拉格举行，又引发大规模的反全球化示威游行。

2000 年 10 月，第三次亚欧会议在韩国首都汉城举行，那里二万人参加反全球化示威。

2000 年 12 月，法国尼斯欧盟首脑会议，反全球化抗议活动使会议一度中断。

2001 年 4 月，魁北克美洲国家首脑会议期间，加拿大警察动用催泪瓦斯和高压水枪来对付反全球化的示威群众。

2001 年 6 月，哥德堡欧盟峰会，四万人举行反全球化示威。

2001 年 7 月，八国峰会在意大利热亚那举行，爆发规模盛大的反全球化示威。

2002 年 1 月 31 日，世界经济论坛年会在"9·11"事件之后的纽约隆重开幕。世界经济论坛年会向来是在瑞士达沃斯召开，这一回，为了表示对于美国纽约遭受"9·11"恐怖袭击的同情，移师纽约。然而，却招来反全球化运动的最激烈的反

对。纽约上百万人上街,来自世界各地的五十多个团体参加,举行了声势浩大的反全球化示威游行。

反全球化国际行动中心发言人莱芮·霍尔姆宣称:"9·11"后,我们更坚定了反全球化的信心。我们要终身为之奋斗。

反全球化国际行动中心创始人克莱克表示,希望代表所有贫穷国家和被压迫者讲话。他深刻地说,"美国的经济行为远比任何战争所带来的灾难还要深重。"

在世界各地爆发的一次又一次反全球化示威,表明从1999年11月底以来,反全球化运动本身也"全球化"了!

2002年1月底至2月初在纽约爆发的反全球化示威,达到十几万人参加的规模,表明在"9·11"恐怖袭击事件之后,反全球化运动在全世界更加高涨。

反全球化形成如此浩大的声势,清楚地显示,经济全球化受到了来自全球的反对和抵制。

经济全球化本身,充满着深重的矛盾。这种矛盾在"9·11"之后加剧了,有人甚至宣称"世贸大厦倒坍意味着全球化的失败或终结"。这话固然过于极端,但是也表达了"9·11"事件对于经济全球化进程的沉重打击。

本来,一个又一个国家,发展各自的经济。经济全球化打破国家的界限,实行"小政府、大社会"。经济全球化的核心是所谓的"新自由主义",即放弃国家干预,听任市场力量自发作用。

经济全球化使资本在全球流通,促使资本全球化;

经济全球化使贸易打破国家壁垒,促使贸易全球化;

经济全球化也促使生产全球化、金融全球化、市场全球化……

在经济全球化者看来,民族国家已经过时了,国家不再应该,也不再有能力承担经济生活调节者的角色,各国调节经济的主权应该移交给国际经济组织,例如世界贸易组织、国际货币基金组织、世界银行、跨国公司等。

经济全球化使资本得到广泛的流通,使贸易在更广泛的领域进行,这固然有着进步的一面。

在经济全球化之下,每个国家只能加入全球经济分工,成为其中的一个生产环节,再也不可能甚至也不应该谋求自成生产体系了。这也就是"小政府、大社会"的含义。

然而,经济全球化是一把双刃剑。

经济全球化似乎不问民族与国家,不分地区与方位。但是经济全球化是高科技与资本的高度集中,往往是以富国为轴心而"化"的。现在所进行的经济全球化,实际上就是"少数人的全球化",或者说是"富国的全球化",甚至可以说是"美国的全球化"。它带给富国的是天堂,带给穷国的却是地狱。

有人把经济全球化看作是"以非军事强制为先导，以市场和资本为杠杆，没有流血与暴力，通过资本、信息和市场来冲击国家主权，来弱化他国政府的权力和掠夺他国的财富的新方式"。

经济全球化的后果使富者更富，穷者更穷，贫富差距更大。

联合国秘书长安南在 2000 年 4 月发表的《千年报告》中，曾经对经济全球化与反全球化作了深刻的论述：

"很少有人、团体或政府反对全球化本身。他们反对的是全球化的悬殊差异。"

"首先全球化的好处和机会仍然高度集中于少数国家，在这些国家内的分布也不平衡。"

"第二，最近几十年出现了一种不平衡现象：成功地制定了促进全球市场扩展的有力规则并予以良好实施，而对同样正确的社会目标，无论是劳工标准，还是环境、人权或者减少贫穷的支持却落在后面。"

"更广义地说，全球化对许多人已经意味着更容易受到不熟悉和无法预测的力量的伤害，这些力量有时以迅雷不及掩耳的速度造成经济不稳和社会失调。1997 至 1998 年的亚洲金融危机就是这种力量——二十年来第五次严重的国际货币和金融危机。"

"人们日益焦虑的是，文化完整性和国家主权可能处于危险之中。甚至在最强大的国家，人们不知道谁是主宰，为自己的工作而担忧，并担心他们的呼声会被全球化的声浪淹没。"

当七十七国集团第一次首脑会议在哈瓦那举行时，会议东道国、古巴主席卡斯特罗在会上呼吁，"毁掉"国际货币基金组织！

他说："让这个可恶的机构和它所代表的哲学消失，对于第三世界来说是至关重要的。"

在哈瓦那开会的发展中国家的首脑们提出，穷国不能平等地从全球化中获利，被排除在全球化的机会之外。

卡斯特罗主席建议，七十七国集团中的原油生产国以更低廉的价格向贫穷国家出售石油，他认为，人均年收入为四万三千四百美元的瑞士与人均年收入只有八十四美元的莫桑比克以同样的价格购买原油是不公平的。

卡斯特罗的话，获得穷国领袖们的热烈支持。

美国是经济全球化的最大得益国。美国力主经济全球化，积极推行经济全球化。

有人尖锐地指出：

"后冷战时期的全球化是以美国为主导的。经济上，美国的大跨国公司的触角遍布全球，高科技领导新潮流，军事力量称霸全球。既有西方自由主义的理念和自信,又有其现实主义的冷酷和唯利是图。而美国所致力的全球化是单向的、有条件的,即美国的内政、主权和利益不容置疑,不容改变,不能讨价还价。这一点在布什执政后表现得更为突出,表现为忽视社会公正,反对环保,不顾生态环境,无视可持续发展,一味追求眼前利益。"

也正因为这样,在反全球化运动中,首当其冲的就是美国式的"牛仔资本主义"!

美国的宿敌、伊拉克总统萨达姆对反全球化运动表示了全力支持,他说反全球化运动正在加速发展并且吸引了越来越多的支持者。

萨达姆在伊拉克内阁会议上说:"因为西方的年轻一代正处于一种无法推行人道主义价值的境地,所以他们发现,只有通过反全球化他们才能摆脱这种处境。"

他还补充道:"我们希望反全球化运动更快地为它的政党和行动正名,也希望这项运动更快地进入一个有组织的状态。"

不言而喻,萨达姆期望出现反全球化的政党,以便更加有力地推动这一具有强烈反美色彩的反全球化运动。

美国印第安纳州立大学王希则指出:

"所谓全球化,在本质上就是西方文明的世界化。"

"冷战结束后,全球化的口号风靡世界,成为一种超然意识形态。形形色色的政治家们,尽管背景不同,却骤然间有了共同语言。许多人都在相信全球化的时代已经来临。表面上,世界好像的确在追求一种更为一致的目标。但'全球化'并未产生预期的结果,反而更加深刻地分裂了世界。"

"冷战后的全球化运动实际上是过去五百年来西方扩张运动的一种继续。全球化绝非是一个纯经济性质的运动,它同时也是一个通过经济的扩张而推行西方的政治理念和文化价值的历史过程。所谓全球化既是西方价值的全球化,也是西方利益的全球化。对于非西方社会来说,所谓全球化是一个充满痛苦的历史记忆而又无法回避的现实。"

反全球化运动中的激进分子,用更加尖锐的语言抨击经济全球化:

"世纪末的全球化正在催生另一种形态的帝国体制,不是以军事强制为先导,而是以市场和资本为杠杆,没有鲜血和暴力,一切似乎建立在市场规律之上的自愿原则。与19世纪的武力侵略、领土霸占所不同的是,此次全球化的目的是夺取发展中国家的市场,而不是领土。对于发展中国家而言,丢弃市场比丢弃领土更为悲惨,因为丢掉领土(如中国丢了香港)仍然可以再夺回来,领土是看得见的实体存在,而丢了市场,就一去不复返了。"

"目前的 Internet 就是一种信息帝国主义,WTO 是市场帝国主义,IMF 是金融帝国主义，联合国则是一种政治外交帝国主义，全体发展中国家再度成为帝国主义的'臣民'的日子已经不远了。"

这番话有着明显的偏激情绪，但是内中也有一定的道理。

全球化与反全球化，处于激烈的交锋之中。特别是在"9·11"事件之后，反全球化针对美国的抨击就更加激烈了。

有人这样从历史的角度论述全球化的历史：

> 人类从非洲的东非大裂谷出发，散布到全球各地，这是第一次全球化浪潮；
>
> 从各地的原始部落的交往和冲突中产生出部落联盟，这是第二次全球化浪潮；
>
> 从部落联盟到大大小小国家的形成，这是第三次全球化浪潮；
>
> 从许多小国家中产生出罗马帝国和中华帝国等覆盖广大地域的政权，这是第四次全球化浪潮；
>
> 从哥伦布登上新大陆到波澜起伏的20世纪，这是第五次全球化浪潮。
>
> 从最宽广的历史尺度来说：具体到每一次浪潮，中间更有无数阶段和曲折且动人的故事，有各自不同的特点，从总趋势上说，人类的互动程度越来越高，联系越来越密切，直至形成主导全球的力量。

从历史的进程来看，经济全球化是历史的必然趋势。但是，经济全球化又是矛盾重重的历史进程，伴随着掠夺与反掠夺，伴随着剥削与反剥削，也就是伴随着全球化与反全球化的尖锐斗争。

中国政协副主席陈锦华，阐述了他对于经济全球化的见解：中国参与经济全球化是理性的选择，是经过长期探索、经历种种挫折后做出的战略决策。但是，他强调，经济全球化绝不是"乌托邦"，它充满机遇，也充满挑战和风险。既要看到它的积极方面，注意抓住机遇，趋利避害，发展自己；又要看到它的消极方面，制定正确的对策，规避风险。

陈锦华说，中国和世界的历史都证明，一个国家、一个民族的发展离不开世界，世界也必须公平合理地对待每一个国家、每一个民族。经济全球化应当成为承载这个人类共同使命的载体。

陈锦华强调指出，要全面、正确地看待经济全球化的正面和负面效应。当前，尤其要正视它的弊端和负面效应，从反全球化的抗议浪潮中倾听合理的呼声和有益的建议。2000年联合国发布的《千年报告》指出："全球化的好处和机会仍然高度集中于少数国家。在这些国家内的分配也不平衡。全球化对许多人已经意味

着更容易受到不熟悉和无法预测的力量伤害,这些力量同时以迅雷不及掩耳的速度造成经济不稳和社会失调。"国际组织、各国政府、跨国公司、非政府组织,都应当重视联合国《千年报告》的告诫,加强对话,加强沟通,并采取切实有效的措施,尽快减少直至消除这些伤害力量,使众多的贫穷国家和弱势群体,在全球化的冲击浪潮中减少损失、避免伤害,并努力使他们的利益得到照顾。

是是非非摩天楼

纽约世界贸易中心大厦的倒坍,除了引发军事理论界对于"9·11"恐怖袭击这场非对称战争的探讨之外,还引发了建筑学界对于摩天大楼的大论战。这可以说是"9·11"恐怖袭击事件在建筑学界引起的反思潮。

这场大论战的"辩方"与"反方"是:要不要继续建造摩天大楼?

在建筑学上,通常按照高度不同把房屋分为四类:平房、多层楼房、高层楼房、超高层楼房。

多层楼房通常是指六层、七层以下,不需要安装电梯的楼房。

高层与超高层楼房则通常以楼高一百米为分界线。百米以上的,称为超高层。

摩天大楼是超高层大楼的俗称。当然,随着建筑技术的不断进步,楼也就越造越高。往日国际饭店是上海高楼中的标志性建筑,如今只能算是个"小弟弟"。对于摩天大楼的"定义"也在不断变化之中。有人以为,楼高 200 米以上,才称得上摩天大楼。还有人主张,楼高 250 米以上,才算得上摩天大楼。

追根溯源,摩天大楼之风是从美国刮起的。美国的科学技术最先进,建筑技术也领世界之先。正因为这样,摩天大楼最初出现在美国,尤其是在纽约曼哈顿。

纽约曼哈顿是摩天大楼比肩而立的所在。

位于曼哈顿第五大道和西三十四街的帝国大厦,102 层,高度为 380 米,在 20世纪 20 年代末动工,曾经被誉为世界第一高楼达四十年。

那时,尖顶的帝国大厦与自由女神塑像一样,成为纽约的标志。

当世界贸易中心大厦双子星楼崛起之后,把帝国大厦"挤"到了一边,成为纽约的标志性建筑。

此后,新建的芝加哥西尔斯大厦(SEARS TOWER),跟世界贸易中心大厦姐妹楼一样都是 110 层，但是高了 31 米，把世界贸易中心大厦"比"下去了。

摩天大楼之风从美国刮到别的国家，在世界各地开花。于是，摩天大楼矗立在一座座城市。1984 年德国在法兰克福建造了德意志银行的摩天大楼。1991 年日本东京建造了双塔式的市政府大楼。后来，在吉隆坡又耸立起 450 米高的双塔式建筑。

在世界各国，已经建成的"世贸中心"，总数就已近四百个！

在"9·11"事件之前，世界摩天大楼排名前十名如下：

一、佩重纳斯大厦（双塔），高度 452 米，位于吉隆坡；

二、西尔斯大厦，高度 443 米，位于芝加哥；

三、金茂大厦，高度 420 米，位于上海；

四、世界贸易中心大厦（双塔），高度 417 米，位于纽约；

五、帝国大厦，高度 381 米，位于纽约；

六、中环广场大厦，高度 374 米，位于香港；

七、中国银行大厦，高度 369 米，位于香港；

八、T/C 大厦，高度 374 米，位于高雄；

九、阿摩珂大厦，高度 346 米，位于芝加哥；

十、约翰·汉考克大厦，高度 344 米，位于芝加哥。

世界贸易中心大厦在"9·11"轰然倒坍之后，纽约帝国大厦、芝加哥西尔斯大厦顿时成了惊弓之鸟。

好多天，上班族们不敢去纽约帝国大厦上班，担心恐怖分子会袭击这座纽约最高楼，因为在世界贸易中心大厦不复存在之后，帝国大厦"晋升"为纽约最高楼，成为最醒目的攻击目标。有许多公司干脆从帝国大厦迁出，以免遭到"撞击"之祸。

在芝加哥西尔斯大厦，一万多"上班族"也人心惶惶。因为它是美国最高楼，同样成了非常醒目的袭击目标。

美国联邦航空局下令禁止私人飞机在芝加哥西尔斯大厦附近飞行。禁飞的区域为西尔斯大厦东侧半径 0.78 公里的一个半圆，直到一千米的高空。不过，航空公司的商业客机不在禁飞之列。这么一来，还是没有使西尔斯大厦的"上班族"们宽心，因为撞击世界贸易中心大厦的并不是私人飞机，而是航空公司的商业客机。

就连远在吉隆坡的佩重纳斯大厦，也引起了紧张心理。佩重纳斯大厦跟世界贸易中心大厦一样，都是双子星高楼。那顶"世界最高楼"的"高帽子"，原本是引

为自豪的资本,如今却成了担惊受怕的根源。谁都担心恐怖分子会袭击这"世界最高楼"。在全楼处于风声鹤唳之中时,忽传飞机要撞楼,人们纷纷夺路而逃,直到人走楼空方知乃一场虚惊!

就在世界贸易中心大厦的倒坍使得摩天大楼遭到纷纷非议的时候,2001年11月,在美国首都华盛顿举行的超高层建筑研讨会,美国建筑学家们传出与众不同的声音:不应该被"9·11"恐怖袭击事件所吓倒,美国应当继续建造摩天大楼!

美国建筑学家认为,摩天大楼乃是美国当代城市的特征!

应当说,美国建筑学家是站在历史性和世界性的视角发表自己的意见:美国是一个历史短暂、年轻的国家。美利坚合众国是在1778年7月4日通过《独立宣言》时才诞生的,迄今只有二百多年的历史。美国很多城市,都只有一百多年的历史。美国的这些年轻的城市,没有什么"古迹"可言。美国大多数城市缺乏广场、标志性干道或历史悠久的宫殿等象征性建筑物。只有象征现代化、象征先进技术和强大国力、象征财富的摩天大楼,才是美国当代城市的特征,才是美国的"城市感"。

美国建筑学家指出,停止建设高层建筑意味着要改变美国一个多世纪来的城市建筑设计风格,这一变化不易被人接受。其次,当今城市用地不像一个世纪前那么开阔充足,建造高层建筑则是利用有限土地和充分利用空间的最好办法。此外,专家们认为抗冲击能力有限不应成为阻碍高层建筑发展的原因,高层建筑会遭飞机撞击,但低层建筑也不例外,今后设计建造的高楼抗冲击能力将得到进一步增强,人们应该信任高楼的安全性。

美国建筑学家还指出,今后高层建筑设计师面临的挑战将是如何把高楼大厦设计成一个功能齐全的"楼中之城"。以当今世界排名第十的芝加哥的约翰·汉考克大楼为例,这栋高楼的高层是公寓区,公寓下是商务写字楼,邻街层则是商业区。将来的摩天高楼的设计,应该比约翰·汉考克大楼更全面、多功能、实用。

作为"辩方",作为摩天大楼的起源地,美国建筑学家们面对世界贸易中心大厦的倒坍仍坚持自己的意见,这种勇气可嘉。

但是,"9·11"恐怖袭击事件大大加强了"反方"意见的力度。

英国王储查尔斯王子不是建筑学家,当21世纪建筑大会在英国伦敦召开时,他在会上尖锐指责建筑业盲目攀比建筑高度,甚至质疑设计师修建摩天大楼的真正动机。

查尔斯王子认为,摩天大楼的设计师只是希望展示自己的才华,而不是要为社会谋福利。

意大利著名设计师伦佐·皮亚诺曾宣布要为伦敦贡献一幢欧洲最高的建筑,地点就选在伦敦塔附近。对此,查尔斯王子认为,伦敦现在的整体建筑风格是统一的，如果突然插入一幢超现代化的摩天大楼，这种统一将被破坏。

查尔斯王子站在古老英国的角度说这番话，应当说是符合英国国情的。

中国的许多建筑学家们从中国的国情出发，在"9·11"恐怖袭击事件之后，发出了摩天大楼热应当降温的警告！

中国建筑学家指出，摩天大楼热是从美国开始的。从20世纪90年代起，中国也开始掀起摩天大楼热。其实，各个国家、各个城市盲目攀比摩天大楼的高度，是无益的竞赛。

来自中国建筑学家的"反方"意见，可以归纳为两方面：

一是建造成本太高——以中国的最高楼上海浦东的金茂大厦为例，每平方米造价高达2万元人民币！金茂大厦的建设总投资为50亿元人民币，其中24亿元人民币为贷款，还贷的压力十分沉重；而管理经费比建造投资要大得多。如果大厦使用寿命以六十五年计，管理费用大约是建设投资的三倍。日前，金茂大厦仅日常的管理维护费用每天就需100万元人民币。两架擦窗机一天到晚不停地擦，擦完一遍窗需要一年！

二是安全性能差——摩天大楼的防火、防震等安全性能都不太好。尤其是楼里高密度地集中了那么多人，有人打了一个形象的比喻，一座五百米高的摩天大楼，相当于把一条大街竖起来！一旦发生事故，电梯不能乘，成千上万的人拥挤在楼梯里，太危险了！1993年，纽约世界贸易中心大厦地下车库受到恐怖袭击爆炸时，近一万人花了九小时才把困在楼内的人营救出来。1988年，洛杉矶六十二层的第一国际银行大楼发生火灾，共有五层楼着火，大部分人是靠直升机从高达260多米的楼顶救走的。这次世界贸易中心大厦受到恐怖袭击，死亡人数达两千多，也是明显的例子。

在深圳地王大厦上班的王小姐，这么叙述自己在摩天大楼里上班的感受：

"美国纽约世贸大厦出事以后，我老是想那可怕的一幕。就连平时在大厦里升降时，也总担心电梯会出故障，手会不自觉地抓住一个地方。地王大厦是深圳市的一个标志性建筑，到地王大厦顶部观光也是一个旅游项目，因而常常有游客没有经过观光电梯而错入办公区域，一批一批的游客拥到楼层里来，嘈嘈杂杂，让人感到很不安全。"

"在大厦里工作，整个楼都在中央空调的控制下，空气又闷又干燥，我所在的高层是绝不能开窗的。每天从早晨8时45分到下午5时45分，要在里面闷上近九个小时，这对皮肤肯定没有好处。有时候空调冷热不均，有的区域冷如冬天，工作时间还得穿件外套，有的区域闷热得又让人难受，这样很容易患上感冒，一旦有人感冒，有时就会引起几个人相继感冒。"

"大厦里的保安不让送外卖的从客梯上楼，总让他们走货梯，惹得送外卖的服

务生都不愿往这里送饭。两年来我的午餐都是对付着吃,大多时间是自己带午餐,但又多是前一夜做好的隔夜饭。"

"摩天大楼里通风不好,所有的办公用品都不能做到有效消毒,只是有清洁工来吸吸尘,而且这里的厕所都安装了座式马桶,很不卫生,我很害怕染上传染病之类的。"

在"9·11"恐怖袭击事件之后,建筑界对摩天大楼持"反方"意见的居多。虽然如此,摩天大楼计划仍在实行。

在 2003 年 10 月 17 日,台北最高楼——101 大厦宣告落成。这座摩天大楼是在"9·11"恐怖袭击事件之前的 1998 年 1 月动工。台北 101 大厦获得世界高楼协会授予的"世界高楼"四项指标中的三项世界之最,即"最高建筑物"(508 米)、"最高使用楼层"(438 米)和"最高屋顶高度"(448 米)。

早于台北 101 大厦动工——1997 年年初开工的上海环球金融中心,一度停工,在 2003 年 2 月复工,终于在 2008 年落成。上海环球金融中心建筑主体高度为 492 米,比台北 101 大厦主楼主体高度高出 12 米(台北 101 大厦实体高度加天线高度为 508 米)。

如果说,台北 101 大楼和上海环球金融中心是在"9·11"恐怖袭击事件之前动工的,那么在"9·11"恐怖袭击事件之后动工修建的摩天大厦,也还是一幢接着一幢:

位于南京市鼓楼区鼓楼广场的紫峰大厦,2005 年 5 月开工,2010 年 9 月 28 日竣工,高达 450 米。

最为惊人的是阿联酋迪拜塔,2004 年动工,在 2010 年 1 月 4 日落成,高达 828 米! 这座摩天大楼,成为当之无愧的"世界第一高楼"。这座世界第一高楼以阿联酋总统、阿布扎比酋长谢赫哈利法·本·扎耶德·阿勒纳哈扬的名字命名为"哈利法塔"。

在"9·11"恐怖袭击事件之后,摩天大楼陷入是是非非的纷争之中。然而,争论归争论,建造归建造。看来,摩天大楼的家族还在不断扩大、不断"拔高"……

非常时期的非常心态

在经历了"9·11"恐怖袭击事件大劫难之后,处于非常时期的美国人的心态有了什么样的变化？

一位美国朋友用一句话答复我："自由少了！安全感没有了！"

美国向来自称是自由的国家。美国国歌便称美国是"自由的土地"。纽约的标志性建筑便是高举火炬的自由女神。

然而，"9·11"恐怖袭击事件之后，美国人普遍感到自由少了，民主少了。

对于那严格的机场安全检查，美国人一方面表示理解，一方面也为自由受到限制而愤愤不平。许多人以为，开包检查是侵犯个人隐私权。但是，面对恐怖分子的袭击，美国人只得把怨言咽进肚子——因为美国正处于非常时期！

美国向来以新闻自由、言论自由著称。然而，"美国之音"不顾政府的反对和警告，播放阿富汗塔利班领导人奥马尔的讲话，受到美国政府的惩处，使美国新闻媒体不得不引以为鉴。

2001年9月21日，美国副国务卿阿米蒂奇获知"美国之音"准备播出塔利班领袖奥马尔的讲话，当即加以干涉，向"美国之音"指出："作为美国纳税人供养的'美国之音'不应该播放来自塔利班的声音。"

然而，9月25日晚，"美国之音"还是用短波向全世界播放了奥马尔四分钟的讲话，而且把奥马尔的讲话刊登在"美国之音"的网站上。

奥马尔说，"9·11"恐怖袭击事件是美国自己种下的苦果，美国应该停止不断"扩张其帝国"的行为，"重新评估它的政策，不再将自己的意志强加给世界各国，特别是伊斯兰国家"。

奥马尔宣称，他不会把拉登交出来，并准备领导塔利班投入战斗。他说："即便美国再强大一倍，它也不能击败我们。我们非常有信心，只要真主与我们同在，任何人都伤害不了我们。"

"美国之音"的总部设在美国首都华盛顿，是在美国政府资助之下于1942年2月成立的。"美国之音"目前以五十三种语言，每周一千三百多个小时，向世界各地广播。

"美国之音"播出奥马尔的讲话之后，诸多新闻媒体加以转载，产生广泛的影响。

对于"美国之音"的做法，美国国务院感到很恼火，发言人鲍彻说："我们依然认为'美国之音'的这种做法是不对的。对此，我们感到十分遗憾，我们将继续同其管理层保持接触，讨论在这个问题上应采取的政策。"

作为对"美国之音"的惩处，"美国之音"电台台长惠特沃恩和主管"美国之音"、"自由亚洲"电台、"自由欧洲"电台的国际广播局局长康尼大被撤职，"美国之音"在欧洲一个发射台的经费预算二百多万美元也被删除。

《得克萨斯城太阳报》的专栏作家汤姆·卡廷在"9·11"恐怖袭击事件的第二

天,发表文章批评布什总统没有立即从佛州返回华盛顿。俄勒冈州《每日信使报》的丹尼斯·马克也撰文批评布什在袭击发生后"仓皇逃跑"。

这两家报纸面对美国政府的压力,不得不作出公开道歉。两位撰稿人也因此被炒了鱿鱼。

好莱坞也受到了批评,因为好莱坞拍摄了一系列恐怖大片,这些影片被看作怂恿恐怖主义。好莱坞已经拍好的恐怖大片,不能上映。正在拍摄的恐怖大片,也停了下来。

美国加强了对于可疑对象的监控,包括监听电话、监视行踪。美国联邦调查局在"9·11"事件刚刚发生时,就从监听电话中把那些表示高兴的人们列入可疑名单。

难怪有人叹息:"美国监视和怀疑的时代开始了!"

也有人叹息:"美国正在朝着'警察国家'迈进!"

然而,美国政府则说,因为美国面临恐怖分子的袭击,美国正处于非常时期,国民的民主和自由权利受到限制是反恐斗争的需要!

"9·11"恐怖袭击事件之后,美国通过了《反恐怖授权法案》,授予执法人员更大的权力,包括监听电话、跟踪互联网的使用、搜查住宅以追捕恐怖分子。在美国参院的表决《反恐怖授权法案》,以九十八票对一票的压倒多数,获得通过。

但是民主党议员克雷顿女士指出,《反恐怖授权法案》中有些条款给予执法人员的权力过多:"如果我们为了保护自己的安全而过度约束或伤害美国公民的民权,缩小隐私权,使人们感到自己时刻可能处于监视之下的话,美国就不成其为美国了。"

她还说:"我多次在电视上看到,伊斯兰极端分子用坦克把代表美国的可口可乐饮料罐碾得粉碎,以此表达对美国的仇视。可口可乐是美国物质文明的一个代表物。我们的精神代表,就是民权自由。从精神层面讲,民权自由是他们的头号敌人。我们一刻都不应忘记,恐怖分子攻击美国的最终目的是改变我们的价值观念。"

美国的"维讯尼克斯"公司在总裁艾蒂克的领导下,着手开发"脸谱识别技术",以便在美国全国实施一项全面监视计划——"宏大盾牌行动"。

按照这一"宏大盾牌行动",在美国各机场以及其他公共场所,如地铁、火车站、摩天大楼、政府大厦、纪念馆等等,在不引人注目的角落安装大批摄像机,对每一个来来往往的人进行面部扫描。所有的摄像机都与设在华盛顿的一个数据库连接。这样,一旦在人群中发现可疑的"脸谱",警察和保安人员就可以马上采取行动!

在英国,则早已设立了摄像监控网。英国的机场、宾馆、地铁、公共汽车、商店，到处隐藏着摄像机。有人估计，英国目前约有 250 万部监控摄像机在监视着英国人的生活！又有人估计，普通英国人现在平均每天被 300 个不同的摄像机录像。因为早在 1993 年爱尔兰共和军在英国首都伦敦金融区进行恐怖袭击、引爆炸弹之后，英国就开始在公共场所安装摄像监视系统。

英国人发现，大量安装摄像监视系统之后，虽说对于抑制恐怖活动有多少效用尚不得而知，但是街头拉客的妓女以及偷窃汽车的扒手明显减少了。这一"副作用"赢得了英国人的好感，他们把摄像监视系统称为"空中友好之眼"。

在英国人看来，他们是以失去隐私为代价换来了安全感。

在"9·11"恐怖袭击事件发生之后，美国人普遍失去了安全感。

美国人向来以为自己的国家是最安全的，20 世纪两次世界大战的战火都未曾烧到美国本土。诚如美国专栏作家罗伯特·萨默森所说：

"恐怖活动炸毁的不仅仅是纽约世贸中心和华盛顿五角大楼的一部分，而是美国的平静和安全感。"

"'9·11'恐怖事件打破了冷战后十年来美国人一直拥有的无忧无虑的生活观念，他们享受的自由假日从此划上句号。"

"9·11"这种自杀式恐怖袭击，极大地震撼了美国人的心灵。人们精神高度紧张，血压升高、失眠、呕吐、惊悸、神经过敏的病人不断增加。

"9·11"恐怖袭击事件给美国人的心灵投下了挥之不去的恐怖阴影，尤其是在年轻一代稚嫩的心灵中。

失去安全感的美国人，处于提心吊胆之中。

美国中央情报局、美国国防部隔三差五发布关于恐怖分子即将对美国进行袭击的"预报"，更加加深了这种紧张心理。他们一会儿说这里可能受到袭击，一会儿又说那儿可能受到袭击。

当然，作为美国中央情报局、美国国防部，这种"预报"都是有一定依据的。但是老是说"狼来了"，讲多了，又产生负面效应，美国百姓由紧张情绪转为厌烦情绪，甚至说那是美国中央情报局、美国国防部为了增加预算制造借口。

美国为了防止恐怖袭击，采取了一系列监视、控制措施。《纽约时报》和哥伦比亚广播公司在 2001 年 9 月底进行的一次民意调查结果显示，百分之八十的被调查者认为，为了使美国免遭恐怖分子的攻击，他们将不得不放弃一些个人的自由。

"9·11"恐怖袭击事件也激励了美国人的爱国心、同情心、友爱心。

"9·11"事件一发生，纽约街头就出现长长的自愿献血的队伍。《洛杉矶时报》的评论，说出了美国人的心声：

"美国人纷纷来到血站，积极地、自愿地为那些受伤的人献血，让自己的血流在受伤的同胞身体中。我们要告诉那个未知的敌人，虽然美国人民经常意见不统一，但是一旦面临压力，美国人就会十分团结，你打一个美国人，就等于打了所有美国人。"

"9·11"事件发生之后，在美国摇滚巨星迈克尔·杰克逊的带动下，美国的大牌歌星们为资助"9·11"事件死难家属录制新歌《我还能给你什么》（What More Can I Give）。这支歌在美国四处传唱，唱出了友爱，唱出了同情。

在恐怖袭击面前，美国上下表现出了高度的团结，高度的一致。

国家利益终于战胜了党派利益，民主和共和两党对于反击恐怖主义显示出高度一致：

2001年9月12日、13日，美国参众两院分别以100：0与408：0一致通过决议，要对那些胆敢在美国领土上制造流血袭击的恐怖分子进行报复。

9月14日，美国参众两院分别以98：0与420：1通过决议，授权布什总统可动用一切武力，并同时宣布全国进入紧急状态、征召数万预备役军人。

前总统克林顿大声疾呼，希望全美人民紧紧团结在布什总统周围，共度国难。

前第一夫人希拉里也发誓将全力支持布什，她说："我希望这个信息已经清楚地传达到每一个角落：要么同美国和平相处，要么等待应有的惩罚。"

据美国《新闻周刊》在2001年9月15日的调查显示，总统布什由于采取坚决的打击恐怖主义措施，赢得了百分之八十九的民众支持率。这一支持率超出了他父亲乔治·布什在海湾战争期间的支持率（百分之七十五）以及罗斯福总统在珍珠港遭偷袭后的支持率（百分之八十四）。

这种举国上下一致的态度，也表现出美国人高度的爱国心态。

斯坦福大学胡佛学院的学生斯蒂尔说："看到大家如此爱国，真是太好了。60年代的时候，老师们比较保守，而学生们则是不断追求自由。现在呢，学生们更加服从国家利益，老师们反而显得有些自由了。"

美俄关系"阴转晴"

我刚刚到达美国的时候，在美国许多中文报纸上见到"布希"与"普亭"握手的照片。台湾地区的报纸，把布什译为"布希"，而把普京译为"普亭"。

对于普京来说，这是他第一次以俄罗斯总统身份访问美国。在他出访的前一天，即2001年11月11日，正是"9·11"恐怖袭击事件两个月纪念，各报纷纷发表

悼念"9·11"死难者的文章,同时也发表《俄罗斯总统普京 12 日起程首次正式访问美国》的报道:

> 俄罗斯总统普京 12 日将开始对美国进行为期四天的首次正式访问,而今年内普京与布什总统举行过四次会晤。
>
> 据悉,俄美两国首脑将就反导条约、国际安全、阿富汗形势及战后新政权的组成以及双边关系等重大问题举行会谈。
>
> 俄美双方为即将举行的首脑会晤作了大量准备,高层领导频频互访,就双方存在严重分歧的一系列问题进行紧张磋商。

就在普京总统将行而未行之际,从美国传来惊人的消息:发生纽约空难!

就在人们猜测普京会不会因纽约空难事件而推迟访问美国的时候,普京的专机按计划起飞,到达美国首都华盛顿了。

就美国与俄罗斯的关系来说,普京总统这次来访,至关重要。

普京是在美国处于非常时期之际到访的。普京总统的到来,无疑是对美国反恐斗争的最大支持,也是美俄关系改善的重要标志。

美国总统布什称普京是他的"好朋友"。除了在白宫给予普京以隆重的国宾礼节接待之外,布什还在自己的家乡得克萨斯那一千六百英亩的大牧场接待普京。普京的专机尚未到达,布什夫妇迎着细雨已经在家门口早早地迎候了。这种不寻常的礼遇,表明了布什总统对于普京总统的格外看重。

得克萨斯是布什的家乡,也是布什政治生涯的起点。他是从得克萨斯州州长走向美国总统、问鼎白宫的。大约由于这个缘故,布什有着很浓的"得克萨斯情结"。

布什说:"我的家在得克萨斯,我是一个得州人。这里是生我养我的地方,也将是我退休养老的地方。我将在华盛顿完成我的公职,然后,我会回到得克萨斯,我永远不会忘记自己的根。这里,得克萨斯,还将是我离开人世的地方……"

普京也为能够来到布什家中做客感到高兴。他在回答记者提问时,笑称自己曾经是苏联特工——克格勃,布什总统能够让他到家中做客,不同寻常。

普京说:"在苏联时代,美国和北约集团曾将我们视为他们的主要对手。而现在,我对在布什总统的农场里过夜并不担心,我认为他在邀请俄罗斯前特工上他家做客前,他早就应该考虑过会有什么事情发生。"

他又说:"但是我要告诉你,当然你们也知道,现在的美国总统也是前中央情报局局长的儿子。所以你们可以说,我们拥有相似的背景。我们彼此非常了解。"

说笑归说笑,普京在回到莫斯科之后,在俄罗斯议会上下两院国际事务委会联席会议上发表了重要讲话,指出:"俄罗斯同美国之间的相互理解和信任正在增加,两国关系正在发生实质性变化。"

普京所说的"实质性变化"是什么呢?

他说:"俄美一致认为,两国相互接近不是权宜之计,而是建立长期伙伴关系的需要。建立这种关系的目的是为俄发展经济和生产力创造良好的环境。"

普京表示,俄准备在许多方面最大限度地"拉近"同北约的立场,但要考虑到自己的国家利益。他同时指出,俄不想"排队等候"加入北约。

俄罗斯与美国要"建立长期伙伴关系",这是极不容易的,经历了"9·11"恐怖袭击事件之后,两国首脑才终于达成这样的共识。

就两国关系而言,2001年是难忘的一年,经历了从"僵持"到"对话"再到"合作"的三个阶段。

在冷战时期,美国与苏联是两大阵营的旗手,是相互攻击、相互指责的对手,是称霸于世界的两个超级大国。

随着苏联解体,冷战结束了。美国与俄罗斯之间的意识形态的对立消失了,但是美国仍时刻提防俄罗斯的再度崛起,而俄罗斯也因一下子从超级大国跌为二流国家而心态不平衡,对实力强劲的美国耿耿于怀。

在克林顿时代,美国与俄罗斯的关系不冷不热,不好不坏,但是大体上还算不错。因为当时的俄罗斯总统叶利钦被国内一团糟的经济搅得焦头烂额,在经济连续八年走强的美国面前不得不低三下四。美国则以"俯视"的目光居高临下看待俄罗斯。正因为这样,克林顿跟叶利钦一次次握手,一次次拥抱,虽然他们都脸带微笑,却都心照不宣:强大的苏联已经一去不复返,俄罗斯只能充当美国大老板帐下的一名小伙计。

叶利钦终于选择了普京。充满活力的普京是个头脑冷静的人。普京自知俄罗斯的经济实力远不如当年的苏联,无法再成为超级大国,但是普京明确地提出追求俄罗斯的大国地位。普京坚持俄罗斯的尊严,并不屈从于美国。

当布什替代克林顿出任美国总统,作为共和党人的布什尽管在担任总统之后,再三声言从此"超越党派,只向国家负责",实际上一上台就要大刀阔斧地否定民主党人克林顿的一系列政策。

鲍威尔在出任国务卿的当天,就用"既不是伙伴,也不是对手"这样一句话为俄罗斯"定位":"不是对手",表明在美国眼里,俄罗斯再不是当年苏联那样的超级大国,而"不是伙伴",则表明美国对俄罗斯始终持提防的态度。

布什政府摆出了一副对俄罗斯咄咄逼人的姿态,美俄关系顿时紧张起来,处于"僵持"状态:美国单方面宣布将退出1972年签订的苏美《反弹道导弹条约》,以加快部署美国的国家导弹防御系统;美国又宣布将减少对俄罗斯的经济援助,对于俄罗斯反对北约东扩的立场不予理睬；美国指责俄罗斯大规模清剿车臣敌对分子，认为是对"人权"的践踏。

紧接着，美俄之间演出了一幕外交官的"驱逐战"，使两国关系空前紧张。

2001年1月18日，美国在纽约诱捕了俄罗斯和白俄罗斯联盟国家国务秘书博罗金，罪名是从事间谍活动。

紧接着，2月18日，美国又逮捕涉嫌向原苏联和俄罗斯出卖情报的美国前联邦调查局特工汉森。

本来，间谍以及双面间谍司空见惯，美国的中央情报局以及当年苏联的克格勃，都是进行间谍战的"行家里手"。抓住了一两个间谍，不值得大惊小怪。然而，在布什新政府看来，这恰恰是跟俄罗斯"叫板"的好机会。于是，间谍战升级为外交官驱逐战。

3月22日，美国宣布驱逐五十名与汉森间谍案有关的俄罗斯驻美国外交官。

3月23日，俄罗斯采取报复性措施。俄罗斯外交部召见美国驻俄大使馆临时代办奥德韦，宣布把涉嫌刺探俄罗斯军情的美国四名外交官驱逐出境。俄罗斯外交部表示，按照对等的原则，还将继续驱逐美国外交官，已经拟好驱逐名单。

美俄之间这场外交官驱逐战有着越演越烈的趋势。俄罗斯媒体不由得惊呼："俄美关系有重返冷战时期危险"！

为了防止两国关系的进一步恶化，俄罗斯总统普京主动向美国总统布什提出，在2001年7月八国首脑会议之前，举行一次俄美首脑会晤，美国方面借口布什"日程安排很满"拒绝了！

2001年3月26日，俄罗斯外交部长伊万诺夫发表谈话说，俄罗斯和美国作为最大的核大国，对世界安全负有特殊责任，如果两国重新滑向冷战、对抗和进行相互威胁，双方都不会得到任何好处。

伊万诺夫指出，美国最近驱逐俄外交官，造成俄美关系紧张，这既不符合美国的利益，也不符合俄罗斯的利益。他说，如果俄美两个大国的相互关系中出现冷战，全世界都将深受其害。

伊万诺夫的谈话中，不论是说"俄罗斯和美国作为最大的核大国"，还是说"俄美两个大国的相互关系中出现冷战"，始终从俄罗斯的"大国"地位谈论美国。这实际上也就是普京总统对于俄罗斯的"定位"。

5月中旬，美国国务卿鲍威尔访问莫斯科，总算使美俄双方的"间谍战"以及"外交官驱逐战"告一段落。然而，鲍威尔仍坚持美国要退出反导条约计划。作为反措施，俄罗斯提议在欧洲建立非战略导弹防御系统并着手组建航天部队。不过，双方总算就两国首脑举行首次会晤达成共识。

终于，2001年6月16日，俄美首脑在斯洛文尼亚首都卢布尔雅那举行首次会晤。两国关系从"僵持"进入"对话"。

普京和布什都是新当选的总统,双方从未接触过。俄罗斯媒体甚至认为两人的关系像"外星人"一样生疏。

在两个多小时的会晤中,普京与布什不仅举行面对面的私人接触,而且在公园中一起散步,一起举行记者招待会。

布什宣称,普京是一位"开朗、直爽、好的领导人,他的领导将对俄罗斯有利"。

普京则说,他与布什进行了"开诚布公的会谈"。

两个"外星人"算是认识了,而且建立了个人联系。美国和俄罗斯的关系缓和了一些。但是双方的根本立场没有改变。特别是关于《反弹道导弹条约》,双方仍然固执己见。普京重申俄罗斯反对美国建立国家导弹防御系统的计划,反对修改美苏于 1972 年签署的《反弹道导弹条约》。布什则坚持要建立国家导弹防御系统的计划,坚持退出《反弹道导弹条约》

7 月 22 日,俄罗斯总统普京和美国总统布什在参加意大利举行的八国首脑会议后,在热那亚再次举行会晤。这次会晤,双方同意未来的俄美军备谈判将把削减进攻性战略武器与导弹防御问题结合起来讨论。双方在发表的联合声明中表示,俄美将就进攻和防御系统的相互关联议题进行深入讨论。但是双方的立场仍然相距甚大。

"9·11"恐怖袭击事件迅速地改变了美国与俄罗斯的关系,从"对话"进入了"合作"阶段。

"9·11"恐怖袭击事件爆发之后,反恐斗争成了布什政府面临的头等大事。布什总统急于结成世界性的反恐联盟,共同对付恐怖主义。

在美国的反恐国际联盟中,俄罗斯占有重要的位置:阿富汗是当年苏联的"势力范围",正因为这样,勃列日涅夫才会冒天下之大不韪,悍然出兵阿富汗,在那里打了十年。虽然最终以失败告终,但是苏联仍对阿富汗虎视眈眈。如今,美国要出兵阿富汗,俄罗斯就显得举足轻重。虽说苏联解体之后,俄罗斯没有与阿富汗接壤,不算是阿富汗的邻国,但是与阿富汗接壤的土库曼斯坦、塔吉克斯坦和乌兹别克斯坦,原先是苏联的加盟共和国,如今是独联体成员国,深受俄罗斯的影响。再说,许多当年在阿富汗作战十年的苏联军官以及克格勃的特工,如今都在俄罗斯。他们熟悉阿富汗,可以为美国提供极其重要的军事情报。

俄罗斯总统普京是一个思维敏捷的人,深知此时此刻美国有求于俄罗斯,他迅速地抓住这一不可多得的历史机遇,给予美国以坚决支持。他的支持不仅仅在口头上,而且落实在实际行动上:

第一,迅速表态,坚决支持美国打击一切形式的恐怖主义。

第二,开放领空,为美军的人道主义救援提供空中走廊;

第三，开展特工部门之间的国际合作，向美提供所掌握的关于国际恐怖分子的营地及培训基地等情报；

第四，积极在中亚独联体国家中做动员工作，保证了美国可以使用乌兹别克斯坦等国的军事基地；

第五，扩大与阿富汗北方联盟的合作，提供大量的武器装备等。

俄罗斯总统普京的五条措施，使美国布什总统深为欣慰。俄罗斯实实在在成了美国的伙伴。从此，两国从僵持到对话到合作。正因为这样，人称俄罗斯是反恐战争的"大赢家"！

在上海举行 APEC 会议期间，穿上唐装的美国总统布什和穿上唐装的俄罗斯总统普京第三次握手。

紧接着，在 11 月 12 日，普京飞往美国进行国事访问。美俄两国关系发生了实质性的变化。布什多次宣称，普京是他"最好的朋友"。

普京意味深长地说："俄罗斯还可能与反恐怖行动参加者进行更深入的合作，这种合作的深度和性质直接取决于我们与这些国家关系的总体水平和质量，取决于在反恐怖斗争方面的相互理解。"

普京还说："如果以为两国关系只是世界最近事态引起的战术性考虑，那就大错特错了"，"这是一种长期的伙伴关系"，"这是世界变化带来的，而不只是双方的愿望"。

尽管如此，普京并不是"臣服"于美国，而坚持两国是"平等伙伴"关系。普京坚持原则，该说的时候照说，照样批评布什。

比如，在美国决定军事打击阿富汗的时候，普京多次强调一切行动应该通过联合国，军事打击不能伤及无辜。

又比如，当布什指责伊拉克、伊朗、朝鲜三国为"邪恶轴心"，普京明确表示反对。

再如，美国要准备军事打击伊拉克，普京也明确表示反对。

还有，普京批评布什在反对恐怖主义上搞"双重标准"。布什对于车臣的恐怖主义分子采取支持的态度。普京说："拥有双重标准将最终导致国际立场一致性的分裂，并会使国际形势更加严峻，这是不可容忍的。""恐怖分子是不分好坏，也不分你我的。所有企图通过武力来解决政治争端，所有执行类似政策的组织、机构和个人都是不能姑息容忍的。"

当然，普京最大的担心是美国在军事打击阿富汗之后，"赖"在中亚不走。

普京一心要励精图治，重振国威。他把俄美关系定位为"平等伙伴"关系，意欲与美国平起平坐。但是，俄罗斯的国力毕竟远远不如当年的苏联，如今俄罗斯全国的国民经济总产值还不及美国一个纽约州。俄罗斯还要依赖美国援助过日

子。这样低下的经济地位，其实很难使俄罗斯跟美国平起平坐。

俄罗斯脱胎于苏联。俄罗斯魂牵梦绕当年苏联作为超级大国的"辉煌"形象。

在美国眼中，看到俄罗斯也往往回忆起在雅尔塔跟罗斯福商议瓜分世界的斯大林，那个脱下皮鞋敲打联合国讲台的赫鲁晓夫，那个居然气势汹汹把坦克开进阿富汗的勃列日涅夫，毕竟那漫长的冷战时期给美国留下太深的印象。美国绝不允许俄罗斯重做超级大国。何况现在的俄罗斯仍拥有数千枚核弹头，一千五百枚洲际弹道导弹，是仅次于美国核打击能力的核大国。美国时时提防着俄罗斯的重新崛起。美国不可能也不愿意跟俄罗斯平起平坐。

正因为这样，美国和俄罗斯的关系，仍然会是时好时坏，时而"阴有雨"，时而"多云转晴"。

应当说，美国国务卿鲍威尔当初所说的美国与俄罗斯"既不是伙伴，也不是对手"，完全错了。

美国与俄罗斯，"既是伙伴，也是对手"！

中美关系一波三折

2002 年 2 月 16 日，美国总统布什访华前夕在白宫接受中国中央电视台记者的访问时说："中国是一个伟大的国家，一个不断发展的大国。美国必须努力与中国发展良好、坦率和真诚的关系。"

布什总统对中国在打击恐怖主义问题上的坚定立场表示高度赞赏。他说，他希望访华期间与江泽民主席就双方共同关注的反恐问题进行磋商。

布什还表示，奉行一个中国政策是美国"长期以来的一贯立场"，同时美国也认为应该和平解决台湾这个重要问题。

布什回忆起在 1975 年他的父亲担任美国驻中国联络处主任时，他曾经到过上海和北京。他说，四个多月前他来到上海出席 APEC 会议，发现上海已经完全变样，变得根本不认识了，这表明中国的进步日新月异。布什还愉快地回忆起他年轻时在北京登长城的情景。他希望这次能够见到面目一新的北京。

布什总统在不到五个月内两次访问中国，充分表明了他对中国的友好感情。

布什总统这次到达北京的日子——2 月 21 日，恰巧是美国尼克松总统三十年前到达北京的日子。三十年前，美国总统尼克松访华，开创了两国关系的新里程。

尽管美方称这次布什总统访华正好与尼克松到访的日子相同这只是一个巧合，但是选择这样一个日子访华颇有深意。

回顾2001年，几乎与俄美关系从"僵持"到"对话"再到"合作"的三部曲同步，中美关系也走过了一波三折的历程，即从"摩擦"到"缓和"直到"携手"的三部曲。

在克林顿时代，中美两国的关系的基调是双方"致力于建立面向二十一世纪的建设性战略伙伴关系"。

布什在竞选时，就以为克林顿的对华政策太右。他提出了中美两国的关系新基调，即"中美不是战略伙伴关系，而是战略竞争对手"。他说必须对中国采取"强硬政策"。他强调建立国家导弹防御系统的重要性，以"防备中俄的威胁"——他把中国与俄罗斯都看成是对美国构成"潜在威胁"的国家。

不过，美国总统往往有这样的规律：在竞选总统时，对中美关系说了许多过激的话，然而上台之后，在现实面前，改变了竞选总统时过激的言论，制定与中国保持友好的政策。克林顿便是如此。他在竞选总统时所说的关于对华政策的话，比布什走得更远，然而毕竟他后来确定了与中国"致力于建立建设性伙伴关系"这样的对华方针。

布什又重复了克林顿曾经走过的道路。

布什刚上台，不仅对俄罗斯摆出一副咄咄逼人的姿态，对于中国也是如此。

布什政府跟俄罗斯发生僵持的导火线是间谍事件，而布什政府跟中国发生摩擦则是2001年4月1日上午9时7分在中国海南岛东南104公里处突然发生的中美撞机事件。中美双方就撞机事件进行了反复的交涉。

"9·11"恐怖袭击事件爆发之后，中华人民共和国主席江泽民坚决支持美国反对恐怖主义的斗争，布什总统也非常赞赏中国的合作和支持，中美关系迅速从摩擦转为缓和。

中国坚决反对一切形式的恐怖主义。在"9·11"恐怖袭击事件发生前三个月——2001年6月15日，上海合作组织成立，中、俄、哈、吉、塔、乌六国元首签署《打击恐怖主义、分裂主义和极端主义上海公约》，为六国合作打击"三股势力"、维护地区安全奠定了坚实的法律基础。

这是一部明确规定打击与"恐怖主义"、"分裂主义"和"极端主义"三股势力有关的犯罪行为的综合性国际公约。这个公约里对"三股势力"、包括对恐怖主义都做了明确的界定。

这一在上海签署的国际公约，清楚表明了中国政府反对恐怖主义的坚定态度。"9·11"恐怖袭击事件发生之后，江泽民主席迅即致电布什总统，表示坚决支持打击恐怖主义。中国的反恐态度和诸多实际行动，得到了布什总统的赞赏。

后来，2002年2月2日，中国外交部副部长王毅在慕尼黑国际安全政策会议

上，发表《新挑战、新观念——国际反恐斗争和中国的政策》的讲话，系统地阐述了中国的反恐政策。

中国外交部副部长王毅说：

"中国反对一切形式的恐怖主义。恐怖主义危害无辜人民的生命、尊严和安全。中国也是恐怖主义的受害者。在中国境内从事恐怖活动的'东突'分子长期受到国际恐怖组织尤其是"基地"组织的训练、武装和资助，打击'东突'恐怖势力也是国际反恐斗争的组成部分。从各国人民的共同利益和国际社会的共同安全出发，无论恐怖主义以何种方式出现在何时、何地、针对何人，国际社会都应采取一致立场，坚决打击，不能搞双重标准。"

"打击恐怖主义需要充分发挥联合国及安理会的主导作用，一切行动应符合《联合国宪章》的宗旨和原则及其他公认的国际法准则。应证据确凿，目标明确，避免伤及无辜，不能任意扩大打击范围。恐怖主义属于极少数极端邪恶势力，不能把恐怖主义与特定的民族或宗教相联系。"

"打击恐怖主义需要标本兼治。既考虑解决当前的问题，也着眼长远的根治方法。解决发展问题，缩小南北差距是一个重要的条件。在新的形势下，国际社会应以更大的紧迫感重视发展问题。"

"打击恐怖主义是和平与暴力的较量，不是民族、宗教或文明的冲突。我们主张承认世界文明多样性的现实，尊重各国不同的文化背景、宗教信仰和发展模式。我们主张各种社会制度和文明长期共存，在竞争比较中取长补短，在求同存异中共同发展。"

中国外交部副部长王毅还指出：

"'9·11'事件前，中国就已参加了绝大多数的国际反恐公约。中国和上海合作组织其他成员国共同缔结了《打击恐怖主义、分裂主义和极端主义上海公约》，通过加强地区多边合作，共同打击恐怖主义。

"'9·11'事件后，中国支持联合国及安理会通过一系列反恐决议，认真执行有关决议，加入《制止恐怖主义爆炸的国际公约》并签署了《制止向恐怖主义提供资助的国际公约》，并与有关国家进行反恐磋商和对话。作为东道主，中国积极协调APEC领导人上海会议发表反恐声明，推动上海合作组织成员国外长在北京举行非例行会议并发表共同声明。所有这些，都反映了中国支持国际反恐斗争的积极态度和坚定决心。"

布什总统在"9·11"事件之后那样严峻的时刻，毅然决定前往上海出席APEC会议，表明了他对中华人民共和国的重视和友好。

在前往中国之前，布什总统说："我期望与江泽民主席进行非常坦率的对话。我将告诉他，美中之间建立良好的关系是多么的重要……我希望我们之间建立良好的关系。我知道，我们有时意见相同，有时不同，但我们将致力于建立一种良好的关系。"

布什还说，"我认为，对于美中两国来说，重要的是不光要讨论那些我们观点一致的问题，还要讨论那些观点不一致的问题。我相信我们能建立非常建设性的关系，因为我们有着这样的愿望。"

在上海，布什总统与中华人民共和国主席江泽民建立了很好的友谊，达成了中美双方共同努力发展"建设性合作关系"的共识。从此，中美领导人共携手，两国关系进入了相当友好的阶段。

布什政府把中美关系最后定位为双方共同努力发展"建设性合作关系"，与克林顿政府制定的中美双方"致力于建立面向二十一世纪的建设性战略伙伴关系"，其实质是一样的。这表明，布什政府上台不到一年，就确立了与中国的"建设性合作关系"——当年，克林顿政府是经过三年多的政策调整，才终于确定了与中国"致力于建立面向二十一世纪的建设性战略伙伴关系"。这说明，不论是美国的民主党还是共和党，对华政策只是"小分歧、大共识"而已。中美两国的根本利益的一致性，决定两国必定走向永久性的友好相处，而摩擦与分歧只是相对的、暂时的。

回顾中美关系在 2001 年的曲折历程，在 2001 年岁末，中国驻美国大使杨洁篪在华盛顿接受记者采访时，这么说道：

"今年中美关系一波三折，跌宕起伏，走过了极不平凡的历程，'撞机事件'和'9·11'事件对两国关系产生了重要的影响。在双方特别是两国领导人的共同努力下，中美关系在下半年得到较大改善。10 月 19 日，江泽民主席和布什总统在上海亚太经合组织领导人非正式会议期间举行了成功的会晤，取得了多方面的重要成果。双方达成共同努力发展中美建设性合作关系的重要共识，这为今后两国关系的发展指明了方向。当前中美双方正在落实两国元首达成的共识，扩大交流与合作，中美关系的总体发展趋势是好的。"

"2001 年中美关系的历程表明，尽管突发事件对两国关系具有重要影响，但说到底，决定中美关系发展方向的是两国的根本利益。事实证明，中美之间的共同利益大于分歧。作为具有世界影响的大国和联合国安理会常任理事国，中美两国对人类的前途与命运负有共同责任，在维护亚太地区和世界的和平与稳定、促进地区和全球经济增长与繁荣以及打击国际犯罪等方面，都具有广泛而重要的共同利益。搞好中美关系是两国人民的共同愿望，也是两国人民的切身利益之所在。'9·11'事件后的事态发展更加说明，国际社会包括中美在开展反恐合作、维护世界安全方面有着重要的共同利益。"

"2001 年的中美关系还说明，加强两国高层接触和交往是十分重要的。江泽

民主席和布什总统通过电话、书信等方式保持联系,就中美关系和国际问题多次交换意见;两国元首在上海面对面的接触,加深了相互了解,对促进中美关系的改善和发展更是发挥了巨大的推动作用。江泽民主席、李鹏委员长、朱镕基总理和中国其他领导人还同美政府、国会、企业界、媒体等各方重要人士交流看法,阐明我关于发展中美关系的原则和主张,取得了积极效果。钱其琛副总理、唐家璇外长分别于 3 月和 9 月访美,美国务卿鲍威尔于 7 月访华,都是在中美关系重要时刻进行的,为最终实现两国元首上海成功会晤起到了重要的铺垫作用。"

杨洁篪大使还指出:"江泽民主席和布什总统关于中美双方共同努力发展建设性合作关系的共识,体现了两国领导人的战略眼光和两国之间客观存在的共同利益,对新世纪中美关系的发展具有深远的指导意义。我理解,'建设性'指的是承认中美有共同点,也有分歧,但强调双方应本着求同存异的精神,以建设性、前瞻性的态度来处理中美关系;'合作性'强调的是双方在处理彼此关系方面要坚持合作的态度,努力保持和扩大合作的领域。将中美关系定位为发展建设性合作关系,这是中美两个大国在当今谋和平、求稳定、促发展的时代潮流下做出的正确选择,有利于推动中美关系的健康稳定发展,也有利于世界的和平与稳定。"

就中国方面而言,在 1989 年,邓小平提出"冷静观察,沉着应对,韬光养晦"的外交策略。在 2002 年元旦,江泽民阐明了中国对世界局势的判断,即"总体和平,局部战争;总体缓和,局部紧张;总体稳定,局部动荡",并用"沉着应对,趋利避害"八个字概括了中国的外交方略。中国把"现代化建设,统一大业和维护世界和平"作为新世纪三大任务。所以就中国方面而言,必定对美国采取友好的政策。

随着布什总统在 2002 年 2 月对中国进行第二次访问,中美关系进入了更加友好的新阶段。

布什从"弱势"走强

在美国看电视,出镜率最高的人物便是美国总统布什。

美国是当今世界上唯一的超级大国。作为美国总统,一言一行自然受到全世界的关注。尤其是"9·11"恐怖袭击事件如同巨大无比的旋风,美国总统布什处于旋风的中心,当然更加备受关注。

"9·11"恐怖袭击事件对于美国总统布什来说,是一场极大的考验。

面对"9·11"风暴，很多美国人替布什总统担心。就连他的老爸、美国第五十一届、第四十一任总统老布什也替他捏了一把汗，这位美国的第五十四届、第四十三任新总统能否驾驭如此错综复杂的政治局面？

2000年12月，我在美国的时候，正值美国大选。在竞选中，有记者问布什："你的座右铭是什么？"

布什随口答道："船到桥头自会直。"

这一回，真的是"船到桥头自会直"！

在布什决定军事打击阿富汗塔利班时，很多人曾经预言，他会重蹈当年苏联勃列日涅夫悍然出兵阿富汗的覆辙。也有人预言，他会重蹈当年美国约翰逊总统贸然决定出兵越南的覆辙。

当时，在法国进行的一项民意调查表明，百分之四十七的法国人认为美国的军事行动会以失败告终，三分之一的人以为前景不明，只有百分之十七的人认为美军会取胜。

布什政府的国防部部长、68岁的拉姆斯菲尔德，虽然力主出兵阿富汗，但是他也估计这场战争要打几年。拉姆斯菲尔德是一位"四朝元老"，曾在尼克松、福特、里根及老布什四位总统执政期，担任要职。他有着长期的作战经验。

布什本人也反复强调要作长期战争的打算。

塔利班那样不堪一击，阿富汗战争如此顺利结束，完全出乎人们的意料。

历史往往以胜败论英雄。"胜者为王，败者为寇"。随着塔利班和本·拉登的失败，渐渐淡出，而布什作为胜利者，威信迅速递增。

有三则消息，表明了布什的威信的提高：

一是在阿富汗战争结束之后，据民意调查，有百分之八十二的美国人表示支持布什总统，创造了四十年来美国总统的最高支持率——须知，一年之前，布什是作为"弱势总统"当选的。

此外，民意调查还表示，在反对党——民主党内，布什的支持率达百分之六十六。这是很不容易的。

在黑人中，布什的支持率为百分之五十四。黑人支持布什，原因之一在于布什起用了两位黑人担任政府高官：一位是国务卿鲍威尔，一位是国家安全事务助理赖斯。这是美国建国二百二十年以来黑人出任如此要职的第一例。

在2001年岁末，由美国著名民意测验机构盖洛普、《今日美国》和美国有线新闻联合主办的民意调查显示，美国现任总统布什以百分之三十九的高支持率，一举夺得"全球最受赞赏者"殊荣。这么高的支持率，打破了美国前总统肯尼迪在1963年创下的百分之三十二的记录。

2001年度"全球最受赞赏者"的民意测验中，名列第二位的是美国现任国务卿

鲍威尔,得票率百分之五。第三位是纽约市市长朱利安尼,得票率为百分之四。教皇以百分之三名列第四。

在 2000 年度"全球最受赞赏者"的民意测验中,美国总统克林顿和教皇保罗二世并列第一,得票率都只有百分之六。相比之下,布什的百分之三十九的得票率要高得多。

"夫贵妻荣",布什夫人劳拉以百分之十二的得票,在"最受欢迎的在世女人"中胜出。

甚至连布什母亲芭芭拉也因儿子出色表现而在"最受欢迎的在世女人"中得票百分之三!

此外,挪威右翼政党进步党提名美国总统布什和英国首相布莱尔作为 2002 年度的诺贝尔和平奖的候选人,称赞他们反对恐怖主义不遗余力,对世界和平作出贡献。

当然,这只是提名而已。2002 年度诺贝尔和平奖花落谁家,要到 2002 年 11 月这才揭晓。

不管怎么说,这许多民意测验,多多少少表明了布什由于成功地组织了对恐怖分子的反击,由于阿富汗战争的胜利,而使"弱势总统"变成了"强势总统"。

弗吉尼亚大学政治学教授萨巴托指出,"当美国打仗或国难当头的时候,美国人民都希望总统发挥领导才能。布什总统接受了这一挑战。"

这位政治学教授说:"美国历任总统,通常都需要一些时间来熟悉情况,然后才能胜任;有些经历的时间,不止一年;有些甚至到卸任也没有适应总统的工作。"

萨巴托还说:"布什总统成为大家目光的焦点。他做得很好。这是大家有目共睹的事情。他身为总统担负了一种使命。在全部美国历史中,除了林肯总统以外,很少有任何一位总统像他那样迅速地适应情况而承担起总统的任务。"

面对那么多的称赞,老布什笑了。他说,儿子当选总统,是他"一生中最快乐的日子"。他说自己如今成了"全世界最感自豪的父亲"。

尽管如此,布什有时也流露出对于华盛顿、白宫的厌恶感。他曾说:"华盛顿除了党派就是党派,每个人只知道揭别人的伤疤,互相残杀。"

布什甚至把白宫比作"碉堡",而他的四年总统任期就是在"服刑"。

也正因为这样,布什在担任美国总统期间,常常喜欢回到得克萨斯度假。白宫有人曾抱怨布什总统在得克萨斯的时间太多了,他回答说:"大家要习惯,因为我是从这里走向白宫的。"

布什还为自己寻找理由说:"我相信,离开白宫可以帮助总统保持敏锐的洞察力,虽然我当总统的时间还不长,但我可以向你保证,洞察力是非常重要的。华盛顿是不错,但那里充满虚幻。"

……文场上，布什心情开朗起来，说："这才是真实的世界！"

……直爽、活泼而办事干脆利索的人。

……月，在总统竞选中，一位记者问布什："你以为自己是一个什……

……个冷静的人。"

……尔夜里睡觉时是不是时刻要保持清醒头脑？"

……，正如我的朋友麦凯恩说的：'睡得像一个婴儿。'我在关键

……，

……常闹笑话的人。

……一回来到新墨西哥州的一所小学。

……学生："你知道我的家乡在哪里？"

……老小小都应该知道总统的家乡。不料，那位小学生大声回答……

……盛顿"！

……人的面子太下不来了。布什连忙给孩子一点提示，进行启……

……发：我来自美国西部的一个州。"

谁知，那小学生更加大声地回答说："华盛顿！"

布什实在下不了台，只得自己回答自己的问题："我来自得克萨斯州。"

其实，布什也太"认真"了。在小学生看来，总统的家乡当然是首都华盛顿。这本是富有童趣的回答，却被布什一次又一次的追问直到自报家门，弄得索然无味！

众所周知，在当选总统之前，小布什是美国最大的"太子党"——因为他的父亲老布什是美国总统。

小布什生于 1946 年 7 月 6 日，在德克萨斯州的米德兰镇和休斯敦长大。

上小学的时候，小布什就非常喜欢棒球。后来喜欢橄榄球。难怪他当上总统之后，还是在白宫观看全美橄榄球联盟决赛的电视转播，以致不小心被一块饼干噎倒，昏迷了几秒钟，被媒体广为报道。

青少年时代的小布什交游很广，人缘甚佳，人称"德州王子"。

他在耶鲁大学获学士学位后，又在哈佛商学院获工商管理学硕士学位。毕业后，他曾经在德克萨斯州当过一段空军驾驶员。

1977 年，小布什与劳拉结婚，1981 年生下一对双胞胎女儿。

婚后不久，小布什筹组"阿布什托石油公司"。看来，他不是经商的料子。公司生意不好，以至亏本。1986 年他把"阿布什托石油公司"股份出售给哈肯公司。

他曾经竞选联邦众议员，也以失败而告终。

此后不久，1988 年，父亲老布什当选美国总统，小布什从电视上非常关注地观

看了父亲竞选总统的全过程。他为父亲的成功而欢呼。

小布什不知道"太子"是何等滋味。他请教朋友韦德，询问作为"总统之子"有什么好处。没多久，韦德给了小布什一份长达四十四页的文件，历数美国"总统之子"的各种命运：自杀、酒鬼、发疯、遭遇车祸或者早夭！许多"总统之子"为了维护父亲的权威，献出了自己的生命！

这份文件给了小布什极大的刺激。他决心依靠自己的努力，闯出一条新路。

1994年，小布什凭借自己的努力，竞选德州州长成功，四年后又竞选连任成功。

接着，他又在美国总统预选中，击败了亚利桑那州参议员麦凯恩、出版业巨头福布斯、前美国驻联合国大使凯斯等主要竞争对手，赢得共和党总统候选人提名。然后，在总统竞选中，又以"弱势"战胜民主党总统候选人戈尔，当选美国第五十四届总统。这样，老布什被克林顿所击败，而小布什取代了克林顿。

54岁的小布什是从两任州长这样的简单经历走进白宫的。他深知自己从政的经验欠缺，好在他知人善任，没有种族偏见，起用了鲍威尔、赖斯这样的黑人精英出任要职，也起用经验丰富的拉姆斯菲尔德出任国防部长，有了这样的左膀右臂，布什步入白宫，那步履充满自信。

不过，作为美国的州长，涉外机会不多。正因为这样，布什出任美国总统，他的弱项是缺乏外交经验。

上任不久，布什就闹了一个笑话。他作为美国总统，居然致电西班牙首相，而按照外交惯例，应当由美国国务卿致电西班牙首相才符合"同等级别"的礼仪。

那是2001年6月16日，布什要和俄罗斯总统普京在斯洛文尼亚首都卢布尔雅那举行首次会谈。

在行前，布什把斯洛文尼亚说成了斯洛伐克！

这样，当布什到达斯洛文尼亚，当地的示威者打出"欢迎美国总统布什来到斯洛伐克"，弄得布什哭笑不得！

布什在与斯洛文尼亚首都卢布尔雅那与俄罗斯总统举行首次会晤之后，共同举行记者招待会。布什又说错了话：

"我很高兴我们的国防部长拉姆斯菲尔德和俄罗斯国防部长安德烈·伊万诺夫能开始进行一次建设性的对话。"

其实，俄罗斯国防部长是谢尔盖·伊万诺夫，而布什把俄罗斯外交部长安德烈·伊万诺夫说成了国防部长！

这下子，又被世界新闻媒体传为笑柄。

在"9·11"事件之后不久，布什在形容打击恐怖分子的战争时使用了"十字军东征"一词，引起阿拉伯国家极大的愤慨。布什总统说："这次十字军东征，这场对恐怖主义的战争，将是一场长期的战争。"

在中世纪，西欧基督教徒为了从穆斯林教徒手中夺回耶路撒冷，向巴勒斯坦地区发起远征，在二百年中进行了八次东侵，号称"十字军东征"。十字军东侵给东方世界带来的是灾难，包括耶路撒冷和君士坦丁堡等大城市在内的许多城镇被洗劫，遭屠杀的伊斯兰教徒无数。

穆斯林们历来把"十字军东征"等同于侵略，视为西方殖民主义扩张的象征。

为此，2001年9月18日，白宫发言人不得不就布什总统讲话中的严重失误表示正式道歉。发言人说，布什原意只是想说在全球范围内消灭恐怖主义是一项"广泛的事业"。他说："如果这个词的相关意义使我们的伙伴或任何人产生不快，总统深表歉意，但他要传达的原意是英语原词的传统含义，就是一个广泛的事业的意思。"

在白宫发言人刚刚表示道歉才两天，布什又一次讲话"疏漏"——那就是前文已经提及的，他在开列长长的支持打击恐怖主义的国家的名单时，居然把"亲密伙伴"加拿大忘了！于是，白宫发言人又赶紧向加拿大表示歉意。

接着，布什在一次关于印度与巴基斯坦紧张关系的谈话中说道：

"我认为，局势没有得到缓和。但我认为肯定可以找到解决问题的方法。我们正努力合作，敦促印度人和巴基佬，不要通过发动战争的形式解决争端。"

这"巴基佬"一词含有贬义，马上引起巴基斯坦的强烈反感。

于是，白宫发言人麦克莱伦只得解释说，布什总统丝毫没有触犯巴基斯坦的意思。麦克莱伦说，"总统对巴基斯坦、巴基斯坦人民和巴基斯坦文化都怀有极大的尊敬。巴基斯坦一直是国际社会反恐怖主义的重要一员。"

面对这位口无遮拦的美国总统，白宫发言人只好经常扮演打圆场、解释和道歉的角色。

2001年4月，布什在一次演说中，兴之所至，居然信口开河说，美国会使用武力保卫台湾！

此言一出，当然立即引起中国的强烈反感和方方面面的广泛批评。

白宫发言人连忙解释说，总统布什并未对美中政策作任何改变，美国只承认一个中国。

美国国务卿鲍威尔也连忙重申美国坚持一个中国的政策。

最值得令人玩味的是，白宫新闻发言人弗莱舍在2001年4月26日为美国总统布什作了一番解释之后，无可奈何地说："总统怎么想就怎么说。他一贯如此。"

确实，"总统怎么想就怎么说。他一贯如此。"也正因为这样，忙坏了白宫新闻发言人，也忙坏了国务卿鲍威尔。

不过，不管怎么样，布什上任之后，总算慢慢"锻炼"出外交能力。特别是这次

"9·11"恐怖袭击事件之后,他为了建立广泛的国际反恐统一战线,跟世界上一百多个国家的首脑保持联系。在军事打击阿富汗时,他也能团结美国的诸多盟国共同作战。外交不再是布什的"弱项"。

只是布什依然口无遮拦,讲话仍然常常"走火",要靠白宫发言人和国务卿鲍威尔为他抹去棱角,打圆场。

美国总统是三军统帅。虽然布什本人没有指挥作战的经验,但是他当过空军驾驶员,重要的是国务卿鲍威尔原本是五星上将,国防部长拉姆斯菲尔德更是久经沙场,所以人们并不怀疑布什政府的军事决策。

在取得阿富汗战争胜利之后,摆在布什政府面前的任务有两项,一是继续在世界范围内进行反恐斗争,二是把美国的经济搞上去。

对于第一项任务,美国人民相信布什政府能够做好。

关键是第二项任务。须知,老布什当年取得海湾战争的胜利时,却因没有把美国经济搞好,结果败在克林顿手中。小布什会不会重复老布什的错误呢?

"9·11"恐怖袭击事件发生之后,人们对美国经济充满担忧之情,因为美国是世界经济的"领头羊",美国经济的衰退会给世界经济带来不景气。

就在"9·11"事件刚刚发生,美国报纸一片哀叹:

美国《华盛顿邮报》叹道,"资本主义的偶像现在完全消失了!"

《今日美国》报的经济版推出通栏大标题:"袭击可能促使美国经济滑入衰退!"

另一家报纸说:"'9·11'事件不仅毁灭了美国资本主义的象征——纽约世贸大厦的双塔,毁灭了美国的金融中心和无数的金融界精英,它也彻底地摧毁了美国人的信心!"

有人宣称:"过去十年,美国人的乐观情绪是建立在强劲的工作、股票和住宅市场上的,而现在这三点都处在不稳定之中。"

有人宣告:"'9·11'事件是美国经济的滑铁卢!"

有人叹息:"世界经济秩序可能因恐怖事件而彻底改变!"

更有人指出:"布什政府中军人多,打仗没问题,经济是难题!"

确实,"9·11"事件给了美国经济沉重的一击。专家们纷纷估计"9·11"事件造成的经济损失:

有人估计,给纽约市造成八百三十亿至一千亿美元的巨额损失;

有人估计,美国将有一百五十万人因此丧失工作;

还有人估计,美国全国的损失超过一万亿美元!

不论怎么估算,"9·11"恐怖袭击事件使本来已经在连续衰退的美国经济,雪上加霜。

美国经济在克林顿时代，曾经有过强劲的发展。但是，后来美国经济的增长速度明显放缓，进入经济衰退期。

从1600年以来，世界经济的"领头羊"先是西班牙，然后是荷兰，再后是英国。如今，世界经济的霸主是美国。美国的经济举足轻重，占全世界总量的百分之二十九。美国经济的衰退，直接影响了世界经济。

就美国经济而言，在克林顿时代经历了八年"新经济"的辉煌之后，在克林顿政府晚期，从2000年下半年以来，开始下滑。布什正在这时当选总统。布什上任之后，几经努力，美国经济始终一蹶不振，跌入衰退的泥潭。

在布什即将出任美国总统时，在答记者问时曾经谈到经济问题——

记者："当克林顿第一次入主白宫时，他采用了格林斯潘和他的经济政策，你也会一样吗？"

布什："哦，我想克林顿总统起用格林斯潘是一个正确的决定。格林斯潘对稳定经济有积极的影响。你知道，克林顿已再度任命格林斯潘为美国联邦储备局主席，我支持这一任命，我希望能与格林斯潘一起工作。"

记者：如果格林斯潘在与你第一次会面时说，"总统先生，我认为减税可能对经济不利。"那你怎么办？

布什："自然，我会听他的意见，但这未必等于我同意他的说法，因为我相信全面减税对经济有利。"

确实，布什上台之后，在经济决策上，仍然倚重于"格老"——美国联邦储备局主席格林斯潘。但是，布什毕竟有着自己的一套经济政策，何况挽救美国经济颓势，非"格老"一人能够搞定。

"格老"开出刺激经济的"药方"，美联储在2001年十一次降息，使美国的利率降到百分之一点七五，处于四十年来最低水平。特别是在"9·11"事件之后，在2001年10月2日，美国联邦储备局宣布，将联邦基金利率降到从原来的百分之三一下子降到了百分之二点五，同时也把贴现率从百分之二点五降到了百分之二。这样大幅度降息，希冀强烈刺激经济，也是美国历史上所少有的。

在"9·11"事件之后，美国经济出现负增长。美国消费者信心指数从2001年8月的一百十四点急速下滑到了9月九十七点六，为五年来的最低，降幅是近十一年以来最大的。

布什在"9·11"事件之后，采取振兴经济的措施，包括"帮助企业走出困境"、"促进个人消费增长"、"救助失业者"、"削减税收"等。

2002年1月，美国联邦储备委员会主席格林斯潘在旧金山对商界人士发表讲话时，对美国经济作了这样权威性的估计："最艰难的时日已经过去。不过，美国虽已经出现一些经济复苏的迹象，短期内仍然面临较大风险。"

在 2002 年,美国经济仍然在困境中挣扎。能够领导美国经济走上复苏之路,对于布什来说,将比打赢阿富汗战争要艰难得多!

另外,随着布什从"弱势"走强,他的单边主义倾向越发强烈了。他的"邪恶轴心"论招致了众多国家、内中包括诸多盟国的批评,便是对于他的单边主义的激烈抨击。

"9·11"改变世界

打击"邪恶轴心"

反恐战争引发一系列新名词。2002 年 1 月 29 日,突然又冒出一个新名词,曰:"邪恶轴心"。

这个新名词的创造者,乃是美国总统布什。

这天,布什在作国情咨文演说时,点名指责伊朗、伊拉克和朝鲜为"威胁世界和平的邪恶轴心"。

布什声称:"通过寻求大规模杀伤性武器,这些政权构成日益增加的严重危险。"

布什对参众两院表示:"他们可能会向恐怖分子提供这些武器,使得他们拥有与其仇恨心理相匹配的手段。"

布什接着说:"他们可能攻击我们的盟国,或者企图讹诈美国。在此任何情况下,坐视不管的态度都会付出沉痛的代价。"

布什总统又对三个"邪恶轴心",作了具体说明:

伊朗"咄咄逼人地寻求这些武器并输出恐怖主义";

伊拉克"继续向美国显示敌意,并且支持恐怖主义";

朝鲜"正在配备导弹和大规模杀伤性武器,而其人民正在忍饥挨饿"。

布什还表示:"美利坚合众国不会允许这些世界上最危险的政权利用世界上最具毁灭性的武器来威胁我们。"

紧接着,1 月 31 日,布什总统在视察美国佛罗里达州时,又继续对所谓的"邪恶轴心"进行阐述:"在如何实现我们伟大目标的问题上,我们将以明智及深思熟虑的态度来对待它们。但我们必将实现这一目标。由于这些国家在研制这种武器,因此实现这一目标的时间并不由我们而定。"

他还说:"这些国家应该知道,我们的目的是要对他们有所防备。世界上的其他国家一定会站到我们这一边,因为这些武器可以轻而易举地对准他们,就像对准了我们一样。我们决不容忍恐怖势力和邪恶的敲诈勒索事件肆意妄行。"

布什总统为什么要提出新名词"邪恶轴心"呢?

在取得军事打击阿富汗塔利班政权之后,布什总统曾经宣布这并不意味着是反恐斗争的结束,而恰恰是反恐斗争的开始。

其实,在"9·11"恐怖袭击事件爆发之初,布什总统在与英国首相布莱尔的通话中,已经提出了这样的战略:"我们把焦点先放在处于中心的第一圈涟漪,然后扩大到第二圈,再扩大到第三圈……"

美国军事打击阿富汗是"把焦点先放在处于中心的第一圈涟漪",如今要"扩大到第二圈"。

于是,世人纷纷猜测,美国下一个打击目标是什么?

有人说是索马里,有人说是菲律宾。当然,更多的人断定是伊拉克。

布什总统这时提出"邪恶轴心"这一新名词,并指出伊朗、伊拉克和朝鲜是"威胁世界和平的邪恶轴心"。这样,就把美国下一步的主要打击目标说得明明白白。

不言而喻,布什总统在自己的国情咨文之中,提出的打击"邪恶轴心"三国,是明明白白的单边主义!

布什为什么要把伊朗、伊拉克和朝鲜三国列为"邪恶轴心"呢?

众所周知,伊拉克萨达姆政权是美国的眼中钉。当年老布什当美国总统的时候,就竭力想拔掉这颗眼中钉,发动了大规模的海湾战争。可是,这颗钉子却没有拔掉。萨达姆居然还写起小说来呢! 小布什继承父亲的衣钵,一上台就对伊拉克发动猛烈的空中打击。所以,把伊拉克列为"邪恶轴心",那是所料之中。

伊朗早就扯起反美大旗,与美国势不两立。不过,在"9·11"恐怖袭击事件发生之后,由于伊朗坚决谴责恐怖主义,而美国军事打击阿富汗也要借助于伊朗,两国关系有过改善。然而,在赢得阿富汗战争的胜利之后,美国不忘前仇,把伊朗列为"邪恶轴心",多多少少使人感到有点意外。

布什总统把伊朗与伊拉克同列为"邪恶轴心",却促使伊拉克与伊朗上演了握手言欢的"喜剧":伊朗与伊拉克原本是宿敌,"两伊战争"曾经打得惊天动地。如今共同面对美国的挑战,两伊化干戈为玉帛! 伊拉克副总理兼外交部长阿齐兹破天荒应邀访问了伊朗。尽管阿齐兹跟伊朗最高精神领袖哈梅内伊会面时,两人的脸部肌肉都绷得紧紧的,但是毕竟象征着坚冰即将融化。双方互相释放两伊战争期间的战俘……

其实,如果追溯历史的话,应当追溯到1979年,那时候古老的波斯湾和中亚接连发生了三件大事:

一是伊拉克总统贝克尔把复兴党和国家的最高权力交给了萨达姆·侯赛因;

二是阿亚图拉·霍梅尼趁伊斯兰革命之机,重返伊朗成为最高领袖;

三是苏联军出兵阿富汗。

以美国的目光来看,这三件事都是极其不利的,萨达姆和霍梅尼在伊拉克和伊朗竖起了反美大旗,而苏联出兵阿富汗,从此使阿富汗成了苏联的"后院"。

二十多年过去,美国在赢得阿富汗战争的胜利之后,把打击的矛头指向了伊

拉克的萨达姆政权和伊朗的霍梅尼政权。

至于把朝鲜列为"邪恶轴心",最令人惊讶。

美国军队在统帅麦克阿瑟的率领之下,打着联合国的旗号,让韩国李承晚军队打先锋,曾经在20世纪50年代跟朝鲜金日成打过多年的战争。

毕竟已经事隔多年,国家与国家之间的恩仇最容易被时间冲淡。我在美国首都华盛顿见到了"韩战纪念碑",美国人最后还是认可了布莱德利将军那句关于朝鲜战争的名言:"在错误的时间、错误的地点,跟错误的敌人进行了一场错误的战争!"

既然美国进行朝鲜战争犯了四个"错误",过去对于朝鲜的积怨也可以勾销了。何况时过境迁,朝鲜已经由金日成掌权变成金日成的儿子金正日掌权。金正日显得比他的父亲灵活,朝韩的和解和握手,使得韩国总统金大中因此荣获诺贝尔和平奖,而金正日也改善了他的国际形象。

美国与朝鲜的关系也相应得到了和解。美国总统克林顿在卸任前还准备访问朝鲜——虽然他在成行前的最后一秒钟取消了这一访问,但是起码也说明两国之间已经没有敌意。

布什政府上台之后,美朝关系急转直下。在韩国总统金大中访美期间,布什政府突然宣布中止与朝鲜的对话。

紧接着,2001年10月,美国总统布什在前往中国上海出席APEC会议前夕,在一次谈话中形容金正日"诡秘"和"可疑",并敦促他通过与美国和韩国举行会谈"证明其价值"。

布什总统此言一出,朝鲜官方报纸便予以痛斥:

"他的言论证明,他连最起码的礼节都不懂,缺少作为一个政治家的常识,更毋庸说国家元首。"

"布什政府应该就其放肆的言论向朝鲜人民作出真诚的道歉。"

这家朝鲜官方报纸还指出,布什应为双方谈判的僵局负责,并形容布什的对朝政策是"恶毒的"和"敌对的",称布什政府将为此付出沉重的代价。

这家朝鲜官方报纸说:"现在美国试图解除朝鲜民主主义人民共和国的武装,同时又顽固奉行敌视的对朝政策。朝鲜无意与美国进行任何对话和与之改善关系。"

从此,朝鲜与美国的关系陷入僵局。

这一回,布什总统把朝鲜列为"邪恶轴心",两国关系降低到冰点!

布什总统的国情咨文发表之后,首先进行激烈反击的,理所当然是那三个"邪恶轴心"国家。

伊拉克似乎早就听惯了美国的这种攻击性言论,听得耳朵里都长老茧了。

伊拉克副总统拉马丹抨击布什说:"布什总统的言论是愚蠢的,此番讲话与他这个世界第一大国的领导身份不符。"

伊拉克官方报章批评布什说:"布什又再发表令我们感到震惊的蛮横声明,竟然对那些在美国侵略政策下遭殃的国家横加指责。"

伊拉克外交部发言人说,布什的言论清楚显示他充满诡计,是一个伪君子。布什实行双重标准,一方面炮轰巴格达支援恐怖分子,另一方面支持以色列压迫巴勒斯坦人民。

伊朗显得愤愤不平。

伊朗最高精神领袖哈梅内伊称布什是个"嗜血之徒"!

哈梅内伊还说,美国是全世界最讨厌的魔鬼国家,伊朗能够成为被美国针对的对象,应该感到自豪。

伊朗总统哈塔米在内阁会议上称:"布什不知廉耻、狂妄自大,讲话中满是肆意攻击和污蔑之词,这比任何事情都糟糕,这是对伊朗的侮辱。我们是和平的支持者,和平要建立在公正的基础上。"

伊朗外交部长哈拉齐也表示,布什在讲话中清楚地表明,美国希望通过武力来维持其全球霸权。他还说,布什正在试图把人们的注意力转移开来,不去关注以色列对巴勒斯坦的残暴行径以及美国对以色列的偏袒。

伊朗前总统拉夫桑贾尼称,美国总统布什"带有挑衅性的指控",完全站不住脚。布什在提到反恐战争时说,伊朗、伊拉克和朝鲜是与美国敌对的国家,并称他们是所谓的"邪恶轴心"。

拉夫桑贾尼说:"作为强权国家的领导,布什站在众多官员面前,发表挑衅性演说,那些指控毫无根据。"

拉夫桑贾尼还挖苦布什总统说:"这太令人奇怪了,这种毫无逻辑的言论是一个得票率低于百分之二十五却凭着法庭判决当上总统的人说出来的。这样的逻辑无法令人信服,任何国家的新闻媒体都应该体现世界人民的看法。而且,把一些从事神圣运动的组织,如哈马斯、真主党游击队、伊斯兰圣战组织称为恐怖组织实在不妥。"

伊朗议员法拉哈尼代为宣读的国会改革派声明,对美国发出警告说,伊朗将抗击任何侵略,伊朗人民绝不容忍任何方面的侵略,尤其是来自美国的侵略。声明说:"布什是由于缺乏理智才发表这样的言论,这对世界和平构成威胁。"

朝鲜理所当然震怒了。

朝鲜外交部发言人发表题为《密切注视美国的不寻常举动》的声明,指出:"美国厚颜无耻地叫嚣'打击'的做法并非其专利。我们再不能容忍美国用武力扼杀朝鲜的肆意妄想,只能毫不留情地消灭侵略者。"

声明说:"这实际上等于是对朝鲜民主主义人民共和国宣战。"

声明还说:"我们正在密切注意美国的举动,美国撕下了对话和谈判的面具,把局势推向战争的边缘。"

声明指出,布什"肆无忌惮的粗暴政策"使得美国成为恐怖袭击的目标,并敦促华盛顿方面停止毫无根据地指责朝鲜研制大规模杀伤性武器和支持恐怖主义。

声明指出,美国总统布什在国情咨文中,硬将一些美国不喜欢的国家与恐怖主义挂钩,暴露出以实力扼杀这些国家的危险企图。

声明还指出,在最近的朝美关系史上,美国总统直接通过政策演说对朝鲜进行这样露骨的侵略威胁是没有先例的。

朝鲜官方新闻通讯社发表评论说:"美国大嚷所谓的朝鲜威胁,不过是为了给它在韩国驻军和实行敌对朝鲜的政策找借口罢了。""美国是'魔鬼帝国'"。

朝鲜官方传媒还指责美国战机在最近几星期对朝鲜进行了数十架次的侦察飞行,为进攻朝鲜作准备。

布什在《国情咨文》讲话中还影射道:"有些国家在恐怖主义面前显得十分怯懦。诸位听好了:如果他们不采取行动,美国将行动了。"

菲律宾对此表示愤怒。

菲律宾司法部长佩雷斯说:"一个友好国家的总统是不会威胁另一个友好国家的,我们在必要的时候确实寻求了他们的帮助,但是这并不意味着他们可以指挥我们国家的外交政策。"

菲律宾国防部长雷耶斯表示:"有些人认为美国会强加他们的意志,但是我们是自重的主权国家。"

美国的忠实盟友英国对美国总统布什表示支持,英国首相布莱尔说,布什关注其他国家是"完全正确的","为全球反恐联盟的行动树立了有力例证。"

布莱尔的发言人则称:"我们一直都说,反恐战争不会就在阿富汗停止,而是要进入另一个阶段。"

但是,英国外交大臣斯特劳对布什的"邪恶轴心论"表示质疑,认为布什这种说法企图利用反恐战争来玩弄党派政治。

斯特劳还说,"9·11"事件后英美曾经成为紧密战斗的联盟,现在可能不再并肩站在一起了。

欧盟委员会对外关系委员彭定康在英国《卫报》一篇专访中说,对于美国政府把伊朗、伊拉克和朝鲜三国称为"邪恶轴心"的做法,"我很难相信这是一个深思熟虑的政策"。他指出,现在没有任何证据表明这三国在发展大规模杀伤性武器方面进行过合作。

彭定康指责美国政府奉行"专制的和简单化的"外交政策,在批评美国在外交领域奉行单边主义。他说，"不管你多么强大，即使你是目前世界上最强大的超级大国，你不可能完全靠自己就办成一切事情"。

法国总理若斯潘和外长韦德里纳对美国的外交政策公开提出了批评。

法国外交部发言人称："法国并不认为那些国家是恐怖国家，我们认为重要的是，所有的国家都共同合作，打击恐怖主义。"

加拿大副总理曼利批评美国的"邪恶轴心论"，是"好战言论"。他说，加拿大虽然完全支持美国领导的反恐行动，但这并不表明加拿大不再反对美国的单边主义做法。曼利强调，"一个合作的世界比一个由单个超级大国一家说了算的世界要好"。

韩国总统金大中则用加强与邻国的和平关系来回应布什的讲话。他对内阁成员指出："我们经济的未来取决于韩朝关系。"

俄罗斯总统普京表示，他反对编制"邪恶轴心"的"黑名单"，反对未经联合国授权对主权国家使用武力的做法。他还强调伊拉克问题只能在联合国的主导下解决。

俄罗斯总理卡西亚诺夫也认为布什对这三国的指责是毫无根据的。

俄罗斯外长伊万诺夫说，"机械地把反恐怖主义的行动范围扩大到包括伊拉克在内的任何一个国家，俄罗斯都是无法接受的"。

就连美国前国务卿奥尔布赖特，也指责布什发表这样的谈话是大错特错！

面对世界各国的强烈反响，美国白宫发言人弗莱舍解释说，虽然布什总统对这些"邪恶轴心"国家发出了警告，但这并不意味着美国眼前要对它们"立刻采取"新的军事行动。

白宫发言人弗莱舍说，布什总统在国情咨文里并"没有发出一个信号，说新的军事行动迫在眉睫。"弗莱舍表示，布什总统只是"表明他在保卫美国这一问题上是很认真的"。

美国《纽约时报》则说，布什似乎在勾勒未来行动的轮廓，如果他认为必要的话，不仅会打击恐怖分子，还会打击任何发展大规模杀伤性武器的敌对国家。布什的话给人一种紧迫感。

中国外交部发言人孔泉在新闻发布会上表达了中国政府的立场：美国总统布什在国情咨文中把朝鲜、伊拉克和伊朗称为"邪恶轴心"，中方不主张在国际关系中使用这种语言。

孔泉指出，中方一向主张在国际事务中，所有国家都应当平等相待。遵守联合国宪章的宗旨和原则以及和平共处五项原则。

中国新华社在 2002 年 2 月 3 日发表评论《世界上并不存在所谓"邪恶轴心"》，指出：要成"轴心"，必须结盟，但是伊朗、伊拉克和朝鲜之间毫无联盟可言，特别是

两伊之间迄今尚有龃龉。论实力,三国也与 1940 年代的德国、意大利和日本不可同日而语。相反,它们都是发展中国家,由于受到西方制裁,经济发展滞后,大规模提升军力无从谈起。

中国新华社的评论说,按照布什总统的说法,这三个国家都"支持恐怖主义"和试图"发展大规模杀伤性武器"。但是,迄今为止,没有确凿证据表明其中任何一国政府参与了发生在美国的"9·11"恐怖袭击事件,而且伊朗在事件发生后就明确表示支持反恐战争。至于是否发展了大规模杀伤性武器,三国都已否认,但美国不相信。然而,即使它们有了此类武器,谁又敢冒灭顶之灾而将它们直接或假借恐怖分子之手间接使用于美国这个世界头号核大国呢?其实,这三国有一点却是共同的,即它们与美国的价值观和政策都不对路,与美国的关系都不和睦。故此,不少人怀疑,美国把伊朗、伊拉克和朝鲜装到"邪恶轴心"的套子里,是为了在反恐的大旗下对这些宿敌进行可能的打击作好舆论铺垫。

布什总统还宣称,2001 年"将是一个战争年"。他除了点名三个"邪恶轴心"国家之外,信誓旦旦,向美国人民保证,要将反恐斗争进行到底。

不过,美国国防部长拉姆斯菲尔德宣称,布什政府正在和反恐联盟中的每个国家合作,"鼓励他们采取内部措施解决恐怖威胁"。也就是说,美国在菲律宾、也门和索马里的反恐怖战争主要通过"代理"的方式进行,即通过秘密提供情报、训练和武器给当地军方,在绝大多数情况下,让当局"代理"美国打恐怖战。

在索马里,美国已经出动侦察机搜索当地的"基地"组织恐怖训练营。但在打击恐怖主义行动的成果,很大程度上依赖于索马里国内军阀的支持。

在菲律宾,为了打击当地涉嫌与"基地"组织有牵连的穆斯林极端组织,美军为菲律宾政府军武装了上千把狙击步枪、迫击炮、手雷和其他武器。

在印尼,他们派军方人员参加美国的反恐怖训练教程。

在也门,这种代理关系以一种更为秘密的方式进行。也门总统在 2001 年 11 月私访布什。美国为也门提供数百万美元的援助。几个星期之后,接受过美国训练和武装的也门政府军扫荡了一个涉嫌藏匿"基地"组织分子的部族组织。

看来,美国在世界范围内打一场反恐战争,如同布什总统所说,"现在还刚刚开始"!

在三个"邪恶轴心"国家之中,美国首先要进行军事打击的是伊拉克。

这几年,伊拉克总统萨达姆显得很"悠闲",正忙于写小说呢!

寓言体爱情小说《扎比芭与国王》于 2000 年底在巴格达出版发行。小说讲述了一个国王在村女扎比芭的帮助下团结人民与阴谋家斗争的故事。故事发生在伊拉克北部地区,其中"扎比芭被奸"情节暗指美国在海湾战争中入侵伊拉克。这部小说并没有作者的署名,但伊拉克的小说界确认这是萨达姆写的作品。

在由伊拉克媒体联合举行的评选活动中,《扎比芭与国王》以高选票当选为2001年度最佳小说。伊拉克文学艺术和社会各界的著名人士参加了这次评选活动。

《扎比芭与国王》一书出版后引起西方人士的关注,认为凭借这部小说可以探知萨达姆的内政外交政策的未来趋向,并成为各图书馆和私人藏书家抢购的热门书。

面对布什的"邪恶轴心"论,刚刚获奖的"小说家"萨达姆开始忙于备战。

在取得军事打击阿富汗的胜利之后,究竟美国的下一步棋怎么走,怎样打击"邪恶轴心"国家,世人拭目以待。

伊拉克战争——"愚蠢的战争"

美国总统布什把打击"邪恶轴心"国家的第一个目标,锁定伊拉克。

伊拉克是美国的宿敌。

伊拉克总统萨达姆·侯赛因在1990年8月2日,率领伊拉克军队入侵邻国科威特,推翻了科威特政府并宣布吞并科威特,把科威特变为伊拉克的第19个省。萨达姆委派他的表弟阿里·哈桑·马吉德担任这个新省的省长。

美国是科威特的亲密朋友。当时担任美国总统的是乔治·H·W·布什,人称"老布什"。在伊拉克入侵科威特数小时之后,科威特和美国要求联合国安理会召开紧急会议。在这次会议上,通过了第660号决议,谴责伊拉克对科威特的入侵,要求伊拉克撤出科威特。

经联合国安理会授权,以美国为首的34个国家组成了联合国军,从1991年1月16日开始,对科威特和伊拉克境内的伊拉克军队进行打击。经过历时42天的空袭以及在伊拉克、科威特和沙特阿拉伯边境地带展开的历时100小时的陆战,伊拉克战败,不得不宣布接受联合国660号决议,并从科威特撤军。

这次战争,史称"第一次海湾战争"。

在11年之后——2002年下半年,美国再次把军事打击的目标锁定伊拉克。这一回,美国的敌人依然是伊拉克总统萨达姆·侯赛因,而美国总统则是小布什。

小布什把伊拉克划为"邪恶轴心",欲置之死地而后快。小布什在对阿富汗发

动军事打击之后,积极筹备对伊拉克发动战争,以武力推翻萨达姆·侯赛因政权。

伊拉克毕竟是一个主权国家。"邪恶轴心"这一罪名不能成为动武的理由。美国想方设法,把伊拉克跟恐怖主义挂上钩。美国的逻辑是:伊拉克支持恐怖主义,研发大规模杀伤性武器,对美在中东的利益构成了"潜在威胁"。

美国情报部门信誓旦旦地宣称,已经掌握了伊拉克拥有大规模杀伤性武器的"确凿证据"。然而碍于"机密",美国情报部门并未把伊拉克拥有大规模杀伤性武器的"确凿证据"公之于众。

联合国安理会许多成员国以为,美国对发动伊拉克的军事打击,理由不充分。这样,联合国安理会不同意授权美国发动伊拉克战争。

在苏联解体之后,美国已经成为世界上唯一的超级大国。美国无视联合国,即便没有联合国的授权,即便是遭到俄罗斯、法国、德国、中国、阿拉伯联盟、不结盟运动等国家的批评与反对,美国依然我行我素,一意孤行。

美国政府宣称有 49 个国家支持该军事行动。然而真正参战的国家只有美国、英国、澳大利亚和波兰四国,另外丹麦政府对伊拉克宣战,派遣了两艘军舰支援美军。日本等国则提供后勤支援。

2003 年 3 月 20 日上午,北京时间 10∶35,美国、英国等四国军队对伊拉克发动空前猛烈的空中打击。4 月 9 日,美军攻入巴格达,萨达姆政权垮台。

这次战争,史称"第二次海湾战争"。

美国 18 万军队介入伊拉克战争,虽然取得了这场未经联合国授权的不合法的战争的胜利,但是美国为这场战争的胜利付出了沉重的代价。据统计,超过 9 000 名美军官兵在伊拉克战争中丧生,5.6 万人受伤。伊拉克战争消耗了耗费美国军费 7 630 亿美元,超过了朝鲜、越南战争的费用。

2011 年 12 月 15 日,美国驻伊拉克部队在巴格达附近的军事基地举行了降旗仪式,历时 9 年的美国伊拉克战争才算画上句号,美军终于从伊拉克泥潭里拔出了脚。

伊拉克战争还使美国声誉扫地。美国发动伊拉克战争的"理由"是伊拉克拥有大规模杀伤性武器,然而经过多年的反复寻找,美国中央情报局负责在伊拉克搜查大规模杀伤性武器的首席武器核查官查尔斯·迪尔费尔不得不宣布,核查小组虽然已付出最大的努力,但是没有找到萨达姆政权拥有大规模杀伤性武器的任何证据! 就连奥巴马也承认,伊拉克战争是一场"愚蠢的战争"。

如果说,在"9·11"事件中,美国损失了两幢摩天大楼和几架飞机以及 3 173 人死亡和失踪,还只是"小伤",那么在反恐的旗帜下美国发动了阿富汗的战争和伊拉克战争,这两场战争使美国付出了巨大的代价,元气大伤,国力明显减弱。

拉登居然公开亮相

在"无限正义行动"中,本·拉登成为举世瞩目的人物:

一是美国政府一口咬定本·拉登是"9·11"恐怖袭击事件的主谋。美国发动对阿富汗塔利班的军事打击,就因为塔利班庇护本·拉登。倘若本·拉登不在阿富汗,也许塔利班就不会遭受这场覆灭性的"无限正义行动";

二是美国总统布什一再声称,誓捉本·拉登归案。不抓住本·拉登,"无限正义行动"就不能结束。

常言道,活要见人,死要见尸。然而,如今本·拉登却活不见人,死不见尸!他的生死之谜,成了最大的悬案!

据透露,美国中央情报局早在1998年就录用了十五名阿富汗特工,并且命令他们在阿富汗境内寻找本·拉登。这些特工们每天向美国汇报信息,大概每个月有一次能够指出本·拉登所在的特定位置。

这些阿富汗特工的情报有几次是可以证实的。但是在多数情况下,中央情报局、五角大楼和白宫的官员们会怀疑这些情报的可信程度,因为这些情报总是不能被证实,或者还与别的情报相矛盾。

后来一位美国政府官员说:"问题就在于他们不是美国人,所以我们没有过于相信他们。"

就因为美国中央情报局并不相信这批阿富汗特工,所以跟踪本·拉登的工作没有取得很大的进展。不过,种种情报都表明,本·拉登在阿富汗活动。

另外,美国中央情报局还透露,他们从1998年以来,曾经跟阿富汗塔利班的代表至少会晤,谈判了二十次,希望他们能够协助诱捕本·拉登、交出本·拉登。在"9·11"事件发生的前几天,还跟塔利班代表谈判了一次。但是,塔利班始终"磨"着,所以谈判毫无进展。

早在"9·11"事件前一年半,一起阿富汗航空公司客机被劫持的事件,人们就曾经注意到本·拉登的健康状况,并猜测与本·拉登出国治病有关。

那是在2000年2月6日,阿富汗航空公司一架波音727客机遭到劫持。这架客机从阿富汗首都喀布尔起飞之后,在飞往阿富汗北部城市马扎里沙里夫的途中被劫持。当时机上有180多名乘客和机组人员。飞机被劫持后,先在阿富汗的坎大哈机场降落加油,以后又在乌兹别克斯坦、哈萨克斯坦、俄罗斯等国机场降落,一路上劫机分子先后释放了 30 多名乘客。被劫飞机最后辗转飞到英国,降落在伦敦斯坦斯特德机场。

在飞机上,总共有 19 名阿富汗劫机犯。他们把旅客当作人质。直到 2 月 10 日凌晨,劫机分子才同意释放了机上的最后 140 多名人质。随后,73 名人质被送回了阿富汗,另外的 69 名人质向英国政府正式提出了政治避难的请求。对此,英国政府态度坚决,要求所有人质尽快离开英国。这架客机飞回了阿富汗。

事后,2000 年 3 月 3 日出版的《阿拉伯祖国》周刊发表文章,指出这起劫机事件是精心策划的阴谋,真正的目的是送本·拉登出国治病!

这家周刊说,本·拉登不是像所传的那样患了肾结石,而是得了肺癌,且已到晚期。拉登人变得消瘦,体重减少了十公斤,行动困难,痰中带血,并伴有间歇性昏迷症状。阿富汗医生对治愈拉登的病已经没有任何招数,并告诉本·拉登说,最多只能活三个月!据告,本·拉登急需化疗,而塔利班下属的医院目前均不具备这种条件。

于是,塔利班"演出"了一幕"劫机戏",在中途停靠其他机场时,让本·拉登及其随从悄悄下去,转移到外国治病!

然而,一年半过去了,本·拉登非但没有死,而且依然在阿富汗。本·拉登很健康,在"9·11"事件之后多次发表演讲!这表明,《阿拉伯祖国》周刊的文章纯属主观臆测!

在"无限正义行动"开始的时候,本·拉登多次在阿富汗发表讲话,抨击美国政府,这表明他确实在阿富汗。

在 2001 年 10 月 24 日,忽然从日本传出惊人消息说,阿富汗塔利班政权领导人奥马尔与本·拉登及其左右等人,10 月 16 日已被其亲近分子枪杀!

这一惊人消息是日本一位"消息人士"发布的。

这位"消息人士"说,阿富汗时间 16 日近中午 11 时多,奥马尔等人返回坎大哈地下基地,在进入洞口时,遭亲近人员从后面开枪,奥马尔等人当场死亡,他的二儿子受伤逃出,次日不治。

"消息人士"称,奥马尔的两乳中间及偏右六公分处各中一枪,拉登的两乳中间和左肩下方部位各中一枪,拉登儿子两乳中间和腰部脊椎各中一枪,他的媳妇两乳中间和左肩下五公分处各中一枪。以上等人均当场死亡。奥马尔二儿子右腰部中一枪,次日死亡。

"消息人士"说,目前塔利班政权领导人是奥马尔的大儿子。

听了日本"消息人士"发布的消息,人们的第一反应便是,如此重大的新闻,怎么不是由美国白宫或者五角大楼来发布,而是由日本这位不愿透露姓名的"消息人士"发布呢？

就连"消息人士"本人,也明白自己发布的消息不大会有人相信,所以补充了一句:"不过这一消息目前尚未获得各方面进一步的证实!"

这一哗众取宠的消息,很快就被权威性的五角大楼发言人所否定。

五角大楼时时刻刻关注着本·拉登的一举一动。在对阿富汗实施了半个月的空袭后,五角大楼动用了"RQ－1捕食者无人飞机",以求干掉本·拉登和塔利班重要人物。

五角大楼官员曾经透露,美军可以在美国本土操纵这种特殊的无人机,利用卫星视频瞄准目标,然后发射"地狱之火"导弹。美国中央情报局和美国空军将共同实施这个任务。无人机的使用将空袭战线向前推进了一步,在空军士兵的生命不会受到威胁的情况下,可以近距离打击"机会目标"。

就在那位日本"消息人士"发布拉登"两乳中间和左肩下方部位各中一枪"、"当场死亡"的消息之后,2001年11月8日本·拉登在阿富汗公开露面。

那天,巴基斯坦记者米尔在阿富汗首都喀布尔附近采访了本·拉登。这是米尔第三次面对面采访拉登。他们的合影在《黎明报》上发表后,迅即被世界各地的报纸所转载。

米尔说,他见到的拉登精神抖擞,士气高昂,并经常大笑,拉登明知随时会死于美国手中,但仍然毫不在乎,表现从容。

米尔还说:"过去我见过的拉登,是位说话彬彬有礼的人,但这次他却俨如一个经验老到辞锋锐利的演说家,他过去很少猛烈抨击巴基斯坦,但这次却变得对巴国极力批判。他看来变化了不少,言谈间显得更自信。"

米尔说,拉登发誓要与美国人战斗到底,"如果塔利班失守喀布尔及其他战略要地,我们将转移到山区,继续同美国人进行游击战。"

米尔透露,拉登表示就算他被杀,与美国的斗争仍不会停止,他后继有人。他向米尔说:"我已准备就义成仁,美军虽不知我在此,但四处胡乱投弹,我仍有机会被杀。但杀死我不能解决问题,这场战争会扩展到全世界。"

米尔问及,先前曾有报道说,拉登患有肾病并曾到迪拜医治,但是拉登否认此事,自称肾脏无恙,而且一年多以来也没有到过迪拜。

能够直接采访本·拉登,当然是极其不容易的。米尔本人为此也成了采访对象。人们追问他见到拉登的经过。米尔说,早前他曾向塔利班表示想采访拉登,结果获准,并安排他开车到喀布尔市内的一间小旅店里等候。11月7日,有一位阿拉伯人到旅馆来接走他,此人驾驶着越野吉普车在喀布尔市内穿梭,仿佛在侦察是否有跟踪者。直至晚上,才又有人接他离开喀布尔,蒙起他的双眼,并用大毛毯卷起,放到一辆吉普车的后座上。乘车约五小时后,终于到达采访地点,那是一间简陋的小房。那时已是 11 月 8 日凌晨。他形容那个地方"极为寒冷",也许那儿已下过雪。采访期间,他还听到外面传来防空炮火声音。

然而,就在此后几天——11 月 13 日,喀布尔就被北方联盟所占领。从此,本·拉登销声匿迹。本·拉登是否有意在放弃喀布尔前夕,接见米尔,作最后一次公开亮相,那就不得而知了。

此人"来无影,去无踪"

此后,关于本·拉登的行踪的种种猜测,就不断见诸报端。

就在 11 月 13 日当天,英国外交部长宣称,本·拉登躲在坎大哈附近。本·拉登随身带着毒药,准备在落网时服毒自尽。

来自塔利班驻巴基斯坦大使扎伊夫的消息比较可靠。他在接受半岛电视台的采访时说,11 月 13 日,当北方联盟进攻喀布尔的时候,本·拉登仍在喀布尔城内。本·拉登是在最后一刻才离开喀布尔的。但是,扎伊夫不愿透露此后本·拉登的行踪。他说,他不清楚本·拉登现在何处,包括他是否在阿富汗境内。

此后,英国每日电讯报披露比较可靠的消息。他们的记者在阿富汗东部贾拉拉巴德采访了巴布拉克。巴布拉克曾在拉登的"基地"组织据点担任过警卫,认得拉登。

巴布拉克说,在喀布尔被北方联盟占领之后,本·拉登曾经在贾拉拉巴德停留了四天。在塔利班部队撤出贾拉拉巴德前夕,晚上 9 时,他看到本·拉登站在贵宾招待所前,身边围着六十名保镖。他在那里向他的阿拉伯战士下达命令,停留了大约四十分钟。

巴布拉克说,当时本·拉登握着前市长卡比尔的手,这表示双方关系密切。他们在那里交谈。

本·拉登在大批保镖保护下,带着大批卡车和装甲车离开贾拉拉巴德,前往附近山区的基地。他说,本·拉登坐在第六或第七辆卡车,他的后面跟着一百到二百辆汽车,内中有五辆装甲车。

又有消息说,塔利班最高领袖奥马尔已经带着两个儿子逃往巴基斯坦西北边境。但是这一消息没有得到任何方面的确认。

英国《卫报》引述巴基斯坦情报部门消息说,本·拉登带领 1 500 名以阿拉伯人为主的"基地"组织战士,隐藏在贾拉拉巴德山区。又说,本·拉登已经与奥马尔分开行动,以免两人在一起目标太大。

11月20日,美国国防部发布悬赏2 500万美元的奖金,缉捕本·拉登。他们以为,重赏之下,必有勇夫。

11月底,美国中央情报局局长访问了巴基斯坦。他与巴基斯坦总统穆沙拉夫的会谈的重点,是希望巴基斯坦严密监视巴基斯坦与阿富汗的边境,以防本·拉登逃往巴基斯坦。在美国中央情报局看来,本·拉登逃往巴基斯坦的可能性最大,因为他穿越阿富汗与巴基斯坦的边境很容易,而且巴基斯坦又有许多本·拉登的支持者。

在12月16日北方联盟攻克塔利班的最后据点托拉博拉之后,美国和英国两支特种部队在四千名北方联盟士兵配合下,对那里的山洞进行搜索。他们把搜索目标锁定在拉登一个人身上。只要拉登不除,美国永无宁日,美国人已经深切体会到了拉登的厉害,不惜一切代价缉捕拉登。美国已经预计缉捕行动是一场持久战。

美国中央情报局还开列出了拉登可能使用的三个名字:奥萨玛·本·穆罕默德、奥萨玛·本·阿瓦德和阿卜杜拉·哈里姆。他们希望士兵们能按图索骥,找到一些拉登的踪迹。

然而,遍寻无着,不见本·拉登和奥马尔的踪影。

那些山洞大都位于海拔三千公尺的山上。山洞都很狭窄,仅容一人通过。美国兵让北方联盟的战士在洞外喊了许久,无人答应,这才叫他们爬进去。山洞里面只是铺着一些树叶而已——美国兵原本以为里面可能有空调以及沙发!

他们在山洞只找到残缺的枪支,带血的纱布。在一个山洞里,发现铁哑铃,表明"基地"组织成员在那样的时刻还锻炼身体呢!

美国特种部队的负责人约翰·马尔霍兰上校表示,美国特种部队不可能在托拉博拉地区活捉本·拉登。

"我不认为他还在这儿。"马尔霍兰上校说,"我认为本·拉登要么已经死了,被埋在大堆岩石之下,要么已经离开此地。"

马尔霍兰说,托拉博拉山区的许多山洞在美国特种部队到达以前已经被"洗劫",因此特种部队很难在其中发现非常有用的材料。另外,虽然该地有大量的山洞,但特种部队目前已经搜查过的山洞大多构造简单,还没有遇到像人们传说的那样有隧道互相连接的错综复杂的山洞。

为了寻找本·拉登的行踪,光是依靠地面搜索显然不够,美国动用高科技手段进行搜索,内中有照相侦察卫星、电子监听卫星、侦察飞机和其他秘密间谍武器。据透露,美国动用的侦察卫星,就多达五十颗! 其中特别是一颗"KH-11间谍卫星"，重达十五吨重，造价十亿美元，在2001年10月发射。这颗间谍卫星具有非常敏感的红外线探测器。尽管阿富汗多山，但是这颗间谍卫星能够非常敏锐地发现在深山中的人迹——因为人会不断发射出红外线！用这么多颗卫星监视本·拉登一个人，这恐怕要列入吉尼斯世界纪录！

美国国防部部长拉姆斯菲尔德叹道，本·拉登可能早就从托拉博拉的洞穴中逃到了巴基斯坦！

拉姆斯菲尔德说："尽管美军和巴基斯坦双方都封锁了阿富汗和巴基斯坦边境地区，切断了拉登的逃跑路线，但是由于地势复杂，难免有所疏漏。美军恐怕是白忙活一场，因为拉登可能已经逃往阿富汗的邻国巴基斯坦了。"

阿富汗通往巴基斯坦的各个要道派驻重兵把守，巴基斯坦还调动准军事人员加强边境巡逻，防止"基地"组织分子潜入巴基斯坦。

一些西方军事专家怀疑，拉登可能已经剪去大胡子，穿上穆斯林妇女的服装，戴上蓝色面纱，逃往巴基斯坦！

这么一来，巴基斯坦赶紧往边境派驻女兵，因为男兵检查戴面纱的穆斯林妇女有违教义，而女兵可以负责检查面纱下的面孔。

不过，美国中央情报局和美国国防部以为本·拉登可能逃往巴基斯坦，这一分析应当说有相当的根据：在北方联盟攻克塔利班的最后据点托拉博拉时，打死了二百多名"基地"组织成员，俘虏百余人，但是却有五百多人逃入森林而进入巴基斯坦！那么多的"基地"组织成员可以逃往巴基斯坦，拉登当然可以逃到巴基斯坦！尤其是本·拉登手握重金，很容易用金钱买通。

有人指出，毗邻阿富汗的巴基斯坦的白沙瓦，在"9·11"事件之前，每个月有四百多名非法移民从那里出发前往世界各地。据白沙瓦的人蛇透露，在"9·11"事件之后，激增到每月有一千多阿富汗人在这里等待成为非法移民，经由地下途径前往西方。白沙瓦有三十多家地下"旅行社"，有数不清的出国文件伪造者、提供证件照服务的照相馆，在那里能买到去阿联酋、泰国和乌克兰的签证。只要你有钱，什么事都能办到。

不过，巴基斯坦总统穆沙拉夫坚决否认了本·拉登藏身于巴基斯坦的可能性。再说，如果总是猜测本·拉登隐藏在巴基斯坦，对于美国国防部来说，也并不光彩，这意味着"无限正义行动"的最后结果却是主犯本·拉登逃脱。还有，美国希望看到一个死的拉登，如果抓了一个活的，审也不好审，判也不好判，将会很麻烦。于是，美国国防部部长拉姆斯菲尔德改口，宣称本·拉登"极可能"在美军猛烈的轰炸下，葬身于阿富汗的某个山洞之中。

驻巴基斯坦美军发言人肯顿·基思也说，他认为本·拉登"很可能"已被炸弹炸死。

巴基斯坦总统穆沙拉夫同样这么说："本·拉登可能已经死了,因为所有的搜索行动都已经进行过了,所有的洞穴都已经被轰炸过了。"

当然,他们都只是说本·拉登"可能"已经死了。《巴基斯坦观察家报》的一篇报道,把"可能"变成了"事实"。报道说,一位不愿透露姓名的塔利班高级官员表示,他在2001年12月中旬参加了本·拉登的葬礼!

《巴基斯坦观察家报》援引该塔利班官员的话说,大约三十名"基地"组织成员、家庭成员和"塔利班朋友"参加了本·拉登的葬礼。该塔利班官员说,本·拉登死于严重的肺病并发症,但死得相当平静。他说,这名塔利班成员说,本·拉登的坟墓可能像托拉博拉的其他地方一样,已经在美军的轰炸中"消失"了,美军将永远无法找到本·拉登的踪影。

即便作了如此详细、具体的本·拉登葬礼报道,《巴基斯坦观察家报》也加上一句话:"但这一消息没有得到美军方面的确认。"

这时,本·拉登的前妻萨比哈在接受俄罗斯电视台采访时宣称,本·拉登一旦走投无路,可能要求儿子把他杀死,并且将通过电视播放其死亡过程,这将成为新一轮恐怖袭击的信号,他想以此激起他的追随者袭击美国的国会山、伦敦的大本钟和巴黎的埃菲尔铁塔。

萨比哈说,本·拉登希望卡塔尔的半岛电视台能够为他"殉教者的壮举"录像,然后在电视台播出。

萨比哈的话,为本·拉登准备"壮烈地死",作了生动的描绘。

就在盛传拉登死去的时候,爆出震惊世界的消息:拉登现身卡塔尔半岛电视台!

那是在2001年12月26日,"半岛"电视台播放了本·拉登最新的长度达半小时的录像带。拉登在录像中说,公布录像的目的是纪念"9·11"事件三个月。他说:"现在距离世界异教徒和他们的领导美国遭受袭击已经三个月了,距离美国对伊斯兰发动的最严重的十字军东征也已经两个月了,现在我们有必要回顾一下这些事件产生的影响。"据此,这盘录像带可能是在12月7日录制的——因为这一天是美国军事打击阿富汗塔利班两个月。

这盘录像带是从巴基斯坦用快件寄到半岛电视台的。寄件人没有留姓名,也没有留地址。

在录像中,本·拉登身着绿色军装,脸色看起来苍白、憔悴,他的身边照例放着那支卡宾枪。过去,他总是在一块岩石前发表讲话,这一回,他的背景是一块褐色的幕布,叫人无法推测他究竟在什么地方发表讲话。

这表明,本·拉登活得好好的!

拉登在录像中说:"最近发生的一切事情证明了一个重要的真理。很明显,西方人普遍对伊斯兰教怀有一种无法形容的仇恨情绪。针对美国的恐怖袭击事件理应受到赞扬,因为这是对不公平的状况作出的回应,目的是为了促使美国人停止支持以色列。"

拉登说:"在过去几个月内一直生活在美军无休止的轰炸之中的人民清楚地认识到了这一点。要知道,有多少村庄被摧毁,有多少人在刺骨的寒风中被赶出家园?这些饱受欺凌的男人、女人和孩子们现在住在巴基斯坦的帐篷中,他们何罪之有?他们是无辜的人民。可是美国仅凭着站不住脚的一丝怀疑,就向他们展开了无情的打击。我们已经亲眼目睹了这些自称为人道主义者所犯下的真实的罪行。他们还好意思称自己为自由的捍卫者。"

拉登愤怒地指责美国道:"七克炸药就足以炸死一个人,但美国人却不惜使用七百万克,这一切都证明他们极端痛恨塔利班和穆斯林。当那些年轻人——愿上帝接受他们为烈士,将美国驻内罗毕大使馆引爆时,他们用了不足两吨炸药。美国就说这是一次恐怖行为,而且使用了大规模杀伤性武器。而现在在阿富汗,他们毫不犹像地使用了两枚七吨重的炸弹,要知道每枚七百万克啊。当他们毫无理由地炸毁一座座村庄并使所有人都惊慌失措的时候,美国国防部长却说,因为这些人是穆斯林而不是美国人,因此美国有权消灭他们。这是公然的犯罪。"

拉登说:"几天前,他们轰炸了'基地'组织位于阿富汗东部考斯特的阵地,并投下了无线制导炸弹,炸毁了那里的一座清真寺,而里面虔诚的穆斯林正在祈祷。他们瞄准了这座清真寺,并杀死了那里的一百五十名信徒。事后,美国却称这仅仅是一次误炸。这就是十字军们的罪行。针对美国的恐怖主义理应得到表彰,因为这是对不公正的一次回应,目的是迫使美国停止支持以色列。而以色列一直在屠杀我们的人民。"

拉登还说:"美军对阿富汗的轰炸摧毁了很多村庄,数百万人暴露在冬日的严寒中,而他们并没有做错什么。我们已经亲眼目睹了所谓的人道主义者犯下的罪行。"

在录像中,本·拉登称:"所有你们听到的关于美军误炸阿富汗平民的声明都是谎言,彻头彻尾的谎言。"

本·拉登的这次"现身",给了美国沉重的心理打击。因为美国好不容易赢得"无限正义行动"的胜利,而这次行动追寻的主犯本·拉登却不仅健在,还如此强烈地谴责了美国!

美国排除了拉登已经死亡的可能性,加强了对拉登的追捕。

美国特种部队重新搜索阿富汗东部的托拉博拉山区的洞穴和隧道,他们采用新的手段:用一种炸弹把洞穴里的空气消耗掉,使藏在里面的人窒息而死。五角大楼说,已经有十枚这种新式炸弹运往阿富汗。

对于在阿富汗山区进行的搜捕行动,美国参谋长联席会议作战部门副主任斯塔富里本说,这就像是"在狗身上找跳蚤。如果你发现一只,并且把注意力集中在那只上,就会不知道还有多少只跳蚤跑了"。

俄罗斯的一位退休将军、曾参加过阿富汗战争的鲁斯兰·奥什伊万说,根据他过去在阿富汗作战的经验,在多山的阿富汗想抓住本·拉登,起码要有五十万人的军队!他说:"当年,我们派驻了十二万的地面部队而且还有十万名阿富汗政府军支持,我们建立了基地、地方情报机构并扶植了地方政府,在这种情况下,我们也才控制了阿富汗百分之二十的领土!"

美国在阿富汗行动的指挥官弗兰克斯将军说,拉登的命运只有三种可能,一是他仍然在托拉博拉山区,可能活着或者已经死亡,二是转移到了阿富汗其他地区,三是可能逃到了巴基斯坦。

其实,这位将军等于讲了一堆废话!他把各种可能都说到了,却不知"目前还不知道拉登属于哪一种情况"!其实,这表明美国对于本·拉登的行踪一无所知。

巴基斯坦一家报纸引用一名塔利班官员的话称,美国"永远也不可能找到本·拉登,因为此人来无影,去无踪"。

布什发誓要把拉登绳之以法

这时,"基地"组织的一个被俘成员的交代,引起美国当局高度重视。他说,本·拉登掌握从阿富汗通往世界各地的六十多条路线!

这就是说,本·拉登可能早就溜往国外!

于是,针对本·拉登可能的逃亡路线,美国采取种种追捕措施。

《华盛顿时报》报道说,一些美国官员担心,拉登可能会乘船逃走。拉登的"基地"组织在世界各地有几十艘船可以使用,美国担心这个恐怖组织头子在巴基斯坦海岸和他的这支船队会合,驶向安全的地方。

美国官员说,"基地"网络的外围组织控制着这些船只。盟军的舰艇在波斯湾和阿拉伯海监视往来船只,有时甚至登船检查,以防基地组织的任何头目逃离阿富汗。

一些美国官员认为,万一拉登逃到海上的话,他首先选中的躲藏地可能就是索马里,因为这个国家过去曾经窝藏基地组织成员。

布什政府的一名官员则说,他看到了一份内部报告,说拉登可能会采取冒险的做法,回到他的故乡沙特阿拉伯去,到靠近也门的由部落控制的沙漠地区去生活,那些地区是沙特警察不太注意的地方。

坎大哈省省长发言人古尔·阿加在接受英国《卫报》采访时透露,他掌握的证据表明,塔利班和基地组织高级成员逃离阿富汗有三条线路。只要拿出五千美元的话,就会有向导带着成功逃离阿富汗;如果肯出更大价钱的话,向导甚至可以带他们逃往伊朗。

各种各样根据"幻想"以及"推理"而产生的报道,也纷纷见诸媒体。

美国有线电视台 CNN 的一位女记者采访了巴基斯坦穆斯林政党 JIU 领导人。这位领导人说,本·拉登已经逃离阿富汗,到达车臣,而且要从车臣前往美国!

女记者感到惊讶,美国不是悬赏两千五百万美元捉拿本·拉登,他怎么会去美国呢?

这时,那位巴基斯坦穆斯林政党 JIU 领导人变得"语塞"了!

有的报纸用"幻想"式的笔调报道拉登乘直升机偕妻子飞离阿富汗。美国官方当即反驳道,在美军铁桶般的包围圈中,连一只苍蝇都飞不出去,何况一架直升机!

有的报纸则"幻想"报道,本·拉登经过化装、改容,已经面目全非。他从阿富汗回到祖国沙特阿拉伯,前往麦加朝圣!因为他一旦进入圣城——麦加或麦地那,就脱离了险地。他可以混在逾百万朝圣者当中,再安排下一步逃亡路线。巴基斯坦大约有十二万人在 2002 年 1 月至 2 月间赴麦加朝圣。

美国中央情报局居然注意到这篇"幻想"式的报道,因为他们注意到拉登副手扎瓦希里原是医生,有丰富的整容知识,在拉登助手之中也有整容师,所以拉登有可能"变脸"。美国中央情报局的情报专家采用电脑技术为拉登制作了十张"整容"后的照片,包括"催肥变胖"或者变成女人甚至老妇。这些照片提供给缉捕人员"参考"!

还有传说本·拉登逃往克什米尔。

美国中央情报局也有人认为,本·拉登是故意放出要逃往国外的空气。在他看来,本·拉登不一定躲在山洞里。其实,本·拉登极可能就在阿富汗的城市里,甚至就在首都喀布尔!因为在阿富汗的城市里躲藏起来,也并不困难。

美军抓紧了对于塔利班以及"基地"组织俘虏的审讯,期望从他们口中得到本·拉登行踪线索,但是收获寥寥。

关于本·拉登的命运,似乎生与死总是交替着。当相信本·拉登活着而进行追捕却毫无结果时，死亡之说又会重新冒头。

这一回声称本·拉登可能死亡的消息，不是来自小报记者，而是来自巴基斯坦总统穆沙拉夫。

那是在 2002 年 1 月 18 日，巴基斯坦总统穆沙拉夫接受美国有线电视（CNN）的专访时指出，拉登是个肾病患者，他之前捐赠了两台洗肾机给阿富汗，而其中一台是专为他本人服务。穆沙拉夫表示，他不肯定在美军对阿富汗展开军事行动以后，拉登在逃亡的过程中是否还得到同样的医疗护理。此外，穆沙拉夫表示，从不久前半岛电视台播出的电视画面可看出，拉登的健康状况极差，因此他相信拉登应该已死亡，但如果他未死，现在则应该还留在阿富汗境内。

对此美国政府高级官员表示，穆沙拉夫的言论虽然是有理的推论，但那只是个猜测，美军至今还没有任何实际证据证明拉登已死亡。这名官员透露，美国获得的情报显示拉登每三日需要进行洗肾，但他却不断在山区四处躲避美军的搜捕，因此是有可能无法取得电力供应，获得所需的治疗。

也就在这时，美国 *GLOBE* 杂志在封面上发表了一张怀疑是拉登尸体的照片，加上醒目的标题："拉登的尸首：他真的死了吗？"

不过，令人感到纳闷的是，照片是从脚部拍过去的，那头部并不清楚。

据说，这具尸体是在阿富汗黑尘基地的洞穴中被人发现，其身高与拉登相仿，但尚未最终确定是否系拉登尸体？！

仅仅因"身高与拉登相仿"就是拉登？不言而喻，这又是建立于"幻想"之上的报道。

其实，美国特工部门早已从拉登的亲属那里提取到了 DNA 的样品，以便用来识别拉登的尸体。

美国特工很注意阿富汗战场上与本·拉登相似的尸体，从尸体上切下手指，运回美国进行 DNA 鉴定。倘若 *GLOBE* 杂志封面所登那具尸体是本·拉登尸体，这么重大的新闻就轮不到 *GLOBE* 来发布，白宫早就会向全世界宣布了！

真真假假，假假真真，本·拉登的生死成了猜不透的谜。美国国防部长拉姆斯菲尔德也被拉登搞得烦躁不已，他说："我们每天收到六份、七份、八份、十份甚至十二份关于拉登行踪的报告，说法不一，互相矛盾！"

面对这么多互相矛盾的报告，拉姆斯菲尔德一头雾水，无所适从！

至于塔利班领袖奥马尔，据他的私人司机沙赫卜说，2001 年 10 月 7 日美军首次空袭阿富汗时，他与奥马尔同在坎大哈的住地。

奥马尔在一开始拒绝接受顾问们提出的逃亡建议。他表示："即使是布什出现在我的门前，我也不会离开的。"

在得知奥马尔的住所可能成为美国的打击目标后，他的助手让他乘坐人力车从住地前往坎大哈市中心,每夜更换就寝地点。有一次美军的炸弹甚至险些把他击毙。

2001 年 12 月 27 日,据塔利班情报局长卡里·艾哈迈杜拉在会见记者时称:"奥马尔还活着,他很健康,也很安全。昨天晚上,一个在乌罗干省的朋友还给我打电话,说他在巴基斯坦边境附近见到了奥马尔,他很安全,我的这个朋友一直与奥马尔保持密切联系。"

又据阿富汗坎大哈省省督阿迦的发言人普什通说,在美国开始对阿富汗轰炸后的第九天,奥马尔派人前往阿富汗中央银行坎大哈分行提取了 950 万美元现金,一捆一捆地捆好塞进他们带来的几个粗麻布面粉袋子里。奥马尔带着这些现金逃跑了。

美国情报人员也说:"一旦奥马尔逃出阿富汗,这些钱足够使他找到安全的庇护所。"

本·拉登和奥马尔都下落不明。

在美国发动军事打击阿富汗之后,频频传出扎瓦赫里被打伤以至击毙的消息。但是如同本·拉登一样,往往在新闻媒体上刚刚说已经死亡,翌日又有消息说他在潜逃。

据总部设在英国伦敦的阿拉伯日报《中东日报》宣称,通过某种途径获得了扎瓦赫里的自传手稿。自传的题目为《穆罕默德旗下的骑士:圣战运动计划》,共分八到九个部分,长达三百五十页。

扎瓦赫里在自传里写道:"我之所以写这部自传,是出于对我这代人以及后代们的责任感。"

扎瓦赫里在的自传中把犹太人和美国人称为伊斯兰的敌人。

"由于目前麻烦的外部环境和不稳定的条件,我今后或许不可能再有机会写了。"

《中东日报》收到的扎瓦赫里自传是真是假,尚待鉴定。

据伊朗媒体 2002 年 2 月 17 日透露,扎瓦赫里日前在那里被捕,并关押在德黑兰监狱。这一消息又很快遭到否定。

2002 年 2 月 6 日,美国中央情报局局长特内特在参议院作证时说,他无法确定本·拉登是否已死去,但他相信塔利班领导人奥马尔仍然活着。

美国中央情报局局长的话,为本·拉登和奥马尔的下落作了权威性的结论。

然而,就在此时,从阿富汗传来新的消息:

美国参谋长联席会议主席迈尔斯上将证实,2002 年 2 月 4 日,美国中央情报局一架"捕食者"无人驾驶飞机在阿富汗南部扎瓦尔·基里洞穴群附近发现了一群可疑分子,当时有三个穿白色长袍的人被安全部队围在中央,其他人对他们的态度显然非常恭敬,而且其中一个人的体型特征非常像本·拉登。

美军当即用"捕食者"无人驾驶飞机发射"地狱之火"导弹进行攻击,炸死这一批可疑分子。

但是迈尔斯无法确定目标是否是"基地"组织成员。迈尔斯说,大约五十名美国士兵于2月8日抵达袭击地点,展开搜索工作。

美国相信被击中的应该是"基地"组织的高级领导人。然而,五角大楼拒绝对"本·拉登也在被炸者当中"的猜测进行评论。美国国防部长拉姆斯菲尔德说:"我们根本没有任何概念。"

看来,美国中央情报局和五角大楼在阿富汗战争结束之后,仍然高度关注着本·拉登和奥马尔的任何踪迹,搜寻工作一直在紧张地持续进行着……

2001年12月28日,美国总统小布什在得克萨斯州的农场上接见记者时称:"本·拉登正在潜逃。我们并不知道他是否藏在隐蔽的洞穴中。我们不知道。现在外面流传着各种各样的报道,也有着各种各样的猜测。"

他说:"他逃不出我们的搜索。这个人三个月前还统治着一个国家,现在恐怕只能统治一个洞穴!"

布什发誓,他有信心将本·拉登缉拿归案,并将他绳之以法。

布什总统的话,表明了美国政府的态度和决心。

"海豹"击毙"恐怖大亨"

然而,布什总统在他的任期中,并没有抓住本·拉登这个"世界上最大的通缉犯"。

为小布什雪耻,为"9·11"冤魂雪耻的,是美国总统奥巴马。

2011年5月1日,美国华盛顿时间(下同)21时40分,正在达拉斯的美国前总统小布什,突然接到美国总统奥巴马的电话,告诉他天大的喜讯:"本·拉登今天被击毙!"

21时47分,白宫通信主任Dan Pfeiffer在Twitter微博网上宣布:"美国总统将于东部时间22:30对全国讲话。"

奥巴马要在这么晚的时候突然发表讲话,显然异乎寻常。

22时24分,美国前国防部长拉姆斯菲尔德的参谋主任Keith Urbahn用手机

在 Twitter 微博网发了重要消息:"有位声誉很好的人告诉我,他们杀了奥萨玛·本·拉登!"这是美国官方资深人士首次透露本·拉登被杀。

美国总统奥巴马原定 22:30 对全国发表讲话,但是由于事关重大,处于高度忙碌的奥巴马推迟到 23 时 15 分,才在白宫东厅发表电视讲话。由于在将近 1 小时前 Keith Urbahn 在微博中已经透露了本·拉登毙命,所以奥巴马的讲话引起媒体广泛关注。

美国总统奥巴马郑重地向全世界宣布:基地组织领导人本·拉登今天被美国军方在巴基斯坦首都伊斯兰堡外的隐秘住所里击毙!

奥巴马说,他是在当天下令实施正式对本·拉登的逮捕行动的。美国军方在战斗中有交火,但没有人受伤。他们当场击毙了本·拉登。现在美方经过细致的比对,已经确认那是本·拉登的尸体。

尽管已经夜深,这爆炸性的新闻立即传遍美国,同时也震撼着全世界。

此前曾经多次传出各种各样关于"恐怖大亨"本·拉登的死讯,后来被证实都是空穴来风,空欢喜一场。这次本·拉登的死讯是由美国总统奥巴马亲自宣布,当然是富有权威性,是毋庸置疑的。

屈指算来,自从 2001 年 9 月 11 日爆发"9·11 恐怖袭击事件"以来,美国的反恐战争已经打了九个半年头。为了杀死仇敌本·拉登,美国把数以千计的炸弹倾泻在阿富汗,倾泻在伊拉克。

好不容易终于置本·拉登于死地,奥巴马不无自豪地宣称,这是他就任美国总统以来在国家安全上的最大胜利。

顿时,全世界的目光,都聚焦于本·拉登之死。

随着时间的流逝,美国军方击毙本·拉登的细节渐渐浮出水面,为世人解开了一个个谜团。

第一个谜团是,美国军方怎么获知本·拉登在巴基斯坦首都伊斯兰堡外的隐秘住所?

小布什曾说,"他逃不出我们的搜索。这个人三个月前还统治着一个国家,现在恐怕只能统治一个洞穴!"这表明,美国最初以为本·拉登躲藏在阿富汗的某个洞穴之中。

美国中央情报局"破译"本·拉登藏身之处,最初是在 2010 年夏天得到重要线索。美国中央情报局在审讯一个被俘的基地组织高级头头时,他提及本·拉登不打电话,不发电子邮件,而是靠一名忠实的信使与基地组织联系。

这名信使是谁?

被俘的基地组织高级头头说,他只知道这名信使的外号。

不言而喻,这是极其重要的线索。

美国中央情报局按照信使的外号进行盘查,确定这名信使是基地组织头目哈立德·谢赫·穆罕默德的心腹。哈立德·谢赫·穆罕默德是"9·11"恐怖袭击的主谋之一,在2005年被美军逮捕。这名信使还是基地组织前三号首脑阿布·法拉杰·利比的助手。

在确定了信使的身份之后,重要的任务就是找到这个信使并秘密进行跟踪,这样就可以找到本·拉登的踪迹。

经过混在基地组织中的"线人"的努力,本·拉登这个信使终于被发现。经过长时间的秘密跟踪,美国中央情报局逐渐掌握信使的活动范围和路线。美国中央情报局发现,信使竟然主要是在巴基斯坦活动,尤其是经常在巴基斯坦首都伊斯兰堡。这表明,本·拉登早已经离开了阿富汗的洞穴,而是潜伏在人烟密集的伊斯兰堡一带。

经过多日跟踪,美国中央情报局惊讶地发现,信使进出于巴基斯坦西北部阿伯塔巴德市内一幢大型住宅。那里离伊斯兰堡只有35英里,附近就是巴基斯坦军事学院。

美国中央情报局终于发现,那里就是本·拉登隐居之所!

紧接着,人们关注的第二个谜团是,本·拉登怎么会躲到阿伯塔巴德市?他的隐居之所是什么样子的?

那幢房子很大,共3层,比附近的房子大8倍。窗户很少,"门虽设而常关",跟邻居们"绝缘",从不来往。

这幢房子四周设有高墙及铁丝网护栏。没有电话线,也没有宽带线。最为奇特的是,房主从不倾倒生活垃圾,而是把垃圾在屋里焚烧处理。这种种反常的现象表明,房主是一个"反常"的人。

美国中央情报局秘密调查这幢房子的来历,查明房子是2005年建造的,登记的屋主不是巴基斯坦人,而是阿富汗人。建造的花费是100万美元,这在当地是相当高的造价。

经过缜密侦查,美国中央情报局确定,这幢房子就是本·拉登的隐居之所。

第三个谜团当然是美国军方如何抓捕本·拉登?

本·拉登不是在美军控制的阿富汗,而是在巴基斯坦。美国中央情报局在追踪本·拉登的信使以及调查本·拉登位于阿伯塔巴德市的住所时,不仅没有惊动本·拉登,而且没有惊动巴基斯坦。美国中央情报局担心,在巴基斯坦有本·拉登的内线,一旦情报泄露,警觉性很高的本·拉登势必闻讯逃逸,将前功尽弃。阿伯塔巴德市是一座拥有100万人口的城市。本·拉登受惊,很容易消失在茫茫人海之中。

当然,最简便的办法,是派遣无人机,在锁定目标之后发射导弹,把那幢大房子炸得粉碎。美国在猎杀基地组织的许多头头时，便采取这种办法。对付本·拉登不能这样，活要见人，死要见尸，美国军方即便击毙本·拉登，必须获得本·拉登的尸体，经过鉴定确实是本·拉登，这才能画上句号。用无人机发射导弹，只能炸毁那幢房子，无法确认是否炸死了本·拉登。美国中央情报局决定抓捕本·拉登。

在巴基斯坦的心脏地带不依靠巴基斯坦官员而由美国军方直接抓捕本·拉登的行动，显然是一次高难度的行动。

由于事关重大，美国中央情报局局长帕内塔亲自主持。帕内塔指令由美军特种部队——强悍的"海豹突击队"，执行这一重要任务。

"海豹突击队"的队员们固然个个身手不凡，但是他们如果从陆路进入首都伊斯兰堡，进入阿伯塔巴德市，很容易暴露目标。唯一的迅雷不及掩耳的行动途径，那就是从天而降。

美国无人机进入巴基斯坦领空，屡遭巴基斯坦抗议。这一回，美国军用飞机"不声不响"载着"海豹突击队"飞临巴基斯坦首都，势必会引起巴基斯坦更大的抗议。光是抗议，美国倒不在乎，最担心的是，那里毕竟是巴基斯坦首都，巴基斯坦空军防守严密，倘若迎战甚至击落这"来历不明"的美国军机，那就功亏一篑。

美国总统奥巴马亲自过问抓捕本·拉登的行动。据透露，奥巴马曾经至少9次主持会议，召集国家安全委员会开会讨论抓捕本·拉登方案。

4月29日清晨，奥巴马下达了抓捕本·拉登的命令。更准确地说，奥巴马下达的是击毙本·拉登的命令。美国国家安全委员会曾经仔细研究过，倘若抓住活的本·拉登，要经过漫长的审判程序，反而给本·拉登提供讲话的机会，而且会使恐怖势力因此集结起来再度袭击美国，倒不如一枪了结来得干脆。

奥巴马在下令击毙本·拉登之后，"若无其事"般前往亚拉巴马州视察龙卷风灾区。

美国中央情报局局长帕内塔坐镇弗吉尼亚州的中情局总部兰利大厦，即时监视整个行动。

"海豹突击队"第六分队部署完毕之后，奥巴马从亚拉巴马州回到了华盛顿。

5月1日下午1时，奥巴马和多名美国情报和国家安全高官齐聚白宫。

下午2时，美军出动了四架"黑鹰"直升机。直升机飞抵本·拉登巢穴上空。"海豹突击队"第六分队24名队员通过直升机的绳子迅速降落到那幢神秘的大房子。

"海豹突击队"队员与拉登身边卫士发生激烈的枪战。

"海豹突击队"队员马特·比索内特（Matt Bissonnette）后来在《艰难时日》

（*No Easy Day*）一书中回忆击毙本·拉登的一幕：

叭！叭！

前哨者已经看到，在他前面大概 10 英尺的地方，一个男人从走廊右侧的门内探出头来。从我的角度，我无法判断他是否击中了目标。那个男人退回黑暗的房间，不见了。

……我们看到那个男人躺在床尾的地板上。他穿着一件白色的无袖背心，宽松的棕褐色裤子，以及一件棕褐色的长袍。前哨者的子弹从他的头部右侧射入。鲜血和脑浆从他的侧脑溢出。他还在垂死挣扎，不住地抽搐、痉挛。我和另一名突袭队员将激光器瞄准他的胸膛，又开了好几枪。子弹把他炸穿了，他的身体猛烈地撞向地板，直到动弹不得。

"我想他是我们要的人。"汤姆说。

"……看到如此臭名昭著的人的脸贴得这么近，感觉很是奇怪。躺在我面前的，就是我们在过去 10 年里一直为之战斗的原因。我努力在这个世界头号通缉犯的脸上把血抹干净，好拍下他的照片，这感觉太不真实了。我必须专注于眼前的任务，现在我们需要一些高质量的照片。"

……问那个女孩："这男人是谁？"

女孩不晓得撒谎。

"奥萨马·本·拉登。"

整个战斗只持续了 40 分钟。据报道，"在战斗中，除了本·拉登之外，还有三名成年男子被打死，其中一人是拉登的儿子，另外两人是拉登警卫。此外，还有一名女子因被拉登保镖当做人体盾牌而丧生。此外，两名在现场的女子受伤。"

美军没有伤亡，只有一架直升机因发生故障被美军自行炸毁。

美军用直升机运走了本·拉登的尸体。经过 DNA 鉴定，确认死者是本·拉登。

为了防止拉登墓地成为"恐怖分子朝圣地"，本·拉登遗体在一艘美军军舰按照穆斯林的习俗投入大海，进行了海葬。

"9·11"死难者的亲属得知本·拉登被击毙，欢欣鼓舞，他们聚集在纽约世贸大厦遗址上庆祝。

本·拉登之死，沉重地打击基地组织的士气。

但是基地组织很快又推选了新的领袖，以求卷土重来，与美国对抗！

重建纽约世贸中心

在"9·11"事件中世界贸易中心双子星楼倒坍之际,位于双子星楼底下的地铁站也被摧毁了。那时候,我是乘坐公共汽车来到世界贸易中心废墟。2007 年我在纽约居然可以乘地铁来到那里。令我惊讶的是,虽然世界贸易中心已经被彻底摧毁,但是修复之后的地铁的站名仍然是"World Trade Center"——世界贸易中心!

世界贸易中心地铁站是一个非常繁忙的地铁站,很多地铁线路从这里经过。这个枢纽车站遭到破坏,给数以万计的曼哈顿的上班族带来极大的不便。正因为这样,在着手清理世界贸易中心废墟之际,纽约市政府就开始重建世界贸易中心地铁站。用了 26 个月,花费了 5.66 亿美元,世界贸易中心地铁站终于在 2003 年11 月 23 日重新启用,纽约市市长登上第一列从这里驶出的地铁列车,表达了对于这一胜利的欢悦之情。特别令我感动的是,虽然世界贸易中心已经不复存在,纽约人仍把这个地铁站的站名叫做"世界贸易中心"。重建工作的负责人之一约瑟夫·西摩说:"之所以把它命名为'世界贸易中心站',是要表达对死在这里的人们以及他们英勇事迹的尊重。同时,我认为这也代表着一种希望,世界贸易中心将还会有强劲而富有意义的大发展。"

世界贸易中心地铁站依然熙熙攘攘。我特意在写着"World Trade Center"站名的牌子下拍照留念。我兀然见到地铁站的墙壁上,贴着一张巨幅黑白照片,那是遭到"9·11"恐怖袭击之后的满目疮痍的世界贸易中心废墟照片,给人以一种心灵的震撼感。我仿佛回到六年前在这里见到的惨不忍睹的那一幕。

我走出世界贸易中心地铁站,夏日的阳光是那么的耀眼,洁净的蓝天上白云舒卷。地铁站的上面,便是当年世界贸易中心的废

巨幅 911 场景照片

世贸中心工地现场

墟。我急切地朝那里走出，我发现，当年堆满花圈、死难者照片的地方，如今是一堵用铁板筑成的漆成青灰色的围墙。这围墙严严实实包围了整个世界贸易中心废墟。在围墙之上，我只见到吊车长长的铁臂来来往往，没有见到从围墙后面冒出的脚手架。这表明，世界贸易中心的重建工作，进展缓慢。那高耸入云的双子星大厦倾覆在一刹那，而重新站起来却需要多少个日日夜夜。

我走近围墙，见到有些地方不是"铁板一块"，而是在铁丝网上蒙了一层绿色塑料纱，有的塑料纱已经被好奇的路人挑开，可以从铁丝网的网眼里觑见工地。我透过网眼一看，原本堆满水泥残垣的世界贸易中心废墟，如今已经被清理干净，成了一个下凹十多米的巨大的水泥坑，许多工人正在那里灌水泥浆。也就是说，世界贸易中心的重建工作已经开始，但是目前仍处于建设地基的阶段。我正在透过网眼观看并拍照，有人拍拍我的肩膀，朝前指了指。我走了过去，那里是一扇大门。当大卡车进进出出的时候，大门就打开了，可以非常清楚观看世界贸易中心工地。看管大门的黑人特别友好，冲我笑笑，当卡车开过之后，还特地不把大门关上，任我拍摄工地照片。其实，世界贸易中心工地本来大可不必这样严加看管，只是"9·11"的阴影尚未散去，这"零地带"成为纽约最敏感的地带，所以防范也格外严密。

世界贸易中心的重建工作举世瞩目，却又举步维艰，内中的因素是多方面的：

首先是废墟的清理工程量巨大，而从瓦砾堆中寻找遇难者遗骸的工作又是那

么的费时;

其次是筹集资金困难重重,以至四位美国前总统出面为此筹款,也收效不大。资金的来源之一是保险公司的赔款,而赔款的多寡又陷入马拉松式的诉讼之中。

第三是重建的方案意见纷纭。

我详细了解了关于重建的方案的争议——

最初,纽约市市长朱利安尼主张在世界贸易中心原址只建纪念碑和公共绿地,禁止建造新建筑,尤其是反对再建摩天大楼,以深刻吸取"9·11"恐怖袭击时两幢摩天大楼轰然倒下的惨痛教训。

但是,迈克尔·布隆伯格在2002年1月就任纽约市长之后,主张那里既要建造一个纪念碑,同时也要进行商业综合开发,其中包括重建摩天大楼。

于是,各种各样的重建设计方案从世界各地送往纽约。

经过反复评审,2003年2月,选定由波兰裔美国建筑师利贝斯金德设计的名为"自由塔"的摩天大楼为最终入选方案。自由塔的高度为1 776英尺(541.3米),象征美国建国的年份——1776年。自由塔从底层至七十层作为办公区,七十层以上将利用悬索结构建造一个观光区。加上顶部的电视天线,自由塔总的高度将超过2 000英尺(609米),建成之后将名列世界最高建筑之冠。自由塔预计耗资十五

重返911世贸中心

亿美元,将耸立在世贸遗址西北侧,而非世贸双塔当年的位置。

原本计划自由塔的奠基典礼在"9·11"三周年纪念日举行,大楼将于 2008 年竣工。好事多磨,实际上这一工程直到 2006 年 4 月才正式启动。正因为这样,经过一年多时间的施工,眼下还只在打地基而已。另外,在世贸中心遗址东侧将修建三座写字楼,高度分别为 78 层、71 层和 61 层。纽约州州长帕塔基称,这三座大楼保持了世贸中心遗址圣洁的氛围。

重建工程取得进展的,除了地铁站修复并通车之外,在 2006 年 5 月 23 日,世界贸易中心七号楼重建竣工。在 9·11 恐怖袭击中,四十七层的七号楼虽然没有直接被飞机冲撞,但是在烈火中依然受到重创,挣扎到当天下午 5 时全楼倒坍。这座最晚倒下去的大楼,最早重新站了起来。重建的七号楼总共五十二层,建成之后曾经引起一阵喜悦,接踵而至的却是一脸苦楚:很多人的心头难以拂去"9·11"阴影,不愿把公司设在这里,这座 170 万平方英尺的大厦出租率还不到 25%!

困境还不仅仅是出租率低,世界贸易中心所在的曼哈顿下城至今没有走出"9·11"的阴影,租金大大低于曼哈顿中城。惟有头脑灵活的华人,尤其是温州人,趁租金低迷之际进军曼哈顿下城。

我绕着世界贸易中心遗址整整走了一圈,久久陷入沉思。这里既是美国无比繁荣的所在、无比发达的象征,也是美国的创深痛剧的所在、心灵蒙尘的象征。崭新的摩天大楼自由塔正在这里崛起,无疑将承载着悲怆,也承载着希望;承载着历史,更承载着未来。

在世界贸易中心七号楼重建竣工之后七年——2013 年 11 月 13 日,纽约市长布隆伯格出席世贸中心四号楼的落成仪式。

四号楼的原址,是原世界贸易中心的南塔楼。新建的四号楼在 2008 年开工兴建,是一栋共有 72 层、高 297.7 公尺的玻璃帷幕摩天大楼。

这样,世界贸易中心终于建成了七号楼和四号楼。还有一号、二号、三号、五号、六号这五幢大楼在建设之中。在这五幢大楼中,人们最为关注的是一号楼,亦即"自由塔"摩天大楼,是世界贸易中心楼群中的最高楼。

在 2013 年 4 月 30 日,施工中的"自由塔"的高度达到 1271 英尺(387.4 米),超过帝国大厦,重新成为纽约第一高楼。预计"自由塔"在 2015 年竣工。

"自由塔"建成之后,将成为世界第二高楼——仅次于阿联酋的迪拜塔,亦即"哈利法塔"。

真可谓"破坏容易建设难",恐怖分子在一刹那间使世界贸易中心双子高楼化为废墟,而世界贸易中心重建工程花费了 14 个春秋!

"9·11"深刻影响美国历史进程

"9·11"事件,深刻影响了美国的历史进程,深刻影响了世界的历史进程,成为当代历史的一个里程碑式的重大事件。

自从1991年12月26日苏联解体之后,结束了美国、苏联两强对立的局面,美国成为唯一的超级大国,形成美国独霸世界的局面。

美国在骄横之中度过了十年。当历史的车轮行进到2001年9月11日,美国这个不可一世的超级大国,在本土遭到意想不到的恐怖袭击,挨了沉重的一拳。

美国从惊魂之中镇定下来,从踉跄之中站稳脚跟。美国高举起一面大旗,上书"反恐"大字。一时间,"反恐"成了美国的最高国策。

美国以"反恐"划线,在国际上结成"反恐"统一战线。谁赞成"反恐",美国就视他为朋友。

为了"反恐",为了对"9·11"进行报复,美国在2001年10月7日发动了打击伊拉克基地组织和塔利班战争。接着,在2003年3月20日又发动了进攻伊拉克的战争,理由是伊拉克总统萨达姆拥有大规模杀伤性武器,支持恐怖主义。

美国凭借强大的军力,取得了阿富汗战争和伊拉克战争的胜利。然而这两场"反恐"战争的浩大军费,使美国国力严重透支。

在苏联解体之后,美国原本要推行"苏联模式",力图使中国也走上"和平演变"的瓦解之路。然而在"反恐"时期,美国反而有求于中国,需要中国的支持。中国理所当然支持"反恐",加入国际"反恐"战线。

就连美国《时代》周刊在2011年也发表题为《"9·11"事件10年后,现在是美国害怕中国的时候?》的文章,认为过去十年美国专注在中东与阿富汗、伊拉克执行冒险行动(反恐战争),因而忽略亚洲那些正在塑造21世纪未来的世界主要经济体和新兴大国,而这个区域中最令人害怕的,不是潜在的恐怖主义威胁,而是中国。

在2011年5月1日美国军方终于击毙基地组织首领本·拉登之后,恐怖势力遭受了巨大的打击。虽说基地组织依然在反抗,但是没有了往日嚣张的气焰。美国从阿富汗、伊拉克撤兵,终于腾出手来,这时候的中国,GDP已经超过日本,成为世界上仅次于美国的第二大经济体。

这一回,美国扯起"重返亚洲"之旗,把从阿富汗、伊拉克撤回的兵力,调往亚洲。

然而美国毕竟已经在经济上与中国紧密相连,你中有我,我中有你。中国的发展,也给美国的发展带来美好的机遇。正因为这样,美国对崛起的中国爱恨交加,无可奈何。

在"9·11"事件爆发之后一个多月——2001年10月26日,布什总统颁布"爱国者法案",通过扩大警察侦查权限、加强金融管理力度等方式预防和打击恐怖主义。此后"爱国者法案"的权限被无限扩大,成为美国政府监视公民的借口。到了2007年,美国国家安全局以"反恐"为由,开始实施的绝密电子监听计划,亦即棱镜计划(PRISM),对美国公民、外国公民以至外国元首进行监控,监控的范围包括电子邮件、电话、手机短信、视频、照片、存储数据、语音聊天、文件传输、视频会议等等。他们从美国网际网路公司的中心服务器里挖掘数据、收集情报,包括微软、雅虎、谷歌、苹果等在内的九家国际网络巨头都参与其中。

2013年6月5日,英国《卫报》根据美国中央情报局职员爱德华·斯诺登提供的信息,率先披露美国中央情报局的棱镜计划,在全世界掀起轩然大波。尽管美国政府一再解释这是为了"反恐",但是美国中央情报局的监听、监视范围遍及盟友元首,美国政府难以自圆其说。

虽然"恐怖大亨"本·拉登已经被美军击毙,美国终于报了"9·11"一箭之仇。然而2003年4月16日风波再起,美国波士顿又爆发恐怖袭击,呈现出恐怖袭击本土化的趋势。对于美国政府来,尽管恐怖袭击的势头已经大为减弱,基地组织也屡遭沉重打击,但是"反恐尚未成功,同志仍须努力"。

"9·11"恐怖袭击的余波,仍在美国荡漾,仍在继续影响着世界局势的走向……